权威·前沿·原创

皮书系列为
"十二五""十三五""十四五"时期国家重点出版物出版专项规划项目

BLUE BOOK

智库成果出版与传播平台

中央高校基本科研业务费专项资金资助成果

游戏产业蓝皮书
BLUE BOOK OF GAMING INDUSTRY

中国游戏产业发展报告
（2024）

**ANNUAL REPORT ON THE DEVELOPMENT OF
DIGITAL GAMING INDUSTRY IN CHINA (2024)**

主　编／何　威　唐贾军
副主编／赵晓雨　郑　南

社会科学文献出版社
SOCIAL SCIENCES ACADEMIC PRESS（CHINA）

图书在版编目（CIP）数据

中国游戏产业发展报告. 2024 / 何威，唐贾军主编；
赵晓雨，郑南副主编. --北京：社会科学文献出版社，
2024.11. --（游戏产业蓝皮书）. --ISBN 978-7-5228
-4165-6

Ⅰ. G898.3

中国国家版本馆 CIP 数据核字第 2024AP3580 号

游戏产业蓝皮书

中国游戏产业发展报告（2024）

主　　编／何　威　唐贾军
副 主 编／赵晓雨　郑　南

出 版 人／冀祥德
责任编辑／陈　颖
责任印制／王京美

出　　版／社会科学文献出版社·皮书分社 （010）59367127
　　　　　地址：北京市北三环中路甲 29 号院华龙大厦　邮编：100029
　　　　　网址：www.ssap.com.cn
发　　行／社会科学文献出版社 （010）59367028
印　　装／三河市东方印刷有限公司

规　　格／开　本：787mm×1092mm　1/16
　　　　　印　张：29　字　数：481 千字
版　　次／2024 年 11 月第 1 版　2024 年 11 月第 1 次印刷
书　　号／ISBN 978-7-5228-4165-6
定　　价／188.00 元

读者服务电话：4008918866

出品方

北京师范大学数字创意媒体研究中心
中国音像与数字出版协会游戏出版工作委员会
伽马数据

游戏产业蓝皮书课题组名单

特约顾问　敖　然

组　　长　何　威　唐贾军

副 组 长　赵晓雨　郑　南

主要作者　曹　锐　曹书乐　曾丽红　常　健　陈慧琳
　　　　　陈京炜　崔晨旸　董广建　杜　娜　樊埕君
　　　　　范笑竹　黄文丹　贾书萱　蒋　蕊　李雅容
　　　　　李　玥　李卓纯　刘梦霏　刘其源　刘绍颖
　　　　　刘宣伯　吕惠波　牛雪莹　秦小晴　曲茜美
　　　　　尚俊杰　石闵龙　孙　笑　孙　瑜　王　晨
　　　　　王赫成　王姝儿　王心路　王　旭　王　野
　　　　　毋　羽　吴芷娴　夏梦洁　许凡可　叶梓涛
　　　　　尹伊可　袁宇静　张恩齐　张诗钰　张　毅
　　　　　张兆弓　周　伟　周文轩　周　曦　朱雅婧
　　　　　左安萍

主编简介

何 威 北京师范大学艺术与传媒学院教授、博士生导师，数字媒体系理论教研室主任，北京师范大学数字创意媒体研究中心副主任。澳门科技大学兼职博导。中国音数协游戏工委理事、中国音数协游戏产业研究专委会副主任委员及电竞产业研究专委会委员。中国科技新闻学会电子竞技传播专委会副主任、中国教育技术协会教育游戏专委会常务理事、中国高等院校影视学会媒介文化专委会及影视产业与管理专委会理事。《中国数字出版》杂志执行编委。北京市广播电视和网络视听行业领军人才。在数字媒体传播、游戏研究、流行文化与文创产业等领域出版多部中英文专著，发表多篇有影响力的中英文学术期刊论文。曾获北京市哲学社会科学优秀成果奖一等奖、教育部高等学校科学研究优秀成果奖三等奖、青年成果奖等。主持多项国家社科基金项目、教育部人文社科项目。

唐贾军 中国音像与数字出版协会副秘书长兼游戏工委秘书长、电竞工委主任委员。北京作家协会会员、北京师范大学兼职教授。毕业于北京大学东方学系日语专业，获得文学学士及心理学硕士学位。组织撰写了《中国游戏产业报告》《中国电竞产业报告》《中国游戏出海研究报告》《移动游戏产业 IP发展报告》《全国电竞城市发展指数评估报告》《游戏企业公益活动调研报告》《游戏产业舆情生态报告》《中国主机游戏市场调查报告》等十余项重要研究报告。此外，还深入游戏发展脉络、游戏分类方式、游戏与图书互动的关系以及游戏与传统文化的融合等研究领域，形成相关的研究成果，分享于学校的实践教学课程中，供学生们学习与参考。

赵晓雨 北京师范大学艺术与传媒学院数字媒体系教师，硕士研究生导师，中央音乐学院电子音乐作曲博士。研究和创作领域包括计算机音乐、智能交互音乐、新媒体音乐艺术等。其声音作品《妙竹滴翠》《遥远之声》《关关雎鸠》曾分别获得国内最高级别电子音乐作曲比赛 Musicacoustica Beijing 一、二、三等奖，并收录于《中国青年作曲家电子音乐作品选集》中，由人民音乐电子音像出版社出版发行；作品多次入选北京国际电子音乐节、北京现代音乐节、上海国际电子音乐周，并多次在美国、瑞士、德国等地演出。近5年来主持和参与了教育部人文社会科学研究基金、国家社科基金艺术学重大项目、国家文化创新工程重点项目等多项课题，并在 A&H、CSSCI 等期刊发表多篇学术论文。

郑　南 中国音像与数字出版协会游戏工委副秘书长。就职于游戏工委20年，主持多项中国游戏产业研究及相关报告编制，参与多项研究课题，组织历届"游戏十强""精品游戏出版工程""绿色网游出版工程"等年度游戏评选；组织游戏培训和论坛、游戏领域团体标准等项目的实施；参与游戏领域的评审等相关工作。

摘　要

《游戏产业蓝皮书：中国游戏产业发展报告（2024）》全面系统地呈现了中国游戏产业最新发展现状，探讨行业前沿动态、分析未来发展趋势。本书依托权威可靠的产业数据，以总报告和多份主题报告梳理解读了中国游戏产业的发展全景、重要主题和最新动态。通过学界与行业专家的深度研究分析，剖析年度热点议题，厘清重要概念，针对问题提出建议对策。选择新近推出、获得重要奖项的典型国产游戏案例，剖析亮点特点，总结经验教训，提供借鉴参考。

2023 年，全球游戏市场规模为 1840 亿美元，用户规模为 33.8 亿人。我国游戏市场规模为 3029.64 亿元，用户规模为 6.68 亿人。在全球游戏市场规模增长停滞的背景下，我国游戏市场规模同比增长了 13.95%。中国自主研发游戏海外市场实际销售收入连续 4 年超过千亿元人民币，触达几亿海外玩家，遍及美国、日本、韩国及欧洲、拉美、中东的青少年。游戏既是国内市场规模最大、用户人数最多的数字文化内容产业之一，也已成为我国"文化走出去"的重要渠道。

中国游戏产业积极应对 2022 年的收入下滑和发展困境，总体上重新步入增长轨道，收入总量和用户规模均达历史新高，但仍然承受着较大的发展压力，行业信心仍然有待进一步提振。

我国游戏行业积极履行社会责任，以社会效益为先，坚持正确导向，创作优质内容。未成年人保护工作形成自律并走向常态化，既坚决响应和执行主管部门要求，遵守《未成年人网络保护条例》，也积极探索与创新各种有利于未成年人健康发展的举措。

我国游戏行业坚持对中华优秀传统文化的应用与发展，获得广大玩家好评，有利于增强文化自信；重视科技在游戏领域的创新与应用，以前沿信息技术提升游戏品质和工作效率；积极拓展商业模式，在变现、营销、IP 衍生等方面均有新的探索；发挥"游戏+"效应，以游戏机制、要素、技术、文化赋能其他行业。把握"电竞入亚"带来的良好契机，营造更有利于行业发展的生态环境；坚定游戏出海道路，拓展全球市场，面对国际竞争，加强跨文化交流与合作。

关键词： 游戏产业　游戏出海　游戏科技　优秀传统文化　未成年人保护

目 录 ⟨⟩

Ⅰ 总报告

Ⅱ 分报告

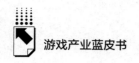

Ⅲ　调研报告

Ⅳ　专题研究

V　案例分析

皮书数据库阅读**使用指南**

总 报 告

B.1

2023年中国游戏产业报告[*]

《2023 年中国游戏产业报告》项目组^{**}

摘　要： 中国游戏行业坚持贯彻落实党的二十大精神，积极学习并践行习近平文化思想，追求高质量发展。2023 年，全球游戏市场规模为 1840 亿美元，用户规模为 33.8 亿人。我国游戏市场规模为 3029.64 亿元，用户规模为 6.68 亿人。在全球游戏市场规模增长停滞的背景下，我国游戏市场规模同比增长了 13.95%。中国自主研发游戏海外市场实际销售收入连续 4 年超过千亿元人民币。但中国游戏产业仍然承受着较大的发展压力，行业信心仍有待进一

---

* 本报告部分内容于 2023 年 12 月 15 日，由中国音像与数字出版协会第一副理事长、游戏工委主任委员张毅君在 2023 年度中国游戏产业年会上正式对外发布。

** 本报告由中国音数协游戏工委（GPC）、中国游戏产业研究院主办，与伽马数据战略合作，张毅君任主编，敖然（中国音像与数字出版协会常务副理事长兼秘书长）、唐贾军（中国音像与数字出版协会副秘书长、游戏工委秘书长）任副主编。编委会成员包括何威、李玥、秦小晴、牛雪莹、郑南、王旭、夏梦洁、杜娜、崔雨、吕惠波、许凡可、张遥力、滕华、高东旭、陆晓炜、季凤文、余睿超、邱悦、沈嘉、吴奇、徐滔、高大为、刘瑾、张婧、刘奕杉、曹颖、田小军、胡璇、王枢、彭宏洁、刘正、杨璠、庞大智、王星、刘洁、黄旻宇、于津涛、陈立、周伟、邓梁、乔婷婷、张晓明、陈银莉、黄玉萌及王准。报告编撰过程中得到北京师范大学数字创意媒体研究中心、上海张江文化控股有限公司、人民网、深圳市腾讯计算机系统有限公司、完美世界、广州网易计算机系统有限公司以及上海莉莉丝科技股份有限公司（排名不分先后）的支持，在此致以诚挚谢意。

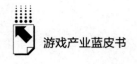

步提振。

关键词： 游戏产业　中国游戏产业　移动游戏

习近平文化思想指出，在新的起点上继续推动文化繁荣、建设文化强国、建设中华民族现代文明，是我们在新时代新的文化使命。我们应当坚定文化自信，秉持开放包容，坚持守正创新。

中国游戏行业坚持贯彻落实党的二十大精神，积极学习并践行习近平文化思想，追求高质量发展。

2023年，全球游戏市场规模为1840亿美元，用户规模为33.8亿人。① 我国游戏市场规模为3029.64亿元，用户规模为6.68亿人。在全球游戏市场规模增长停滞的背景下，我国游戏市场规模同比增长了13.95%。中国自主研发游戏海外市场实际销售收入连续4年超过千亿元人民币。②

中国游戏产业积极应对了2022年的收入下滑和发展困境，总体上重新步入增长轨道，收入总量和用户规模均达历史新高，但仍然承受着较大的发展压力，行业信心仍然有待进一步提振。

我国游戏行业积极履行社会责任，以社会效益为先，坚持正确导向，创作优质内容。未成年人保护工作形成自律并走向常态化，既坚决响应和执行主管部门要求，遵守《未成年人网络保护条例》，也积极探索与创新各种有利于未成年人健康发展的举措。

游戏行业坚持对中华优秀传统文化的应用与发展，获得广大玩家好评，有利于增强文化自信。重视科技在游戏领域的创新与应用，以前沿信息技术提升游戏品质和工作效率。积极拓展商业模式，在变现、营销、IP衍生等方面均有新的探索。发挥"游戏+"效应，以游戏机制、要素、技术、文化赋能其他行业。把握"电竞入亚"带来的良好契机，营造更有利于行业发展的生态环

---

① Newzoo, "Newzoo's Global Games Market Report 2023", 2024-2-8, https://newzoo.com/resources/trend-reports/newzoo-global-games-market-report-2023-free-version.
② 除特别说明外，本报告中数据均由伽马数据采集分析而来。本报告第2部分为相关数据的具体分析说明。

境。坚定游戏出海道路，拓展全球市场，面对国际竞争，加强跨文化交流与合作。

一 2023年中国游戏产业发展概述

（一）企业遵规自律，未成年人保护工作步入常态化阶段

2023年下半年，《未成年人网络保护条例》公布并将于2024年1月1日起施行。该条例旨在营造有利于未成年人身心健康的网络环境，并保障他们的合法权益。条例指出，未成年人网络保护工作应当坚持中国共产党的领导，坚持以社会主义核心价值观为引领，坚持最有利于未成年人的原则，适应未成年人身心健康发展和网络空间的规律与特点，实行社会共治。条例对未成年人网络素养提升、网络信息内容规范、个人信息网络保护、网络沉迷防治、社会共治等方面均提出了要求，为游戏产业进一步完善未成年人保护工作提供了具体指引。

2023年，在主管部门的要求部署与游戏行业的共同努力下，未成年人保护工作实现常态化发展。行业始终坚持优先保护未成年人，严格落实防沉迷规定，规范接入实名认证系统，加强用户实名认证环节管理，不断提升实名认证精准度，持续巩固防沉迷成效。来自行业头部企业的数据显示，未成年人在游戏时长、流水中的占比均不到1%。部分企业运用人工智能、机器学习等技术手段判别未成年人用户，以人脸识别等方式拦截未成年人在网络游戏时段之外进入游戏。行业还积极应用《网络游戏适龄提示》标准，为未成年人及其监护人提供游戏行为指引。

游戏行业还进一步探索促进家校协同发力、社会各界共同参与的未成年人保护措施，助力营造有利于未成年人健康成长的网络环境。部分头部企业在假期主动发布未成年人游戏限玩日历，逐渐形成行业惯例，显著减少了未成年人的游戏时长与游戏消费。为了提升青少年、家长和教师的网络素养，一些企业面向家庭或学校提供网络素养教育培训课程。还有部分头部企业以科技赋能乡村教育，为乡村学生提供接触、了解、学习信息技术的硬件设施与课程支持。这些举措对于促进未成年人健康成长以及缩小城乡数字鸿沟具有积极意义。

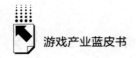

目前，我国游戏产业在未成年人保护工作方面已步入常态化的阶段，并不断有所突破。但还存在若干薄弱的环节，如涉及未成年人游戏账号使用的灰色产业尚未杜绝，仍有部分未成年人绕过实名认证玩游戏和充值的情况发生。此外，由于 AI 人脸识别等技术成本较高，尚未普及至全行业。

（二）国内游戏市场虽然呈回暖态势，但游戏行业总体仍承受较大压力，信心有待提振

2023 年，我国游戏市场实际销售收入首次突破 3000 亿元，达到 3029.64 亿元，同比增长 13.95%，且月度环比增长趋势较为明显。其中自主研发游戏国内市场实际销售收入为 2563.75 亿元，同比增长了 15.29%，同样创造了新的纪录。

2023 年底，中国游戏玩家人数达到 6.68 亿人，再创历史新高。此前三年的玩家人数在 6.64 亿~6.66 亿人波动。

国内游戏市场回暖的直接原因，一是移动游戏市场新品数量增长，如 8 月进入 iOS 日畅销榜的新游数量达 23 款，为 2021 年至今入榜产品新品数量最多的月份；2023 年一些热门新游的市场表现也非常亮眼。二是游戏精品化趋势有所凸显，角色扮演类、MOBA、射击类等流行游戏类型在文化内涵、技术表现、内容更新频率等方面表现出色，玩家付费意愿较高。三是游戏新品差异化竞争，企业注重在不同垂类领域打造精品游戏，探索蓝海赛道和增量市场。研发快、成本低、易上手、易分享的小程序游戏、休闲游戏、派对游戏、体育游戏等类型成为游戏产业在 2023 年新的增长点。

然而，游戏行业总体仍承受较大压力。2023 年市场收入最高的一批游戏，绝大多数由几家头部企业研发和发行。中小型游戏企业在 2023 年的市场激烈竞争中仍面临较大困难。中小企业核心技术人员流失风险增大；宣发买量的成本高涨，大部分新产品在市场上难以保持热度；存量市场下对游戏的品质和创新要求更高，研发成本更高。头部游戏企业虽然盈利状况良好，但项目开发普遍趋于谨慎保守。全行业内的人员优化、降本增效行为仍未停止，部分企业减少研发投入，放弃长远目标，追求短期利润；岗位需求有所下降，相关专业学生就业比往年困难；行业内投资或创业的总体数量相对较少，取消在研项目或解散项目团队的情况常见；也有知名互联网企业决定放弃自己

的游戏业务。因此，整体来看，2023年我国游戏行业的信心仍不够充沛，有待进一步提振。

（三）商业模式有所拓展，并通过技术发展与应用探索进一步提升效益

2023年，游戏企业持续拓展商业模式，在变现策略、营销思路、IP发展等方面均有所突破。2023年，游戏企业进一步探索买断、内购、订阅、激励广告、植入广告等多种方式相结合的多元变现策略，以适应不同用户需求。另外，游戏与短视频、直播等新兴数字平台之间的联动越发普遍，除了硬广买量等传统营销手段外，网络主播与UP主的视频内容、玩家口碑、二次创作等对游戏营销的价值越发凸显。国产游戏IP发展方兴未艾，游戏IP价值进一步扩大。2023年11月举行的首届游戏IP生态大会披露，2022年我国游戏IP收入占中国文娱IP市场总收入的37.2%；2023年前9个月中，我国移动游戏原创IP增速明显，实际销售收入达726.29亿元，为近4年来最高水平，全年流水有望创历史新高。围绕游戏IP，企业通过与动漫、影视、网络文学等数字内容产业联动，增强游戏生命力，挖掘IP衍生价值；或与餐饮、潮玩、主题乐园等线下产业联动，扩展游戏IP消费场景，提振实体经济。

行业通过技术发展与应用探索进一步提升效益。有更多游戏跨平台发行，甚至实现了移动端与PC端数据互通，展现了企业跨平台研发和运营能力的提高。部分游戏在发行时会同步推出云游戏版本，以服务于硬件设备性能不足但又想充分体验游戏视听表现力的用户群体。部分企业在游戏开发过程中应用人工智能技术，优化游戏生产方式，探索降本增效；也有企业将AI用作游戏中的智能NPC或竞赛对手，或用于游戏测试优化，或在运营活动中加入AI创作互动，为用户带来新的游玩体验。也有企业致力于研发面向行业的整体解决方案，以提升全行业AI应用水平。

（四）企业坚定布局海外市场的趋势明显，但受市场竞争压力影响，游戏出海收入有所下滑

2023年，中国自主研发游戏海外市场实际销售收入4年连续超过千亿元人民币，达到163.66亿美元，同比下滑5.65%。这也是国产游戏出海收入连

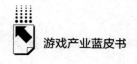

续第二年下降。

国产游戏出海收入的下降可能受到了多种因素的影响。首先，游戏企业在海外发行、运营、分发游戏以及游戏内容本地化的合规难度不断提高。国际地缘政治形势复杂多变，不同地区监管政策各异，多国加强对外来数字内容监管规制。其次，全球各地对移动游戏隐私监管日益严格，苹果和谷歌等主要渠道相应的政策调整增加了游戏获量成本和精准化运营难度。再次，我国自研游戏出海以移动游戏为主，而据一些国外行业报告数据，2023年全球移动游戏市场总收入同比略有下降。最后，多个国家地区积极布局推动游戏产业发展，以微软收购动视暴雪为代表的全球头部游戏企业并购，重塑了全球游戏产业格局，也让我国游戏企业面临更加激烈的市场竞争。

尽管如此，中国游戏企业仍在持续出海，拓展全球产业链布局，以多种手段应对激烈竞争。多家头部游戏企业均将海外收入占比近半作为未来发展目标。一是进一步与当地企业合作，应对产品本土化挑战，制定内容调整与运营推广策略，完善运营模式，适应海外市场。二是以全球化视野规划产品开发与运营策略，统筹资源配置，追求国内外市场营收共同增长。三是抓住5G网络等基础设施快速建设发展的新机遇，积极开拓中东、非洲、拉丁美洲等地区的新兴市场。

（五）行业积极探索，传播中华优秀传统文化

游戏行业积极学习和实践习近平文化思想，推动中华优秀传统文化通过游戏进行创造性转化与创新性发展。近年来，游戏企业普遍重视传统文化与游戏内容的有机融合，或将传统美术、曲艺、舞蹈等中华优秀传统文化艺术元素融入游戏角色、场景中，或将传统手工技艺、民俗活动等与玩法设计相结合，增强了我国自研游戏产品对中华优秀传统文化的呈现与传播。在游戏内容之外，游戏企业还经常与博物馆、文保单位、景区等机构或非遗传承人开展合作联动，举行各种有关传统文化的运营与传播活动，如打造景区沉浸式游戏体验店、举办具有游戏主题的景区游览活动、发行文创与游戏联名衍生产品等，积极在文旅文保领域推动游戏服务。

游戏行业还积极服务国家文化战略，致力于向世界讲好中国故事、传播好中国声音。2023年，有77家游戏企业入选国家文化出口重点企业，13款游戏

入选国家文化出口重点项目。在海外市场表现良好的国产游戏大多融入并呈现了中华优秀传统文化。2023年中法联合发布了《中华人民共和国和法兰西共和国联合声明》，其中也明确提到中法双方愿意通过联合制作、版权合作、竞赛、艺术家交流等方式，加强在包括游戏在内的文化和创意产业领域的合作。

（六）电竞入亚运会影响深远，游戏行业迎来发展新机遇

2023年10月3日，杭州亚运会电子竞技项目比赛结束，中国队以4金1铜的成绩位列电竞项目奖牌榜第一。这是历史上电子竞技首次成为亚运会的正式比赛项目。无论是举办赛事，还是夺得首金，都具有里程碑意义。有关此次亚运会电竞赛事的媒体报道和社会舆论积极正面，网民点赞中国队列电竞项目奖牌榜第一位，肯定电竞运动员精神风貌和竞技水平，认为此次亚运会有效提升了中国电竞国际影响力、促进国际文化交流，期待未来电竞产业规范、健康、可持续发展。

杭州亚运会电竞赛事的成功举办和中国电竞国家队的优异表现，也为游戏产业带来了新的发展机遇。电竞赛事与直转播的专业化，游戏过程中蕴含的力争上游、不屈不挠、团队协作等积极正面的体育精神，以及赛事对全民爱国热情的激发，都让社会公众更深刻地认识了电竞游戏，有效改善了游戏产业发展的舆论生态环境。电竞游戏项目通过亚运会这一顶级体育赛事进入主流观众视野，有助于提升游戏知名度、重新唤起老玩家兴趣、吸引新玩家进入。2023年，中国电子竞技游戏市场实际销售收入为1329.45亿元，同比增长12.85%。部分企业积极布局电竞相关赛道，拓展了游戏行业市场格局。

从国际层面看，电子竞技已被批准成为2026年亚运会正式比赛项目；国际奥委会宣布正式成立电子竞技委员会，并表示正在研究举办"奥林匹克电竞运动会"。一些国产电竞游戏登上国际舞台，甚至在海外一些国家地区举办的赛事成为当地主流赛事。电竞游戏与赛事逐渐成为全球年轻人喜爱的重要流行文化平台，有助于中国文化海外传播以及各国人民文化交流、民心相通。

（七）"游戏+"效应赋能其他行业，凸显社会效益与责任

游戏产业继续拓展与各行各业的交流与合作，以玩法、内容、技术等方面

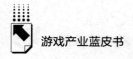

的经验，赋能多个领域，延伸产业生态链条。

"游戏+"效应深入发挥价值。游戏文化赋能地方文旅、博物馆、非遗机构，通过游戏相关文化活动，跨界助力文旅产业、非遗传承、科普教育、安全宣传等。游戏技术也赋能实体产业智能化转型升级，惠及医疗、工业制造、城市交通、航空等领域，促进数实融合。"游戏+医疗""游戏+体育""游戏+教育""游戏+科普"等方式，带来了一批行之有效的功能游戏，为相关行业带来创新体验，推动解决现实问题。一些游戏企业也举办了面向社会及高校的功能游戏设计创作竞赛，以吸收更多新生力量，促进功能游戏发展。

越来越多游戏企业主动承担社会责任，积极参与公益慈善活动，在教育科普、医疗健康、乡村振兴、环境保护等各个方面作出贡献。例如发起帮扶边远贫困地区的教育和文化项目，关爱和资助社会弱势群体，开发公益游戏进行科普与教育、推动全民素养提升，传播并呼吁节能减排、生态保护等。

二 2023年中国游戏产业发展状况

（一）中国游戏市场状况

2023年，中国游戏产业整体回暖趋势明显，首次突破3000亿元，达到历史新高点，用户规模也取得了新突破。游戏精品化、多元化趋势更明显，行业不断探索变现策略、营销路径、IP发展等方面的优化方式与创新空间。

1. 中国游戏市场实际销售收入

2023年，中国游戏市场实际销售收入为3029.64亿元，同比增长13.95%（见图1）。总收入同比增长并再创新高的主要原因包括：上一年疫情期间产业面临的诸多负面影响有所消退，用户消费意愿和能力有所回升；游戏新品数量集聚并出现了热门产品，与长线运营的多款头部游戏共同支撑了收入增长；多端并发成为趋势，移动游戏和客户端游戏实际销售收入均有明显增长。

2. 中国游戏用户规模

2023年，中国游戏用户规模达6.68亿人，同比增长0.61%（见图2）。随

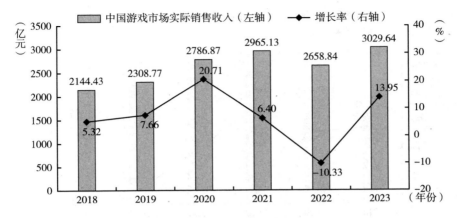

图1　2018~2023年中国游戏市场实际销售收入及增长率

着游戏新品数量增加，游戏用户规模稳中有升，达到历史新高点。但我国游戏用户规模处于存量市场阶段的趋势并未改变。

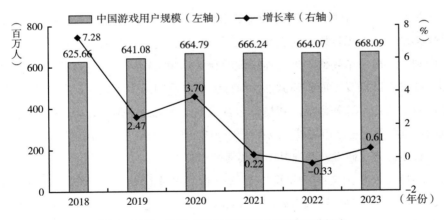

图2　2018~2023年中国游戏用户规模及增长率

3. 中国自主研发游戏国内市场实际销售收入

2023年，中国自主研发游戏国内市场实际销售收入2563.75亿元，同比增长了15.29%（见图3）。几款长线运营、多年处于头部位置的游戏产品收入保持稳定，同时，2022~2023年正式上线的新产品市场表现同样出色，共同带动了自研游戏实际销售收入的显著增长。

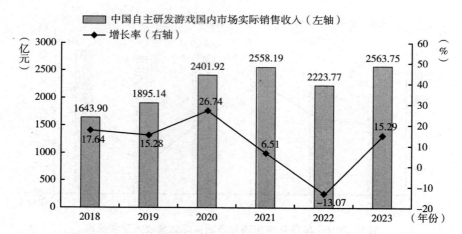

图3　2018～2023年中国自主研发游戏国内市场实际销售收入及增长率

（二）中国自主研发游戏海外市场状况

2023年，中国自主研发游戏海外市场实际销售收入较上年同期有所下降，全球移动游戏市场规模相比上年也是不升反降，进一步制约了以移动游戏为主的中国游戏出海市场的表现。地缘政治和国际冲突提高了游戏这种文化产品跨国传播推广的难度，而日趋激烈的海外竞争以及国际主要分发渠道政策的变动也进一步增加了海外市场的获量与运营成本。面对这一形势，国内游戏企业在巩固美日韩欧等主流市场外，也在积极开拓澳大利亚及中东、拉美等新兴市场。

1. 中国自主研发游戏海外市场实际销售收入

2023年，中国自主研发游戏在海外市场的实际销售收入为163.66亿美元，这也是中国自研游戏出海收入连续4年超过千亿元人民币，但是同比下降了5.65%（见图4），这表明复杂的国际形势、激烈的海外竞争和成熟市场的隐私政策变动等因素，增加了我国游戏出海的成本和难度。

2. 中国自主研发移动游戏海外市场收入前100类型收入占比

2023年，中国自主研发移动游戏海外市场收入前100的游戏中，策略类（含SLG）游戏占比40.31%，角色扮演类游戏占比15.97%、射击类游戏占比10.03%。这三类游戏合计占比66.31%，高于上年的63.87%。此外，休闲类和模拟经营类游戏分别占5.11%和4.88%（见图5）。从近三年海外市场收入

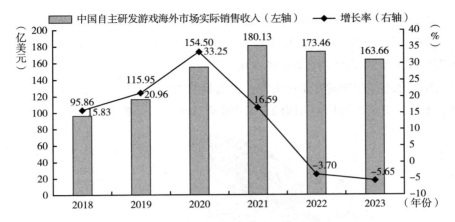

图4　2018~2023年中国自主研发游戏海外市场实际销售收入及增长率

看，策略类（含SLG）游戏始终是自研移动游戏在海外营收的最主要类型，角色扮演类和射击类也较为重要。然而，值得注意的是，射击类游戏在2023年的收入占比有所下降。

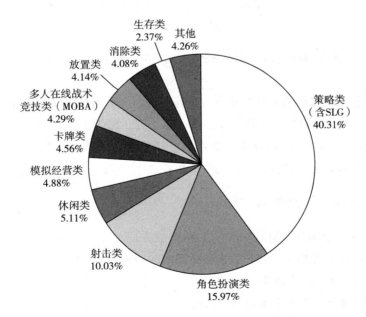

**图5　2023年中国自主研发移动游戏海外
市场收入前100类型收入占比**

3. 中国自主研发移动游戏海外重点地区收入占比

2023 年，中国自主研发移动游戏海外市场实际销售收入地区分布中，美国市场占比为 32.51%，日本市场占比为 18.87%，韩国市场占比为 8.18%，这三个国家依然是中国游戏企业出海的主要目标市场，合计占比达 59.56%。此外，德国、英国、加拿大三国的市场占比合计也有 9.45%（见图 6）。

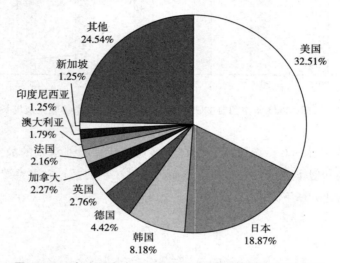

图 6 2023 年中国自主研发移动游戏海外重点地区收入占比

我国自主研发移动游戏在北美、日韩、欧洲三个区域的收入，占海外市场的七成以上。且 2023 年在美、日、韩、德、英、加等主流市场的收入占比，同比均有增长。尽管我国游戏企业在积极开拓中东、拉美、东南亚等新兴市场，但从收入来看，这些新兴市场的开拓在 2023 年还未见到显著成效。

（三）中国游戏细分市场状况

2023 年，中国移动游戏市场实际销售收入同比实现了明显上升，仍占据中国游戏市场主导地位。客户端游戏市场实际销售收入持续升高，但其占比略有下降；网页游戏市场实际销售收入和占比均持续萎缩。

1. 中国游戏产业细分市场收入占比

2023 年中国游戏市场中，移动游戏实际销售收入占市场总收入的 74.88%，客户端游戏占 21.88%，网页游戏占 1.57%（见图 7）。

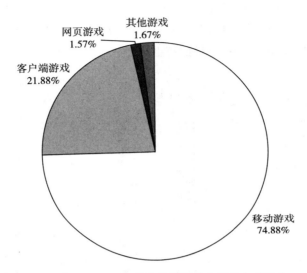

图7 2023年中国游戏产业细分市场收入占比

2. 中国移动游戏实际销售收入及用户规模

（1）中国移动游戏市场实际销售收入

2023年，中国移动游戏市场实际销售收入2268.60亿元，比2022年增加了338.02亿元，同比增长17.51%（见图8）。2023年移动游戏的收入也创造了新的纪录。

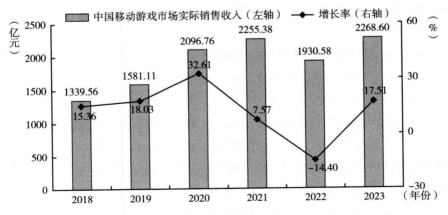

图8 2018~2023年中国移动游戏市场实际销售收入及增长率

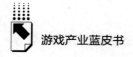
（2）中国移动游戏用户规模

2023 年，中国移动游戏用户规模达 6.57 亿人，同比增长 0.39%（见图 9）。这也是移动游戏用户规模的历史新高点。

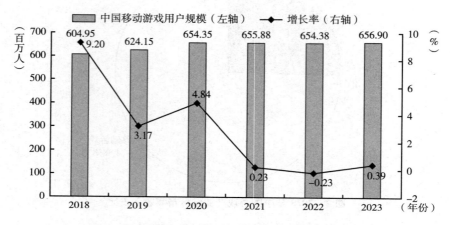

图 9　2018~2023 年中国移动游戏用户规模及增长率

（3）收入排名前 100 移动游戏产品类型数量占比

2023 年，在收入排名前 100 的移动游戏产品中，角色扮演类数量明显高于其他类型，占比达到 31%。策略类（含 SLG）游戏和卡牌类游戏次之，占比均为 9%。射击类和棋牌类游戏占比也分别有 7%（见图 10）。近三年来，角色扮演类游戏一直是头部移动游戏中数量最多的游戏类型。前三类游戏占比之和与上年基本持平。

（4）收入排名前 100 移动游戏产品类型收入分布

2023 年，在收入排名前 100 的移动游戏产品中，角色扮演类游戏以29.55% 的总收入占比列首位；多人在线战术竞技类游戏次之，占比为 17.01%；射击类游戏位居第三，占比为 14.70%，三者合计占总收入的 61.26%（见图11）。此外，策略类（含 SLG）的游戏收入占比，相较于上年有所下滑。角色扮演类游戏仍然是移动游戏市场中最重要的游戏类型，在头部游戏产品中其数量和收入均占优势，盈利能力较强。面向细分领域核心玩家的多人在线战术竞技类游戏与射击类游戏，盈利能力也表现得很稳定。

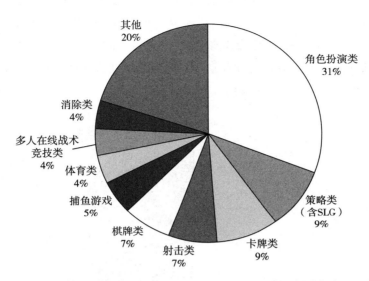

图 10 2023 年收入排名前 100 移动游戏产品类型数量占比

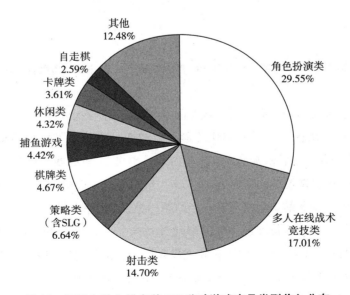

图 11 2023 年收入排名前 100 移动游戏产品类型收入分布

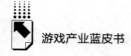

（5）收入排名前100移动游戏产品IP来源类型数量占比

2023年，在收入排名前100的移动游戏产品中，从IP不同来源看，数量占比最多的是原创IP，占比为51%。其次是客户端游戏IP，占比为21%。IP来自单机/主机游戏、移动游戏和动漫、体育的移动游戏产品数量占比分别为9%、5%和3%、3%（见图12）。

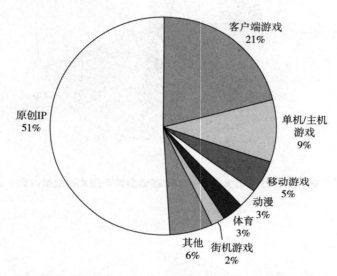

图12 2023年收入排名前100移动游戏产品IP来源类型数量占比

（6）收入排名前100移动游戏产品IP来源类型收入分布

2023年，在收入排名前100的移动游戏产品中，收入最多的是原创IP，占比为47.83%；此后依次是由客户端游戏、单机/主机游戏和移动游戏改编而来的移动游戏，收入占比分别是32.37%、6.91%和4.68%（见图13）。

（7）收入排名前100移动游戏产品题材类型数量和流水收入占比

2023年，在收入排名前100的移动游戏产品中，数量占比较高的三种题材类型分别是玄幻/魔幻、弱题材和现代题材，占比分别为24%、18%和14%。流水收入较高的三种题材类型分别是玄幻/魔幻、现代和文化融合题材，占比分别是22.58%、17.89%和14.18%。玄幻/魔幻题材类游戏在数量和流水收入占比中均位列第一（见图14、图15）。

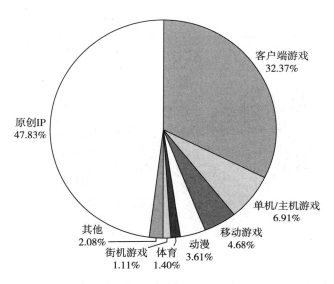

图 13　2023 年收入排名前 100 移动游戏产品 IP 来源类型收入分布

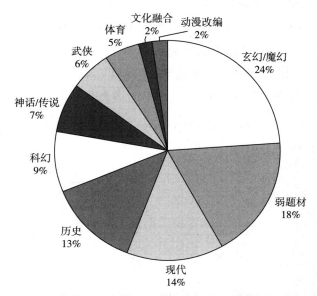

图 14　2023 年收入排名前 100 移动游戏产品题材类型数量占比

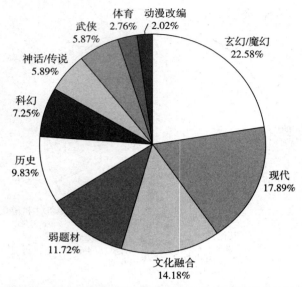

图 15 2023 年收入排名前 100 移动游戏产品题材类型流水收入占比

3. 中国客户端游戏实际销售收入

2023 年,中国客户端游戏市场实际销售收入为 662.83 亿元,同比增长 8.00%(见图 16)。这得益于在端游产品中,大型多人在线角色扮演游戏(MMORPG)类型的收入稳定,头部电竞游戏和二次元游戏的收入持续增长,以及更多游戏新品在 PC 端同步发行,提高了端游的整体收入水平。

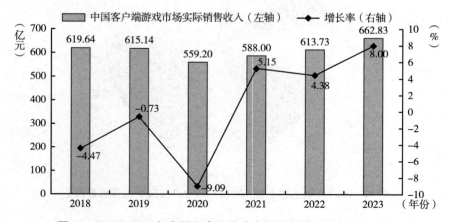

图 16 2018～2023 年中国客户端游戏市场实际销售收入及增长率

4. 中国网页游戏实际销售收入

2023年，中国网页游戏市场实际销售收入为47.50亿元，同比下降10.04%。这是自2016年以来，网页游戏市场实际销售收入连续第八年出现下降，反映出网页游戏市场的持续萎缩（见图17）。

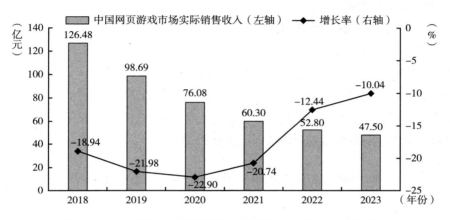

图17　2018~2023年中国网页游戏市场实际销售收入及增长率

5. 中国主机游戏实际销售收入

2023年，中国主机游戏市场实际销售收入为28.93亿元，同比增加22.95%（见图18）。高于全球主机游戏收入的增长规模。

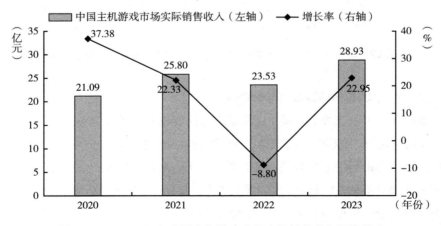

图18　2020~2023年中国主机游戏市场实际销售收入及增长率

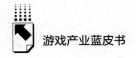

（四）中国游戏细分品类市场状况

2023 年，得益于头部新品表现较佳、用户消费意愿和能力较强，二次元移动游戏市场实际销售收入涨势明显。电子竞技游戏实际销售收入上涨，休闲移动游戏市场规模同比下降。

1. 中国电子竞技游戏实际销售收入

2023 年，中国电子竞技游戏市场实际销售收入为 1329.45 亿元，同比增长 12.85%（见图 19）。这主要归功于头部电竞游戏的长线运营，基本盘稳定。同时，新兴电竞游戏品类和自研新品的推出，也赢得了玩家的青睐，为市场带来显著的增量。值得一提的是，亚运会电竞赛事的成功举办以及中国队的出色战绩，或许也对电竞游戏总体收入增长有所助力。

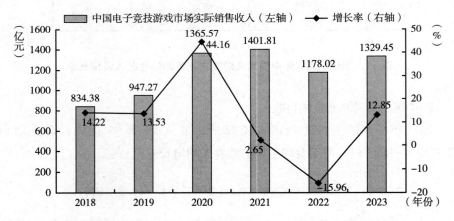

图 19　2018～2023 年中国电子竞技游戏市场实际销售收入及增长率

2. 中国二次元移动游戏实际销售收入

2023 年，中国二次元移动游戏市场实际销售收入达 317.07 亿元，同比增长 31.02%，增幅非常显著（见图 20）。这种增长的原因主要在于国内二次元移动游戏用户群体的付费意愿较高，并且付费能力较强。2023 年，这个品类的头部产品在更新和运营方面非常顺利，盈利能力持续提升。同时，少数新品的表现也非常强劲，进一步推高了总收入。值得注意的是，二次元移动游戏市场的集中度很高，收入主要体现在头部产品，而非头部产品的营收水平普遍较低。

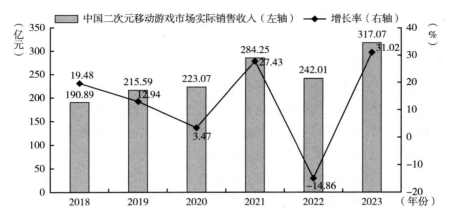

图 20　2018~2023 年中国二次元移动游戏市场实际销售收入及增长率

3. 中国休闲移动游戏实际销售收入

2023 年，中国休闲移动游戏市场实际销售收入为 318.41 亿元，同比降低 7.54%（见图 21）。其中内购产生的市场实际销售收入为 200.87 亿元，包含在中国游戏市场实际销售收入中。广告变现收入为 117.54 亿元，是用户间接付费，因此不计入中国游戏市场实际销售收入数据中。

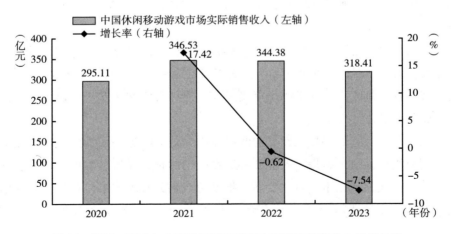

图 21　2020~2023 年中国休闲移动游戏市场实际销售收入及增长率

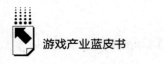

三　结语

2023 年是全面贯彻落实党的二十大精神的开局之年。中国游戏产业应继续坚持以高质量发展为主题，服务新时代文化建设，服务数字中国建设。游戏行业要以习近平新时代中国特色社会主义思想为指导，深入学习贯彻党的二十大精神，坚持以人民为中心，坚持把社会效益放在首位，坚持精品化发展方向。放眼未来，我国游戏产业发展前景展现出以下五方面趋势。

一是《未成年人网络保护条例》的颁布为游戏产业进一步完善未成年人保护工作提供了具体指引。游戏行业将继续贯彻主管部门管理要求，遵守并落实《未成年人网络保护条例》，继续完善防沉迷措施，将有关工作常态化。还将致力于提高全民游戏素养，坚持以人民为中心的创作导向，推出更多导向正确、基调健康的作品，实现产业健康规范发展。

二是《网络游戏精品出版工程》的发布进一步引领游戏企业精品化、规范化发展。游戏行业将响应主管部门号召，以网络游戏精品工程为指导，推出一批价值导向正确、富有文化内涵、寓教于乐的网络游戏精品，让正能量成为网络游戏发展主基调。努力传播社会主义核心价值观，传承中华优秀传统文化，展现新时代发展成就和风貌，促进科技创新和新技术应用，对标国际一流游戏。

三是对中华优秀传统文化进行传承与发展已成为企业共识，通过游戏促进创造性转化与创新性发展进一步凸显。游戏行业将学习践行习近平文化思想，通过游戏研发和运营，体现中华审美风范，推广传统文化知识，讲好中国故事，展现中华文化精神。

四是游戏产业的科技创新能力和科技引领效应将进一步加强。游戏企业将积极应用前沿科技，提升产业效率，助力精品化、高质量发展。领军企业发力攻关游戏核心技术，自主创新，推动游戏相关技术成果转化与跨行业赋能。创新文化消费新模式、新体验，推动数字经济、数实融合和数字中国建设。

五是伴随游戏产业全球化发展进程，围绕游戏的跨国文化交流将更加频繁和深入。预计更多中国游戏企业会树立全球化发展的目标，在国际平台上做好游戏产品的策划、研发、发行和运营，巩固我国游戏产业在欧美、亚洲成熟市场的优势，并继续深耕中东、拉美、非洲等新兴市场。推动国产游戏"走出去""走进去"，讲好中国故事，传播好中国声音，塑造可信可爱可敬的中国形象，展现中华文化独特魅力，构建跨国文化交流平台。

分 报 告

B.2
2023年中国电子竞技产业报告[*]

《2023年中国电子竞技产业报告》项目组[**]

摘　要：　中国电子竞技行业坚持贯彻落实党的二十大精神，积极学习并践行习近平文化思想，追求高质量发展。我国电子竞技产业在游戏、直播、参赛等方面的规范化发展取得了明显实效。电子竞技行业积极响应主管部门指导，遵守团体标准，规范电竞游戏开发、游戏运营、俱乐部运营、俱乐部赛训、运动员注册、教练培养、赛事运营、赛事直转播等电竞产业链各个环节的运行。2023年，我国电子竞技用户规模为4.88亿人，无论从电竞游戏使用者还是电

---

[*]　本报告于2023年12月20日，由中国音像与数字出版协会副秘书长、游戏工委秘书长、电竞工委主任委员唐贾军在2023年度中国电竞产业年会大会上正式对外发布。

[**]　本报告由中国音数协电竞工委（ESC）、中国电竞产业研究院主办，与伽马数据战略合作，张毅君（中国音像与数字出版协会第一副理事长、游戏工委主任委员）任主编，敖然（中国音像与数字出版协会常务副理事长兼秘书长）、唐贾军任副主编。编委会成员包括何威、李玥、秦小晴、郑南、王旭、李慧杰、冯福栋、张晓明、杨柳、尹丽珍、夏梦洁、杜娜、姜丽娜、崔雨、余睿超、邱悦、沈嘉、吴奇、徐滔、高大为、崔斌、钟杏梅、曹颖、田小军、胡璇、王枢、彭宏洁、杨瑞、罗霄恒、张丰翼、胥柏波、张遥力、滕华、乔婷婷及陈银莉。报告编撰过程中得到北京师范大学数字创意媒体研究中心、上海市静安区文化和旅游局、深圳市腾讯计算机系统有限公司以及广州网易计算机系统有限公司（排名不分先后）的支持，在此致以诚挚谢意。

竞赛事观看者的角度来说，都是全球规模最大的电子竞技用户群体。中国电竞行业向世界展示了风采，增强了全球影响力。

关键词： 电子竞技产业　电子竞技　高质量发展

2023年，我国电子竞技用户规模为4.88亿人，无论从电竞游戏使用者还是电竞赛事观看者的角度来说，都是全球规模最大的电子竞技用户群体。[①] 我国各级政府部门高度重视电子竞技产业发展及其多重效益，出台各种扶持政策；我国新闻媒体积极报道重要电竞赛事及其积极效应，引导舆论关注；我国企业日渐深入地参与到全球头部电子竞技游戏的研发制作和运营之中，并在移动电竞游戏及赛事领域全球领先；我国多家电子竞技俱乐部和多位选手在全球重要赛事中表现出色、国际知名。因此我国在全球电子竞技产业生态中的地位举足轻重，影响与日俱增。

2023年9月于杭州举办的第十九届亚运会首次将电子竞技作为正式项目，给中国电子竞技产业带来了规范化、主流化和国际化的重大发展机遇。产业相关基础设施不断建设，各类标准及规章制度持续完善。中国电竞国家队的出色表现，引发主流媒体和社会公众关注和赞扬，改善了电竞行业形象及舆论生态，将电竞与体育精神、爱国精神等主流价值观紧密联系。中国电竞行业借此机会也向世界展示了风采，增强了全球影响力。

为了更好地呈现电竞产业发展规律，提供更为科学的数据参考，也便于与国际电竞产业统计数据接轨，从2023年度起，本报告中的"中国电子竞技产业收入"将不再包含之前曾被统计在内的电竞游戏实际销售收入，而只包含直播收入、赛事收入、俱乐部收入及其他收入。电竞游戏实际销售收入将另行统计。同时，本报告发布的是以游戏为核心的游戏电竞产业的基本情况和数据，也不含虚拟体育的范畴。

---

① 除特别说明外，本报告中数据均由伽马数据采集分析而来。本报告第2部分为相关数据的具体分析说明。

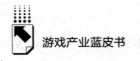
一 2023年中国电子竞技产业发展概述

（一）行业持续规范化，亚运赛事推动电竞融入主流

2023年，我国电子竞技产业在游戏、直播、参赛等方面的规范化发展取得了明显实效。电子竞技行业积极响应主管部门指导，遵守团体标准，规范电竞游戏开发、游戏运营、俱乐部运营、俱乐部赛训、运动员注册、教练培养、赛事运营、赛事直转播等电竞产业链各个环节的运行。中国音数协发布的团体标准《电子竞技标准体系表》《电子竞技赛事分级分类》《电子竞技赛事保障体系架构》自2023年10月开始实施。2023年杭州亚运会期间，由亚洲电子体育联合会（AESF）、国家体育总局体育信息中心组织，入亚电竞项目厂商、办赛方、俱乐部、技术方、运动员、教练员代表共同参与编写制定了《亚运电竞竞赛场馆建设标准》。中央广播电视总台也发布了我国首个电子竞技赛事制作规范《亚运电竞赛事制作规范》。

在主管部门的指导和行业的共同努力下，电竞行业持续有效推进未成年人保护工作。2023年下半年国务院通过并公布了《未成年人网络保护条例》，并于2024年1月1日正式施行。条例在网络保护体制机制、网络素养、网络信息内容建设、个人信息保护、未成年网络沉迷防治等方面均提出要求，旨在营造有利于未成年人身心健康的网络环境。电竞行业将社会效益放在首位，努力建设家企协管体系，限制未成年人过度观看电竞直播、过度消费电竞游戏、过度使用电竞酒店等行为，多方共建未成年人保护生态。同时，行业也在积极履行内容监管责任，防范抵制不良价值倾向，探索网络欺凌行为预警识别机制，正面引导电子竞技粉丝生态，为电竞产业健康有序发展营造良好的网络环境和社群基础。

2023年9月23日，第19届亚运会在杭州举行，电子竞技首次作为正式竞赛项目登上亚运舞台。电子竞技以体育项目的形式进入主流话语体系，迎来新的发展机遇，在我国电子竞技发展史上具有里程碑式的意义。

杭州亚运会进一步推动我国电子竞技产业规范化发展。依托于亚运会的备战和举办，从电子竞技赛事的运营、直播转播体系、转播制作规则，到运动员、教练员、裁判员及相关赛事运营人员的要求，再到电子竞技场馆标准、与电子竞技赛事相关的各项标准，都得到进一步完善。部分城市的赛事场馆等基础设施的建设有了长足进展。亚运会的训练需求助推了电竞人才培养、电竞教育、心理咨询等训练体系的完善。可持续的电竞赛事战略规划和科学的电竞体育集训规范随着亚运会的影响力向全国各级电子竞技赛事推广普及，助力电子竞技体育化、规范化、标准化发展。

亚运电竞赛事带来良好舆论氛围，振奋了时代精神、激励了青年向上、提振了电竞行业的发展信心。在杭州亚运电竞正式项目中，中国队在《王者荣耀》亚运版本、《和平精英》亚运版本、《梦三国2》和《刀塔2》四个项目中获金牌，在《英雄联盟》项目中获铜牌，以四金一铜的成绩位列电竞项目奖牌榜第一。中国电子竞技项目国家集训队在比赛中展现出了精湛的操作技术、默契的团队配合，勇于挑战、顽强拼搏的体育精神，为国争光的同时，也激发了观众的爱国精神与民族自豪感。

亚运会推动电子竞技在社会中的受关注和支持力度达到新高峰。央视CCTV5+对部分电竞赛事进行了延时转播，是近20年来电竞赛事首次出现在央视平台。人民日报、央视新闻等微信公众号、微博账号也发文祝贺中国队拿下电竞项目首金。多家主流媒体发布和报道赛事相关消息，引导公众更加全面地看待电子竞技的多重价值。杭州亚运会期间，全网涉亚运电竞传播总量504万条，舆论总体积极正面，网民点赞中国队成绩出色，肯定电竞运动员精神风貌和竞技水平，认为此次亚运会有效提升了中国电竞国际影响力、促进了国际文化交流，期待未来电竞产业规范、健康、可持续发展。

（二）电竞产业市场尚未回暖，商业化路径有待探索

2023年，我国电子竞技产业收入为263.5亿元，同比下降1.31%。这也是我国电竞产业收入第二年连续同比下降。产业市场格局仍以电子竞技内容直播收入为主，电子竞技赛事、电子竞技俱乐部与其他收入并存。2023年，国内与国际电竞赛事数量同比均有增加，电竞入亚也带来舆论关注和发展契机，体现在赛事收入同比增长18.72%。但占比重较大的电竞内容直播收入受到直播行业整体下滑的影响，收入下降到213.1亿元，同比下降3.49%，因此导致了电竞产业收入的总体下滑。电竞直播收入下降可能是由于直播行业监管日益

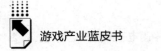

严格、被短视频平台分走流量等因素影响。如何规范和发展电子竞技直播，充分发挥其在产业链中的重要作用，是当前面临的重要问题。

2023年，我国电子竞技游戏市场实际销售收入为1329.45亿元，同比增长12.85%。头部电竞游戏长线运营，持续更新，基本盘稳定。一些电竞游戏新品进入市场，也包括品类创新，赢得玩家青睐，创造了市场增量。

2023年电竞赛事热度回升和电竞入亚，也带动了电竞周边产品的销售。"双11"期间，国内头部电商平台上电竞产品销售额增幅在所有品类中位居前三，这些产品包括游戏本、组装电脑DIY、电竞显示器、电竞键盘、鼠标、耳机等外设及电竞椅等。

2023年，我国企业自研或拥有版权的电竞游戏新产品有所增加，为电竞游戏市场带来了新的活力和增量。新产品中，既有多款竞技性强、可满足电竞核心玩家群体需求的游戏，也包括如派对游戏等提供相对休闲的竞技体验的产品。电竞游戏品类更加丰富，电子竞技边界有所拓宽，玩家群体更加多元化，用户基数有望进一步扩大。

游戏厂商、赛事主办方和俱乐部加大投入，探索围绕优质内容与IP的创新，促进体验与消费升级。电子竞技行业积极优化赛事呈现形式，结合虚拟空间全场景运行、MR可穿戴设备、杜比全景声直播、AI辅助直转播等技术打造沉浸式赛事体验，并探索与音乐、表演、虚拟偶像、数字人等领域如何融合互促，以丰富IP衍生的产品形态，加强电子竞技品牌建设。

行业积极探索电竞原生IP在赛事之外的多种商业化路径。电竞企业与主题乐园、文旅、潮玩盲盒、快消品等领域合作联动，通过线上线下相结合的方式向电竞用户提供了更丰富的娱乐选择和体验方式。企业也在持续推进电竞IP在综艺、漫画、纪录片等跨媒体渠道的衍生内容产出，并鼓励用户社群围绕电竞IP广泛开展二次创作，以扩大电子竞技泛用户群体，提高电竞IP影响力。

（三）地方政策继续支持，助力城市综合发展

各地方政府持续关注电竞在经济和文化方面的双重效应和拉动作用，进一步落实此前各自发布的关于推动电竞产业发展的政策，涉及"十四五"规划、基础设施建设、数字经济、文化出口、文旅繁荣、经济振兴等方面。上海、成

都、杭州等城市还提出了诸如建设"电子竞技之都""电竞文化之都"的口号。

地方政策的积极支持为电竞产业在各地发展提供了坚实基础。从专业电竞场馆建设，到上海大师赛、成都王者荣耀世界冠军杯等高水平、高规格的地方赛事的举办，再到人才培养、标准建立、研究机构设立等，在京津冀、粤港澳大湾区、长三角、成渝等重点区域，通过地方政策和企业支持，培育起本土化俱乐部和具有地方特色的电竞文化，探索各具特色的电竞城市集群发展路径，塑造城市品牌、解决地方就业、拉动地方经济、提振人民精神。

电子竞技产业通过"电竞+新消费"模式创新融合，推动电竞赛事活动、电竞 IP 等资源与线下商业空间有机结合，顺应了年轻消费者群体个性化和多元化的消费习惯趋势。电竞综合商业体为传统线下经营模式的城市商业体带来了转型契机，结合文旅联动、城市品牌推广、电竞活动，形成新的商业模式。电子竞技作为数字经济发展的重要抓手，有效促进了数字经济和实体经济的深度融合，推动自身产业发展与地方经济建设共赢。

据浙江大学国家体育产业研究基地、华中师范大学国家体育产业研究基地联合课题调研组撰写的《亚运电竞赛事赋能城市发展评估报告》，杭州亚运电竞赛事所产生的经济效益为 2.6 亿元。其中门票收入和电竞特许商品销售收入达 7877.53 万元。受访者中绝大多数人认为亚运电竞赛事的成功举办，促进了杭州城市文化传播，展现了杭州年轻、活力、现代化的形象，提高了杭州国际影响力与地位，还提升了市民素质、增强了公民意识。

（四）全球影响力进一步提升，助推中国文化传播

近年来，国内游戏企业积极出海，全球发行游戏产品取得显著市场成绩。我国自有版权的电竞游戏和电竞赛事也乘此东风，加速全球化布局，有效提升中国电竞行业的全球影响力。2023 年初，我国头部电竞赛事直转播企业获得海外高额投资。年末，我国自研电竞游戏在海外知名电竞大奖 EsportsAwards 评选中获得年度最佳移动电竞游戏荣誉，我国电竞俱乐部首次获得 TGA 年度最佳电竞战队称号。

我国电竞出海以移动电竞项目为主，在日韩、北美等成熟市场占有一定份额，在东南亚地区已成主流，在拉美、中东等新兴市场区域的影响力日益显

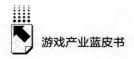

著。据 EsportsCharts，在 2023 年度全球移动电竞赛事总观看时长和最受欢迎移动电竞赛事（峰值在线观看人数）的统计数据排行中，榜首均为我国游戏企业在海外举办的赛事。伴随着杭州亚运会电竞赛事的成功举办，中国电竞在国际舞台上的地位也进一步提升。在电竞游戏研发、俱乐部参赛表现和赛事举办等方面，中国电竞实力都与日俱增。

我国自研的多款电子竞技游戏都积极应用与传播了中华优秀传统文化。随着这些游戏在国内外的流行，随着相关电竞赛事的广泛举办，电子竞技不仅成为传统媒体和社交媒体中的流行内容，更成为中华优秀传统文化和当代流行文化融合、全球年轻人相遇的渠道与平台。电竞有望增进世界各国人民的跨文化交流，推动不同国家、不同文化之间的相互理解和尊重，促进民心相通。

（五）持续完善电竞生态，多方共创良好发展环境

我国电竞行业生态初步形成，包括产业上游的游戏研发、发行和相关硬件制造，产业中游运营俱乐部、场馆、赛事和制作电子竞技内容，产业下游传播电子竞技内容与文化。

在亚运会的助推下，有更多企业参与电竞产业链建设，在版权管理、场馆运营、内容建设及直播、用户参与等环节，贯通整合电子竞技上中下游产业链。不同主体各展所长，凝聚发展动能，推动产业生态协同发展。

更多主体参与电子竞技行业生态建设，为产业提供多方支持。2023 年，中国电竞产业年会、全球电竞运动领袖峰会、全球电竞大会等大型会议贯穿全年，不断为行业交流提供平台。2023 年上半年，中央广播电视总台国家电子竞技发展研究院与中国电竞产业研究院先后成立，促进电子竞技产业政产学研合作。12 月，上海市体育局、中央广播电视总台与静安区人民政府共同主办电竞上海大师赛，成都也启动了多项世界电竞赛事，是地方政府落实电竞扶持政策的切实举措。此外，以亚运电竞赛事为契机，主流媒体与电竞行业加强了深度合作，为行业带来新的合作主体与发展机遇，有助于舆论与产业的良性互动发展。

电子竞技产业继续开展与文化、体育、旅游、会展、时尚等领域的跨界融合，在金融、地产、文旅、家居家装、通信、消费电子、教育等产业领域持续

跨界互动，推动数实融合，扩大电竞产业影响，为传统行业带来升级转型机遇。

二　2023年中国电子竞技产业发展状况

（一）中国电子竞技产业收入状况

1.中国电子竞技产业收入总量

2023年，我国电子竞技产业收入为263.5亿元，同比下降1.31%。这也是我国电竞产业收入连续第二年出现下降（见图1）。虽然2023年电竞赛事收入和俱乐部收入同比有一定增长，但占比最大的电竞内容直播收入受到直播行业整体下滑的影响，同比下降3.49%，因此直接导致了电竞产业收入的总体下滑。而电竞直播收入下降可能受到直播行业监管日益严格、短视频平台流量竞争等因素影响。

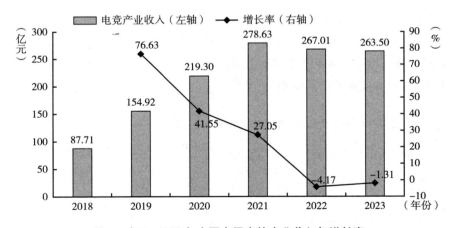

图1　2018~2023年中国电子竞技产业收入与增长率

2.中国电子竞技产业收入构成

2023年中国电子竞技产业收入中，电子竞技内容直播收入占比最高，达到80.87%。赛事收入、俱乐部收入、其他收入占比分别为8.59%、6.42%、4.12%（见图2）。

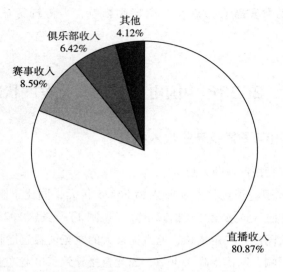

图2　2023年中国电子竞技产业收入构成

3. 中国电子竞技游戏收入状况

2023年，中国电子竞技游戏市场实际销售收入为1329.45亿元，同比增长12.85%（见图3）。头部电竞游戏的收入稳中有升，新兴电竞游戏也创造了一定的市场增量。2023年线下赛事活动数量增多，杭州亚运会电竞赛事的成功举办，客观上增加了电竞游戏的群众基础和关注热度，从而也推动了电竞游戏收入增长。

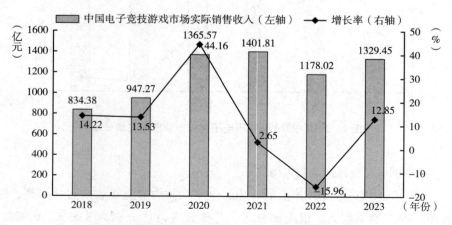

图3　2018~2023年中国电子竞技游戏市场实际销售收入与增长率

（二）中国电子竞技用户状况

1. 中国电子竞技用户规模

2023年，中国电子竞技用户有4.88亿人，同比增长0.10%（见图4）。2023年电竞游戏新产品和新品类的出现带来了新增用户，杭州亚运会电竞赛事成功举办也让更多社会公众关注了电子竞技，但整体来看，中国电竞用户并未出现明显增长。

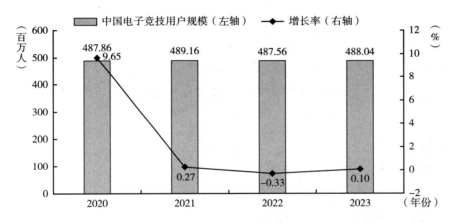

图4　2020~2023年中国电子竞技用户规模与增长率

2. 中国电子竞技用户性别比例

中国电子竞技用户中男性居多，占总人数的57.4%；女性用户占比42.6%（见图5）。

3. 中国电子竞技用户年龄分布

中国电子竞技用户的年龄分布主要集中在青年阶段。25~34岁的电子竞技用户数量最多，占比为41.8%；其次是25岁以下的用户，占比29.9%；35~44岁用户占比21.6%；45岁及以上的电子竞技用户数量相对较少，仅占比6.7%（见图6）。

4. 中国电子竞技用户城市分布情况

随着电子竞技赛事的逐渐发展与电竞直播的普及，中国电子竞技用户在各级城市中的分布相对均衡。新一线城市电子竞技用户最多，占比为23.8%。一

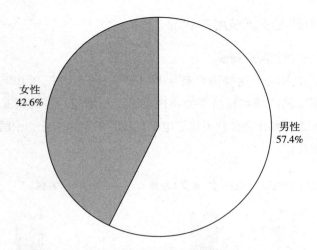

图 5   2023 年中国电子竞技用户性别比例

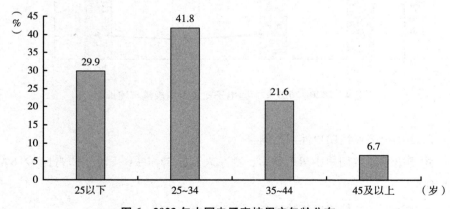

图 6   2023 年中国电子竞技用户年龄分布

线城市、二线城市、三线城市和四线城市及以下的用户分布比例相差不大，分别为 19.1%、17.7%、19.3%和 20.0%（见图 7）。

5. 中国电子竞技用户学历分布情况

半数以上电竞用户拥有本科及以上学历，占比为 50.9%。具有大专学历的用户占比 22.2%。高中/中专学历用户和初中及以下学历用户分别占比 20.6%和 6.3%（见图 8）。

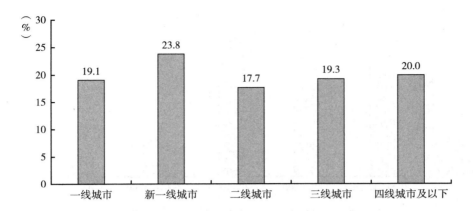

图7 2023年中国电子竞技用户城市分布情况

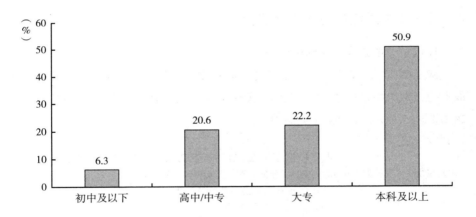

图8 2023年中国电子竞技用户学历分布情况

6. 中国电子竞技用户收入分布情况

在收入分布上，月收入为6001~10000元的电子竞技用户占比最高，达32.0%。其次是月收入为3001~6000元的用户，占比为28.5%。月收入3000元及以下的用户占比24.4%。收入在10001~15000元和15000元以上的电子竞技用户比例较低，占比分别为8.1%和6.9%（见图9）。

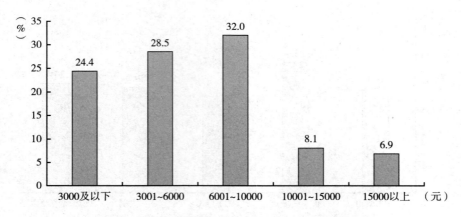

图9　2023年中国电子竞技用户收入分布情况

（三）中国电竞游戏产品状况

1. 电子竞技游戏产品玩法类型

截至2023年12月，中国电子竞技游戏主要产品的玩法类型中，产品数量最多的三种类型是射击类、多人在线战术竞技类、体育竞技类，占比分别为28.0%、15.9%、12.2%（见图10）。

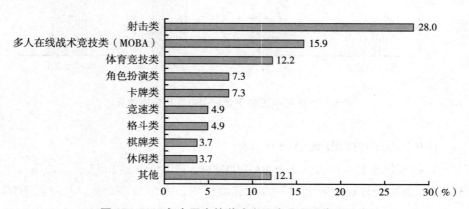

图10　2023年电子竞技游戏主要产品玩法类型分布

2. 电子竞技游戏主要产品分类情况

在电竞游戏主要产品中，58.5%的游戏产品为移动游戏，29.3%的游戏产品为客户端游戏，8.5%的游戏产品同时运营着移动和客户端版本，3.7%的游戏产品为网页游戏（见图11）。

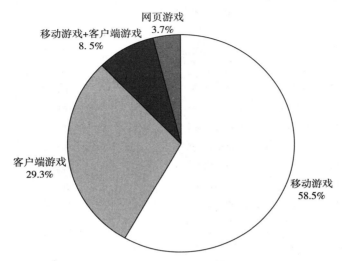

图11　2023年电子竞技主要产品分类（平台）情况

3.电子竞技游戏产品排名情况

2023年，移动电子竞技游戏产品国内市场流水的前三名分别是《王者荣耀》、《和平精英》和《英雄联盟手游》。排名前20的移动电竞游戏产品主要涵盖了MOBA类、射击类、体育竞技类和卡牌类等（见表1）。在客户端电子竞技游戏中，《英雄联盟》《穿越火线》《刀塔2》占据国内市场流水前三名。《无畏契约》和《永劫无间》作为近三年在国内正式上市的电竞游戏，其收入水平也比较突出（见表2）。

表1　2023年国内市场流水排名前20的移动电子竞技游戏及其类型

排名	游戏名称	游戏类型
1	王者荣耀	MOBA类
2	和平精英	射击类
3	英雄联盟手游	MOBA类
4	金铲铲之战	自走棋
5	穿越火线:枪战王者	射击类

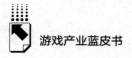

续表

排名	游戏名称	游戏类型
6	使命召唤手游	射击类
7	JJ 斗地主	棋牌类
8	欢乐斗地主	棋牌类
9	QQ 飞车	竞速类
10	暗区突围	射击类
11	三国杀	卡牌类
12	第五人格	非对称竞技类
13	全明星街球派对	体育竞技类
14	QQ 炫舞	音舞类
15	巅峰极速	竞速类
16	腾讯欢乐麻将全集	棋牌类
17	FIFA 足球世界	体育竞技类
18	实况足球	体育竞技类
19	英雄杀	卡牌类
20	三国杀十周年	卡牌类

表2　2023 年国内市场流水排名前 20 的客户端电子竞技游戏及其类型

排名	游戏名称	游戏类型
1	英雄联盟	MOBA 类
2	穿越火线	射击类
3	刀塔 2	MOBA 类
4	反恐精英:全球攻势	射击类
5	无畏契约	射击类
6	永劫无间	动作竞技类
7	坦克世界	射击类
8	QQ 飞车	竞速类
9	足球在线 4	体育竞技类
10	逆战	射击类
11	战舰世界	射击类
12	梦三国 2	MOBA 类
13	街头篮球	体育竞技类

续表

排名	游戏名称	游戏类型
14	QQ 炫舞	音舞类
15	劲舞团	音舞类
16	篮球在线	体育竞技类
17	星际战甲	射击类
18	跑跑卡丁车	竞速类
19	特种部队	射击类
20	生死狙击 2	射击类

（四）中国电竞赛事状况

1. 中国电竞赛事举办数量

2023 年，省级及以上、职业选手参与的非表演类中国电子竞技赛事举办数量同比增长，共有 127 项赛事举行（每个系列赛事计算为一项）（见图 12）。

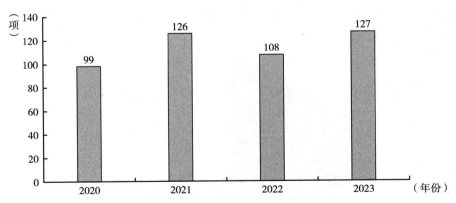

图 12　2020~2023 年中国电子竞技赛事举办数量（系列）

有更多的电子竞技赛事的举办形式从线上转为线下。在 2023 年举办的赛事中，46%为全程线下办赛；32%采用了"线上+线下"结合的方式；22%采用线上办赛的方式（见图 13）。作为对比，2022 年全年全程线下、线上线下结合与线上办赛的比例分别是 31%、31%和 38%。

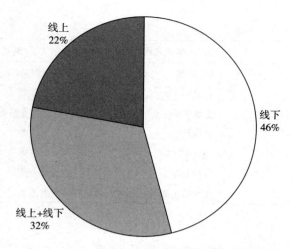

图13 2023年中国电子竞技赛事举办形式分布

2. 中国电竞线下赛事举办城市分布情况

从2023年线下电子竞技赛事举办城市的分布情况来看（多地举办的赛事按照决赛所在地计算），上海持续成为举办电子竞技赛事最多的城市，其举办的赛事数量占全国的25.5%。其次是北京、杭州和成都，占比分别为7.6%、6.8%和6.8%（见图14）。

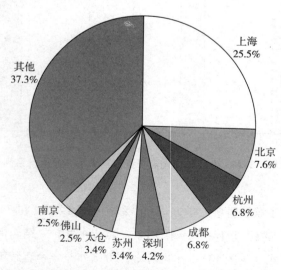

图14 2023年中国线下电子竞技赛事举办城市分布

（五）中国电子竞技俱乐部状况

截至 2023 年，中国目前可查询的电子竞技俱乐部共有 188 家，拥有 10 家及以上电子竞技俱乐部的城市有上海、北京、广州和杭州。其中，上海市俱乐部数量最多，达到 52 家。电子竞技俱乐部数量超过或等于 5 家的城市共有 10 座，均为一线城市和新一线城市（见图 15）。

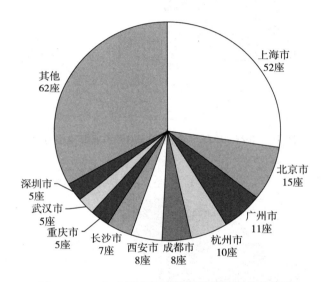

图 15　2023 年主要电子竞技俱乐部地区分布状况

2021~2023 年，大多数电竞俱乐部只参加单种赛事，占比为 64.6%。参加 2 种赛事的俱乐部占比为 12.1%。参加 3 种赛事的俱乐部占比为 9.1%。参加 3 种以上赛事的俱乐部占比为 14.2%（见图 16）。

在中国主要电子竞技俱乐部各赛事参赛选手人数分布上，5 人、8 人、6 人参赛的俱乐部数量分别达 26.5%、14.7% 和 14.2%，是最常见的三种俱乐部参赛选手规格（见图 17）。

（六）电子竞技赛事出海状况

2023 年，中国电子竞技产业持续开拓海外市场，在东南亚等地区举办的

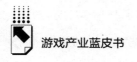
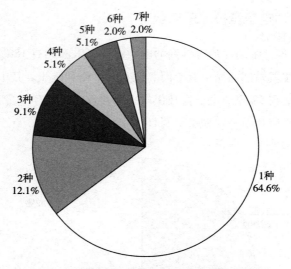

图16　2021～2023年电竞俱乐部参加赛事种类分布

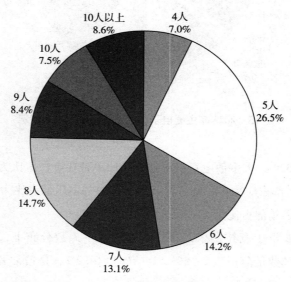

图17　主要电子竞技俱乐部各赛事参赛选手人数分布

电子竞技赛事影响逐步扩大。部分国产电竞游戏赛事在东南亚多个国家成为当地最受欢迎的电竞赛事之一（见表3）。

表3　2023年中国电子竞技赛事出海情况

电竞赛事名称	企业	游戏	区域	举办时间
KNIVES OUT PRO LEAGUE	网易	荒野行动	日本	2023年1月
MLBB Women's Invitational	沐瞳	无尽对决	雅加达	2023年2月
2023PMPL春季赛	腾讯	PUBG MOBILE	印度尼西亚	2023年3月
MPL MENA Spring 2023	沐瞳	无尽对决	中东＆北非	2023年3月
2023荒野CHAMPIONSHIP-栄光の刻	网易	荒野行动	日本	2023年4月
The 32st SEA Games MLBB	沐瞳	无尽对决	柬埔寨	2023年5月
2023港澳台IVT	网易	第五人格	港澳台	2023年6月
2023欧美IVT	网易	第五人格	欧美	2023年6月
MLBB Southeast Asia Cup 2023	沐瞳	无尽对决	东南亚	2023年6月
2023IJL夏季赛	网易	第五人格	日本	2023年6月
Arena of Valor Premier League 2023	腾讯	Arena of Valor	泰国	2023年6~7月
2023日本IVT夏季赛	网易	第五人格	日本	2023年7月
2023东南亚IVC	网易	第五人格	东南亚	2023年7月
2023《香肠派对》海外交流赛	心动网络	香肠派对	港澳台＆日本	2023年8月
MPL MENA Fall 2023	沐瞳	无尽对决	中东＆北非	2023年9月
2023IJL秋季赛	网易	第五人格	日本	2023年10月
PUBG Mobile全球锦标赛2023	腾讯	PUBG MOBILE	全球	2023年11月
Arena of Valor Interational Championship 2023	腾讯	Arena of Valor	全球	2023年11月~12月
PMCO拉丁美洲2023	腾讯	PUBG MOBILE	拉丁美洲	2023年12月

中国自研电竞游戏赛事在海外的影响力进一步扩大，吸引了数百万海外观众观看比赛。头部赛事的单场观赛人数峰值超过506万人次（见表4）。

三　结语

2023年，我国电子竞技产业在政府支持、社会关注、行业共同努力下，呈现出积极发展态势和良好发展前景。2023年，杭州亚运会电竞赛事成功举

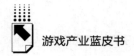
表 4 2023 年中国电子竞技赛事海外观赛人数 TOP20

电竞赛事名称	企业	游戏	区域	举办时间	平均观赛人数	观赛人数峰值
M4 World Championship	沐瞳	无尽对决	全球	2023/1/1 至 2023/1/15	806660	4270270
MPL Indonesia Season 12	沐瞳	无尽对决	印度尼西亚	2023/7/13 至 2023/10/15	520262	2100032
M5 World Championship	沐瞳	MLBB	全球	2023/11/23 至 2023/12/17	475259	5067107
32nd SEA Games: MLBB	沐瞳	无尽对决	东南亚	2023/5/12 至 2023/5/14	368223	1462871
MPL Indonesia Season 11	沐瞳	无尽对决	印度尼西亚	2023/2/17 至 2023/4/9	357631	1888453
32nd SEA Games: MLBB	沐瞳	无尽对决	东南亚	2023/5/12 至 2023/5/14	368223	1462871
PUBG Mobile Global Championship 2023	腾讯	PUBG M	全球	2023/11/2 至 2023/12/10	269567	815053
Arena of Valor Premier League 2023	腾讯	Arena of Valor	泰国	2023/6/28 至 2023/7/23	188269	974624
PMPL Indonesia Spring 2023	腾讯	PUBG M	印度尼西亚	2023/2/15 至 2023/2/26	128888	320461
MPL Philippines Season 11	沐瞳	无尽对决	菲律宾	2023/2/17 至 2023/5/7	108599	936723
MPL Philippines Season 12	沐瞳	无尽对决	菲律宾	2023/9/8 至 2023/10/28	108198	768923
PMPL Indonesia Fall 2023	腾讯	PUBG M	印度尼西亚	2023/6/7 至 2023/6/18	104549	233380
Arena of Valor International Championship 2023	腾讯	Arena of Valor	全球	2023/11/9 至 2023/12/24	98450	404090
IESF World Championship 2023	沐瞳	无尽对决	全球	2023/8/29 至 2023/9/3	95817	700796
MPL Malaysia Season 12	沐瞳	无尽对决	马来西亚	2023/8/18 至 2023/10/8	57828	551847
MPL Malaysia Season 11	沐瞳	无尽对决	马来西亚	2023/3/10 至 2023/4/30	42620	288896
PMPL South Asia Championship Spring 2023	腾讯	PUBG M	南亚	2023/5/4 至 2023/5/28	41463	73175
M5 World Championship Myanmar Qualifiers	沐瞳	无尽对决	缅甸	2023/9/14 至 2023/10/1	34677	136391
PMPL European Championship Spring 2023	腾讯	PUBG M	欧洲	2023/6/8 至 2023/6/11	33684	66050
MDL Indonesia Season 6	沐瞳	无尽对决	印度尼西亚	2023/8/8 至 2023/10/9	32842	267884

注：海外在线人数数据来源于第三方网站（Esport Charts），数据截至 2023 年 12 月 18 日。

办，向世界展示了中国电竞的风采，推动着我国电子竞技产业进一步规范化、主流化、国际化发展。这也将是我们未来的发展方向。

规范化是我国电竞产业稳健而长远地发展的必由之路。在电竞游戏开发、游戏运营、俱乐部运营、俱乐部赛训、运动员、教练员、裁判员的培养和管理、赛事运营、赛事直转播、电竞场馆运营管理等电竞产业链各个环节，行业将继续建设和完善标准。同时，行业也将配合社会各界，贯彻落实未成年人保护措施，保障电竞内容健康合规，保护知识产权，保护电子竞技从业者的合法权益和身心健康。

主流化是我国电竞产业趋向成熟的表现，这意味着发挥更大的价值，承担更重的责任。随着数字中国建设的稳步推进、早期电竞玩家与从业者步入中年，中国社会公众对电子竞技的认知更加全面深入，电竞运动和电竞文化也正在从"小众"走向"全民"。近年来，电竞与传统体育融合趋势明显，"电竞入亚""电竞入奥"让电竞与主流体育精神、体育文化相融，向传统体育行业"破圈"。"电竞国家队"让社会正视电竞在弘扬爱国、认同、拼搏等主流价值方面的巨大作用，也让电竞得到更多来自各级政府的关注、支持与引导。以央视为代表的主流媒体同样积极拥抱了电子竞技，由相关主管部门牵头成立的行业研究机构也进一步完善了电竞发展的生态环境。以上种种，都是我国电竞在主流化方向上踏实前行的步伐。

国际化是我国电竞产业再创新高、服务国家的应有之志。近年来，电子竞技在全球范围内得到了各国家地区政府的高度重视。欧盟、德国、巴西、沙特、韩国等推出法案或发布国家战略，扶持和推动游戏与电竞产业发展；印度、瑞典等国陆续承认电竞为正式体育项目与赛事；电竞赛事进入东南亚运动会、杭州亚运会成为正式项目，并在俄罗斯"未来运动会"、沙特"电竞世界杯"上不断亮相；国际奥委会继成功举办"奥林匹克虚拟系列赛""奥林匹克电竞周"之后，也在2023年成立了电竞委员会，并宣布在考虑创办奥林匹克电竞运动会。在此背景下，我国电竞产业将依托于近年来中国游戏出海的显著市场成绩和文化影响，延续我们电竞出海已取得的良好开局，发挥杭州亚运会电竞赛事成功举办的长期效应，继续提升我们在电竞游戏研发、出口及海外运营、国际电竞赛事运营和直转播、电竞人才培养训练、电竞各环节规范标准制定等方面的全球影响力。电竞也将像传统体育一样，在振奋人民精神、强化国

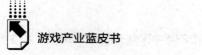

家认同、推动经济增长、助力文化交流、加强公共外交等多个方面发挥越来越重大的作用。

我们有理由相信，在规范化、主流化、国际化道路上，中国电子竞技产业将坚定地走下去，在国内和国际舞台上扮演更加重要的角色，承担起时代赋予的使命与责任。

B.3
2023年中国游戏产业未成年人
保护进展报告

常　健　唐贾军　吕惠波　刘其源*

摘　要：　本报告针对 2023 年中国游戏产业未成年人保护进展情况展开调研和分析。首先分别分析综述了我国在互联网及游戏领域的未成年人保护的最新现状和总体情况。其次挑选并分析了 14 家不同规模的游戏厂商在未成年人保护领域的代表性案例。最后指出了游戏产业未成年人保护当前面临的挑战，并提出若干建议。

关键词：　游戏产业　未成年人保护　游戏防沉迷　企业社会责任

随着未成年人保护相关政策的更新完善，游戏产业未成年人保护工作也在不断升级，游戏防沉迷与未成年人保护系统的构建是游戏产业未成年人保护工作中的重要环节，在防沉迷之外，未成年人保护工作还涉及方方面面，保障未成年人构建自身健康的世界观与价值观，是未成年人保护工作的重要目标之一。

为梳理游戏产业未成年人保护现状，伽马数据制作了《2023 年中国游戏产业未成年人保护进展报告》。为更加深入地了解未成年人游戏状况，报告采取线上线下结合的方式进行调研，涵盖家长和未成年人不同的视角，其中线上问卷全国随机投放，线下问卷在地域分布上涵盖北京、广东、黑

---

* 常健，伽马数据产业分析师，主要研究方向为未成年人保护、文化 IP 发展；唐贾军，中国音像与数字出版协会副秘书长兼游戏工委秘书长、电竞工委主任委员；吕惠波，伽马数据高级分析师，游戏产业研究专家，累计撰写游戏产业权威研究报告百余份；刘其源，伽马数据海外数据分析师，主要研究方向为全球性游戏产业发展状况监测与洞察。

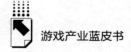

龙江、吉林、河南、湖南、宁夏、江苏等多个地区，覆盖小学三年级至高中三年级未成年人、未成年人家长及教师；问卷调研部分共投放问卷 6883 份，有效问卷数量 5750 份，问卷有效率 83.54%，其中家长有效问卷共 3199 份，未成年人有效问卷 2551 份。此外，还对游戏企业进行了未成年人保护专项调研与深度访谈。文中所有数据及图表如无特殊说明，均来自伽马数据。

本报告希望能客观展现游戏产业中参与各方在未成年人保护层面所做的工作，并在未来基于未成年人保护展开进一步努力，长期投入未成年人保护工作中；同时从未成年人游戏行为出发，探讨未成年人成长过程中可能存在的问题，进而引发对于未成年人保护更深层次的思考与探索。

一　未成年人保护现状

（一）未成年网民占比持续小幅上升趋势

截至 2023 年 6 月，我国网民规模已达 10.79 亿人，较 2022 年 12 月增长 1109 万人。其中 19 岁及以下网民数量超过 2 亿，占比进一步增加至 18.7%（见图 1），仅次于 30~39 岁的 20.3%。[①] 互联网在当今生活中的广泛应用，让未成年人得以较早接触网络，并使用互联网进行娱乐活动。为防止未成年人受到网络不良信息的影响，营造清朗的网络空间成为当前网络环境治理的重要目标之一。

（二）超五成未成年人每周可支配休息时间不足12小时，游戏偏好位居第六

对小学三年级至高中三年级在校学生的调研结果显示，24.39% 的未成年人每周可支配休息时间不足 6 小时，28.34% 的未成年人每周可支配休息时间在 6~12 小时，超过五成未成年人每周可支配休息时间在 12 小时以下，需要

---

① 中国互联网络信息中心：《第 52 次中国互联网络发展状况统计报告》，https://www.cnnic.net.cn/NMediaFile/2023/0908/MAIN1694151810549M3LV0UWOAV.pdf，最后访问日期：2024 年 7 月 1 日。

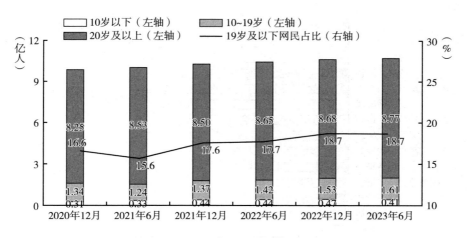

图1 中国网民规模

资料来源：中国互联网络信息中心（CNNIC）。

关注未成年人休闲娱乐的质量。与家长互动是未成年人在休息时的主要活动，选择和同学朋友玩、看网络视频、阅读课外读物、学习复习校内知识与玩网络游戏的未成年人数占比在30%～40%，其中游戏偏好位居第六（见图2、图3）。

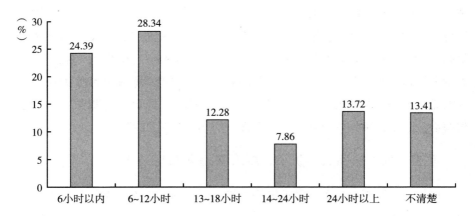

图2 你每周有多少可支配的休息时间？（学生）

资料来源：伽马数据（CNG）。

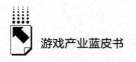

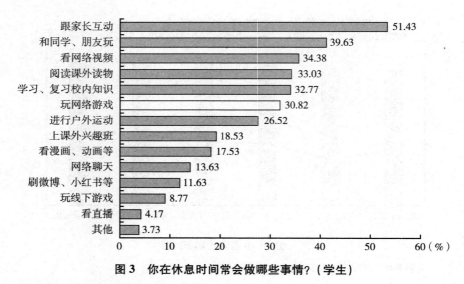

图3　你在休息时间常会做哪些事情？（学生）

资料来源：伽马数据（CNG）。

（三）对未成年人游戏时间限制关注度下降近七成

《关于进一步严格管理切实防止未成年人沉迷网络游戏的通知》下发以来，针对未成年人游戏超时的相关措施已取得显著成效，未成年人过度游戏问题得到有效改善，百度指数显示，2022～2023年，关键词"未成年人游戏时间限制"的搜索量月度均值呈持续下降趋势。而关键词"未成年人退款"的搜索量在暑期有所上升，一方面，随着游戏时长的改善，未成年人游戏消费问题逐渐成为关注热点；另一方面，也与媒体报道的"熊孩子"挪用家庭存款、超额消费、家长维权及退款等新闻事件密切相关（见图4）。

（四）筑牢未保法治防线，制度保障全面升级

近年来，我国未成年网民规模持续扩大，互联网在为未成年人提供更多学习、生活便利的同时，也出现了违法信息、不良信息泛滥，对个人信息滥采滥用，以及青少年沉迷网络等问题。未成年人保护是一项长期工作，相关法律也在不断完善升级，此前，有关部门已经陆续落实各类规范保障，包括《未成年人保护法》增设"网络保护"专章，中央网信办、国家新闻出版署、文旅

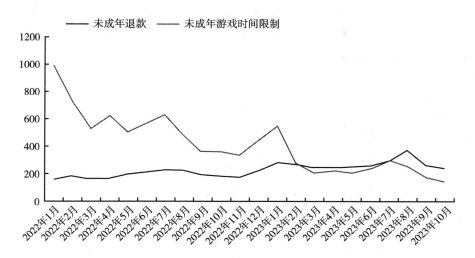

图4 未成年人游戏相关行为关注度变化

资料来源：百度指数。

部等部门出台政策文件等。

2023 年，中国第一部专门性未成年人网络保护综合立法《未成年人网络保护条例》（以下简称《条例》）出台并于 2024 年正式实施，《条例》一经推出便得到广泛关注，相关词条快速登上各大网络平台热搜榜。《条例》的出台与实施，标志着中国未成年人网络保护法治建设进入新的阶段。

二 游戏产业未成年人保护现状

（一）游戏内身份验证是现阶段主要保护措施，技术升级提高账号身份检验成效

在游戏时长管控措施上，人脸识别等游戏内身份验证功能展现成效。用户调研显示，未成年人游戏过程中，有 35.41% 的未成年人偶尔会触发身份验证弹窗，有 6.95% 的未成年人经常遇到过身份验证弹窗。验证弹窗整体触发比例较 2022 年有所降低，这主要因为在游戏防沉迷系统与未成年人保护相关规定的执行下，未成年人冒用账号与超时游戏行为得到限制，在规定时间外玩游戏

的未成年人比例出现降低。企业在通过技术手段检验账号身份层面成效显著，但仍有四成遇到弹窗，即未成年人冒用账号且超时游戏的现象，后续需加强对未成年人检查机制建设（见图5）。

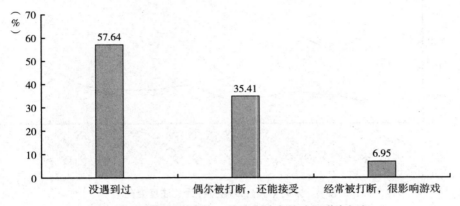

图5 您玩游戏的过程中，是否会被身份验证弹窗打断？

资料来源：伽马数据（CNG）。

（二）遇到验证弹窗后半数未成年游戏用户会停止游戏

在遇到身份验证弹窗后，有半数未成年人便会选择停止游戏去做其他事情，但有约两成未成年人会在家长协助下进行身份验证。游戏过程中的身份验证，是为了排查未成年人冒用成年人账号进行游戏的行为，从调研结果来看，游戏内身份验证在帮助未成年人节制游戏方面可起到一定作用，未来随着用户行为识别等技术的不断升级完善，防沉迷系统的作用将得到进一步提升（见图6）。

（三）部分未成年人用家长或他人身份信息注册账号

对学生调研结果显示，32.93%的未成年人会按要求用自己身份证注册游戏账号，有32.86%的学生表示会用家长或其他人身份证注册（见图7）。对存在未成年人超时游戏情况家庭的调研结果显示，35.28%的家长清楚孩子使用家长身份信息注册账号，26.07%的家长会让孩子使用家长的手机玩游戏，同时还有27.61%的家长对孩子的游戏情况了解程度较低（见图8）。

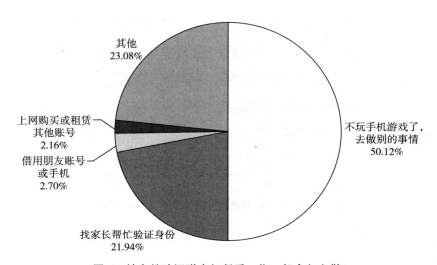

图 6　被身份验证弹窗打断后，你一般会怎么做？

资料来源：伽马数据（CNG）。

身份信息与设备的冒用直接削弱企业侧与防沉迷平台侧对未成年人游戏行为的观测与监管能力，其中设备的冒用更加大了未成年人利用家长账户进行消费的风险。

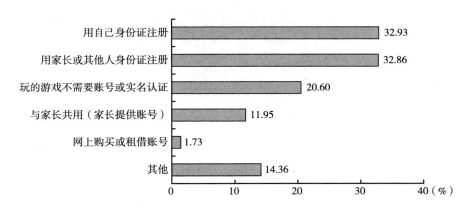

图 7　你常以哪些方式获取游戏账号？（学生－多选题）

资料来源：伽马数据（CNG）。

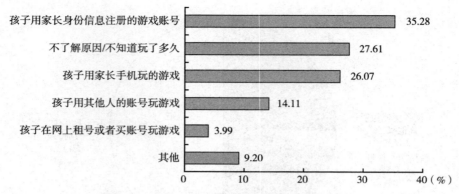

图8　未成年人玩游戏超时原因（家长-多选题）

资料来源：伽马数据（CNG）。

（四）未成年人游戏消费进一步降低

2023年，未成年人游戏消费量进一步降低。调研结果显示，有28.86%的未成年游戏用户消费减少，高于消费增多的用户11.79个百分点，未成年人游戏消费水平进一步降低（见图9）。

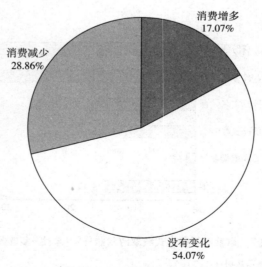

图9　近一年内您游戏相关消费变化情况如何？（学生）

资料来源：伽马数据（CNG）。

（五）七成以上未成年人家长退款申请得到处理

2023 年，家长对充值退款的关注度持续上升。用户调研数据显示，2023 年有 15.41% 的家长遇到过孩子偷偷充值的情况，与 2022 年基本持平，未成年人偷偷充值情况仍需重点关注（见图 10）。根据进行过退款申请家长的反馈，近四成退款申请得到全额退还，但同时也有近三成家长并未成功要回充值款（见图 11）。未进行退款与未进行全额退款的主要原因是缺少相关证据表明充值行为是由未成年人进行。从企业调研结果来看，不同企业所面对的退款申请在数量级、通过率、申请真实性结构上均有较大差异，同时 iOS、安卓等渠道退费环节也增加了家长退款的难度。在游戏充值退款环节存在的取证困难与退款标准不一等问题仍有待解决。

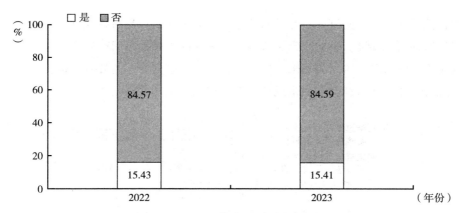

图 10　您是否遇到过孩子偷偷充值的情况？（家长）

资料来源：伽马数据（CNG）。

（六）超七成家长对未成年人保护措施有所了解

用户调研结果显示，77.75% 的家长对游戏行业层面未成年人保护措施有所了解，其中对家长监护平台、游戏时长限制的了解程度最高，均超过 25%。未来也应持续加强对家长群体的未成年人保护措施宣传，尤其是对政策内容的传达与解读。游戏行业未成年人保护相关规定在为行业制定标准外，也具备向

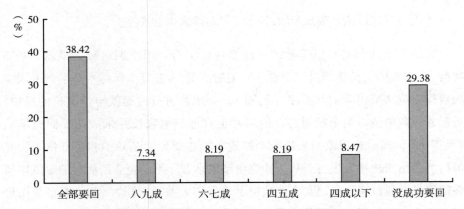

图 11 退还给您的充值款一般是您申请金额的几成？（家长）

资料来源：伽马数据（CNG）。

家长传递未成年人防沉迷目标导向的作用，应加强家长侧对游戏行业未成年人保护措施的认知度，避免因家长认知与行业标准出现偏差而产生未成年人保护效果不佳的情况，努力构建未成年人、家长方、教育方、监管方、企业方等多方配合形势，提升社会层面未成年人保护成效（见图 12）。

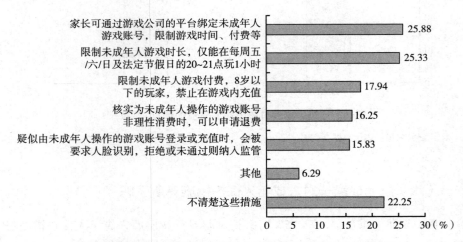

图 12 您知道以下哪些未成年人保护措施？（家长-多选题）

资料来源：伽马数据（CNG）。

（七）游戏管控随着孩子年级增长逐渐宽松

用户调研结果显示，在孩子玩游戏的家庭中，17.07%的家长严禁孩子玩游戏，当发现孩子在玩游戏时，会直接采取强制措施限制孩子玩游戏；18.40%的家长不支持孩子玩游戏，会以口头说教等方式进行管控；56.26%的家长会让孩子在一定条件下玩游戏，例如约定时间内玩游戏、完成学习任务后玩游戏、学习成绩好就可以玩游戏等，将游戏作为激励方式；4.76%的家长以默许或支持的方式允许孩子玩游戏。结合未成年人年级来看，随着未成年人年级的增长，严禁玩游戏的家长占比下降，而管控相对宽松的家长占比上升，家长对孩子玩游戏行为的管控倾向于更温和的方式。此外，允许孩子玩游戏的占比也出现少量提升（见图13）。

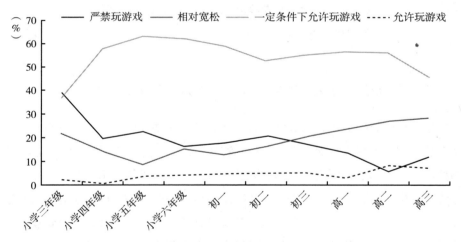

图13　家长对游戏态度随孩子年级增长变化状况

资料来源：伽马数据（CNG）。

（八）家长通过增加沟通应对孩子过度玩游戏

调研结果显示，家长对于沉迷游戏的评判标准不一，其中67.2%的家长认为孩子无节制玩游戏，影响到学习、睡眠等其他重要活动时便是沉迷游戏（见图14）。当面对孩子过度玩游戏的情况时，有48.44%的家长会选择增加与

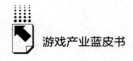

孩子的沟通互动，34.82%的家长选择培养孩子其他爱好，同时管控游戏设备与口头说教也是30%以上家长会选择的应对措施。

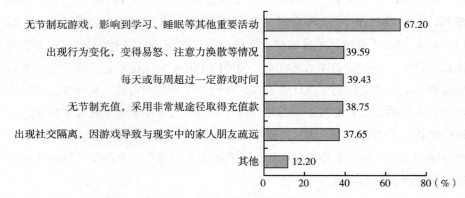

图14 您认为孩子怎样算沉迷游戏？（家长-多选题）

资料来源：伽马数据（CNG）。

（九）满足社交需求是未成年人玩游戏主要原因

用户调研结果显示，未成年人喜欢玩游戏的主要原因集中于缓解自身压力与满足社交需求两大方面（见图15）。随着未成年人进入不同年级，未成年人的游戏需求也出现相应变化。整体来看未成年人对于缓解压力的需求呈现上升趋势，其中五年级、初一、高一与高三阶段对缓解压力的需求均出现短时上涨；在社交需求方面，跟朋友一起玩的需求整体保持相对平稳，而结识新朋友的需求整体呈下降趋势，其中高一阶段由于未成年人步入新环境，因而对网络交友的需求有明显下降（见图16）。

（十）未成年游戏用户更偏好线上娱乐活动

以是否玩游戏为参考标准，将调研的未成年人分为游戏用户与非游戏用户两类，对比二者在游戏以外的娱乐活动偏好发现，游戏用户对网络视频、动画、漫画展现出较高兴趣，而非游戏用户则更偏好绘画与旅游，相比于非游戏用户，游戏用户更喜欢线上娱乐方式。总体来看，未成年人娱乐活动偏好多

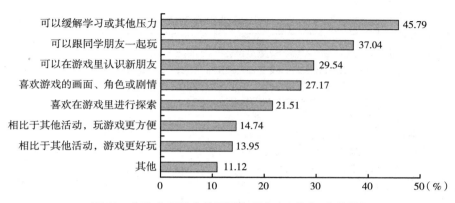

图15　你喜欢玩游戏的原因有哪些?（学生-多选题）

资料来源：伽马数据（CNG）。

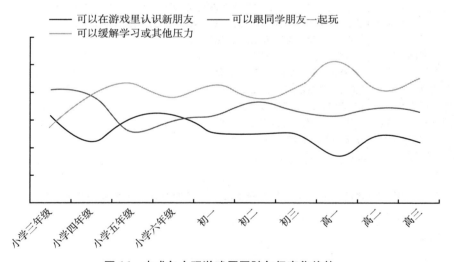

图16　未成年人玩游戏原因随年级变化趋势

资料来源：伽马数据（CNG）。

样，结合未成年人具体偏好活动进行引导，辅以所需资源，以丰富的课外活动充实生活，可降低未成年人压力，进而降低未成年人沉迷游戏的可能性（见图17、图18）。

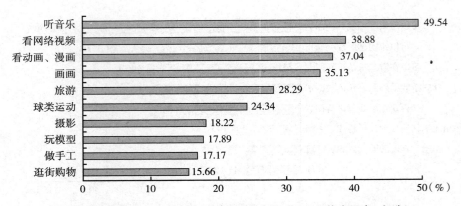

图17 除游戏外，未成年人娱乐活动偏好TOP10（游戏用户-多选）

资料来源：伽马数据（CNG）。

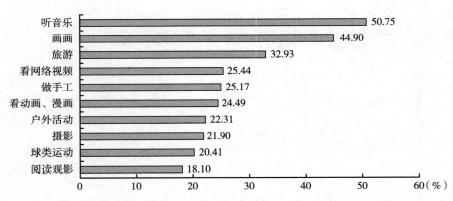

图18 除游戏外，未成年人娱乐活动偏好TOP10（非游戏用户-多选）

资料来源：伽马数据（CNG）。

（十一）未成年人过度玩游戏情况得到有效改善

在家长、政府、企业、监管、学校等多方协力下，未成年人过度玩游戏情况得到进一步改善，游戏产业未成年人保护工作的重心从防沉迷向多元化发展，产业未成年人保护工作进入新阶段。如前文所示，现阶段在未成年人侧，娱乐活动多样化发展，网络游戏偏好仅位于第六，同时未成年人消费意愿也连续两年保持下降趋势；在家长侧，对长期以来备受关注的孩子超时游戏问题的关注度也下降七成至平稳水平。未来，在保持未成年人游戏时长与消费意愿降低趋势的同时，游戏产业未成年人保护工作也将在更多领域持续进行。一是通过技术升级、黑产打击等方式积极应对未成年人保护相关难点，保障并提升防沉迷机制运行成效；二是关注未成年人实际需求，推进公益活动项目，建设图书馆、体育场等相关文娱活动设施，为未成年人提供更多娱乐选择；三是联合教育、科技、文化等多领域专家，推进网络素质教育和科学知识培养。未成年人保护是一项长期的系统性工程，游戏产业将继续协同多方力量，共同参与并狠抓落实，切实保护未成年人健康成长（见图19）。

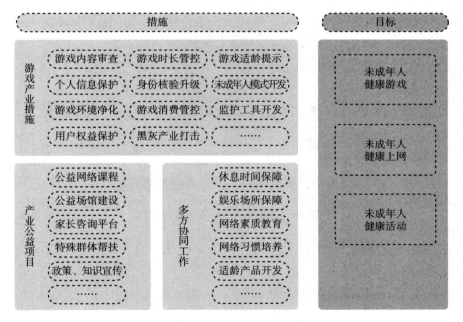

图19 游戏产业未成年人保护体系

三 游戏产业未成年人保护企业重点案例分析

（一）未成年人保护企业案例名单及筛选方式

游戏产业未成年人保护工作需要产业内全部相关企业的共同参与，在新规要求的基础上，中国游戏企业也依据自身能力积极探索未成年人保护办法。此次报告中，根据公司规模、用户规模、旗下产品类型、未成年保护措施等因素，筛选出 14 家不同规模的游戏厂商，并对其进行案例分析。通过对这些游戏厂商 2023 年防沉迷工作的总结与分析，为游戏产业内未成年人保护工作的后续发展提供学习与借鉴的方向（见图 20）。

图 20　未成年人保护入选企业案例

注：排列顺序不分先后。

（二）未成年人保护企业案例

1. 腾讯游戏

腾讯游戏未成年人保护工作涵盖技术限制、家长服务、公益帮扶等多层面，领先助力未成年人保护创新性发展。2017 年起，腾讯游戏率行业之先构建了涵盖未成年人游戏"事前—事中—事后"全流程的防护体系，并持续进行多项自发主动地探索，包括接入公安权威数据平台进行实名验证、落实金融级人脸识别等。在消费限制方面，腾讯游戏主动加码禁止 12 岁以下儿童充值，是行业唯一一家严于主管部门关于"8 岁以下禁充"要求的头部厂商。腾讯游戏旗下产品均未设立渠道服，游戏内完全按照统一的防沉迷标准执行。此外，腾讯游戏行业内首创一站式个性化管控的成长守护"家长服务助手",通过"自助式问答+人工视频指引"为家长提供游戏管控方案,并联合多家单位推出"家长服务园地",打造教家长由学到做的"一站式服务平台"。2023年第一季度,腾讯未成年人游戏时长和流水占腾讯本土市场游戏总时长的0.4%和总流水的0.7%,较三年前同期分别下降96%和90%,游戏防沉迷工作成效显著。

2023年,腾讯游戏聚焦城乡青少年科教、体育难题,深耕"智体双百"计划,面向城乡孩子提供"未来教室"和"未来运动场",为城乡学校提供科教和体育支持,充实丰富孩子课外选择。腾讯扣叮、AI编程第一课以及《给孩子们的大师讲堂》等公益活动也收效良好。

2. 网易游戏

网易游戏持续升级完善未成年人保护措施,聚合AI技术打造未成年人保护体系。网易游戏平均每年在未成年人保护方面投入超过1亿元,通过技术迭代、体系建设等方式不断升级,筑牢未成年人保护措施。在2023年暑假专项行动中,网易游戏推出基于深度学习大模型开发的"网易AI巡逻员",通过AI技术更高效、更及时地发现并拦截游戏内冒用身份的未成年人。在家长服务方面,网易游戏设置专项服务小组来解决未成年人家长的相关诉求与咨询,"网易家长关爱平台"帮助家长管控未成年人游戏行为,"一键禁止游戏登录""一键禁止游戏充值"等功能进一步简化了操作流程。在产品方面,网易游戏积极探索通过游戏实现未成年人教育的路径,例如《蛋仔派对》适龄模式不断升级,最新推出"宝宝蛋"模式,可筛选适合未成年人游玩的乐园内容,以体验化、互动化、游戏化的内容形式激发青少年学习兴趣,同时新增守护设置窗口,可以禁止公屏聊天以及陌生人组队等。《蛋仔派对》在未成年人定制内容、社交防护等方面深度探索,网易旗下其他产品也致力于借助游戏载体传递正向价值。

此外,网易游戏在游戏中上线"诈骗预警—诈骗阻断—诈骗举报"三大核心反诈产品功能,可发送定向反诈提醒、智能外呼反诈提醒电话。同时,通过开发租售账号识别模型深入黑产源头,至今已封停黑产工作室账号121万个。深化警企联动,打造防诈内容生态,形成立体化、多层级的未成年人防诈宣传内容矩阵。网易游戏助力打击游戏诈骗、账号租借等黑灰产业,切实推动中国游戏行业规范发展,共同守护未成年人健康成长。

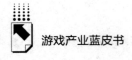

3. 米哈游

米哈游全面落实未成年人保护举措，团结各方力量探索护航成长最优解。对于未成年人群体，在游戏内落实防沉迷和实名认证等规范，并推出用户社区"青少年模式"。包括内容推荐小组、各类教育科普专题板块等，持续丰富为未成年人定制的专属内容池，未来将进一步探索和完善适合未成年人的知识类内容生态。对于家长群体，可通过成长关爱平台齐抓共管。在公司首页及各产品官网设置"成长关爱平台"入口，并多渠道针对性投放宣传引导信息，精准高效触达有相关诉求的家长，帮助有需求的家长更加方便、快捷地通过平台了解、管控孩子的游戏行为，或对孩子在产品上的充值进行退费申诉。对内，加强体系建设和员工宣教，让未保思想全流程渗透游戏研运各环节，确保游戏内容积极向上，无不良信息和内容导向。对于已经上线的产品，严格按照各项规定定期审查，同时加强数据监测，及时发现并处理可能存在的问题。面向全体员工进行内容安全方面的培训，确保员工充分了解相关法律法规和工作要求，形成全员参与、共同关注的良好氛围。通过技术升级等手段完善安全机制，为未成年人提供更加安全、健康的游戏环境。对外，米哈游积极共促行业建设，深度参与警企、政企联动，共同保护未成年人的健康成长。另外，利用游戏的感召力影响青少年更多参与社会公益，并通过组织活动、合作项目、捐献善款等形式切实为需要帮助的未成年人群体贡献力量。

4. 盛趣游戏

盛趣游戏平台升级实现跨游戏统一账户限制，游戏多元化应用提升社会价值。盛趣游戏始终坚持以保障未成年人身心健康为出发点，深入落实防沉迷措施和"清朗"行动要求，并对未成年人游戏行为进行持续探索和研究，致力于通过游戏对青少年作出正向引导。在防沉迷方面，盛趣游戏不断完善自有平台，实现跨游戏统一账户时长及计费管理，并将通过技术升级落实"人证对应"。同一玩家身份登录盛趣游戏平台所有游戏累计计算游戏时长。总时长超过3小时（法定节假日）或1.5小时（非节假日）会强制下线。针对社会高度关注的未成年人游戏内消费问题，建立起"事前—事中—事后"全流程解决方案：严格筛查疑似盗用家长账号并重点监控；强化智能账号认证管理有效辨别未成年群体；开通维权专线接受家长申诉并设定最高处理权限。2023年，盛趣游戏自营平台18岁以下注册用户同比下降88%，18岁以下用户充值同比下降45%。同时，盛趣游戏积极参与行业研究与标准建设，并结合自身优势不断探索游戏的多元化应用，以游戏为载体助力未成年人健康成长。盛趣游戏基于《彩虹岛》游戏开发"绿色提醒系统"，包括护眼、运动、定时、适龄、防沉迷等一系列服务。在不影响玩家正常游戏体验的前提下，以更科学、更人性化和更有趣的方式，帮助玩家养成健康游戏的好习惯。未来计划在公司旗下所有游戏进行推广。

5. 恺英网络

恺英网络已采取一系列措施加强对未成年人保护。首先，旗下所有产品均按国家要求设置实名认证系统并实施"网络游戏未成年人家长监护工程"，自2021年9月1日起关闭了未成年人注册功能，存量未成年用户将按照"两个通知"相关要求，受到游戏时长和充值的限制。其次，通过启动后台监控和人工巡查机制，判断游戏可疑行为，防止未成年人冒用成年人账号玩游戏和充值。判断未成年人退款申请真实性主要依据公安部门行为鉴定结果、账号活跃时间、充值时间、游戏内聊天记录，并通过电话回访核实游戏内容、游戏设备和充值设备等信息。同时，成立专门小组定期对旗下所有游戏产品进行内容审查，确保没有对未成年人身心健康造成不良影响的内容。

在社会公益方面，恺英网络多年来积极投身于乡村振兴教育领域，通过旗下"恺心公益"品牌，在青海、四川、云南等12省份23市26县，陆续开展"云支教"乡村小课堂、"色彩高原"乡村美育课堂、高原VR教室、"心愿树"等公益活动，为乡村地区儿童提供了多元化的支持。

6. 中手游

中手游严格落实未成年人保护相关措施，让阅读推动青少年"筑梦前行"。一方面，中手游坚决贯彻相关要求，旗下所有游戏均已接入实名认证、防沉迷系统以及游戏适龄提醒，严格按照版署新规执行限制，还发起了"网络游戏未成年人家长监护工程"项目，多管齐下防治未成年人沉迷网游的不良现象。值得一提的是，中手游在官方标准基础上相应提高分级，未满12周岁无法进行游戏充值；12~16周岁单次充值上限50元，每月充值上限200元；17~18周岁单次充值上限100元，每月充值上限400元。2023年上半年，18岁以下未成年玩家对中手游集团国内游戏收入的贡献占比低于0.01%。另一方面，中手游重点关注祖国下一代青少年的健康学习和成长，2017年至今共捐建了12所"中手游筑梦

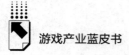

图书馆"，为阅读条件欠缺的学生提供了更多的资源与机会，帮助他们拓宽视野、提升综合素质，让他们看到游戏之外的广阔天地。

7. 青瓷游戏

青瓷游戏强化游戏内未成年人保护机制，大力推进儿童公益项目。青瓷游戏进一步落实防沉迷管理，接入中宣部系统进行实名制验证，并在多个途径开通家长快速通道，还设置了未成年人相关不良信息的举报途径等，目前已经取得了良好效果。2023年，未成年人付费占总流水的比例及未成年人账号活跃度进一步下降。除了在技术层面加强对未成年人保护，以及加强宣传提高员工的未成年人保护意识，青瓷游戏更以游戏为载体，一方面，在游戏构思设计上倾注正能量，将科普知识、传统文化、公益宣传等因素与游戏内容有机结合；另一方面，通过游戏联动和慈善捐赠的方式，开展未成年人相关的公益活动。后续青瓷将加大对未成年人帮扶力度，借助游戏寓教于行，帮助未成年人树立正确的价值观。

8. 冰川网络

冰川网络自主强化游戏内未成年人保护标准，全链路内容审核保障健康游戏环境。2023年，冰川网络围绕未成年人游戏行为的各个环节，构建并持续完善未成年人保护体系，在注册环节，对旗下产品执行比行业规定更为严格的监管要求，根据旗下游戏内容主动将《远征》《龙武》等多款端游设置为未成年人不可游玩，将《超能世界》《远征2》等多款移动游戏设置为16周岁以上用户才可游玩；在游戏环节，对于已注册未成年人账号的游戏时长与消费金额进行严格限制，数据显示，2023年冰川网络未成年人账号全年充值总额不足4万元，在游戏后，面对未成年人的充值与监护人的退款需求，也设立了专门处理流程，在合法的前提下，根据监护人提供的证明材料去评估，最高可以进行全额退款。此外，冰川网络还设立了全链路内容审查机制，包括敏感词屏蔽系统审查、游戏内容合规审查以及修改后的复验机制等，覆盖了未成年人游戏流程各个环节，长期持续保障游戏内容绿色健康。通过多种策略结合，冰川网络有效确保未成年人能够在健康、安全的环境中享受游戏的乐趣。

9. 盛天网络

盛天网络全方位守护未成年人绿色健康网络环境，持续推动教育公益事业。一方面，盛天网络在多个业务领域全面加大对未成年人的保护力度，并以平台方的身份监督旗下数百款联运产品接入防沉迷系统。在游戏研运环节，全面落实实名认证、人脸识别、自动开启青少年模式等未保举措，并提高游戏品类及内容审核要求，以减少、避免对未成年人的不良影响，同时建立风险预警机制，辅助判断未成年人账号冒用问题，进一步建立健全一系列网络安全制度，成立专班加强平台内容监管，并上线"内容信息安全审核平台"，还通过购买第三方服务、引入 AI 技术、定期开展攻防测试等方式提升风险内容和有害信息拦截率。积极配合公安机关，定期上报异常、违规信息线索，对刷单、诈骗等灰产进行打击处理，面向未成年人家长设置专门客服进行沟通引导。

另一方面，盛天网络积极投入未成年人教育等公益事业，持续推进和武汉大学社保研究中心中国儿童发展与保障研究所共同开展的城乡（留守儿童）课题研究，也对特殊未成年群体的心理健康与未来发展保持关注。同时，多次对地方教育发展进行捐助支持。

10. 鹰角网络

鹰角网络不断针对完善游戏未成年人保护机制，全面加强警企联动、政企合作、行业共建。鹰角网络接入官方实名认证系统，不断深化和完善未成年人防沉迷机制和家长监护工程，已形成成熟的全链路用户身份验证体系，并更新了"儿童个人信息保护政策"等。同时，设立未成年人客诉专员，也与渠道服方面针对相关问题达成了合作关系。数据显示，2023 年未成年人的充值行为及活跃度均明显降低。鹰角网络正在考虑构建一个更完善的未成年人家长监护系统，以便于监护人在线上申请和调整监护要求，还可以依托该平台进行进一步的宣传科普，及时收集意见反馈，进而优化未成年人保护相关政策。此外，鹰角网络始终积极与相关部门开展合作，致力于维护未成年人的合法网络权益，并提高未成年人的法律意识和网络素养，努力创造更安全、更健康的网络环境。2019 年起，鹰角网络与上海警方深度合作，利用《明日方舟》角色"陈 sir" IP 创作定制款网络反诈宣传内容，双方联合成立专属账号@陈 sir 的工作日，并由上海警民直通车官方在微博、B 站等平台发布系列漫画、动画作品。2023 年 6 月 1 日，在徐汇区人民检察院举办的未成年人检察品牌发布会暨"检爱同行·共护花开"检察开放日活动上，鹰角网络等 6 家游戏企业代表联合发布未成年人合法网络权益保护宣言。

11. 益世界

益世界严格限制、正向引导，全方位关注未成年人成长。一方面，按照国家要求严格落实防沉迷规定，对未成年人进行限玩限充，并持续提升技术能力，以构建未成年人长效保护体系，营造健康、良好的网络游戏环境。此外，在游戏运营方面不断探索将中华优秀传统文化元素融入旗下产品，力求对青少年玩家形成正向价值引导。另一方面，通过在官方媒体矩阵大力宣传未成年人保护和防沉迷政策，助力家长积极教导孩子健康上网，培养孩子的自律生活习惯。在社会公益方面，益世界长期以来高度关注未成年人保护，主要包括：连接文化，融合精髓，启动"国风联动计划"，与各大文博机构及国漫 IP 跨界合作；活化传承，弘扬文化自信，吸引玩家以年轻化、数字化方式演绎传统文化教育帮扶，守护青少年成长，连续 7 年向安徽省岳西县捐资助学，累计善款超百万元，聚焦乡村儿童心理健康落地"心启之旅"，针对边远地区乡村儿童长期缺少父母陪伴及缺乏心理健康教育的难题研发设计盒子课程包，已在岭南及云南的山区小学落地。立足广东，放眼全国，构建全方位未保体系。

12. 乐元素

乐元素加码投入未成年人保护工作，深挖"游戏+"等正向价值。除严格执行游戏防沉迷相关要求外，乐元素在游戏内设置《家长监护工程》相关内容窗口，以提示监护人如何反馈未成年人异常使用行为。乐元素旗下以轻度付费模式的休闲益智游戏为主，还设有内部支付行为判断逻辑和机制，并加大在未成年人充值退款相关环节的成本投入。基于公司游戏防沉迷工作的有效开展，目前乐元素旗下游戏未成年人用户持续稳定在 0.3% 左右。

与此同时，乐元素积极探索社会价值，布局"游戏+"相关内容，旗下游戏相关科普活动涉及航天、环保、科技、传统文化等多方面内容。《开心消消乐》《偶像梦幻祭 2》《开心水族箱》与上海科技馆、上海科技馆分馆–上海自然博物馆合作，共同开展珍稀物种公益科普活动。《开心消消乐》联合中国京西皮影非遗文化园，举办"光影聚开心"9 周年活动，宣传中国皮影艺术。此外，还开展帮扶孤儿院、参与支教等公益项目，推进未成年人保护工作。

13. 迷你创想

迷你创想多措并举打击灰产助力"护苗"，IP 联动促进未成年人教育。迷你创想是广东首批互联网企业"护苗"工作站，旗下《迷你世界》成为首批获得未成年人网络保护能力证书的 App 之一。迷你创想致力于保护未成年人健康上网、健康游戏，截至 2023 年末，已接入中宣部防沉迷实名认证系统、建立多条青少年保护客服专线，另外推出"迷你守护"微信小程序，家长通过小程序绑定游戏账号即可查看游戏时间、充值记录和游戏行为，轻松掌握孩子游戏状态。并采取多种措施打击"代理退费"、外挂、网络诈骗等黑灰产业，多举措全方位保障未成年人网络环境。同时，迷你创想利用旗下"迷你世界"IP及虚拟形象的影响力投身社会公益，包括创作IP主题网络素养课程、联合发起家长网校数字化平台、开展平台内主题创作赛事等科普教育活动。"世界守护计划"自2018年首次启动至今，每年在《迷你世界》周年庆之际定期举办，共投入产品端内上亿元资源，并累计捐款数百万元，引导青少年关注并参与到对历史遗迹、自然景观的保护和对古建筑修复过程中来。此外，深圳欢乐谷"迷你世界"主题乐园2023年建成开放，也是游戏产业增强线下亲子互动的一次先行尝试。

14. 中旭未来（贪玩游戏）

中旭未来全线配备未成年人保护机制——爱心公益品牌，推进有爱助学。中旭未来（贪玩游戏）与政府、协会、行业同行以及玩家等均建立了长期稳定的沟通渠道，并多次参与网络游戏行业法治研讨会，推动行业自律，共创清朗网络空间。深入开展"守护未来"专项行动，旗下产品全平台均已配套未成年人防沉迷系统及AI巡检工作安排，并积极完善隐私政策，配合平台监管、举报违规账号和行为，取缔不良信息，确保未成年人健康上网。值得一提的是，中旭未来还推出了《反诈英雄》公益游戏，以帮助未成年人识别网络陷阱，此举已成为行业内典型案例。2017年，中旭未来发起"希望·未来"爱心公益活动，并于2018年成立"贪玩有爱"公益品牌，始终坚持推进"有爱助学"项目，主要未保公益举措包括"爱在大方"持续助学计划（定向捐赠并设立"中旭未来奖学金"）、为多地乡村小学捐赠物资、举办公益夏令营活动等。截至2023年末，"希望·未来"计划捐款捐物合计超过1100万元。

四 游戏产业未成年人保护挑战及建议

（一）未成年人保护挑战

1. 人脸识别普及仍存多重困难

在技术层面，考虑到识别成本与用户体验，当前人脸识别仅在注册环节有

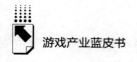

较高覆盖率。在人脸识别作用更显著的游戏过程中，需要游戏企业在识别到可疑账号后才会触发，这一识别过程要求游戏企业对用户游戏内行为进行持续追踪与分析，而大多数游戏企业并不具备此类技术能力。

同时，为保护用户隐私与企业信息安全，游戏企业也无法选择引入第三方公司技术进行用户行为分析。游戏中引入人脸识别虽然在舆论层面是现阶段最有效的解决方案，但在具体推行过程中所面临的客观困难也不容忽视。

此外，当前引入人脸识别系统的产品在运行过程中，也面临未成年人使用照片与合成视频应对人脸识别、家长或他人代过人脸识别等问题。

2. 未成年人退款流程中身份核验难

现阶段，家长在申请未成年人充值退款时仍具备较大阻力，退款流程中作为关键环节的未成年人身份核验是阻力的主要来源之一。

一是出现退款困难情况的账号往往为经由成年人实名认证或进行过人脸识别的账号，虽然实际使用者为未成年人，但企业无法获知账号使用者的详细信息，此时就需要家长提供用于核验身份的证明材料。

二是家长取证困难，未成年人有充值行为往往并不会告知家长，家长也无法随时监控未成年人行为，导致家长很难获取有效证明材料，虽然部分游戏企业可调用相关账号在游戏内的发言、活动记录等信息，但当面对信息不足或未成年人与家长共用账号等情况时，也难以判断充值时是否为未成年人操作。

三是未成年人租用账号、购买他人实名账号时也不利于退款流程的推进，现阶段未成年人账号交易开始从各交易平台向社交平台转移，网络社区、社交平台、社交软件等账号交易渠道的出现，让未成年人账号交易隐蔽性大幅提升。

四是成年人冒充未成年人进行退款申请、违规代充等情况时有发生，让多数游戏企业对退款申请保持更加谨慎的态度。

（二）未成年人保护建议

多方共建未成年人保护体系，强化构建未成年人防沉迷教育方法论。未成年人保护工作是一项长期性、系统性工程，需要家庭、学校、社会、网络、政府、司法等多方力量共同参与。在游戏防沉迷部分，除行业持续自我约束与政府严格监管外，未成年人教育也是未成年人保护工作中举足轻重的一环。现已经有不少家长意识到自身为第一责任人，但区别于教师等专业教育从业者，大多数家长对未成年人游戏行为的管控方式往往有限，面对已经沉迷或有沉迷迹象的未成年人时，部分家长需要向外界寻求帮助，调研结果显示，35.55%的家长会向身边朋友或亲戚寻求帮助和建议，27.4%的家长会向学校老师寻求帮助和建议。从游戏产业出发，为更好地践行未成年人保护，可以行业公益活动的形式，联合游戏、教育等方面的专家探索相对完善的、体系化的未成年人防沉迷教育方法论，并构建便捷的查询、沟通渠道，让家长能在保障家庭隐私的情况下有简单的途径获取更加专业、易懂的信息。通过为广大家长群体提供切实有效的帮助，逐步与家长形成信任关系，进而协力护佑未成年人健康成长（见图21）。

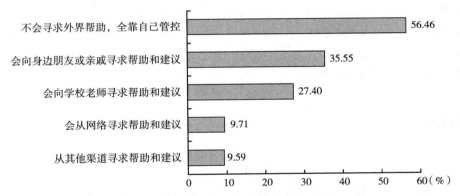

图21 在管控孩子游戏行为时，您是否会从外界寻求帮助（家长–多选）？

资料来源：伽马数据（CNG）。

B.4
2023年中国游戏出海情况报告[*]

吕惠波　夏梦洁　李雅容　刘其源[**]

摘　要： 依据市场数据和中国出海游戏企业调研结果，2023年中国游戏出海收入同比下降，面临众多挑战。在成熟市场，国际竞争日趋激烈；在新兴市场，企业对市场的理解尚存不足。在全球经济形势复杂多变和各地区存在文化差异的背景下，企业需要应对支付、人才、隐私保护等多重问题。中国游戏企业在出海过程中广泛面临着竞争激烈、流量获取成本攀升、本土化人才缺乏等挑战。面对挑战，中国游戏企业积极采取多元策略。通过立足自身优势，把握市场机遇，以创新驱动、全球视野提升国际竞争力和文化影响力，仍有机会实现出海新突破。

关键词： 游戏产业　游戏出海　移动游戏　海外游戏市场

　　2023年，中国国内游戏市场逐步复苏，全球游戏市场同样在增长，但增长势头相对微弱，整体依然处于蓄力阶段。除全球游戏市场增长缓慢外，国际政治动荡、全球经济发展遇阻等也使得游戏产业在出海过程中需要面对更为复杂的宏观形势。

　　宏观层面，中国游戏企业仍面临更多地区性挑战，在游戏市场成熟地区面临产品竞争加剧、进入门槛提升、流量成本飙升等挑战，在新兴市场又面临市场了解不足，进而制约产品发行、营销策略制定等挑战。同时，由于全球地区具备较高的差异性，游戏企业在海外支付、人才招聘、隐私保护等经营细节层

---

[*] 文中所有数据及图表，如无特殊说明，均来自伽马数据。

[**] 吕惠波，伽马数据高级分析师，游戏产业研究专家，累计撰写游戏产业权威研究报告百余份；夏梦洁，中国音数协游戏工委游戏产业研究院研究员，主要研究方向为游戏设计与传播；李雅容，伽马数据分析师，主要研究方向为中国游戏产业数据测算、电子竞技数据测算等；刘其源，伽马数据海外数据分析师，主要研究方向为全球性游戏产业发展状况监测与洞察。

面也需要应对更为复杂的状况，中国游戏出海难度整体在提升，这也使得中国游戏出海收入未能在 2023 年恢复增长。

但基于游戏产业本身对于经济发展、出口贸易、文化交流等层面发挥的重要作用，中国游戏产业更需要在挑战中谋求更好的发展机会。为更好地洞察中国游戏产业的整体出海状况，帮助不同参与方进一步了解游戏出海现状与挑战，中国音数协游戏工委与伽马数据共同编写了《2023 年中国游戏出海情况报告》。本报告除了梳理、分析市场数据外，还深入开展针对游戏企业的调研与访谈，希望能关注企业层面更加细分向的问题，提升报告的价值。下文中所有数据及图表如无特殊说明，均来自伽马数据。由于本报告中部分数据呈现结果需四舍五入，因此相关图表数据加总不等于100%，误差在正负 1% 以内均属正常。

此次报告共调研了代表性出海游戏企业 33 家，询问了产品研发、流量经营、经营挑战等多个不同维度的问题，并在第四部分进行专题分析与呈现。

一　中国游戏出海发展背景分析

（一）政策背景

1. "着力加强国际传播能力建设、促进文明交流互鉴"是中国文化出海发展方向

2023 年 10 月，习近平总书记对宣传思想文化工作作出重要指示，并重点强调，"着力赓续中华文脉、推动中华优秀传统文化创造性转化和创新性发展，着力推动文化事业和文化产业繁荣发展，着力加强国际传播能力建设、促进文明交流互鉴"[①]。而游戏产业本身承担着文化载体的职责，在中华传统文化的传播中展现出较强的影响力，并能通过出海的形式贯彻中国文化"走出去"的战略方针，进而与海外文明深入展开交流互鉴。

2. 地方政府深入贯彻"十四五"文化发展决策部署

为深入贯彻国家关于"十四五"时期文化发展的决策部署，各地方政府结合当地情况实施政策，从而支持文化品牌出海、引育优质企业集聚。例如江苏省商务

---

① 新华社：《习近平对宣传思想文化工作作出重要指示》，中国政府网，2023 年 10 月 8 日，https://www.gov.cn/yaowen/liebiao/202310/content_ 6907766.htm，最后访问日期：2024 年 7 月 1 日。

厅促进动漫、网络游戏出口，引导原创作品融入中华文化元素，进一步丰富网络游戏品类①；四川省人民政府在《四川省"十四五"文化发展和改革规划》中表示要"深入实施规模以上文化企业扶持计划""加强文化产业园区建设"②；北京市东城区制定并出台了《国家文化出口基地建设实施方案》，明确提出"健全国际网络游戏孵育体系，鼓励和支持精品化产品海外发行，弘扬中华优秀文化"③。国家政策的规划指示与地方政府的实质推动将成为游戏出海进一步发展的动力。

（二）市场背景

1. 全球游戏市场发展状况

2023 年，全球游戏市场规模 11773.79 亿元，同比增长 6.00%（见图 1）。虽然市场规模有所提振，但也需要考虑到通货膨胀、全球货币政策等宏观要素，市场想要取得实质性复苏依然有赖于全球经济的进一步上行。

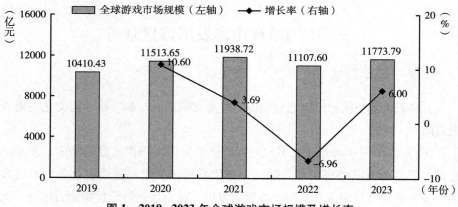

图 1　2019~2023 年全球游戏市场规模及增长率

① 《江苏省商务厅等 26 部门关于推进对外文化贸易高质量发展的若干措施》，江苏省商务厅网站，2023 年 1 月 30 日，https：//doc. jiangsu. gov. cn/art/2023/1/30/art_ 79053_ 10882797. html，最后访问日期：2024 年 7 月 1 日。
② 《四川省人民政府关于印发〈四川省"十四五"文化发展和改革规划〉的通知》，四川省人民政府网站，2023 年 1 月 14 日，https：//www. sc. gov. cn/10462/zfwjts/2023/1/14/c3cbe323f2d14a94a5f314e5ba829632. shtml，最后访问日期：2024 年 7 月 1 日。
③ 人民网-北京频道：《北京东城区发布〈国家文化出口基地建设实施方案〉》，人民网，2022 年 7 月 5 日，http：//bj. people. com. cn/n2/2022/0705/c233088－40024103. html，最后访问日期：2024 年 7 月 1 日。

2.国内市场发展状况

2023 年，中国游戏市场收入中，移动游戏占据 74.88%，客户端游戏占 21.88%（见图 2）。目前市场格局趋于固化，移动游戏市场份额连续多年在 70% 以上，市场已较为饱和，而其他终端游戏市场份额则相对较少，并且伴随精品化发展趋势，国内移动游戏市场竞争压力较大。

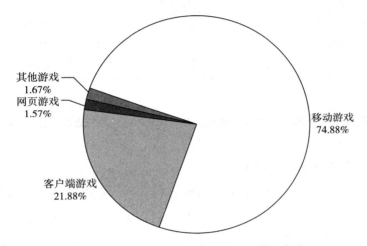

图 2　2023 年中国游戏产业细分市场收入占比

二　中国游戏出海市场状况

（一）中国游戏出海收入状况

1.中国游戏出海市场规模

2023 年，中国自主研发游戏在海外市场的实际销售收入为 163.66 亿美元，同比下降 5.65%，继 2022 年后再次出现下降，且下降幅度扩大，游戏出海具有较大增长压力（见图 3）。更多企业的出海经营受到挑战，这也加剧了游戏企业出海业务优化的需求，例如挖掘更多元化的创新品类机会、主动探索更多元化的获客模式、寻找更高的支付获利空间等，进而提升企业商业竞争力。

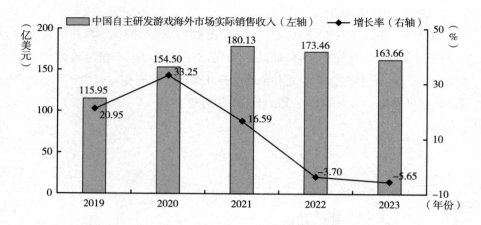

图 3　2019～2023 年中国自主研发游戏海外市场实际销售收入及增长率

2. 中国出海游戏收入构成

2023 年，中国移动游戏的出海游戏收入集中在美国、日本、韩国、德国等国家。来自美国市场的出海游戏收入占比最高，达到 32.51%，来自日本市场的收入占比 18.87%，来自韩国市场的收入占比 8.18%。美国、日本、韩国三个国家提供了中国出海游戏近六成的海外收入（见图 4）。但需要注意相关地区的竞争度已处于较高水平，且进入市场的中国产品也存在一定的玩法同质化现象，未来中国游戏企业需要围绕玩法创新层面主动开拓更多品类。

3. 中国出海游戏收入在主要市场的增速

2023 年，中国出海移动游戏在日本、韩国游戏市场的收入由 2022 年的负增长转为正增长。其中，日、韩主要受到新品的影响，日本市场的中国新品集中于少数产品，有产品流水进入日本 TOP10 榜单，贡献主要增量。韩国游戏市场的国产新品数量具备优势，2023 年韩国移动游戏市场流水 TOP100 产品中中国的新品数量便达到 8 款。而在美国、德国和英国游戏市场中的收入均出现下降，主要在于之前登录相关市场的中国产品随着生命周期的进行收入出现下滑，尤其是头部产品降幅较大，而新品整体带来的增量有限（见图 5）。

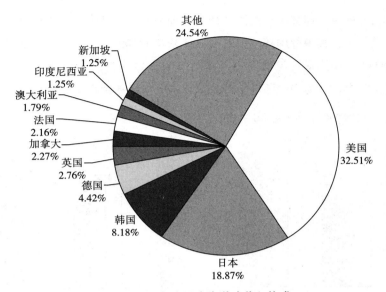

图4　2023年中国出海游戏收入构成

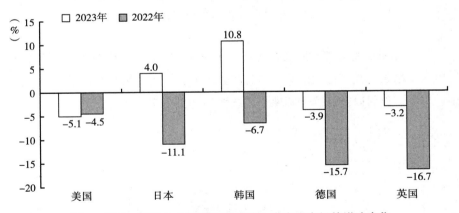

图5　2022~2023年中国出海游戏收入在主要市场的增速变化

（二）中国游戏出海企业收入状况

1. 中国游戏出海海外发行商及产品状况

2023年，在全球5个重要出海移动游戏市场流水TOP100产品中，美国、日本市场的中国海外发行商数量出现增长，更多中国企业发行的产品进入当地市场的头部榜单。但韩国、英国和德国移动游戏流水 TOP100 产品中，中国发行商数量减少，其中韩国移动游戏市场流水 TOP100 产品中，中国发行商的数量连续 3 年出现下降（见图 6）。主要在于韩国本土游戏研发商也具备较为突出的研发实力，并与中国移动游戏企业在多个市场持续竞争。

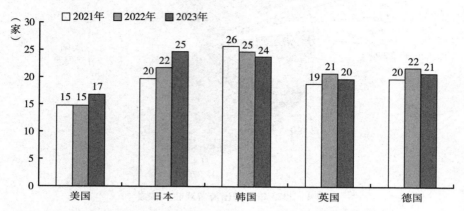

图 6　2021~2023 年全球重要移动游戏市场流水 TOP100 产品中国产移动游戏发行商数量

2023 年重要海外移动游戏市场流水 TOP100 产品中，国产游戏入榜的数量均出现了增长，其中德国市场新增游戏数量最多，达 8 款，除韩国市场外，美国、日本、英国以及德国均实现了连续增长（见图 7）。

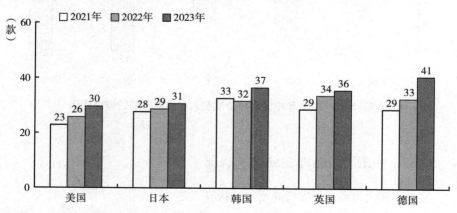

图 7　2021~2023 年全球重要移动游戏市场流水 TOP100 产品中国产移动游戏产品数量

三 游戏出海重点关注移动游戏市场情况

（一）美国移动游戏市场

美国移动游戏市场的流水收入主要由博彩类、消除类以及策略类（含SLG）三种游戏类型构成。2023年，博彩类、消除类以及策略类（含SLG）提供了美国移动游戏市场66.06%的流水。博彩类在2023年出现较为明显的增长，成为美国移动游戏中流水最多的游戏类型（见图8）。

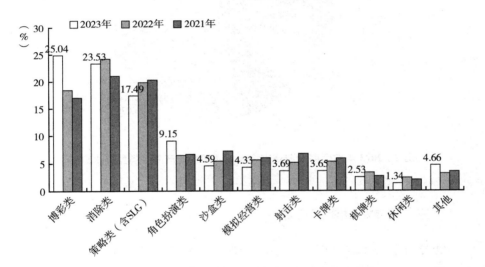

图 8　2021~2023年美国移动游戏市场流水TOP100产品各类型流水分布

（二）欧洲移动游戏市场

2023年，欧洲移动游戏市场流水TOP100产品中策略类（含SLG）、消除类成为主要流水支撑，两款游戏提供了超过五成流水份额，角色扮演类流水位于第三名，占据了8.37%的流水份额（见图9）。其中，消除类产品单款产品平均流水较高，15%数量的消除类产品提供了26.07%的流水，也可以发现消除类这一轻量玩法在欧洲市场同样具备突出的变现能力，更多中国游戏企业或可进一步尝试。

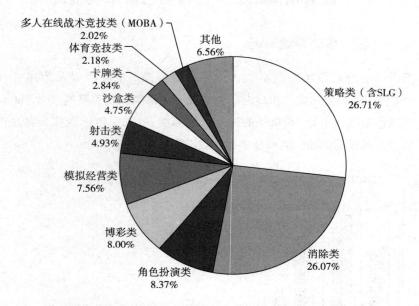

图 9　2023 年欧洲移动游戏市场流水 TOP100 产品各类型流水分布

（三）日本移动游戏市场

2023 年，日本移动游戏市场中，角色扮演类产品展现较强头部效应，单个类型产出超 50% 流水（见图 10），同时较多角色扮演产品受日本二次元文化盛行加持而取得较高流水，其中中国自研产品《Genshin Impact》《GODDESS OF VICTORY：NIKKE》《Honkai：Star Rail》均进入 TOP10。此外，消除类、策略类（含 SLG）流水份额分别排在第二、三名。相对来讲，日本角色扮演市场竞争度较大，消除类、策略类（含 SLG）、卡牌类产品发展空间也可以关注，并可以尝试通过与角色扮演玩法融合的方式获取更多用户。

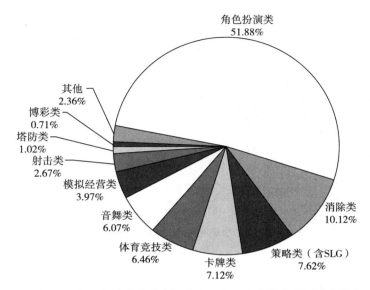

图 10   2023 年日本移动游戏市场流水 TOP100 产品各类型流水分布

（四）中国港澳台移动游戏市场

2023 年，中国港澳台移动游戏市场部分游戏类型有较为明显的变化。首先，角色扮演类移动游戏产品流水份额仍居首位，同比增加 6.62 个百分点。博彩类、消除类等类型移动游戏产品市场份额排名上升，其中博彩类移动游戏市场份额同比增加接近 10 个百分点。此外，卡牌类流水份额下降明显，从 2022 年的 10.79%下降至 1.94%。中国港澳台地区与中国大陆地区具有相似的语言文化，成为国内游戏企业本地化发展的优势之一，另外，中国出海游戏企业较为擅长的策略类（含 SLG）以及三国题材产品在当地的接受程度较高（见图 11）。

（五）东南亚移动游戏市场

2023 年，东南亚移动游戏市场流水 TOP100 中角色扮演类、策略类（含 SLG）产品流水及数量份额均居 TOP2 以内。而多人在线战术竞技类（MOBA）、射击类产品呈现流水仅由少量头部产品支撑的特点，平均单款产品流水具有优势，并且，3 款多人在线战术竞技类（MOBA）产品均产自中国游

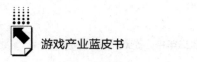
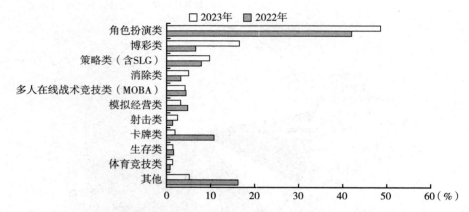

图11　2022~2023年中国港澳台移动游戏市场流水TOP100产品各类型流水分布

戏企业，5款射击类产品中有3款来自中国游戏企业，中国游戏企业在东南亚地区两类产品中有较明显的优势（见图12）。

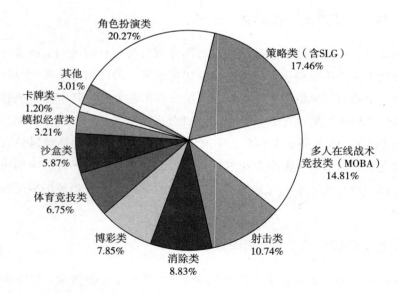

图12　2023年东南亚移动游戏市场流水TOP100产品各类型流水分布

（六）巴西移动游戏市场

与 2022 年分布一致，策略类（含 SLG）产品仍占有最高的流水及数量份额。消除类、角色扮演类产品流水、数量份额均迎来增长，其中入榜的角色扮演类产品中国产游戏占比 60%，而入榜的消除类产品中国产游戏仅占 13%，中国移动游戏在轻度玩法产品中竞争力较弱，依托新兴市场的增长优势，轻度游戏有望成为新的发展契机（见图 13）。

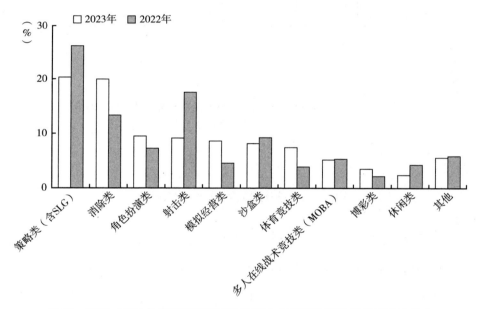

图 13　2022~2023 年巴西移动游戏市场流水 TOP100 产品各类型流水分布

（七）沙特阿拉伯移动游戏市场

作为中东地区重要的游戏市场，与其他地区不同的是，沙特阿拉伯移动游戏棋牌类游戏市场份额较大，在流水 TOP100 移动游戏中位居第 2。策略类（含 SLG）、棋牌类和射击类移动游戏占据移动游戏流水 TOP100 超 60% 流水份额。其中棋牌类、射击类产品聚集效应较强，以射击类产品为例，仅 4.00% 的射击类产品产出了 17.90% 的流水份额（见图 14），4 款射击类产品中有两款来自中国，分别为《PUBG》《Call of Duty ®：Mobile》。

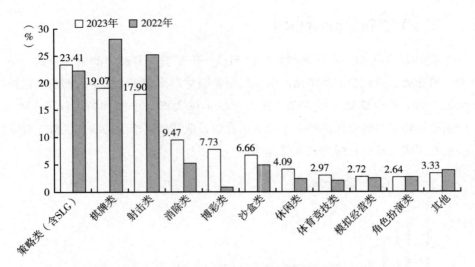

**图 14 2022~2023 年沙特阿拉伯移动游戏市场流水 TOP100
产品各类型流水分布**

四 中国出海游戏企业调查

（一）中国游戏企业出海经营状况

1. 周边地区业务展开已常态化，北美、欧洲等市场布局进度加快

从中国游戏企业布局海外市场地区分布来看，日、韩、中国港澳台、东南亚等是游戏业务布局的首选（见图15）。主要由于相关地区游戏市场成熟且经济发展程度高，存在更高市场空间。且部分用户对于产品的偏好度与国内用户相似，有助于产品在本地化层面发挥优势，不少在内地表现较好的产品也能在这些地区取得较好成效。

同时，中国游戏企业围绕距离较远的市场布局力度也较大，但主要围绕经济更为发达的地区展开，例如美国与欧洲市场，但需要注意的是较远地区与国内用户游戏偏好度差异较大，在布局时一方面需要选择用户偏好度比较高的品类，如射击、策略类（含 SLG）等，另一方面需要基于市场特质做好本地化或定制化开发产品。除经济发达地区外，中国游戏企业也在尝试巴西、沙特等

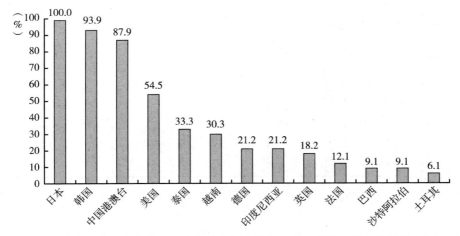

图15　代表性中国出海游戏企业海外业务布局市场分布情况（按企业数量占比）

市场潜力需进一步挖掘的地区，并产出了部分代表性产品。

2. 发行、运营、研发为布局海外业务核心，支撑型部门需进一步搭建

中国游戏企业在出海过程中，发行、运营、研发三大核心业务始终是布局的核心，企业也会组建专门的团队推动相关业务的发展。但需要注意的是，更多支撑型团队的组建同样重要，尤其是在海外业务竞争度持续加剧的当下，支撑型团队的组建在挖掘市场机会、深耕本地化、降本增效等层面具备显著效果。例如市场与用户调研部门的建立有助于游戏企业更好地了解不同市场的发展状况，并把握全球化的发展机会；在深耕本地化层面，法律咨询、品牌运营、客户服务团队的建立均能帮助企业更好把握本地化市场背景与用户深层偏好。未来为进一步挖掘海外市场，企业的支撑型部门需要进一步搭建（见图16）。

（二）中国游戏企业出海挑战状况

1. 企业普遍遇到较多业务问题，赛道竞争、流量成本、本土化人才需重点关注

在中国游戏企业出海的过程中，需要重点关注游戏企业所面临的挑战，尤其是对企业造成过重大影响的环节。调研显示，游戏企业出海面临的问题趋于多元化，涵盖十余个层面，其中出海赛道竞争激烈、流量获取成本上升、缺乏

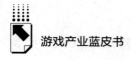

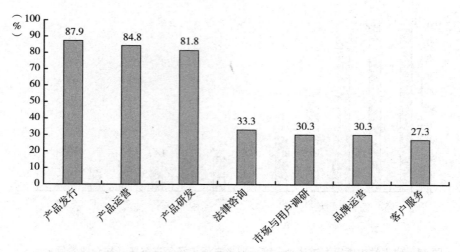

图16　代表性中国出海游戏企业海外相关业务团队组建情况（按企业数量占比）

本土化人才均有三成企业认为对业务造成过重大影响，相关层面需要重点关注（见图17）。

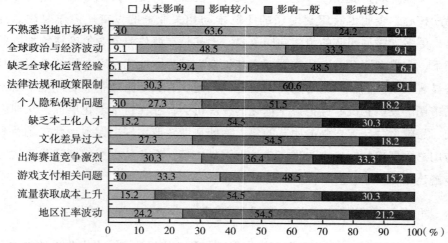

图17　代表性中国出海游戏企业在游戏出海过程中，对业务造成过影响的问题

2.用户获取单价持续上升影响买量获客模式，营销策略创新难、渠道固化等加剧获客困境

从更细节的层面来看，流量成本上涨其实是由更为多元化的因素造成的。

中国游戏产业出海依赖买量获客，买量用户获取单价持续上升是流量承压最直观的体现。同时，海外获客流量渠道固化也对游戏出海形成重要影响，渠道固化一方面意味着企业缺乏新增的流量来源，另一方面则代表着渠道对于流量的定价权较大，这也导致许多高营收的游戏企业利润率并不高，因此寻找和拓展更多新兴获客渠道也有助于中国游戏出海（见图18）。

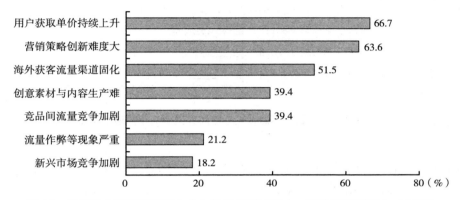

图18　代表性中国出海游戏企业在游戏出海过程中，面临的获客压力（多选）

（三）中国游戏产业出海策略状况

1. 长线运营成企业破局最关键点，全球性IP、多元化品类、副玩法等领域值得重点关注

虽然中国游戏企业在出海过程中面临诸多挑战，但也在积极拓展破局策略，其中强化产品长线运营是最多游戏企业采用的策略。长线运营的核心要素有两点，一方面通过持续补充产品的玩法内容、游戏外内容，推动用户长线留存；另一方面挖掘新兴用户群体，实现用户生态补充。随着长线运营的进行，企业的投资回报率也将持续提升，并摊薄研发及营销层面的成本。除长线运营外，全球性IP、多元化品类、副玩法等也成为企业布局重点。整体来看，中国游戏产业在出海层面可以选择的突围方向依然较多（见图19）。

2. 诸多本地化细节需要企业重点关注，深耕当地文化特点与用户偏好成关键

出海产品本地化是最关键的要素，而中国游戏企业也密切注意到了本地化

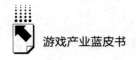

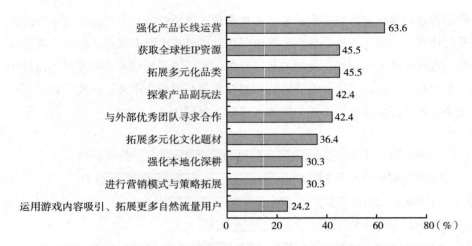

图19 代表性现阶段中国出海游戏企业在海外业务采用的破局策略 （多选）

在多个层面的要素。首先，游戏内容的表现主要依托于画面、操作、文字等要素呈现，因此中国游戏企业本地化最为注意当地熟悉的美术风格、操作方式、语言等要素。其次，基于产品的强文化属性，企业需要在本地俗语、历史文化、宗教信仰、民族精神等层面深入研究。最后，在宣传推广层面，采用本地熟悉的明星/代言人有助于吸引用户关注度。整体来看，中国游戏企业在本地化层面主要通过深耕当地文化特点与用户偏好展开。但同时需要注意的是，除了游戏内容本地化之外，本地化还包含支付渠道、流量渠道等，相关细节也需要企业深入研究，不然也会产生较多的潜在问题。

五 中国游戏产业出海趋势

（一）用户获取策略将进一步发展，发挥精品内容优势成关键

从中国游戏企业整体出海业务层面来看，用户获取策略的进一步发展有助于缓解企业的流量成本压力。现阶段中国出海游戏的营销渠道布局多元化，积极探索新兴渠道进行获客。首先，中国游戏企业布局全球性大型流量渠道如Facebook、Google、TikTok 等；其次，游戏企业关注到意见领袖 （KOL）、移动

游戏内广告等创新获客渠道；最后，游戏企业也在探索部分地区的本地化渠道，如电视频道、线下广告等，相关渠道在部分地区更具备获客优势。对于多元化渠道的探索将成为游戏企业出海的关键（见图20）。

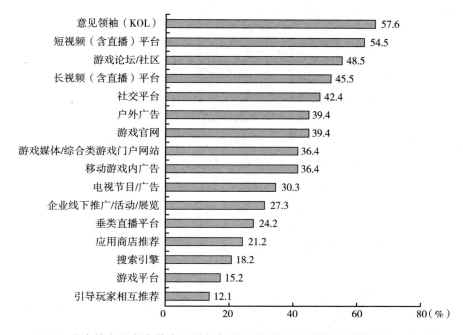

图20　代表性中国出海游戏企业在海外目前主要开展营销活动的内容（多选）

从渠道和获客模式来看，中国游戏企业也在寻找更为创新和高效的获客方法，但需要注意的是，获客本质上是需要更好地发挥游戏精品内容的优势，以内容触达并吸引用户游玩。

（二）技术创新成为全球性产品竞争力关键

游戏产业竞争的核心主要在于产品，而技术创新是提升产品竞争力的关键。尤其是随着中国游戏产品对于全球更多领域的拓展，技术水平也往往决定着产品的品质上限。同时需要注意的是，中国游戏出海虽然在移动游戏领域商业化表现突出，但在其他娱乐性、其他终端等产品上，相比于海外顶尖游戏企业仍有不足，未来用户娱乐行为变迁、设备使用习惯变迁等均有可能削弱中国游戏出海的

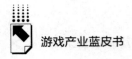
竞争力，因此保障技术水平、提高产品产出能力是维持出海优势的关键。

以 AIGC 技术为例，其除了应用在研发层面外，在营销、客户、本地化翻译等层面也能为中国游戏企业带来更大的帮助。因此，以技术为核心、从多维构建中国游戏产业的全球竞争力也具备高度必要性（见图21）。

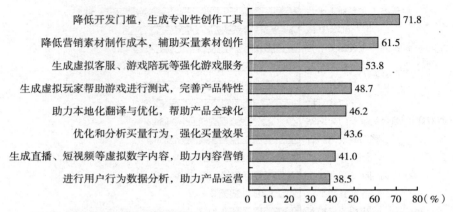

降低开发门槛，生成专业性创作工具 71.8
降低营销素材制作成本，辅助买量素材创作 61.5
生成虚拟客服、游戏陪玩等强化游戏服务 53.8
生成虚拟玩家帮助游戏进行测试，完善产品特性 48.7
助力本地化翻译与优化，帮助产品全球化 46.2
优化和分析买量行为，强化买量效果 43.6
生成直播、短视频等虚拟数字内容，助力内容营销 41.0
进行用户行为数据分析，助力产品运营 38.5

图21　代表性中国出海游戏企业认为 AIGC 相关技术对游戏的影响（多选）

（三）更多细分领域有望迎来出海机会，全球性平台成出海关键

中国游戏企业需要密切关注更多细分领域的出海机会，如主机/单机游戏，进而寻找新的出海增量。现阶段主机游戏市场规模达到471.8亿美元，且主机游戏本身在内容质量层面具备显著优势，中国涌现出了深耕相关领域的代表性游戏企业，产品也受到国内与海外用户的广泛期待。除主机游戏外，也需要进一步关注开发成本更低的单机游戏，这也更适宜于中小团队布局，且现阶段国内用户对于国产单机游戏的支持度和消费能力也处于相对成熟的水平，可以帮助单机游戏完成从内销转出口的发展模式（见图22）。

（四）需进一步关注多平台产品，将有更多机会切中用户需求

在鼓励中国游戏企业探索更多出海领域的过程中，也需要切实关注中国游戏企业在其他领域缺乏更多的商业化探索经验，因此需要借助多平台登录这一模式。多平台登录意味着企业基于移动端开发的产品能够在 PC 端、主机端也具备

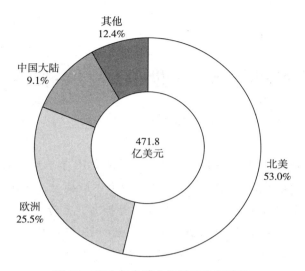

图22　2023年全球主机游戏市场规模

一定的获客空间，并不影响原有的产品开发逻辑。同时，相比于商业化收入，积累多平台用户的反馈与商业化经验也是核心重点。此外，多平台登录也有助于游戏企业留意到更多全球性的游戏创新机会，例如将主机端的开放世界借鉴到移动游戏领域，运用多平台登录探索更多端口的市场机会，进而实现玩法的融合与创新。多平台登录意味着中国游戏企业有机会打开更为广阔的出海空间并深入探索产品创新，进而将自身产品的开发视角打开，提升到开发全球性精品的水平（见图23）。

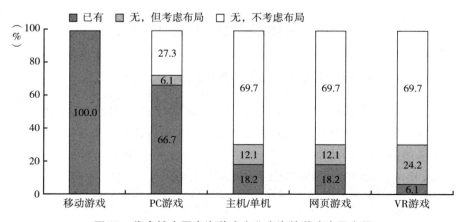

图23　代表性中国出海游戏企业出海的游戏产品布局

B.5
2023年移动游戏产业 IP 发展报告[*]

常健 郑南 杜娜 李卓纯 刘绍颖[**]

摘　要：　全面分析 2023 年 1~9 月中国移动游戏 IP 市场后发现，中国移动游戏 IP 市场规模持续增长，本土原创 IP 影响力不断提升，全年收入有望创新高。移动游戏 IP 用户的特点是主动性强、黏性高、主动创作意愿较高，在选择游戏时更看重品质而非 IP 来源。来自动漫的 IP 游戏最受移动游戏用户欢迎。未来，跨领域创新或带来突破，加强 IP 故事延伸性和文化符号建设是提升 IP 价值的关键。基于中华文化的原创 IP 将成为关注重点。游戏公司应重视 IP 长期经营，提供优质体验以实现 IP 价值最大化。总的来说，制作精品、提升文化内涵、开拓多元变现渠道将成为移动游戏 IP 发展核心路径；加强原创性和提升文化价值将助力中国原创游戏 IP 实现新突破。

关键词：　移动游戏　IP　IP 改编　IP 授权

一　中国移动游戏 IP 市场概览

（一）中国移动游戏 IP 市场发展状况

　　2023 年初，中国移动游戏 IP 市场延续了 2022 年趋势，整体流水保持在低位，但自 2023 年 4 月开始，在 IP 新品的带动下市场回暖，移动游戏 IP 市场销

　文中所有数据及图表如无特殊说明，均来自伽马数据。

　常健，伽马数据产业分析师，主要研究方向为未成年人保护、文化 IP 发展；郑南，中国音像与数字出版协会游戏工委副秘书长；杜娜，中国音数协游戏工委中国游戏产业研究院研究员；李卓纯，伽马数据分析师，主要研究方向为游戏产品分析、游戏产业数据测算；刘绍颖，伽马数据产业分析师，主要研究方向为上市游戏企业财务分析、地方性游戏产业报告。

售收入持续走高，截至 2023 年 9 月，移动游戏市场中近八成收入来自原创 IP、授权 IP 与跨领域 IP 构成的移动游戏 IP 市场，其中中国原创游戏 IP 收入占移动游戏市场总体收入的比例为 42.69%，引进授权游戏 IP 收入占比 28.18%（见图 1）。

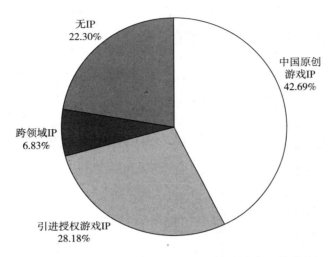

图 1　2023 年 1～9 月移动游戏市场 IP 类型分布（按流水）

资料来源：伽马数据（CNG）。下同。

据伽马数据测算，2023 年 1～9 月中国移动游戏 IP 市场实际销售收入达 1322.06 亿元，接近 2022 年全年水平，第四季度在 IP 游戏的持续发力下，移动游戏 IP 市场 2023 年全年收入有望达到历史新高（见图 2）。

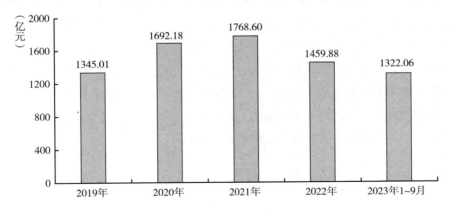

图 2　移动游戏 IP 市场实际销售收入

从移动游戏IP市场整体来看，2023年1~9月，基于中国IP的产品流水占比由上年同期的54.14%升至60%，中国本土IP的影响力进一步提升，当前已有多项中国原创游戏IP在海外具有较高影响力，但相比美、日、韩等IP大国，国内在游戏IP存量与体量上仍存一定追赶空间，未来应继续培育本土优质IP，加强全球性IP建设，提高中国IP在全球市场的影响力（见图3）。

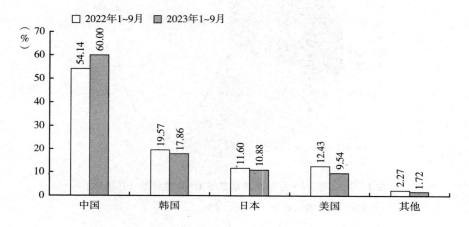

图3　移动游戏IP市场IP来源国家分布（按流水）

在IP来源上，2023年1~9月，客户端游戏IP产品流水占比41.31%，移动游戏IP产品流水占比38.77%，客户端游戏与移动游戏为中国移动游戏IP市场的主要IP来源，其中移动游戏IP产品流水占比提升显著。除游戏玩法相近这一因素外，游戏类IP相比于跨领域IP市场占比更高的原因还在于，游戏IP版权方对游戏运营逻辑与游戏企业的了解更加深入，可以选择出更能激发旗下IP潜力的游戏企业，同时在IP变现目的外，还会考虑改编产品为IP带来的长期影响。在IP跨领域发展的大趋势下，版权方与游戏企业应加强沟通，深入交流，共同优化IP跨领域发展路径（见图4）。

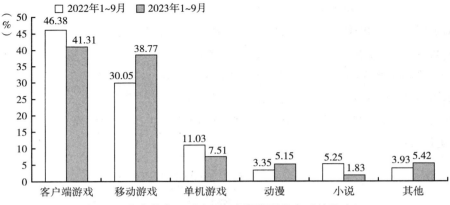

图 4　移动游戏 IP 市场 IP 来源类型分布（按流水）

（二）中国原创 IP 移动游戏市场状况

2023 年 1~9 月，中国原创 IP 移动游戏市场实际销售收入 726.29 亿元，占中国移动游戏 IP 市场的 42.69%，占比达到近四年最高值，且全年流水有望超过 2021 年水平。原创 IP 是中国游戏市场发展的基石，但同时原创 IP 的培育是一个长期过程。近年来，中国游戏企业 IP 化发展意识愈加强烈，打造自有原创 IP 成为应对激烈市场竞争的重要方式，在 IP 打造、IP 联动、跨领域发展、衍生品开发等多维度 IP 化发展经验的不断积累下，中国原创游戏 IP 正步入下一快速发展阶段（见图 5）。

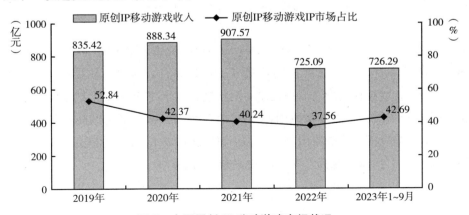

图 5　中国原创 IP 移动游戏市场状况

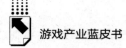
截至 2023 年 9 月，中国原创 IP 移动游戏产品中，共有 26 款产品进入移动游戏流水 TOP100 榜单。其中移动游戏 IP 产品流水占比 68.26%，客户端游戏 IP 产品流水占比 28.78%。在当前移动游戏市场为主导的中国游戏市场中，移动游戏市场自然成为原创 IP 的重要发源地，从乐元素旗下已稳定运营十年的"开心消消乐"，到近年来米哈游打造的、在推出后便快速在全球凝聚大量粉丝的"原神"，中国移动游戏市场已诞生出大量优质移动游戏 IP（见图 6）。

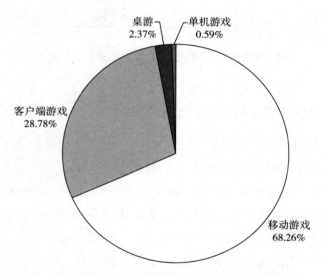

图 6　2023 年 1~9 月移动游戏流水 TOP100 中原创 IP 移动游戏 IP 来源分布（按流水）

作为游戏市场中的重要品类，以 MMORPG 玩法为主的中国客户端游戏市场在其发展期积累了大量客户端游戏 IP，在市场重心向移动游戏转移后，客户端游戏 IP 改编移动游戏的进程便不断推进，在原创 IP 头部市场中的流水占比一度接近五成，但近年来原创客户端 IP 改编新品数量的持续降低是客户端游戏 IP 市场规模下降的原因之一。未来原创客户端 IP 改编过程中也应加强玩法创新与内容构建，充分发挥经典 IP 价值（见图 7）。

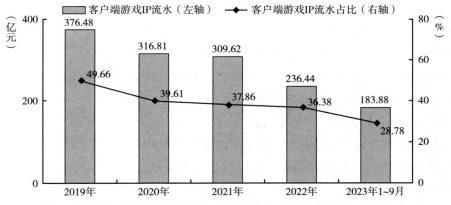

图 7　原创 IP 头部市场中原创客户端游戏 IP 产品市场状况（按流水）

（三）引进授权 IP 移动游戏市场状况

2023 年 1～9 月，引进授权 IP 移动游戏市场实际销售收入 479.50 亿元，占中国移动游戏 IP 市场的 28.18%，授权 IP 产品流水增速不及原创 IP 产品是其市场占比下滑的主要因素，但该市场具备较强抗风险能力，在游戏市场低谷期的 2022 年仍能保持稳定增长。中国游戏市场发展相对较晚，在街机游戏、主机游戏、单机游戏、客户端游戏等细分领域内缺乏全球化头部 IP 的积累，因此引进海外头部 IP 也是提升游戏企业竞争力的重要方式，从结果上来看也完善了中国移动游戏 IP 市场结构（见图 8）。

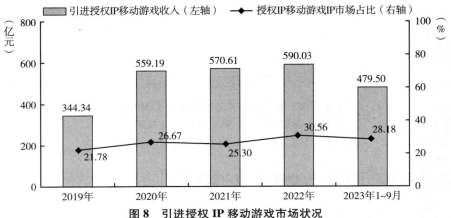

图 8　引进授权 IP 移动游戏市场状况

引进授权 IP 移动游戏产品中，共有 21 款产品进入移动游戏流水 TOP100 榜单。其中客户端游戏 IP 产品流水占比 70.45%，单机游戏 IP 产品流水占比 19.95%（见图 9）。客户端游戏 IP 是我国游戏 IP 引入的主要目标类型，一方面引入的客户端游戏 IP 填补了中国原创客户端游戏 IP 改编新品数量上的不足，另一方面丰富的客户端游戏 IP 改编经验让游戏企业更能发挥出 IP 价值。例如贪玩游戏旗下发行、改编自海外经典客户端 IP "传奇"的移动游戏《原始传奇》，在上线三年后仍能跻身移动游戏流水 TOP50。此外，中国游戏产业在街机游戏时期发展相对薄弱，并未形成具备较大影响力的 IP，但中国游戏市场中仍存在大量街机 IP 粉丝，因此街机游戏 IP 也是引进授权的重要 IP 类型，在引入的街机游戏 IP 中，SNK 旗下 "合金弹头"是现阶段市场表现最优的 IP，于 2023 年 4 月上线的 IP 改编新品《合金弹头：觉醒》，在上线不到两个季度的时间内便跻身 2023 年 1~9 月流水测算榜 TOP25。

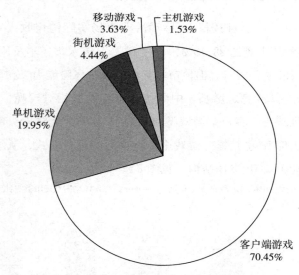

图 9　2023 年 1~9 月移动游戏流水 TOP100 中
授权 IP 产品 IP 来源分布（按流水）

（四）跨领域 IP 改编移动游戏市场状况

2023 年 1~9 月，跨领域 IP 改编移动游戏市场实际销售收入 116.27 亿元，占中国移动游戏市场的 6.83%，相比往年收入规模有所降低（见图 10）。新冠疫情期间，影视、动漫等领域的创作受到影响，游戏产业跨领域 IP 供给短缺，同时在 2022 年游戏市场规模下降等多因素作用下，跨领域 IP 改编移动游戏收入规模出现下降。但从前期市场发展状况来看，2019~2021 年三年间，跨领域 IP 改编移动游戏市场增幅超过 75%，跨领域 IP 市场仍有较大发展潜力。

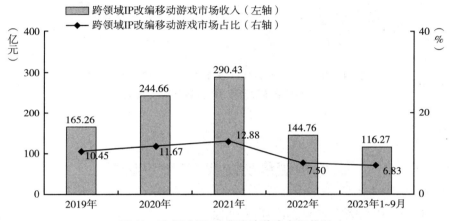

图 10 跨领域 IP 改编移动游戏市场状况

跨领域 IP 改编移动游戏产品中，共有 12 款产品进入移动游戏流水 TOP100 榜单。12 款产品中，动漫 IP 改编产品流水占比达 59.16%，文学、体育、公共版权 IP 改编产品流水占比分别为 21.43%、10.86% 与 8.55%（见图 11）。从 IP 来源国家来看，公共版权与文学 IP 均全部来自中国本土；占比最高的动漫 IP 改编产品收入中，有 48.48% 来自中国动漫 IP。动漫产业凝聚了庞大的年轻粉丝群体，其中也不乏游戏消费能力较高的青年用户群体，但从头部产品数量上来看，动漫 IP 改编移动游戏的潜力还需进一步挖掘。现阶段动漫 IP 改编产品中，中手游推出的《航海王热血航线》、腾讯游戏推出的《火影忍者》与诗悦网络旗下的《长安幻想》三款产品为动漫 IP 改编游戏市场的主要营收支柱。用户对不同类型 IP 的偏好具备一定时代特征，在客户端游戏时代，当时的受众群体在成长过程中受小说影响更大，这些用户也因此更偏好小说 IP；而在现在的移动游戏时代，青年人多是在动漫作品的陪伴下成长，对于动漫 IP 的偏好则更加显著。

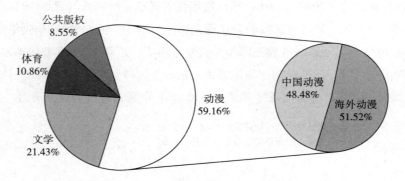

图 11　2023 年 1~9 月移动游戏流水 TOP100 中跨领域
IP 改编移动游戏 IP 内容分布（按流水）

二　中国移动游戏 IP 用户状况

（一）中国移动游戏 IP 用户规模

根据伽马数据测算，现阶段移动游戏 IP 核心用户规模超过 1.9 亿、泛用户规模超过 2.3 亿（见图 12）。近年来，在大量 IP 产品的运营与推广下，移

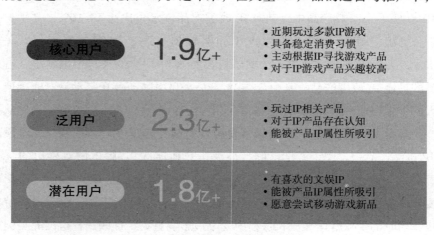

图 12　移动游戏 IP 用户规模

动游戏用户对 IP 的感知显著增强，这加速了 IP 潜在用户向泛用户与核心用户的转化，移动 IP 用户规模均取得了显著增长，但同时，IP 潜在用户规模并未取得同样的增长。现阶段移动游戏用户渗透率已达到高位，整体用户规模在短期内将不会出现明显波动。未来 IP 游戏市场发展的重心将进一步向产品侧倾斜，此外在存量市场下，如何充分发挥并提高 IP 影响力来应对日渐激烈的 IP 产品竞争，将成为 IP 市场与游戏企业关注的重要问题。

（二）中国移动游戏 IP 用户画像

移动 IP 用户群体中，男性用户占比约 67%，明显高于女性用户，一方面当前易于改编为游戏的 IP 内容多由奇幻、战斗等男性偏好显著的元素构成；另一方面出于提高游戏耐玩性、还原 IP 世界等目的，IP 改编游戏往往会采用中重度玩法，这也与多数女性移动游戏用户对于休闲放松的需求相悖（见图 13）。

图 13　移动游戏 IP 用户基本属性

在行业属性层面，移动 IP 用户还表现出了游戏主动性强、消费习惯稳定、用户黏性大、UGC 内容创作意愿高等特征。值得注意的是，在用户游戏阅历上升、游戏精力下降、游戏品类丰富等多重因素作用下，现阶段移动 IP 用户在尝试游戏前对游戏的挑选会更加谨慎，在获知游戏信息后往往会对游戏本身进行一定了解再判断是否下载（见图 14）。

（三）中国移动游戏 IP 用户消费状况

2023 年 1~9 月，中国移动 IP 用户月均消费仍集中于 100~500 元，消费量集中度提升。用户消费量变化方面，35~49 岁的移动 IP 用户中，消费量降低的用户数量多于消费量上升用户，其余年龄段均有小幅增长（见图 15）。

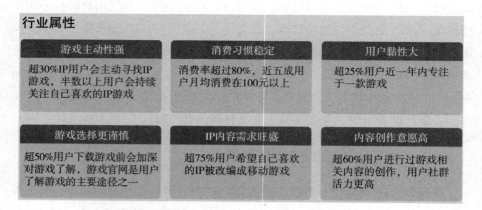

行业属性

游戏主动性强	消费习惯稳定	用户黏性大
超30%IP用户会主动寻找IP游戏，半数以上用户会持续关注自己喜欢的IP游戏	消费率超过80%，近五成用户月均消费在100元以上	超25%用户近一年内专注于一款游戏
游戏选择更谨慎	IP内容需求旺盛	内容创作意愿高
超50%用户下载游戏前会加深对游戏了解，游戏官网是用户了解游戏的主要途径之一	超75%用户希望自己喜欢的IP被改编成移动游戏	超60%用户进行过游戏相关内容的创作，用户社群活力更高

图 14　移动游戏 IP 用户行业属性

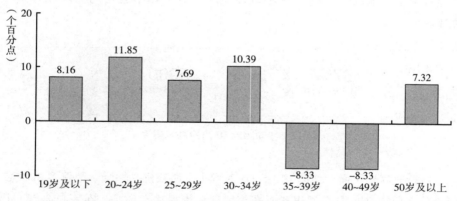

图 15　2023 年 1~9 月移动 IP 用户各年龄段消费增加人数占比净增长率

注：净增长率=消费量上升用户数量占比-消费量下降用户数量占比。

综合用户年龄分布来看，现阶段 25~29 岁用户是月均消费 1000 元以上的高消费群体的主要组成部分，占比超过 35%；而月均消费 100~500 元，则主要由 25~49 岁用户构成，且分布较为均匀。总的来说，在高消费用户消费意愿降低与低消费用户消费意愿上升的共同作用下，IP 用户消费意愿整体向中间层集中，虽然高消费用户群体中的中年用户在 IP 游戏中的消费出现降低，但在 2023 年下半年新品刺激下，用户消费意愿将开始回升（见图 16）。

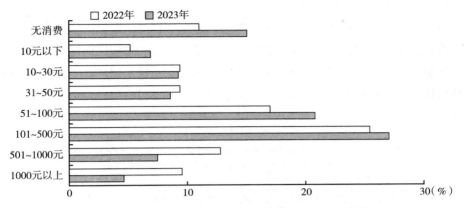

图16 2022 年与 2023 年 1～9 月移动 IP 用户月均消费状况

（四）中国移动游戏 IP 用户转化路径

近年来，广告一直是游戏产品触达用户的主要途径，但移动 IP 用户在选择游戏时的态度日趋谨慎，这促使用户群体在下载游戏前会选择搜集更多游戏相关信息，在加深对游戏的了解后再判断是否下载游戏（见图 17）。

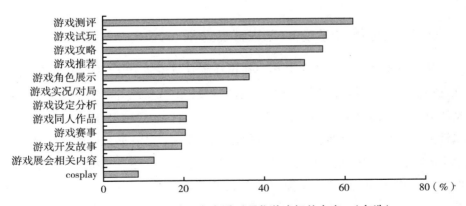

图17 您希望在相关平台内看到哪些游戏相关内容？（多选）

用户调研中发现，移动 IP 用户对于游戏官方信息的关注度持续提升，现已有近六成用户会通过游戏官方信息了解一款新游戏。首先，用户对于自身的游戏偏好已有了较为清晰的认知，而通过广告跳转直接下载体验后再判断是否继续游戏的模式，所付出的时间成本已高于通过自主查询游戏信息来进行判断的方式；其次，相比于杂乱且主观性较强的自媒体评测与难以主动检索的广告内容，游戏官方所提供的客观、即时、体系化的游戏相关信息往往更能满足用户了解新产品的需求；最后，广告信息量的不足也是推动用户自主查询信息的重要因素。游戏官网等官方信息传递途径或成为未来提高用户转化率的重要抓手（见图18）。

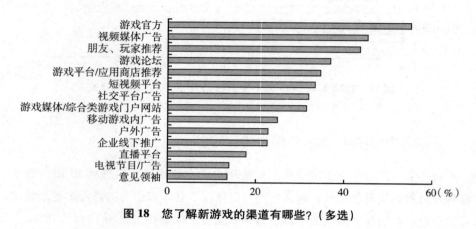

图18　您了解新游戏的渠道有哪些？（多选）

（五）中国移动游戏IP用户游戏偏好

从用户反馈来看，移动IP用户在选择游戏与关注IP时的侧重有所不同。在选择游戏时，移动IP用户更看重画面质量、游戏玩法等游戏本身素质，IP来源对用户选择游戏的影响反而较小，在这一阶段，移动IP用户的游戏玩家属性要高于IP粉丝属性；需要注意的是，IP在用户转化阶段影响力降低，这要求游戏企业对IP改编产品的预期进行合理调整，在用户对游戏质量的关注度远高于IP来源的当下，保障IP改编游戏基础素质仍是提高用户转化率与留存率的关键因素（见图19）。

移动游戏用户对动漫IP偏好显著，用户调研结果显示，近五成用户主玩游戏IP来源为动画/漫画，已高于移动游戏IP，中国动漫IP与游戏的协同发展具备良好的用户基础。此外，用户对影视与小说的偏好也处于较高水平，需要注意的是，用户在面对影视与小说IP时存在界定不清的情况，部分用户会

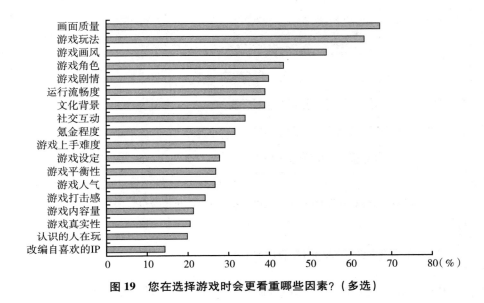

图 19　您在选择游戏时会更看重哪些因素？（多选）

将改编自小说的影视作品归为电影/电视剧 IP，因此用户对影视 IP 的实际偏好会略低于调研数据（见图 20）。

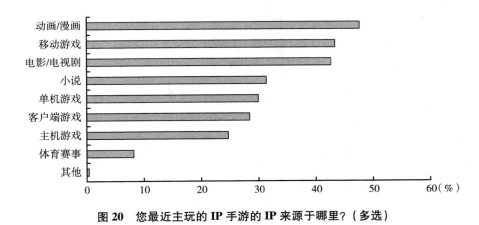

图 20　您最近主玩的 IP 手游的 IP 来源于哪里？（多选）

在游戏过程中，IP 角色形象是现阶段最受用户关注、用户最能直观感受到的 IP 内容，特色鲜明的角色设计也有利于成为用户对 IP 的记忆点（见图 21）。

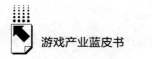

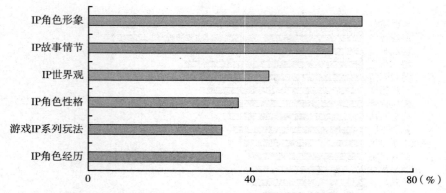

图 21　您最近主玩的移动游戏中，有哪些 IP 元素吸引到您？（多选）

（六）中国移动游戏 IP 用户活跃度

用户创作内容是保持用户社群活跃的基础。用户调研结果显示，移动 IP 用户对与游戏相关内容的创作意愿远高于移动非 IP 用户（见图 22）。

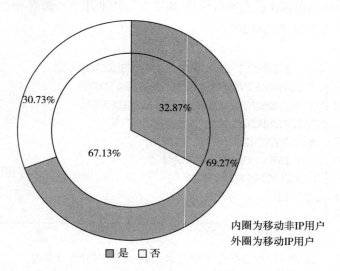

内圈为移动非IP用户
外圈为移动IP用户

■ 是　□ 否

图 22　您是否进行过与游戏相关内容创作？

在创作内容方面，用户对游戏试玩、测评、攻略与推荐的创作意愿位于第一梯队，其中创作难度相对较低的游戏试玩内容占比接近 60%，游戏测评、游戏攻略与游戏推荐需要创作者具备相关知识储备，存在一定创作门槛，因此创作率略低于游戏试玩。从供需角度来看，与游戏产品分析相关的内容创作率较高也说明游戏用户对此类内容的需求旺盛，这也从侧面说明了用户创作内容是用户群体了解游戏的重要途径。用户创作内容可以实现用户间的交流、经验分享，是用户社群活跃度的具体体现；对企业来说，活跃的用户群体更有利于培养形成自身私域流量，也有利于 IP 初期原始粉丝群的形成（见图23）。

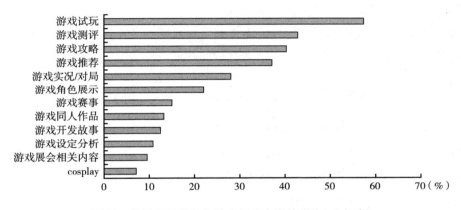

图 23　您进行过哪些与游戏相关内容的创作？（多选）

注：此题仅请进行过内容创作的移动 IP 用户回答。

三　中国移动游戏 IP 市场发展趋势

（一）数字文化产业相互渗透带来全新发展机遇，IP 游戏逐步走出创新困境

为加强游戏创新与 IP 发展、提供更优质 IP 内容，未来将进一步引入跨领域创意元素，与游戏进行深度融合。用户调研结果显示，约六成用户更偏好将动画、电影等衍生作品作为 IP 剧情/世界观的展现形式，高于对演出动画的接受度，这也从侧面反映出演出动画在世界观展现上的不足。但游戏演出动画是游戏用户接触 IP 信息的首要途径，因此对游戏演出动画进行完善与升级势在必行，企业可从质量、内容等方面着手切入。在信息质量方面，游戏内动画制

作能力相比专业影视、动画行业仍有进步空间，在引入相关专业技术后，未来将取得更好的画面表现力，以更好的观感向用户展现游戏剧情与世界观；在内容打造方面，通过专业的剧情编排，塑造更具文化内涵的 IP 内容，同时多领域联合构建立体化 IP 内容矩阵，实现用户跨领域转化。此外，跨领域内容的引入也可应用于玩法创新方面，贸然进行玩法创新自然会面临较大市场风险，但通过现有文化作品中的元素进行游戏化，来达成玩法创新的方式更加有迹可循。当前已有部分企业对文化元素游戏化进行尝试，从轻度的《粉碎大师》到中重度的《一念逍遥》均取得了不错的市场反馈。文化作品与游戏在玩法层面的深度融合，将助力 IP 游戏走出玩法创新难的困境（见图 24）。

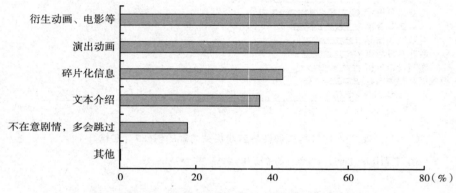

图 24　游戏中您更喜欢哪种形式的剧情/世界观展现？（多选）

（二）游戏 IP 故事延展性加强，IP 文化符号建设将成新增长点

游戏 IP 的长期发展，往往要求 IP 自身故事具备较强延展性。长线运营已是 IP 产品的普遍追求，游戏的长线运营又需要持续的内容更新作为支撑，在 IP 内容的不断延伸下，在保障内容吸引力的同时做到内容自洽的难度也会不断提高，因此构建能够支撑内容持续发展的、具备强延展性的世界观体系成为未来 IP 发展的重要趋势。此外，随着短视频平台的快速发展，IP 内容的展现有了更多选择，为了灵活利用短视频平台的强传播性，打造 IP 文化符号也成为 IP 发展中必须考虑的因素。用户调研显示，近八成移动游戏用户对短视频内容感兴趣，短视频在移动游戏用户群体中的覆盖率已达较高水平。短视频的

信息传播能力较强，虽然当前主流短视频内容采取的快节奏、碎片化、轻量化的表达方式难以翔实完整地向用户展现游戏世界观与剧情故事，但在 IP 发展过程中的多个环节，短视频的多项特质可以令其发挥举足轻重的作用。现阶段相比于详尽细致的 IP 内容，基于 IP 内容抽象出的文化符号更适合在短视频平台传播，IP 文化符号的重要性也将进一步提升（见图 25）。

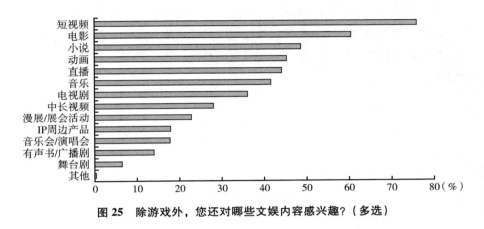

图 25　除游戏外，您还对哪些文娱内容感兴趣？（多选）

（三）提升 IP 文化内涵，展现中华文化独特魅力

近年来，中国游戏企业出海进程不断推进，中国原创 IP 全球化成为未来发展的必然趋势，中华文化传播路径也将进一步拓展。

一方面，优质的国产 IP 作品正是让海外游戏用户主动了解中国文化的一个契机。当前海外游戏用户对部分中国文化元素的兴趣已有显著积累，大量中国网文翻译为英语发布后吸引大量读者，但在特定词句难以翻译等客观问题下，海外用户对文章的理解自然存在一定难处，因此海外用户需要更加直观感受中国文化的内容载体，游戏正是理想载体之一。

例如国产游戏《黑神话：悟空》自 2020 年公布以来，便吸引了大量用户关注，随着每年游戏宣传片的推出，除了对游戏本身的期待外，海外游戏用户对于《西游记》的兴趣也被推至高位，不少海外玩家表示要在游戏正式发售前阅读《西游记》，以便更好地体验游戏。

另一方面，游戏自身素质优秀进而得到海外用户喜爱，是通过游戏实现

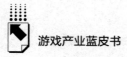

IP 传播的基础。文化元素在游戏内的设置方式是提高文化传播能力的关键，区别于"西游记"这类成熟且具备极大影响力的 IP 体系，中国原创游戏 IP 在文化传播策略上可采取由浅入深的模式。围绕中国原创 IP 的文化传播体系将不断完善，IP 可承载内容也将不断丰富，在传播中国传统文化的同时，展现中国新时代发展成就和风貌。

例如《原神》在文化传播环节，将中国文化元素融入地图设计、背景音乐、节日活动等部分，让玩家在游戏过程中自然接触到文化内容，在丰富游戏内容的同时也传播了中国文化，而非采取内容灌输式、容易引起抵触心理的传播模式。

调研报告

B.6
游戏企业应用与发展中华优秀
传统文化调研报告[*]

何威 李玥 牛雪莹 秦小晴 陈慧琳[**]

摘　要：　中华优秀传统文化的创造性转化与创新性发展，一直是我国新时代文化发展战略的重点之一，也是习近平文化思想的重要内涵。近年来，我国游戏行业积极响应国家文化战略，多家游戏企业围绕不同题材、不同类型的游戏产品，以丰富多元的方式应用与发展中华优秀传统文化，实现了良好的社会效益与经济效益。本报告通过问卷调查、企业走访、专家访谈等方式，深入调研了我国游戏企业在应用与发展中华优秀传统文化方面的现状与趋势，搜集分析了有关数据和典型案例，了解并呈现了企业的相关认知、态度、成效，以及在此领域的未来发展趋势。

关键词：　中华优秀传统文化　数字游戏　创造性转化　创新性发展

---

* 本报告系国家社科基金艺术学一般项目"中华优秀传统文化在数字游戏中的创造性转化与创新性发展研究"（项目编号：22BC052）阶段性成果。

** 何威，博士，北京师范大学艺术与传媒学院教授、博士生导师，主要研究方向为数字媒体传播、游戏研究、流行文化与文创产业；李玥，北京师范大学艺术与传媒学院博士研究生，主要研究方向为数字媒体传播、游戏研究；牛雪莹，清华大学新闻与传播学院博士研究生，主要研究方向为影视传播、游戏研究；秦小晴、陈慧琳，均为北京师范大学艺术与传媒学院硕士研究生，主要研究方向为游戏研究与游戏设计。

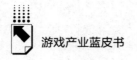

一 基本情况

（一）受访企业基本情况

调研的 45 家企业近 40%位于上海和北京，其余位于广州、厦门、深圳及其他地市。从人员数量看，近 30%的企业的员工超过 1000 人，绝大部分企业员工超过了 100 人。从营收规模看，年营收位于 1 亿~10 亿元区间的企业最多，占比 31.1%；其次是年营收 50 亿元以上、10 亿~30 亿元、不足 5000 万元这三个区间，各有 17.8%的企业位居其中（见图 1、图 2、表 1）。

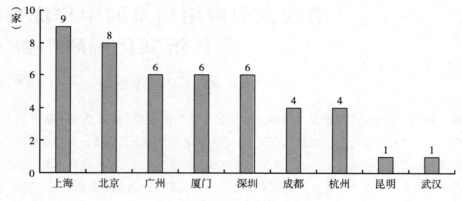

图 1 受访企业所在城市分布

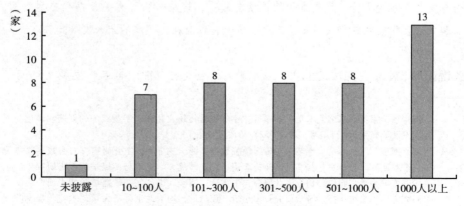

图 2 受访企业员工数量分布情况

表1　受访企业名单（共45家）

序号	公司名称	序号	公司名称
1	深圳市腾讯计算机系统有限公司	24	北京盖娅互娱网络科技股份有限公司
2	网易游戏		
3	上海米哈游网络科技股份有限公司	25	博雅互动国际有限公司
4	完美世界（北京）软件科技发展有限公司	26	厦门极致互动网络技术股份有限公司
5	波克科技股份有限公司	27	厦门点触科技股份有限公司
6	上海莉莉丝网络科技有限公司	28	厦门青瓷文化传播有限公司
7	江西贪玩信息技术有限公司	29	厦门飞鱼科技有限公司
8	北京爱奇艺科技有限公司	30	广东星辉天拓互动娱乐有限公司
9	乐元素科技（北京）股份有限公司	31	杭州心光流美网络科技有限公司
10	厦门吉比特网络技术股份有限公司	32	深圳市迷你玩科技有限公司
11	四三九九网络股份有限公司	33	湖北盛天网络技术股份有限公司
12	恺英网络股份有限公司	34	网元圣唐娱乐科技有限公司
13	成都西山居世游科技有限公司	35	杭州开启网络科技有限公司
14	上海沐瞳科技有限公司	36	深圳市尚游网络科技有限公司
15	中手游科技集团有限公司	37	上海召合网络科技有限公司
16	多益网络有限公司	38	上海可哪信息科技有限公司
17	英雄互娱科技股份有限公司	39	上海碧汉网络科技有限公司
18	浙江金科汤姆猫文化产业股份有限公司	40	成都东极六感信息科技有限公司
		41	成都市龙游天下科技有限公司
19	深圳市创梦天地科技有限公司	42	成都智汇玩网络技术有限公司
20	广州君海网络科技有限公司	43	昆明螺舟网络科技有限公司
21	上海绿岸网络科技股份有限公司	44	杭州游科互动科技有限公司
22	北京北纬通信科技股份有限公司	45	广州灵犀互动娱乐有限公司
23	北京畅游时代数码技术有限公司		

（二）企业应用发展中华优秀传统文化基本情况

在本次调研中，所有受访游戏企业均在游戏内容中或游戏外相关活动中应用与呈现了中华优秀传统文化。调研的45家企业均在研发、发行或运营的游戏产品中应用和发展了中华优秀传统文化；其中，有2家企业以棋牌游戏为主营业务。

调研显示，通过游戏应用与发展中华传统文化，是一个调动游戏企业各部门员工协同参与的系统工程。游戏制作人和策划人员往往是该工程的发起源头，他们与游戏美术人员一同构成这个过程的核心人员；市场营销、运营和程序等岗位人员也会积极配合参与。在游戏企业应用与发展中华传统文化过程中，受访游戏企业中（n=45），美术、策划和制作人岗位的员工参与比例最大（超过九成）；其次是运营和市场营销岗；程序岗位员工参与的企业比重最少，但仍超过一半。同时有制作人、策划、美术、程序、运营和市场营销六大岗位员工参与的企业23家，占比达51.1%。部分受访企业还提到，公共关系与品牌传播两类岗位的员工也会参与其中（见图3）。

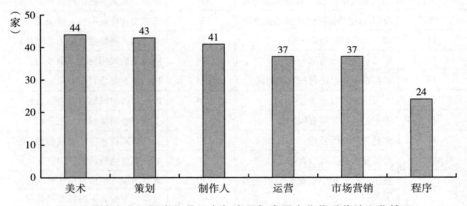

图3　受访企业不同岗位员工参与应用与发展中华优秀传统文化情况

二　在游戏中应用与发展中华优秀传统
文化的具体路径

根据游戏产品的研发规律和游戏出版物的用户体验实际情况，我们围绕以下三种维度，来分析游戏中应用与发展中华优秀传统文化的具体路径。这"三维"包括"人物"、"环境"和"行动"。人物维度，指的是与各种游戏角色密切相关的内容，包括玩家可控角色和非玩家控制角色（NPC）。环境维度，指通过数字技术建构的虚拟空间及其中的各种人造物品和文化要素，包括自然环境、人文环境。行动维度，则是指玩家能在游戏中做什么，给其他游戏人物及游戏环境带来什么变化。[①]

（一）围绕游戏角色，在人设、服饰、装备、道具里融入中华优秀传统文化

1. 角色设计取材传说人物、神兽精怪、历史人物

调查显示，在受访的 45 家企业中，84% 的企业在游戏角色设计过程中借鉴了中华传统人物角色，其中占比最多的是中华经典传说人物，其次是中华传统神兽精怪和中华真实历史人物。

在传说人物方面，有 31 家企业参考了孙悟空、盘古、鲁班、各位仙佛等经典传说故事中的角色。例如《仙剑世界》结合了《山海经》、道教等传统文化和中国古代传说故事的元素，将各类神仙、妖兽、精怪等传说角色都融入游戏之中，展现出人、神、妖、精怪共存的仙侠世界。游戏《西游降魔篇》基于《西游记》改编，其中包含了东海龙王、独角大王、红孩儿等传说人物。

在神兽精怪方面，有 28 家企业参考了哮天犬、龙之九子、朱雀、麒麟等神话故事中的角色。例如游戏《剑侠世界》系列的帝陵场景中，包含了中国古代传说四神兽青龙、白虎、朱雀、玄武。《古剑奇谭网络版》中大量使用了中国传统的神兽精怪作为游戏 NPC。游戏《幻塔》也考据了《山海经》中的奇珍异兽，将其融入游戏的国风世界观。《一念逍遥》角色设计取材自中国传统文化经典《山海经》《封神榜》，并与文化机构合作设计，如与敦煌博物院联动在游戏中呈现了造型憨态可掬又不失优雅的敦煌九色鹿。

在历史人物方面，有 23 家企业参考了如帝王将相、学者哲人、民族英雄等具有真实历史背景的人物。例如《王者荣耀》中的刘备、张飞、诸葛亮、武则天、王昭君等形象；《万国觉醒》中的曹操、花木兰、关羽、孙武、武则天等角色；《剑侠情缘》系列游戏基于唐宋历史设计的唐代天策府、安史之乱相关人物，如李隆基、安禄山、李白等；《淡墨水云乡》里的众多名士如苏轼、李清照、柳永、陆游、唐婉等。

[①] 何威、李玥：《符号、知识与观念：中华优秀传统文化在数字游戏中的创新转化》，《江苏社会科学》2024 年第 1 期，第 232~240 页。

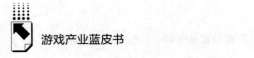

2. 角色服饰设计参考古装、传统配饰、民族服饰与新中式服饰

调查显示，在受访的 45 家企业中，96% 的企业游戏角色服饰具有中华传统服饰元素，其中古装服饰（40 家）和传统配饰（39 家）是最常参考的传统文化元素。其次，还有民族服饰（21 家）、新中式服饰（20 家）等服饰文化元素。

在古装服饰方面，古剑奇谭系列游戏参考了诸多古代传统服饰设计。例如《古剑奇谭三：梦付千秋星垂野》中的路人服饰、饰品、装扮等均以明制汉服形制为基础调整而来；《古剑奇谭二：永夜初晗凝碧天》游戏主角之一"夏夷"来自皇室，其服饰配饰均参考了唐代皇室服饰。《剑网 3》游戏中的角色服饰、发型和配饰等融入了中国多个历史时期的传统服饰特点，如红霞长袍、卷发鬓角等。

在传统配饰方面，很多游戏基于发髻、珠宝、锦囊、福袋等元素进行设计。例如，《幻唐志：逍遥外传》手游有福袋、锦囊等元素。《问道》手游女性角色装备中的头饰簪子、头冠、发髻，拥有丰富样式，如黄仁儿和丫鬟的双丫髻、卜老板和女管家的反绾髻、"引天长歌"的螺髻等，均参考古代发髻设计而来。

在民族服饰方面，如《剑网 3》门派"五毒"的服饰均采用苗族服饰，门派场景及风格基于苗族特色设计。《归龙潮》角色外形设计上采用了云南少数民族纹样与银饰、敦煌纹样与西北鼓等。

在新中式服饰方面，不少游戏参考旗袍、唐装服饰样式等进行设计。例如，《舞力全开》游戏的歌曲《百乐门》用到了旗袍、唐装等服饰。《天涯明月刀》从传统服饰中汲取灵感，开发了明璃纱、星砂绸、画雨缎等精美虚拟服饰材质，还将京剧、云锦、苏绣等非遗绝艺揉入了服装设计中，基于现代潮流进行传统新演绎。

3. 装备和道具借鉴武器、乐器、盔甲/官服、文具

调查显示，在受访的 45 家企业中，89% 的企业游戏角色装备道具借鉴了中华传统文化相关物品，其中以古代武器（36 家）最为常见，其次依次为传统乐器（34 家）、古代盔甲/官服（32 家）、古代文具（30 家）、古代法器（26 家）。

古代武器主要指刀枪剑戟、斧钺钩叉等。游戏《太吾绘卷》制作了 800

余种武器，其中不少对应了真实历史记载，如镇岳尚方剑，就是周昭王时期铸造以镇五岳的五剑的统称。《永劫无间》与平遥文涛坊古兵器博物馆联动合作，以"马首刀"的武器装备，高度还原"清中期玛瑙马首短刀"，让全球玩家有机会体验中国古代的高超工艺。

传统乐器则是指传统的钟磬鼓、琴瑟筝、二胡琵琶扬琴、梆子快板唢呐等。《古剑奇谭二：永夜初晗凝碧天》中的角色阿阮得名自古代乐器"阮"，阿阮使用的器物也是传统乐器"巴乌"。《剑网3》中设计了使用传统乐器作为武器的门派"长歌"，其门派技能名称以中国古代曲谱音调、曲目命名，如宫、商、角、徵、羽、阳春白雪、梅花三弄、平沙落雁等。

古代盔甲/官服主要指明光铠、飞鱼服、明清文官武官服装等。《召唤与合成》游戏角色"观凤"的衣甲装备借鉴了中国古代的盔甲造型。衣甲"寒铁轻甲""无悔盔甲""烙印胸甲""薄雾铠甲"等均借鉴了中国古代的盔甲造型。《永劫无间》中的明光铠，是由该游戏设计团队与知名甲胄复原师深入敦煌不对游客开放的洞窟，结合壁画记录、文史档案与多年积累的古铠甲考据经验，经过半年时间完成了唐代名将张议潮形象还原。合作复原的实体明光铠在1200年后再次在敦煌阳光博物馆为世人所见，该游戏也通过扫描成像等技术在游戏中高度还原了明光铠。

古代文具可分为笔墨纸砚、印章、雕版、简牍、纸张等。《问道》手游中书生、判官以传统毛笔为武器，印章、卷轴、画册、简牍则作为道具在游戏中使用。古剑奇谭系列也将笔墨纸砚用作角色的道具。

古代法器主要指木鱼、净瓶、降魔杵、法轮等器物。例如古剑奇谭系列游戏的角色将佛珠等作为武器。

（二）建构游戏环境，打造虚拟物品，再现中华优秀传统文化

游戏可以通过建构环境独特地再现中华优秀传统文化的文化氛围和内涵。企业往往通过构建游戏环境、打造虚拟物品、配合美术音乐表现等方式，将传统文化融入游戏环境细节中，为玩家带来沉浸式的文化体验。

1. 环境与物品来源：建筑、生活用品、传统载具

调查显示，在受访的45家企业中，98%的企业制作的游戏环境与物品借鉴和采用了中华传统文化元素，其中以传统建筑（40家）为主，其次依次为

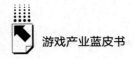

生活用品（35家）、传统载具（31家）、中式家具（29家）、风景名胜（28家）、古代科技（17家）。

传统建筑指传统中式建筑或民族建筑样式，可分为亭台楼阁、木塔、宫殿、坊市、牌坊、藻井、斗拱结构、四合院、客家土楼、吊脚楼等。例如，《疯狂兔子：奇遇派对》中大量使用了宫殿、木塔等建筑样式。《神仙道3》中"白蛇缘起"章节参考了西湖的景色，在游戏任务界面中绘制了亭台楼阁、小桥流水，塑造出古风韵味的游戏场景。《归龙潮》将中式建筑与现代工业建筑相结合，不同风貌的街区选取不同风格，例如以重庆为蓝本的街区选择洪崖洞为设计原型。《崩坏·星穹铁道》中的仙舟世界建筑参照丹鼎司徽派建筑风格，白墙青瓦配合层楼叠榭、曲径回廊和马头墙，将徽派建筑这一世界物质文化遗产自然融入游戏场景中。《江南百景图》参考明朝徽州府的城制，大量使用了马头墙、门楼、天井等传统建筑样式，同时也在游戏场景内置入符合徽州府文化的丝织坊、秀坊等特色建筑，将地方文化融入游戏内。《剑网3》中的长安城、扬州、成都、敦煌等地，参考了不同地域的城制与传统建筑形式进行场景设计。此外，还有《燕云十六声》中的樊楼，《逆水寒》中的汴京虹桥、金明池、相国寺等地标，参考了《东京梦华录》《武林旧事》《梦粱录》《矾楼夜市》等多部古籍，在游戏中力求还原真实历史建筑的造景。《庆余年》游戏中呈现了汉唐时期的不同建筑风格。

传统生活用品可分为茶具、酒具、餐具、玉器、瓷器、漆器、青铜器、金银器等品类。例如，《文明与征服》设计了藏宝室系统并与敦煌研究院进行联动，鼓励玩家在游戏内收集中国传统的玉器、陶瓷、青铜器等。《佳期：团圆》中的用物摆件均经过考证，如鎏金缠枝熏炉、螭龙镇纸、铜雁鱼灯等。

传统载具如车马、舟船等也是游戏环境物品的重要组成部分。例如，《崩坏·星穹铁道》中的交通工具"星槎"，源于晋代张华的《博物志》中名为《八月槎》的文章，其中描述旧时"天河与海通"，人们乘浮槎往来，体现了古人对宇宙航天的幻想寄托。《太吾绘卷》也有传统载具元素出现，如独轮车、太平车、独辀战车、双辕安车、驷马轩车等。

在风景名胜方面，《妖错图》邀请了故宫博物院古建筑修复师、中国人民大学历史系及北京建筑大学的学者共同参与，在游戏中复原了完整而真实的明代金陵玄武湖全貌。《QQ飞车》融入"世界第一高桥"北盘江第一桥和"中国天眼"FAST 等景观，更打造了三段轨道、连续三段飞跃台等玩法。《原神》中璃月地区的"绝云间"景色取材自张家界景区，展现云雾缭绕、丰富多变的地理风貌，并运用中国山水画的写意手法设计云雾与留白，"绿华池"则借鉴了黄龙自然保护区的彩池，展现了一派高低错落有致、呈梯田状的围堤风光。

在古代科技方面，如《古剑奇谭三：梦付千秋星垂野》的剧情涉及四大发明跟古代天文等科技要素。《问道》里九霄星界的星舟中有床弩、战场有投石机等设计。

2. 美术来源：传统绘画、书法、工艺美术

调查显示，在受访的 45 家企业中，93%的企业制作的游戏美术中具有中华传统美术元素或直接以相关作品为素材。其中以传统绘画（36 家）为主，其次依次为书法（25 家）、工艺美术（25 家）、壁画/雕塑（23 家）、民族美术（20 家）。

传统绘画指水墨山水、青绿山水、吴带当风、白描、写意、工笔等传统绘画风格。例如，《绘真·妙笔千山》与故宫博物院合作开发，以借鉴自《千里江山图》不同场景的青绿山水风格，带来中式古典美学意境。《江南百景图》参考了清代画家徐扬的《姑苏繁华图》，融合了传统水墨技法，形成了独树一帜的游戏美术设计风格。《扶摇一梦》则配合其世界观设定，选择将宋元朝代十分流行的织金锦的美术特点运用到了游戏中，整体风格更显精致华贵。《淡墨水云乡》的美术设计在经典国画基础上创新了"浓彩淡墨"的新式国风风格，用色上更丰富，但整体传承了国画的绘制技法和画面气韵。

在书法方面，如《剑网 3》门派万花，使用的武器为毛笔，其技能设计及特效基于中国书法及水墨画元素。《问道》云霄宫的牌匾使用了大篆文、万妖岭地标使用甲骨文、地图使用行楷美术字。

工艺美术指皮影、剪纸、泥人、年画、门神等传统工艺。如《古剑奇谭三：梦付千秋星垂野》以皮影戏为主题元素，设计制作了游戏中的龙宫场景。《神仙道 3》在许多大型玩法开启时都会设计制作皮影戏故事来介绍该版本的更新，并将这些皮影戏故事收集在名为"梨园"的放映厅，供玩家随时查看。《一念逍遥》在游戏内植入了国风限定灵兽灵兔剪纸的皮肤，玩家在游戏中能够与非遗剪纸艺术家杨慧子共创剪纸灵兔。

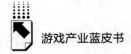

在壁画/雕塑方面，如《文明与征服》联合大唐西市博物馆、敦煌美术研究所，在藏宝室系统中推出了各类历史经典雕塑的数字形象。

3. 音乐来源：民族乐器音效、民族音乐、传统戏曲

调查显示，在受访的 45 家企业中，80% 的企业制作的游戏音乐中具有中华传统音乐元素或直接以相关作品为素材。其中以民族乐器音效（32 家）为主，其次依次为民族音乐（24 家）、传统戏曲（16 家）、民歌小调（7 家）。

在民族乐器音效方面，《仙剑世界》以《仙剑奇侠传》历代游戏中的音乐为主基调，主要使用古筝、琵琶、竹笛、钟鼓等古典民族乐器演奏。《古剑奇谭（网络版）》则邀请了知名古琴演奏家用古琴演奏产品内相关曲目。《原神》璃月地区的音乐在西方管弦乐基础上融入了大量中国传统民乐元素，如古筝、琵琶、笛子、中阮、二胡等传统民乐，实现了交响乐、传统民乐与电声摇滚乐的融合，在国内外多次获得大奖。《幻塔》游戏设计了以民乐为主导的古风音乐旋律，凸显其东方风格世界观。

传统戏曲种类繁多，有据可考的有数百个剧种，如昆曲、京剧、豫剧、评剧、越剧、黄梅戏、川剧、粤剧等。《文明与征服》邀请京剧武生奚中路老师、粤剧老师为角色配音，并引入京剧、粤剧的相关唱段。《高能手办团》与非遗豫剧《白蛇传》联动期间，邀请著名豫剧演员为玩家献唱《白蛇传》选段，同时邀请豫剧演员为角色以豫剧唱腔进行角色配音。《王者荣耀》多款皮肤设计中运用了京剧、昆曲的唱腔、扮相和片段。

民歌小调指信天游、江南丝竹、蒙古呼麦、东北二人转、侗族大歌、壮族山歌、维吾尔族木卡姆等民歌形式。如《一念逍遥》在镇妖塔音乐中加入了蒙古呼麦的元素。《剑网 3》在蜀地区域五毒门派场景音乐中，融入了苗族歌谣（游方歌）的元素。

（三）设计玩家行动，引导玩家参与体验中华优秀传统文化

1. 剧情和题材参考节气节日、民俗活动、经典文学名著

调查显示，在受访的 45 家企业中，91% 的企业制作的游戏剧情和题材与中华传统文化元素或经典文化作品有关。其中最常见的有节气节日（34 家）和民俗活动（33 家），其次还有经典文学名著（27 家）、诗词歌赋（19 家）、民间故事（15 家）等。

在节气节日方面，例如《万国觉醒》逢春节、端午、中秋之际在游戏内开展活动，在融入中国民间传统风俗、渲染节庆氛围的同时向全球玩家同步发放特别礼包，邀请全球玩家共同庆祝中国传统节日。

在民俗活动方面，例如，《江南百景图》在新年期间张灯结彩，场景内人物服饰、行为和触发剧情均融入春节民俗特色，玩家还可以与舞龙舞狮的居民进行互动，感受新年气氛。《和平精英》邀请重庆铜梁龙舞非遗传承人、广东佛山醒狮非遗传承人深度参与版本研发，以游戏中"龙狮城"地标为中心，结合龙狮载具、新年撞钟、抢头彩等吉利文化元素，共同打造兼具民俗展示传承和体验创新的舞龙醒狮新玩法。

经典文学名著方面，例如，《梦想世界3》端游从《聊斋志异》《三国演义》《封神榜》等文学名著中汲取灵感，打造了副本玩法。《大话红楼》基于《红楼梦》文本进行剧情设计。

在诗词歌赋方面，如《剑网3》门派长歌代表人物包括了诗仙李白，门派技能中含有大量的唐诗元素，游戏中所有门派均有门派诗、场景诗。

在民间故事方面，如《无悔华夏》剧情中有后羿射日、女娲造人、女娲补天、夸父逐日、大禹治水等故事。《古剑奇谭》系列取材于神话"共工怒撞不周山"，作为游戏系列的起因之一。《幻唐志：逍遥外传》手游中的副本涿鹿战场，与黄帝大战蚩尤的故事有关。

2. 玩法设计借鉴民俗节庆、歌舞演奏、传统游戏

调查显示，在受访的45家企业中，98%的企业制作的游戏玩法中融入了中华传统文化相关活动。其中以民俗节庆（31家）为主，其次依次为歌舞演奏（26家）、传统游戏（26家）、书画治印（23家）、传统工艺（21家）、吟诗作对（20家）、茶艺厨艺（18家）、科举职官（16家）、婚丧嫁娶（15家）。

在民俗节庆方面，例如，《尼山萨满》中玩家通过击鼓的音乐节奏在游戏中召唤神灵、降伏妖魔，于行动中了解满族萨满文化中的自然观、生死观和民俗。《原神》里的逐月节、海灯节原型为元宵与春节，年节之际放烟火、赏花灯、猜灯谜等习俗化身成游戏内海灯节的创意玩法，勾起各地游子的思乡之情。每逢传统节日，《古剑奇谭（网络版）》便会举行对应的节日活动，在春节、中秋、清明等节日开展相应的灯谜、酒令、飞花令等活动，还会对游戏内场景进行装扮，打造沉浸的节日气氛。《幻唐志：逍遥外传》手游在传统节日

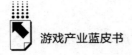

会推出相匹配的活动玩法，如端午节期间提供赛龙舟、吃粽子玩法等。

在歌舞演奏方面，例如，《曲中剑》将交互玩法与传统曲律、文学典故、水墨绘画进行创新结合，还内置了每首歌背后的历史典故、音乐知识以及改编手法等；制作团队向古琴文化非遗传承人请教，设计了"古琴模拟器"玩法，引导玩家了解和学习古琴知识。《逆水寒》中角色李师师的舞蹈《雨霖铃》邀请了著名民族舞蹈家进行动作编排，还原了现实中国古典舞的动作与美感。《神仙道3》"五音六律"的玩法灵感来自中国古代的五音宫商角徵羽，玩家可以收集这5种音符，来谱成曲子并进行弹奏。

传统游戏指围棋、中国象棋、麻将、字牌、七巧板、九连环、灯谜、酒令、飞花令等。在《燕云十六声》中，设计者构建了诸如马球场、东西百坊等建筑群，在游戏中还原例如蹴鞠、锤丸、马球、斗鸡、相扑、象棋等诸多在宋代风靡一时的游戏，将玩家置入"凤箫声动，玉壶光转，一夜鱼龙舞"的宋代繁华市井中。《崩坏：星穹铁道》中角色"青雀"的设计融入了中国麻将文化，如"争番""停牌""抢杠""杠上开花"等技能名称，战斗时抽取琼玉牌（麻将）可以增强攻击力的机制等。《原神》游戏中海灯节的"纸映戏"玩法将皮影戏文化融入解谜之中，玩家可以通过"移动纸幕"，调整"演员"的行动路径，绕开"陷阱"走向指定目标，从而完成"演出"，颇具皮影戏韵味。

传统工艺指如榫卯、纺织、刺绣、桑蚕、景泰蓝等以传统方法和材料制作各种艺术品和实用物品的技术。例如，《匠木》基于榫卯工艺来设计游戏机制，引导玩家观察不同的榫形结构，利用工具凿出匹配的榫头或榫眼，无缝拼合实现解密通关，通过寓教于乐的方式展现了古今榫卯的历史文化。在《梦想世界3》端游中，玩家可以制作传统剪纸、刺绣、丝绸手绢、瓷器、木雕等工艺品，了解传统工艺知识。

吟诗作对指两人或多人交替用诗歌或文学作品进行对答、对唱或对联。游戏《画境长恨歌》以"改画""作画""寻画"三种极具东方美学的解谜玩法作为核心，给玩家带来"诗是有声画，画是无声诗"的感受与认知，用游戏的形式再现中国古典诗词的独特魅力。

茶艺厨艺涵盖了制备品鉴、烹饪技巧、食材搭配等方面，体现了中国千年饮食文化的精髓。《食物语》将美食拟人化为人物角色登场，每种食物背后的故事均取材于真实的人物和事件，与游戏主线任务紧密结合。《一梦江湖》设置了烹饪系统，玩家可以根据特定菜谱置入原料制作传统美食，了解烹饪文化。

科举职官包括中国古代科举制度和官职架构。如《一梦江湖》中设置了"天选考试"系统，玩家可以在地图内寻找金陵书生回答题目，通过初试和复试以获得奖励。题目内容包括文学、古代科学、传统民俗文化等。

在婚丧嫁娶方面，《剑侠情缘》中，玩家造访NPC"月老"绑定了侠侣关系后，可按照中国传统形制布置婚礼场景，举办中式婚礼。《江南百景图》中，玩家可以通过建造与经营推进剧情，触发城镇居民的婚丧嫁娶行为；居民去世后，玩家还可以为其选址盖坟墓，在墓碑上阅览其一生经历，在红白喜事之间理解中国民间代代相传的生死观。

三　在游戏内容之外应用与发展中华优秀传统文化的模式

（一）线上长期开展运营活动，灵活持续传播中华优秀传统文化

游戏企业创新开发模式，协同市场驱动，在长期运营过程中持续性地应用中华优秀传统文化。这种模式的核心在于研发、运营和营销部门的协同参与，确保传统文化的有效融入和传播：营销部门提出创新概念，研发团队配合运营团队将之落实在内容更新中。

这一模式增强了游戏的生命力，也为中华优秀传统文化的推广提供了新的机会。通过这种策略，游戏企业能够更加灵活和持续地在游戏内外应用与推广中华优秀传统文化，甚至有机会在全球范围内扩大其影响力和吸引力。这也是文化与技术融合创新的成果。

调查显示，在受访的45家企业中，有93%的企业游戏产品日常运营和线上活动与中华传统文化元素相关。其中，企业最常参考的元素是节气节日（36家）；非遗民俗（24家）和风景名胜（23家）的元素均超过半数，也是企业参考的重点元素。其次依次为传统美术（20家）、传统音乐（18家）、民间故事（17家）、历史人物/事件（16家）和经典文学名著（13家）。

线上运营活动可分为游戏内和游戏外两大类。游戏内运营活动如《万国

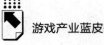
觉醒》版本节点活动，以三星堆为主题，融入了三星堆古遗址元素。玩家可以在系列活动中获得"青铜立人像"等三星堆相关道具，从而了解三星堆文化的符号和知识内容。又如《天天爱消除》与敦煌研究院联动推出的"拍照寻找九色鹿"活动。玩家在游戏内给九色鹿拍照、收集九色鹿照片来换取宠物九色鹿。该活动结合了飞天、九色鹿、反弹琵琶等敦煌文化元素，让玩家在游戏运营活动中也能体验优秀传统文化。《开心消消乐》则推出了围绕春夏秋冬四季主题和梅兰竹菊的国画鉴赏活动"盛世芳华"国画科普周，以及以中秋明月、山川景色为主题的中秋诗词大会。玩家在赏画、填字的过程中了解传统国画和诗词的文化内涵，感受文化之美。

游戏外运营活动如《剑与远征》游戏国风版本角色"铁衣红袖——木兰"上线时，在游戏外同步制作了 MV 等宣传物料。其中国风英雄单曲《吾道》《天命》融合戏腔唱法，向玩家传递了花木兰"谁说女子不如男""敢与天下英雄争"的气概，在海外引起大量玩家关注好评。

（二）线下多种方式联动现实，突破次元壁垒传播中华优秀传统文化

在调研的 45 家企业中，有 23 家企业曾开展过与中华传统文化联动的线下活动。其中，线下活动主要通过助力非遗传承的公益活动来进行，占比为70%。企业与文旅园区和景区的联合推广活动、与传统文化相关的展览展示活动以及包含传统服饰/历史人物的角色扮演活动的形式占比分别61%、57%和52%。

1. 从观察到互动：非遗联动传承传统技艺

非遗传统技艺的传承不再局限于原先的口传心授，还能通过游戏强大的互动性和社交性，让更多的年轻人参与到传统技艺的学习和传承之中。这种方式不仅增强了游戏的沉浸感和可玩性，也为非遗技艺传承提供了更广泛的社会基础。

例如，《梦幻新诛仙》游戏与江苏省演艺集团京剧院联合创作的京剧 CG，融合现代编曲与京剧唱腔，推出了京剧歌曲《念奴娇》。《剑网 3》十四周年盛典上演定制川剧《居山观川》，展现了把子功、水袖功、双剑入鞘等各种纯正川剧技法，结合了川剧中的经典角色与《剑网 3》中的游戏元素。《斗罗大

陆：魂师对决》通过动作捕捉技术，将广东省非遗技艺"洪拳"传承人的招式还原到游戏中，让玩家在游戏中体验洪拳的精髓。

2. 从虚拟到现实：文旅展览活化传统文化

中国地大物博、历史悠久，为国产数字游戏构建虚拟环境提供了丰富的创意资源。越来越多的游戏企业开展了与地方文旅产业合作的活动，既能丰富游戏的文化内涵，又能通过游戏反哺地方文旅产业，从而实现游戏"两创"与地方文旅产业发展的双赢。

在游戏企业与文旅园区、景区联合推广方面，"王者荣耀×滕王阁数字文旅计划"以《滕王阁序》为切入点，打造了"弈星-滕王阁序"主题皮肤，游戏角色弈星也作为"滕王阁数字文旅大使"长期入驻滕王阁景区，为景区增加了数字虚拟人、主题灯光秀等看点，实现游戏与景区的共赢。由欢乐谷及西山居共同打造的西安欢乐谷《剑网3》主题公园，包含了十余项《剑网3》主题景观和游乐项目，打造出武侠主题的沉浸式体验。《妄想山海》游戏则将巫咸文化十巫形象和巫溪文旅内容植入游戏之中，通过"线上实景风物植入+线下文旅文创联动"的合作模式，提升游戏内容丰富度及玩家文化认同感。

在传统文化的展览展示活动方面，如《鸿图之下》游戏与武侯祠博物馆联合推出"智见三国　大展鸿图"云上庙会，以灯会的形式展示游戏角色和游戏皮肤，实现"年味"在游戏的虚拟空间与现实空间中的同步。《重返帝国》游戏上线"博物馆"玩法，在"剑影落九州"活动期间与湖北省博物馆联动。玩家可参与藏宝图挖宝、智者对答等互动，最终合成藏宝图来获取越王勾践剑、曾侯乙尊盘等数字化藏品。

3. 从并行到融合：玩家参与延伸国风魅力

游戏传播中华传统文化不应局限于游戏本体之中，通过发动玩家的现实参与来扩展游戏与文化的影响力也非常重要。玩家的参与行为能够有效激发传统文化的活力。

例如，《王者荣耀》与北京环球影城联合打造的"英雄盛会"活动，以李白、狄仁杰、李元芳、云缨、杨玉环和上官婉儿等高人气角色，打造了《王者荣耀》英雄巡游、英雄见面会等独具特色的主题公园娱乐体验，并推出以《王者荣耀》英雄造型和元素为灵感的主题周边商品及餐饮。剑侠情缘系列游戏多次开展 Cosplay 大赛、同人嘉年华等活动，玩家们身着中国唐宋传统服饰，

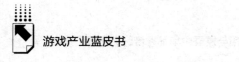

扮演游戏角色。《原神》FES 官方嘉年华涵盖了 Cosplay 表演、周边售卖、才艺表演等多种形式活动，聚集大量玩家参与。在游戏外推动玩家积极参与游戏相关文化活动，能够活化中华优秀传统文化，让年轻人身临其境体验国风魅力，增进对传统文化的感情。

四 融入中华优秀传统文化的国产游戏出海表现

（一）八成企业认为融入中华优秀传统文化对国产游戏海外市场表现有正面影响

调查显示，受访企业对于融入并呈现中华优秀传统文化的国产游戏出海态度较为积极。其中，有 37 家企业认为融入中华优秀传统文化对国产游戏在海外市场表现具有正面影响，占比 82%；还有 7 家企业认为这种影响难以判断，占比 16%；仅有 1 家企业认为将给出海带来一点负面影响。

基于调研发现，大部分受访企业认为数字游戏这一形式本身非常利于文化传播。在游戏中应用与发展中华优秀传统文化不仅可以增加游戏的可玩性，丰富游戏文化内涵，这种文化异质性还可以给海外玩家带去新鲜体验，提升全球市场影响力。而将中华优秀传统文化元素与游戏相结合，也能够推动文化的创新和发展，创造出更多具有独特魅力和文化内涵的游戏作品，从而带动游戏产业的发展和提升经济效益。

（二）可增强文化特色，吸引海外游戏玩家

调查显示，87%的受访企业认为融入并呈现中华优秀传统文化的国产游戏出海会让国产游戏更有文化特色，从而增加其对海外玩家的新鲜感和吸引力；仅有 6 家企业不确定融入传统文化的游戏能否吸引海外玩家。

例如，由金庸小说改编而成的角色扮演武侠游戏《新射雕群侠传》进军新加坡、马来西亚后成功登顶新马双商店免费榜，一度成为两国人气第一的中国武侠手游，在韩国也取得了入围免费榜单 TOP10 的成绩。《永劫无间》在海外掀起了中华武术热潮，吸引了不少中国武术的国外爱好者，也培养了更多热爱中国文化的全球玩家。《原神》游戏中云堇《神女劈观》的视频也在海外得

到了热烈反响。截至 2023 年底，该视频的播放量已超过 3000 万次。可见融入中华优秀传统文化的游戏能够吸引海外的游戏玩家关注、了解、欣赏中国文化，同时也进一步提升了京剧、戏曲在海外的知名度与影响力。

（三）可增进海外玩家对中华优秀传统文化和中国的了解与好感

调查显示，受访企业普遍认为融入并呈现中华优秀传统文化的国产游戏出海会增进海外玩家对中华传统文化乃至中国的了解和好感，占比 91%。

例如，《原神》推出《流光拾遗之旅》纪录片，该片邀请青瓷世家第五代传人李震参与并展示如何烧制游戏中"伏鳌谷"所产出的圣遗物"来歆余响"套装。这部纪录片被翻译成 15 种语言的字幕版本，向全球玩家展现了中国非遗文化的魅力。还有许多外国玩家在网上积极参与《原神》的汉字科普。其中的典型代表是一位名为"原神汉字研究所"的日本玩家，通过深入挖掘游戏中较难理解的汉字和语句，溯源典籍将其翻译成日语，便于其他日本玩家理解汉字的文化内涵。

（四）也可能增加文化差异，增大游戏海外本地化难度和提高成本

调查显示，受访企业对优秀传统文化游戏出海是否将增加文化冲突的观点分为两极化。其中，有 17 家企业认为在国产游戏中融入并呈现中华优秀传统文化会增加国产游戏出海过程中的文化差异与冲突、增大其在海外进行本地化的难度和提高成本，占比 38%；有 18 家企业认为该类国产游戏出海并不会加剧文化冲突，占比 40%。

在调研过程中发现，以真实历史文化作为游戏背景、在游戏中多维度融入中华传统文化、内容深入观念境的本土自研游戏，往往更容易面临出海困境。这样的局面可能由多种影响因素造成：其一，考究的中华优秀传统文化内容对海外本地化要求较高，目前鲜少有本地化工作室能够做到较为完整地传达游戏内容；其二，海外玩家对中华传统文化的理解普遍停留在符号和表层知识阶段，更多的传统文化内容意味着更高的学习与理解成本，与其娱乐动机不符；其三，游戏的题材与观念里中华传统文化元素过多过深入，会带来较高的文化接受壁垒，从而增加其出海难度。

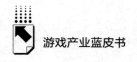

（五）电竞游戏与赛事在海外创造文化交流平台

游戏不仅能够传播中华优秀传统文化，也是当代文化交流的窗口，电子竞技是其中不可或缺的一环。我国游戏和电竞企业努力出海，取得了丰硕的成果。例如，《Mobile Legends：Bang Bang》游戏在海外打造了颇具影响力的专业化、国际化的电竞赛事体系。该游戏赛事总观看时长和单场观赛人数峰值都居移动电竞的榜首，同时也进入全球电竞赛事前列。游戏内的中华优秀传统文化元素也随着电竞赛事的火热在海外广为传播。

在调研中有受访企业表示，电竞赛事自身具有国际化语言，具有打动人心的情感力量，不需要生硬地加入中华传统文化内容，而是要关注每场比赛的受众群体，选择恰当的传统文化表达方式来潜移默化地传播。

受访的赛事策划与制作公司表示，由于电子竞技赛事主体更偏重于双方对抗而非游戏内容，在国际赛事的策划过程中会更加侧重于观赛体验。但电子竞技的文化传播能力仍然是强大的，公司会尽量在策划过程中寻求合适的优秀传统文化表达方式、融入既富有文化特色又易于认知的中华优秀传统文化元素，来提升电竞观众对中华传统文化的认知和兴趣。

中国自研电竞游戏和我国企业创建运营的电竞赛事体系在全球流行，其意义远不止制造了一两个来自中国的某种爆款文化产品或热门媒介内容，而是搭建了跨国的文化交流平台。因为知名的电竞游戏与赛事都具有长久的生命力和广大的用户群体，形成了自己的文化氛围和社群，本身就成为年轻一代的流行文化。中国拥有和掌握一些这样的平台，意义非常重大。

五　总结与展望

（一）游戏企业应用与发展中华优秀传统文化的现状

在应用与发展中华优秀传统文化方面，游戏企业表现出积极的态度。传统文化应用与游戏开发二者可以互为促进，一方面，中华优秀传统文化是企业进行游戏开发时的灵感来源与素材宝库；再加上，随着年轻人对汉服等传统文化的热情越发高涨，融入传统文化内容有助于提高游戏营收潜力。另一方面，游戏以其强大的科技属性和富有趣味性的玩法，可以有效实现传统文化的保护、传承、焕活与交流。当前，中国游戏企业应用与发展中华优秀传统文化主要呈现以下特点。

1. 中华优秀传统文化是游戏设计开发的重要创意来源

不同规模的游戏企业都普遍认可传统文化激发设计灵感、拓宽游戏开发边界的作用。本次调研发现，我国游戏企业不仅致力于运用各种数字技术，与专业机构、专家学者合作，在游戏中准确还原、呈现传统角色、名胜古迹、非遗民俗等传统文化内容；还积极探索通过游戏创新传统文化表达的各种方式，将传统文化与创意玩法相结合，充分发挥游戏的趣味性，激发用户对传统文化的兴趣。

2. 中华优秀传统文化是游戏产业跨界合作联动的核心纽带

一方面，部分受访企业以传统文化为题材发展了原创 IP，将游戏产品的跨媒介叙事拓展至网络小说、影视、动漫等领域；另一方面，头部游戏企业积极与非物质文化遗产项目、博物馆、风景区等实体产业开展合作，扩大相关实体产业的影响力，推动地方文旅产业转型发展。以腾讯、网易、米哈游为代表的企业与实体产业的合作日渐增多，创造性地以文化为纽带，推动游戏影响力外溢，丰富公众对传统文化的多元体验。

3. 我国游戏行业应用与发展中华优秀传统文化的路径与模式丰富多元，富有成效

目前，我国游戏企业对中华优秀传统文化的应用与发展的具体路径和模式，包括在游戏内围绕游戏角色，在人设、服饰、装备、道具里融入传统文化；建构游戏环境，打造虚拟物品，再现传统文化；设计玩家行动，引导玩家参与体验传统文化；以及在游戏外长期开展线上运营活动、线下多种方式让游戏联动现实，来灵活而持续地传播传统文化。

4. 中华优秀传统文化的视听符号和美学风格相对更容易被海外玩家接受

多数国产游戏应用和呈现中华优秀传统文化视听符号元素后，能够在海外获得积极的市场反馈与玩家正面评价。但对于以中华优秀传统文化为主题、包含过于丰富和过于深入的中华优秀传统文化元素的游戏，海外玩家的理解和接受程度仍然十分有限，主要是因为海外玩家对中华传统文化的基础了解不足、学习成本较高、学习动机不强等。过于丰富和深入的中华优秀传

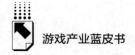

统文化内容可能导致更高的文化接受壁垒，客观上增加了游戏在海外市场的推广难度。

（二）游戏企业应用与发展中华优秀传统文化的未来

在展望应用与发展中华优秀传统文化的未来时，受访企业提及最多的是，希望更加深入挖掘传统文化的内涵。企业希望能更多与历史学家、文化学者、非遗传承人、专业文化机构等合作，更准确地在游戏中还原历史事件、人物、美学和习俗，在游戏中展示更多关于人文精神、思想观念的内容。部分企业也表示未来将在游戏中尝试融合其他来源的文化元素，去呈现与传播源于中华优秀传统文化的家国情怀、天人合一、格物致知等更深层的思想精神和价值观念，丰富中华优秀传统文化的表现形式。

技术创新发展将为传统文化在游戏中的呈现与发展提供多元可能。随着虚拟现实（VR）和增强现实（AR）技术的成熟，游戏企业将开发更具沉浸式体验的游戏产品，使玩家更具身地感受中国历史与文化。玩家可以直观地参与和体验重现的历史场景和事件，比如走进某名胜古迹，感受天然特色地貌或古代工艺的巧思，或体验虚拟现实环境中的传统文艺表演并参与互动等。当然，新技术的普及发展也面临如成本控制、用户接受和体验优化等各种挑战。

为更好地应用与发展中华优秀传统文化，企业期待获得更多政策支持与资源扶持。调查显示，对于融入、呈现中华优秀传统文化的国产游戏发展，受访企业普遍期待相应的扶持计划、措施或办法出台（44 家）。此外，通过荣誉、表彰等方式鼓励游戏企业的相关投入和成果（39 家）；将游戏应用与发展中华优秀传统文化纳入国家中长期规划（35 家）；搭建支持游戏应用与发展中华优秀传统文化的产学研合作、国际国内交流的平台（32 家）等措施均将对含有中华优秀传统文化的国产游戏发展起到强有力的支持作用。

未来，企业还将继续努力开拓海外市场，推动中华传统文化海外传播。受访企业普遍认同，游戏不仅是娱乐的媒介，更能成为跨文化传播的桥梁。未来，企业将继续探索面对不同海外市场时的各种策略，关注并尊重不同国家地区的特定文化背景和习俗，以积极、开放和包容的态度传播中华优秀传统文化。

参考文献

何威、牛雪莹：《数字游戏开展中华传统文化国际传播的趋势、方式与特点》，《对外传播》2022 年第 9 期。

李玥、牛雪莹、何威：《国产数字游戏传播中华传统文化：路径、现状与认知》，《数字出版研究》2024 年第 2 期。

李玥、薛子墨、何威：《沉浸与破壁：中华传统文化在武侠游戏内外的传播》，《北京文化创意》2023 年第 S1 期。

〔荷〕约翰·赫伊津哈：《游戏的人——文化的游戏要素研究》，傅存良译，北京大学出版社，2014。

B.7
游戏企业科技创新发展调研报告

曹书乐　王心路　刘宣伯*

摘　要：　数字游戏产业现已成为当代中国一个规模显著、影响力巨大的产业，其既源自数字技术的快速发展，也促进了数字技术的进一步繁荣。一方面，数字游戏产业的壮大依赖强大的数字技术的不断发展；另一方面，从游戏产业内部向外"溢出"的技术，与数字社会深度融合，并在其他领域也得到了应用。本研究向国内66家游戏企业发放问卷，从游戏企业的技术认知、技术发展、技术创新和面临的困境几个方面，对中国游戏企业的科技创新成果的实践现状展开分析。研究发现，游戏引擎、游戏图形渲染、游戏AI等技术是游戏行业发展的地基和台柱，游戏相关技术的外溢效应可助力教育、医疗、影视、汽车等行业的数实融合与创新升级。当然，我国游戏企业也面临核心技术薄弱的问题，提高版权保护、优化管理政策、促进人才交流、促进产业融合将是推动游戏技术发展的重要方面。

关键词：　游戏产业　游戏引擎　游戏AI科技创新

　　按照国家新闻出版署有关促进网络出版科技创新工作安排，课题组综合运用问卷调查、专家访谈等方式，对我国游戏企业科技创新现状开展深入调研，认真分析有关数据和典型案例，深入了解游戏企业科技创新的进展成效、问题挑战，并提出对策建议，现将有关情况整理汇总如下。

---

* 曹书乐，清华大学新闻与传播学院长聘副教授、博士生导师，主要研究方向为传播思想史、网络视听、游戏研究；王心路，清华大学新闻与传播学院博士生，主要研究方向为新媒体传播、平台经济与文化；刘宣伯，北京电影学院电影学系教师，主要研究方向为影视传播、科幻研究、游戏研究。

一 基本情况

（一）受访企业基本情况

调研的 66 家企业约半数位于上海和北京，其余位于广州（7 家）、杭州（5 家）、厦门（5 家）、深圳（5 家）及其他地市。从人员数量看，超过四成企业的员工超过 1000 人，绝大部分企业员工超过了 100 人。从营收规模看，年营收位于 1 亿~10 亿元区间的企业最多，占比超过 40%（27 家）；约 20% 的企业年营收位于 10 亿~30 亿元区间（13 家）；约 27% 的企业年营收超过了 30 亿元（18 家）；约 12% 的企业年营收在 1 亿元以下（8 家）（见图 1、表 1）。

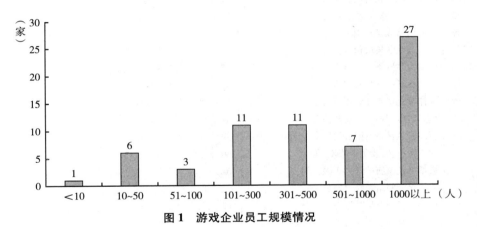

图 1　游戏企业员工规模情况

表 1　调研企业名单

序号	公司名称	序号	公司名称
1	三七互娱网络科技集团股份有限公司	7	广州虎牙信息科技有限公司
2	四三九九网络股份有限公司	8	上海米哈游网络科技股份有限公司
3	深圳市腾讯计算机系统有限公司	9	北京朝夕光年信息技术有限公司
4	完美世界(北京)软件科技发展有限公司	10	厦门吉比特网络技术股份有限公司
5	福建网龙计算机网络信息技术有限公司	11	江西贪玩信息技术有限公司
6	广州网易计算机系统有限公司	12	恺英网络股份有限公司

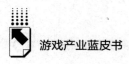
序号	公司名称	序号	公司名称
13	乐元素科技（北京）股份有限公司	40	欢乐互娱（上海）科技股份有限公司
14	上海莉莉丝科技股份有限公司	41	北京金山世游互动娱乐有限公司
15	广州趣丸网络科技有限公司	42	上海众源网络有限公司
16	游族网络股份有限公司	43	杭州弹指宇宙科技有限公司
17	在线途游（北京）科技有限公司	44	咪咕互动娱乐有限公司
18	中手游科技集团有限公司	45	厦门极致互动网络技术股份有限公司
19	北京畅游时代数码技术有限公司	46	上海绿岸网络科技股份有限公司
20	深圳市创梦天地科技有限公司	47	上海天游软件有限公司
21	湖北盛天网络技术股份有限公司	48	上海蛙扑网络技术有限公司
22	巨人网络集团股份有限公司	49	成都西山居世游科技有限公司
23	趣加互动娱乐（上海）有限责任公司	50	杭州心光流美网络科技有限公司
24	上海沐瞳科技有限公司	51	广东星辉天拓互动娱乐有限公司
25	北京世界星辉科技有限责任公司	52	炫彩互动网络科技有限公司
26	心动网络股份有限公司	53	游艺春秋网络科技（北京）有限公司
27	英雄互娱科技股份有限公司	54	祖龙娱乐有限公司
28	上海鹰角网络科技有限公司	55	深圳市迷你玩科技有限公司
29	苏州叠纸网络科技股份有限公司	56	元境生生（北京）科技有限公司
30	天津紫龙奇点互动娱乐有限公司	57	北京巴别时代科技股份有限公司
31	杭州游卡网络技术有限公司	58	深圳市东方博雅科技有限公司
32	厦门雅基科技有限公司	59	广州游爱网络技术有限公司
33	优三缔科技（上海）有限公司	60	上海触控科技发展有限公司
34	成都飞鱼星科技开发有限公司	61	上海百家合信息技术发展有限公司
35	杭州浮云网络科技有限公司	62	成都东极六感信息科技有限公司
36	杭州电魂网络科技股份有限公司	63	北京蓝亚盒子科技有限公司
37	北京盖娅互娱网络科技股份有限公司	64	成都市龙游天下科技有限公司
38	广州灵犀互动娱乐有限公司	65	上海可那信息科技有限公司
39	互爱（北京）科技股份有限公司	66	苏州天魂网络科技股份有限公司

（二）受访企业对相关技术认知的基本情况

根据专家座谈意见和几家龙头企业研发部门合议情况，本文将游戏相关技术分为三类：一是游戏相关基础设施技术，二是游戏相关核心技术，三是游戏相关支撑技术。

游戏相关基础设施技术包括智能终端、高端芯片、人工智能、云计算、数据库、高速网络等。调研显示，受访游戏企业对游戏相关基础设施认知频次从高到低分别为：智能终端（64家）、高端芯片（60家）、云计算（59家）、数据库（58家）、人工智能（58家）、高速网络（54家）。部分受访游戏企业还提到本地服务器、电力系统、电竞中心等基础设施技术。

游戏核心技术包括游戏引擎技术、游戏图形渲染技术、游戏交互技术、游戏AI技术、云游戏服务、游戏社交网络技术、游戏专用终端技术和未成年人保护技术。调查显示，受访游戏企业对大多数的游戏核心技术具备认知。其中，对游戏引擎技术和图形渲染技术的认知度最高，其次是游戏交互技术和游戏AI技术（见图2）。

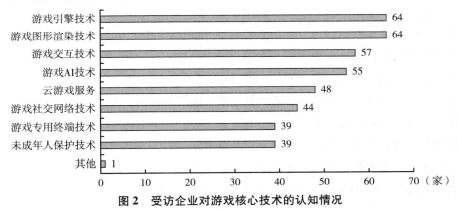

图2　受访企业对游戏核心技术的认知情况

游戏相关支撑技术包括数字内容创作工具、多媒体技术、动作捕捉技术和虚拟数字人技术。超过60家受访游戏企业表示对上述四项游戏支撑技术有所了解。除此之外，受访游戏企业还将数字货币、神经网络学习、生物感知技术、反作弊技术、数据加密等技术列入游戏支撑技术。

二　科技创新发展和应用情况

受访游戏企业目前的科技创新发展和应用首先集中在游戏引擎技术和图形渲染技术，分别有58家和54家游戏企业表示有所应用。之后是AI技术（43家）、云游戏技术（26家）、动作捕捉（23家）、虚拟现实（19家）、感知交互（12家）和其他技术。

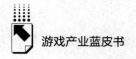

（一）游戏引擎技术：Unity、Unreal、Cocos

受访的 66 家企业中有 58 家应用了游戏引擎及相关技术，其中被提及最多的为 Unity、Unreal、Cocos 三款引擎。前两项由国外公司研发，接近 2/3 的受访企业在游戏制作中使用这两款引擎，Cocos 是由雅基公司生产的游戏引擎，有 13 家游戏企业在游戏开发中使用该引擎。Fairy、RhinoX、Ejoy、C3 引擎、S3 引擎、Cryengine 等国内自研引擎也有被提及。受访企业在引擎方面的创新集中在引擎架构改进、跨平台技术提供、渲染技术改进、超大世界支持、物理仿真模拟技术等方面。

虽然近年来国内游戏引擎取得了极大发展，但与国外相比还存在较大差距。差距主要体现在以下五个方面：在配套设施方面，国外游戏引擎在编辑器、设计工具和插件方面的完善程度较高；在社区支持方面，Unity 和 Unreal 等引擎的开发者社区规模更大，提供的交流空间更大；在商业模式方面，国外游戏引擎公司授权方式和市场策略更灵活，推广度更高；在引擎的稳定性和兼容性方面，国外游戏引擎工具体系更完善，能支持多语种游戏开发；在人才储备方面，国外从事引擎开发的人才相对更多。

此外，受访企业中，25 家企业有自研引擎，16 家企业有自研的内容生产工具。其中，有 10 家企业明确提到其研发引擎的具体名称（见表 2）。

表 2　受访企业自研引擎情况

企业名称	自研引擎
雅基	Cocos 引擎
畅游	Fairy 引擎
灵犀互动	Ejoy2dx 引擎
蓝亚盒子	LayaAir 引擎
乐元素	LunarMatch 引擎
三七互娱	次世代 3D 引擎
腾讯	CrossEngine 引擎、QuicksilverX 引擎、START 云游戏引擎、May 引擎
完美世界	Angelica3D 引擎、ERA 自研引擎
网易	NeoX 引擎、Messiah 引擎
西山居	灵境引擎

有 11 家企业明确提到了其自研生产工具和管线的具体内容（见表 3）。

表 3　受访企业自研生产工具和管线情况

企业名称	自研生产工具和管线
朝夕光年	虚拟人表情捕捉、脸部肌肉模拟、实时动捕
浮云	数字人建模及驱动相关的工具研发
灵犀互动	生成工具链和工业化管线
吉比特	GS 语言编译器及配套的辅助工具、基于 GS 语言开发的服务器框架和各种公共服务、Unity 和 Unreal 引擎的特性及 3D 渲染技术
巨人网络	剧情编辑器
弹指宇宙	内容生产工具
蓝亚盒子	移动端 UGC 创作工具 LayaMateX
趣加互娱	内容生产工具和自研渲染管线
三七互娱	影视级剧情和技能的分镜制作管线、自动化程序生成技术、渲染优化工具
上海触控	AIGC 相关的美术内容生产管线
福建网龙	内容生产工具、渲染管线

（二）图形渲染技术：PhotoShop、3DS MAX、Maya

受访的 66 家企业中有 54 家应用了图形渲染技术，提及频次排名靠前的软件如图 3 所示。其中使用 PS、3DS MAX、Maya 的企业数量相对较多。

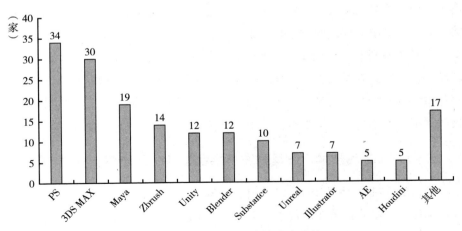

图 3　受访企业图形渲染技术应用情况

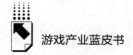

图形渲染技术可以分为材质、管线、引擎渲染器、驱动、硬件五个层次。大部分企业的技术探索集中在多场景渲染程序优化、渲染管线开发、渲染效率提高上。有33家企业称在图形渲染技术方面有所创新，其中13家企业取得了专利成果。雅基科技、腾讯游戏、完美世界、网易游戏等企业表示有自研渲染工具和渲染引擎。

在项目合作上，12家企业表示与芯片厂商有合作，其中8家游戏企业和英伟达有合作、5家和超微半导体公司有合作、3家和高通公司有合作。在校企联合上，9家企业与高校有合作，合作项目涉及数字人、引擎开发、人才培训、美术效果优化等方面。

（三）人工智能技术：AIGC、深度学习、NLP

受访的66家企业中有43家应用了AI技术。在多项AI技术中，游戏企业提及最多的是AIGC技术（17家），随后依次是ChatGPT（10家）、深度学习（7家）、智能体博弈（6家）、NLP（5家）、Stable Diffusion（4家）等技术。这些技术被应用于游戏角色、虚拟场景、聊天对话、动画剧情、推荐系统、多段位开发、多段位匹配等方面。

AIGC技术在游戏行业迎来井喷式发展，有17家企业提到了AIGC技术的应用，10家企业提到了ChatGPT的应用。AIGC技术对游戏开发的影响主要有以下三个方面：首先，AIGC技术丰富了游戏创作的自由度，该技术被应用于游戏角色、物品、场景、特效、音乐甚至动画剧情的生成。其次，AIGC技术将大幅度提升游戏开发的效率。在策划阶段，AIGC技术能快速生成视觉参考图，以及游戏剧本、故事背景、角色对话等内容。在制作阶段，AIGC技术能辅助创作者完成素材上色、三视图生成、角色形象设计等任务。在运营阶段，AIGC技术可帮助开发者生成个性化的人工智能客服。最后，AIGC技术依托强大的数据库，给创作者提供多样的创作选择，从而激发创作者的灵感。

（四）云游戏技术：设备开发、平台搭建、云计算支撑

受访的66家企业中有26家采用了云游戏技术。其中，有10家企业表示公司掌握的云游戏技术在同行中处于领先水平。如，盛天搭建了商业化云游戏平台；咪咕互娱推出云对战、云助战、云观战等创新玩法；腾讯将云游戏技术

应用到文化遗产保护中。

关于云游戏技术给游戏行业带来的革新，受访企业认为：一是对游戏设备提出了更高要求，兼容性和集成性更好的设备将能给玩家提供更丰富的玩法；二是对游戏开发类型产生影响，高质量、高黏性和轻量级的游戏会得到进一步开发；三是带宽技术产生影响，云游戏轻便跨端的特征将促进网络传输速度的提高。

（五）动作捕捉技术：面部捕捉、动作生成、流程优化

受访的 66 家企业中有 23 家企业应用了动作捕捉技术，其中诺伊藤和威康两款设备被提及的次数最多。有 12 家企业自研动捕技术。朝夕光年、浮云研发了摄像头动捕技术，腾讯、网易开发了动捕系统平台，盖娅互娱、三七互娱、叠纸等游戏企业将 AI 技术运用到动捕画面生成中（见表 4）。

表 4　游戏企业动作捕捉技术自研情况

游戏企业	动捕技术
朝夕光年	摄像头动捕技术
浮云	视频解析、摄像头动捕技术
盖娅互娱	AI 动作生成技术
金山世游	动捕流程优化
乐元素	面部捕捉技术、虚拟角色实时渲染技术
咪咕互娱	数智孪生技术、形象生成技术、智能驱动交互技术、实时渲染技术、数智人素材资产运营管理
三七互娱	AI 视频动捕技术、AI 动作捕捉平台
腾讯	角色定向转换技术、动作实时渲染技术、无穿戴动捕或无标记动捕技术、DCC 工具链、动辅系统
完美世界	自研动作捕捉技术
网易	动捕系统平台、动捕全流程工业化
叠纸	自研流程和插件库、虚拟拍摄流程、AI 辅助技术
祖龙娱乐	人物表情捕捉、文字生成口型技术

（六）虚拟现实技术：引擎开发、数字人、元宇宙

受访的 66 家企业中有 19 家企业在游戏开发中运用了虚拟现实技术，在数

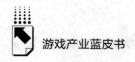

字人、元宇宙、硬件研发等多个方面进行了尝试。如雅基科技发布的 Cocos CreatorXR 引擎，帮助内容创作者低成本参与元宇宙创作；咪咕互娱通过应用 XR 多层次立体感视觉呈现技术，打造数智人线上演唱会。

有 16 家企业在虚拟现实领域进行了布局，着力于元宇宙与虚拟现实游戏的结合、交互系统的搭建、虚拟现实技术的跨领域应用和技术人才培养等方面。如 Unity 推出了 XR Interaction Toolkit 交互系统，为 VR 交互提供通用框架，帮助开发者高效创建 VR 和 AR 游戏。

（七）感知交互技术：系统开发、虚拟 IP 交互、多感官反馈系统

受访的 66 家企业中有 12 家企业应用了感知交互技术，有 8 家企业在系统开发、虚拟 IP 交互、多感官反馈系统等方面有所突破。其中乐元素、莉莉丝、天魂网络三家企业反映触觉反馈技术在动作类手游中应用较好，完美世界则将感知交互技术应用到射击类游戏开发中。

在游戏之外，部分企业还将感知交互技术应用于数字人创建、公益服务、文旅消费等领域。如博雅科技和网易将触觉反馈技术应用到了直播中；腾讯在研发过程中，将感知交互技术应用到无障碍导航开发中，盲人可根据手机声音和振动频次判断方向。

（八）其他技术

多家游戏企业在其他技术方面也进行了探索。如腾讯发布了分布式 NoSQL 数据库 TcaplusDB；贪玩公司研发了数据业务决策技术系统"河图"和"洛书"，该系统能精准管理用户，提升游戏营销的效率。

三　自研技术创新及应用案例分析

游戏的软硬件技术研发在世界各地都备受重视，欧盟、德国、加拿大、沙特等主要经济体，纷纷在相关技术的研发与应用、人才引进、财税等方面给予政策支持。中国游戏企业也将大量的人力和资金投入技术创新与研发中。约有 2/3 的受访企业认为自己的研发人员在整体员工中占比超过 50%。其中，飞鱼星科技、互爱科技、心光流美、叠纸、祖龙娱乐 5 家游戏企业称研发人员占企

业总人数 80% 以上（部分企业的回答并未区分游戏研发人员和技术创新研发人员）。

关于研发投入，有 16 家企业将 50% 以上的营收用于技术创新研发。元境生生、朝夕光年、游爱、龙游天下、心光流美、叠纸、祖龙娱乐 7 家游戏企业，将营收的 80% 投入研发中。有 5 家企业认为国内对技术研发的投入比国外更高，回答者主要是游戏行业中的大体量企业或老牌企业。有 7 家企业表示目前面临生存压力，技术投入与国外相比仍有差距。部分企业在填答问卷时，未区分研发和技术创新研发，因此企业技术创新研发实际情况，还需参考下文中的案例。下文概述了多家游戏企业在不同技术领域中的自研情况。

（一）游戏引擎技术：构建游戏世界的工具盒

游戏引擎技术作为游戏生产的"机床"，它的技术提升能大大提高游戏开发效率。该项技术不仅在游戏领域得到了应用，也助力数字环境、数字化身和数字资产等数字场景的打造。我国游戏企业在游戏引擎技术上获得了不同量级的原创性成果，在渲染、全局光照、阴影、纹理、光晕等方面取得了全方位的进步。不少游戏企业开发了自研引擎，如雅基科技的 Cocos 引擎、腾讯游戏的 CrossEngine 引擎、网易游戏的 NeoX 引擎和蓝亚盒子的 LayaAir 引擎。

（二）图形渲染技术：打造数字场景梦工厂

图形渲染技术可分为人物渲染和场景渲染两个方面。在 66 家受访企业中有 54 家应用了图形渲染技术，技术创新主要集中在渲染场景拓展和渲染程序优化上。如腾讯游戏目前自研了光照烘焙系统 Dawn、管线工具框架 Superman、PCG 技术架构等渲染技术，全面提升了不同场景和不同光照要求下的渲染效率。网易自研 3D 渲染引擎，在 AR 视觉体验的优化上得到了创新性的应用，支持移动、网页端、AR 眼镜等多终端开发。蓝亚盒子 2023 年初发布的 LayaAir3.0 引擎，能支持元宇宙项目的开发。虽然我国渲染技术与国外的差距在逐年缩小，但核心技术的研发能力还有待提升，目前渲染引擎采用的芯片大部分来自外国厂商。

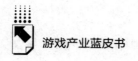

（三）人工智能技术：提升效率、赋能全产业链升级

游戏是 AI 技术的实验场，人工智能的新理论和新方法都在游戏领域被较早地应用。在游戏开发方面，朝夕光年、莉莉丝、完美世界三家企业综合性地应用了各项 AI 技术。朝夕光年将 AI 技术用于个性化 NPC 的生成、剧情动画的智能生产、多模态智能捏脸技术和视频动捕技术中。完美世界主要将 AI 技术应用于虚拟数字人、游戏自定义美术、游戏图形内容审核等方面。在本次受访企业中，有接近 35% 的企业已经或正在尝试将 AIGC 工具接入游戏生产端。其中，优三缔、网易、腾讯、米哈游等企业均在研发自身的 AIGC 工具，大部分游戏企业应用的是 Stable Diffusion、DALLE2、Mid Journey 这三款国外鼻祖级的图像生成工具。相比于国外，国内游戏行业 AIGC 技术水平还停留在工具应用层面，核心技术研发能力较弱，游戏企业急需 AIGC 技术人才。

（四）云游戏技术：多点接入与随玩随用

云游戏技术的应用有助于游戏推广，因而得到了游戏企业的青睐。在本次问卷调查中，有 26 家游戏企业已采用云游戏技术。咪咕在云游戏平台搭建、云技术发展、云交互服务方面做了一定的探索。咪咕旗下的咪咕快游已成为目前国内云游戏领域用户规模领先、内容数量领先、技术创新领先的云游戏平台。腾讯开发的先锋云不仅应用于游戏开发中，还为各个行业与虚拟展厅、线上会议、虚拟演唱会等场景的结合提供解决方案。虽然云游戏能够降低用户导入门槛、拓宽用户群，但由于算力限制，网络基础设施的搭建还有待完善。

（五）动作捕捉：将真人扮演融入虚拟游戏

调研企业中有 23 家提到动作捕捉技术的应用，其中有 7 家企业拥有动作捕捉技术的应用场地。完美世界对动作捕捉技术研究较早（2014 年起），先于同行将动作捕捉技术应用于游戏产品中。腾讯在 2020 年成立了内容创意部门，下设虚拟人、虚拟制片等多条业务线，为腾讯各个事业群提供内容制作方面的支持。它还与高校开展合作，将动捕技术和操作方法传递给更多人。网易游戏也搭建了动作捕捉中心，能容纳 25 人同场实时进行动作捕捉，提高了动捕的效率。我国游戏公司研发着力点主要在动捕场景搭建、动捕流程优化和动捕素材处理等方面，其基础设备和核心技术的研发还有待加强。

（六）虚拟现实技术：赛博世界中的沉浸体验

游戏中的虚拟现实技术能通过全身或局部肢体的追踪和扫描技术，为玩家带来更真实和沉浸的游戏体验。游戏企业在虚拟现实技术方面的尝试，主要集中在游戏开发、数字人、元宇宙、交互技术和设备研发等方面。66 家游戏企业中有 16 家游戏企业在虚拟现实领域进行了布局。朝夕光年研发了数字人"李星澜"，数字人可在直播间与观众互动。咪咕互娱创建了虚拟数字人"比特数智人"和"元宇宙星际广场"虚拟空间。绿岸网络开发了实景扫描游戏互动系统，提高了虚拟现实技术中的人机互动效率。

（七）感知交互：建立多感官反馈系统

感知交互技术致力于给予玩家有效、及时、逼真的反馈。在问卷中，有 12 家企业提到在游戏开发中使用了感知交互技术，尝试建立包括听觉、视觉、触觉等全方位反馈系统。腾讯在《和平精英》中开发了触觉和听觉感知交互系统，并在此基础上设计了助力游戏震动效果开发的解决方案。网易不断探索感知交互的基础性技术优化。在听觉交互方面，优化了音频信号处理技术、音频编码和传输技术、音频内容识别技术。在视觉交互方面，探索了视觉心理与感知的视频编码方法，并将其应用到了直播业务中。该技术除了被应用于游戏领域外，还应用于无障碍、线上直播和文旅体验等多个领域。

四　跨行业应用情况

游戏如同技术的培养皿和孵化器，不仅因自身的产业需求推动技术的研发和进步，也为前沿技术的成熟和外拓提供了良好的试验场。受访企业对游戏科技创新推动前沿科技发展持积极态度，其中渲染技术、AI 技术、GPU 技术、感知交互技术和云计算技术是游戏企业认为最能够推动科技创新的前五项技术（见图 4）。

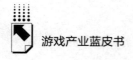

游戏产业蓝皮书

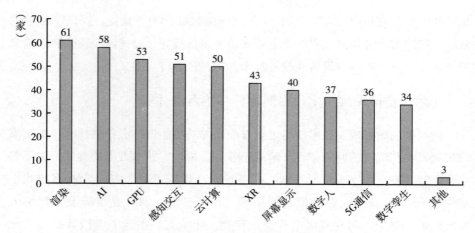

图4 受访企业认为游戏科技创新能推动的前沿科技情况

影视、文化和教育是受访企业认为游戏科技创新成果转化率最高的三个行业，游戏科技在交通和智慧城市方面的应用得到关注相对较少（见图5）。以下为先进技术的跨行业应用的具体情况。

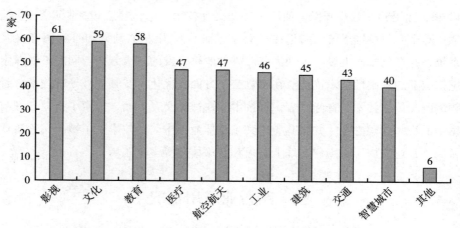

图5 受访企业认为游戏科技创新能推动的跨行业发展情况

（一）游戏引擎技术：中国航空、智能汽车、影视行业

游戏引擎是游戏领域的原生性和基础性技术，能够为虚拟内容的生成和模

拟提供技术支撑，也助力了中国航空、智能汽车和影视行业的发展。腾讯与南航集团全资子公司深度合作，将自研引擎 CrossEngine 应用到全自动飞行模拟机中，帮助民航飞行员训练，可降低 80% 的训练成本。百度和腾讯用游戏引擎创建虚拟环境，帮助自动驾驶汽车测试，以缩短开发时间、节省研发成本。雅基旗下的 Cocos Creator 引擎，适配于 Linux、QNX、Android 等主流车机系统，为车载交互设计、高级驾驶辅助系统、车载虚拟形象和车载游戏开发提供技术支持。引擎技术的发展也给影视行业带来变革契机，在拍摄阶段使用虚幻引擎制作的特效背景将大大缩减影视后期的工作量。2020 年底，腾讯游戏在深圳搭建了支持高速拍摄的 LED 虚拟影棚，研发了更适配摄影棚技术的软件，已完成战场、火星、太空、公路等场景的拍摄测试。

（二）人工智能技术：游戏+医疗、虚拟数字人

不同游戏企业在人工智能技术开发上有所侧重，多家游戏企业将人工智能技术应用于数字疗法产品开发中。世纪华通与浙江大学团队共同研发了"注意力强化训练软件系统"，为 6~12 岁的多动症患儿提供了游戏化的治疗方案。波克城市研发了"快乐视界星球·视觉训练系统"，能够帮助孩子训练视力。除了医疗领域，人工智能技术还被用于教育、金融等行业的虚拟数字人开发，一大批虚拟主播、虚拟演员、虚拟网红、虚拟老师涌现。完美世界联合万达企业推出数字虚拟人"无暗英雄"。盖娅互娱与微软小冰合作，在小冰的基础上探索更多的元宇宙 IP 打造。米哈游打造了虚拟角色 yoyo 鹿鸣。

（三）云游戏技术：算力网络提升、文物云呈现

云游戏技术的创新集中在算力网络和传输速度的提高上，该项技术开发为中国 5G 高速网络产业带来巨大动能。云游戏在服务端和客户端的技术优势，为数字内容研发提供重要的底层支撑。云游戏持续赋能其他数字内容，如云游戏+互动视频、云游戏+直播、云游戏+广告、云游戏+教育等线上线下融合的虚拟现实互动形式，为玩家提供多维游戏体验。腾讯和敦煌研究院合作打造的"数字藏经洞"，便是借助了游戏引擎、云游戏、动作捕捉等技术。"数字藏经洞"不仅高保真复现了藏经洞文物失散前的盛况，还借助动作和表情捕捉技术，还原敦煌历史人物，让用户可以感受实时场景并进行互动。

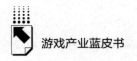

（四）虚拟现实技术：文旅开发、数字文物保护

游戏中的虚拟现实技术的结合，还被应用到文旅开发和数字文保领域。文旅开发方面，完美世界提出了"CityGame"理念，通过真人 NPC、实景环境、LBS 定位等元素，将城市徒步与剧本游戏相结合，让游客通过游戏化的方式探索所在空间，得到全新的文旅体验。在数字文保领域，腾讯游戏参与的"数字长城"项目，借助虚拟现实技术实现了大规模、毫米级精度、沉浸交互式的文化遗产数字还原。腾讯开发的微信小程序应用，让用户能在线模拟参与长城修缮活动，获得游戏般的使用体验。

（五）感知交互技术：触觉反馈、无障碍应用开发

游戏交互技术通过传感器捕捉用户的动作、声音、表情等信息，游戏企业研发的多感官交互系统也被用于无障碍数字应用开发。为了丰富玩家游戏体验，《和平精英》研发团队为不同的角色、武器、载具和声音配备了 200 多个振动效果，完成了全方位触觉反馈系统的打造。之后，腾讯游戏对《和平精英》的触觉反馈技术加以改造，将其应用于安卓版的腾讯地图软件中，帮助视障人群解决日常出行问题。

五　困境与对策

（一）人才问题：专业人才欠缺、产学研合作不足

受访企业面临的人才问题集中于研发人才短缺、产学研合作程度不高两个方面。部分受访企业提到，当前我国游戏产业缺乏高精尖技术人才，顶尖人才"育不出、引不来、留不住、用不好"，缺少系统化的人才培养机制和创新的培训资源，研发人才短缺已经成为制约游戏技术底层创新和应用创新能力提升的主要因素。在游戏企业新发布的招聘信息中可以看出，与 AIGC 技术有关的底层算法开发人才和应用型美术人才都非常紧缺。此外，超过半数的企业面临着"产学研合作程度不高"这一问题，希望增加与高校和其他相关研究机构的沟通交流，以借用"外脑"的方式实现技术创新和突破。此外，还有 1/4

的企业面临"管理人才短缺"的困境。

针对上述问题，本文认为可以从以下两个方面发力：一是积极推动各地出台或落实相关的科技人才政策，激励和吸引更多专业人才投身游戏行业；二是推动游戏行业产学研合作。对于第一个方面，多家游戏企业表示，应在政策落实的基础上，注重对专业技术人才的教育培养，以及职业认证体系的完善。增设个人成果激励及游戏科技人才发展专项，表彰、奖励对游戏行业发展有突出贡献的游戏研发与科技应用专家，为游戏行业带来"源头活水"。对于第二个方面，可以鼓励大企业参与核心科研机构牵头的科技创新重点项目，中小型游戏企业与本地高校共建实验室承接项目，来助力学术研究和技术创新，以促进技术转化和成果转移。同时，应该鼓励企业通过多种方式与高校建立联系，如在高校内进行专项招聘和项目招聘等，完善高校到企业的人才输送机制。

（二）资金问题：科技创新投入产出比低、企业融资困难

接近半数的受访企业认为，"科技创新投入产出比低"是目前制约企业科技创新发展的资金方面的主要问题，11家企业表示面临"融资困难"的情况。具体而言，技术研发和创新具有成本高、周期长、产出不确定的特点，游戏企业特别是中小型企业，面临着试错成本高、创新项目成果转化率低等经营和生存压力。

面对这一问题，我们认为需要重视游戏行业科技研发面临的客观困难，以及游戏技术对推动科技进步、拓宽应用场景的正面贡献，推动已有科创政策和文化政策容纳游戏行业，以支持企业核心技术攻关。一方面，监管部门与行业协会可以为游戏企业争取或提供鼓励性政策，为与游戏相关的高新技术研发提供专项扶持。另一方面，可以同与游戏技术相关的应用领域进行合作，如文化保护、旅游、医疗等领域，通过多方的力量为游戏企业提供资金支持。同时，政策制定和验收需考虑技术创新项目周期较长、出成果慢的特点，注重政策的连贯性和实施效果，为游戏企业提供相对持续和稳定的支持。

（三）交流问题：单打独斗、闭门造车、缺乏协同效应

多家受访企业认为，游戏行业存在内部协同和外部交流均不足的问题。目前游戏技术的发展和应用已经进入"深水位"，技术突破并不是单一力量可以

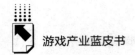

实现的，因此，应在游戏行业内部推动技术创新成果交流，减少"闭门造车"的情况，在关键技术领域形成协同效应，完成行业核心技术的自主积累，实现合作共赢。受访企业期待加强游戏行业内的交流与合作，如鼓励头部企业技术开源，提高行业整体的竞争力。

面对这一问题，本文认为可以从搭建交流平台入手，在行业协会的带领下，打造产业沟通平台，促进游戏研发商、渠道商、运营团队的协作，加强产业链上下游合作，推动产业链资源共享；积极举办游戏技术主题论坛或其他活动，鼓励业内企业参与。此外，在注重业内交流的同时，加强国际化的交流。助力游戏"出海"、开拓国际市场需要企业具备跨文化合作交流的能力，建议由协会牵头组织海内外企业交流学习，或提供对国外市场、法律、文化、语言环境等方面的培训和学习机会，帮助企业更好地"武装"自己。

（四）舆论生态：正向认识不足、报道存在偏颇

多家受访企业认为，目前游戏行业面临的负面舆论环境是影响行业发展的一大问题。当下的媒体报道和社会舆论中普遍存在对游戏的负面看法，有一些还比较极端和片面，视游戏为"洪水猛兽""精神鸦片"，打击了部分企业创新的热情和勇气，也降低了科技创新人才投身游戏行业的意愿。

面对这一问题，建议加强对游戏行业和企业的正向宣传，营造更加友好的外部环境。一方面，可以充分宣传我国游戏行业在主管部门领导下，多年来努力开展未成年人保护工作已经取得阶段性成效，推动社会各界共同关爱和帮助未成年人健康成长。另一方面，应对游戏科技在文化、教育、医疗、文旅等各个领域发挥的促进作用展开充分宣传，帮助社会各界了解游戏技术作为科技创新"助燃剂"的意义。如有受访企业提到，2023年2月"新华每日电讯"公众号发表的《别忽视游戏行业的科技价值》，从科技创新发展角度给予了游戏行业正面评价，让很多公众第一次了解到游戏的科技价值，有助于营造积极健康的舆论生态。

（五）伦理问题：知识产权挑战、人才流失风险

随着 AIGC 技术的发展，还应该关注游戏行业技术发展背后的伦理问题。首先，游戏创作中人工智能生成内容的知识产权归属存在争议。为保证算法模

型运行的准确性和结果的丰富性，AIGC 技术在训练的过程中需要输入大量数据。在这个过程中，开发者可能会将未经授权的作品提供给机器进行训练，造成知识产权纠纷。其次，随着创作者对于人工智能的依赖度变高，自身的创作能力可能会受到影响，面临被技术取代而失业的风险，如何保护创作者的创作能力也是 AIGC 技术应用过程中要解决的问题。

在此情况下，需要对 AIGC 技术的应用推广采取更为审慎的态度。首先，需要进一步规范 AIGC 技术的相关产权问题，结合多方意见和实践经验，明确人工智能技术在内容生产中的定位。其次，需要平衡好人与机器在游戏开发过程中的分工与合作，不能仅追求开发成本的降低，还应该追求人机之间的协同互补，而不是简单替代。

六　总结与展望

（一）我国游戏行业科技创新发展现状

游戏产业集合了多项前沿技术，成为新技术诞生的"孵化器"和技术跨界应用的"工具箱"。游戏开发既是新兴技术落地实现的过程，也是游戏企业不断探索和创新的过程。基于本次调研不难发现，我国游戏行业不仅取得了一定的自研成果，还提升了行业内引擎开发、人工智能、感知交互、信息传输等技术的发展水平，并将积累的技术优势拓展到其他行业，帮助相关行业数实融合、赋能升级。鼓励和扶持游戏行业的科技创新发展，也将有助于提升游戏技术反哺社会的潜力和能力。当前，中国游戏行业科技创新发展主要呈现以下特点。

1. 游戏相关技术是游戏行业发展的地基和台柱

不同规模的游戏企业都认可相关技术对自身和行业的支撑作用。其中，智能终端、高端芯片、云计算三项技术被普遍认为是最具基础性的技术；游戏引擎技术和图形渲染技术是游戏行业最为重要的核心技术；游戏内容创作工具、动捕技术是提升效率的应用型技术；游戏交互技术、游戏 AI 技术、虚拟数字人技术等是当前备受重视的前沿技术。本次调研大部分受访企业都十分重视提升企业研发能力，近七成企业的研发人员在总体员工中占比超过半数，但游戏

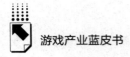
企业的研发资金投入占比还相对较低。

2. 游戏行业是多项前沿技术的试验田和加速器

纵观当代科技发展史，有多项前沿技术通过服务于游戏行业而得到了资金周转、技术调试和社会扩散，迎来了飞速发展和广泛应用。最为典型的如GPU等硬件技术，都曾以游戏为试验田和加速器，现在成为虚拟现实、元宇宙、人工智能等前沿科技的硬件基础设施。国内游戏企业在多项技术上展开探索，受访游戏企业的技术创新主要集中在游戏引擎、游戏图形渲染技术和游戏AI技术方面，自研了引擎、渲染管线、动捕方案、云游戏等技术，有效提升了生产效率，也促进了游戏的精品化发展。但国内游戏企业的自主研发主要还是在软件层面和应用层面，硬件技术或底层技术的成功自研目前仍然比较稀缺。

3. 游戏相关技术的外溢效应可助力其他行业的数实融合与创新升级

渲染技术、AI技术、GPU技术、感知交互技术和云计算技术，是受访企业认为游戏研发最能够促进创新的五项前沿科技。随着游戏行业的发展壮大，在游戏领域被应用和培育多年、已经相对成熟的多种技术，如游戏引擎、游戏AI、云计算等，也被广泛应用到了教育、医疗、影视、汽车、航空、文保、旅游、公益等多个领域。以腾讯、网易、完美世界、波克城市等为代表的游戏企业与上述各领域的合作日渐增多，创新性地推动游戏相关技术的外溢，创造更多正向价值。

4. 我国游戏行业内部的科技创新发展水平不平衡

在看到我国游戏行业科技创新成果的同时，也应认识到不同企业的发展水平存在较大差异。因为游戏技术研发需要投入大量资金和人力，一些头部游戏企业以及少数技术服务提供商，在相关技术创新方面发展水平较高，技术研发体系更为健全，拥有更多专利。而中小规模游戏企业涉及的自研领域较为有限，多为采纳行业内成熟的技术解决方案。

5. 我国游戏行业的科技创新发展水平与领先国家仍有差距

从市场规模或实际销售收入来看，我国是游戏大国，但从游戏技术角度看，我国企业自研的硬件技术、核心技术、底层技术都较为薄弱。从硬件技术看，不论是电脑、游戏主机或手机中的CPU、显卡等通用硬件，还是游戏手柄、可穿戴设备及摄像头等交互硬件，基本来自国外厂商。从核心技术看，我国企业对国外主流游戏引擎 Unreal、Unity 等较为依赖，一些自研引擎要么在此基础上衍生和二次开发，要么应用范围较为狭窄。

（二）游戏形态和载体的未来

展望游戏技术的未来发展时，受访企业提到最多的是虚拟现实和增强现实，以及跨平台游戏和云游戏。受访企业认为，随着虚拟现实、增强现实技术的发展，游戏开发者不仅能够提供更真实沉浸的游戏体验，还能够创建更丰富和复杂的玩法，有望推出具有剧情沉浸、互动沉浸和感官沉浸的游戏。云游戏技术将允许游戏跨平台下载，让同一款游戏接入更多的设备，例如智能手表、智能眼镜、智能电视，游戏将以更加灵活的形式融入人们的生活。

此外，游戏企业认为人工智能技术的应用也会改变游戏的内容和形式，特别是 AIGC 的应用。该项技术不仅能帮助游戏开发者高效、便捷地完成基础性、重复性工作，也将基于深度学习的能力为玩家提供极具个性化的动态叙事和游戏体验。

还有游戏企业提到，元宇宙概念的兴起和区块链技术的发展也可能影响游戏形式，玩家不仅能够在虚拟世界中创建虚拟产品，而且能够与其他玩家交易创造的各类产品和服务。游戏企业或许将投入更多资源，研发看起来并不像当前主流游戏的产品。在数实融合的未来，虚拟与现实、游戏与生活的界线或许将被重新定义。

（三）游戏推动技术发展的未来

受访企业对游戏推动前沿技术发展情况均表现出乐观态度。其中，被提到最多的是人工智能技术，这项技术将对游戏生产和消费产生巨大影响，无论是研发效率、产品内容还是玩家体验，都将因 AI 技术的不断进步与应用而改变。云游戏技术有助于云端基础设施、通信技术、云计算和边缘计算的发展。游戏中的商业模式和安全保护需求则可能带动区块链技术的应用和发展。游戏交互方式的变化可能会推动生物信息识别和捕捉技术的发展。在图形渲染和显示技术、传感器技术和游戏交互方式的突破过程中，虚拟现实及元宇宙所需的基本技术也将得到相应的发展。

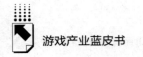

（四）游戏技术相关政策和管理的未来

实现游戏相关技术的创新发展和良性外溢，有关政策和管理方面需为其创造条件。受访企业提出的种种期待，主要集中在法律保护、管理政策、人才交流、社会责任和社会价值等方面。在法律方面，希望能有更好的知识产权保护、网络信息安全保护支持。在政策方面，希望行业政策能鼓励引导企业在技术研发方面积极投入，有实际的科技创新激励和扶持措施。在人才和交流方面，受访企业希望加强科技创新人才培养，鼓励游戏业内的交流与合作，加强产学研深度融合。在社会责任和社会价值方面，多家受访企业希望进一步推动游戏与其他行业的融合，充分发挥游戏企业的社会责任，创造更多更大的社会价值。

参考文献

李白杨等：《人工智能生成内容（AIGC）的技术特征与形态演进》，《图书情报知识》2023 年第 1 期。

陆小华：《智能内容生成的实质、影响力逻辑与运行范式——ChatGPT 等智能内容生成现象透视与解析》，《新闻大学》2023 年第 4 期。

任桐：《云游戏的难题：平台化战略下技术演进思考》，《现代传播（中国传播大学学报）》2023 年第 2 期。

宋丕丞：《元宇宙游戏产业的演进逻辑——基于扎根理论的框架分析》，《北京文化创意》2023 年第 5 期。

B.8
2023年主机游戏全球市场
与中国趋势报告 *

王 旭 唐贾军 许凡可 王赫成 **

摘 要： 通过对 2023 年全球与中国主机游戏市场的数据分析和对超 2000 名玩家的调研，发现全球主机游戏市场呈现明显的回暖趋势；中国主机游戏市场规模同比增长 22.9%，用户规模首次突破千万。角色扮演类、闯关类、射击类成为中国玩家最热衷的主机游戏类型。中国玩家期待优质的国产主机游戏，并愿意为高品质的国产游戏支付合理的价格。未来主机游戏的发展重点包括增量市场、游戏玩法创新、IP 多元化开发和跨平台游戏的兴起等。在玩家消费意愿的释放和游戏体验的升级推动下，中国主机游戏市场具有巨大发展空间。中国游戏厂商需提升研发实力，洞悉市场需求，同时，政府和行业组织应加强对主机游戏产业的扶持。

关键词： 主机游戏 游戏产业 游戏硬件

据统计，2023 年全球主机游戏市场规模达 471.8 亿美元。主机游戏发展时间较早，现阶段已成长为全球游戏行业的支柱领域之一。我国主机游戏领域起步时间同样较早，而发展相对缓慢，但随着近年对部分精品主机游戏关注度的增加，中国主机游戏市场不断升温。基于这一背景，游戏工委与伽马数据联合制作了本报告。

---

* 文中所有数据及图表，如无特殊说明，均来自伽马数据。
** 王旭，伽马数据首席分析师，联合创始人，从事游戏产业研究十余年；唐贾军，中国音像与数字出版协会副秘书长兼游戏工委秘书长、电竞工委主任委员；许凡可，伽马数据高级数据分析师，主要研究方向为游戏产业数据测算模型构建、产业数据监测；王赫成，伽马数据分析师，主要研究方向为电子竞技产品、游戏用户行为分析。

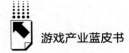

本报告中部分数据通过用户调研得到，问卷投放数量超 2000 份，各年龄段及主要省份用户均有涉及。此外，若无特殊标注，本报告涉及数据均来自伽马数据。同时，由于本报告中部分数据呈现结果需四舍五入，因此占比类的部分相关图表数据加总不等于 100%，误差在正负 1% 以内均属正常。

一　全球主机游戏市场发展状况

（一）主机游戏产业链状况

主机游戏产业链主要环节示意见图 1。

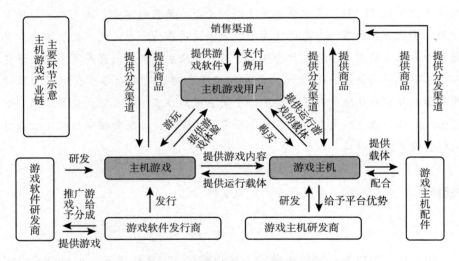

图 1　主机游戏产业链主要环节示意

（二）主机游戏行业年度特征

主机游戏行业的全球特征包括：一是行业回暖，市场规模及用户规模双增长，游戏主机销量及销售额双增长；二是补充性游戏设备的出现，更好地促进用户购买游戏；三是跨平台游戏成为市场主流，其中主机市场表现尤为亮眼；四是主机游戏借助 IP 续作实现多赢。

而在中国呈现以下特征：市场规模增长 22.9% 达 28.93 亿元，用户规模首破千万；男性用户占六成，52.5%的用户在 30 岁以下；用户更愿为游戏承担相对对等的价格，"叫好不叫座"的现象或改善。

（三）全球主机游戏市场及用户规模状况

据伽马数据统计，2023 年全球主机游戏市场规模达 471.8 亿美元，较 2022 年同期增长 11%，经历 2022 年的行业寒冬后，市场回暖较为强劲（见图2）。

用户规模同样保持上升趋势，2023 年全球主机游戏用户规模预计达 4.4 亿人，同比增长 5%。以中国地区为代表的新兴市场是用户增长的主要来源（见图3）。

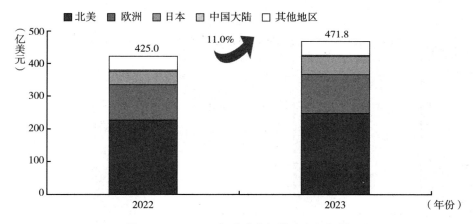

图2　2022～2023 年全球主机游戏市场规模

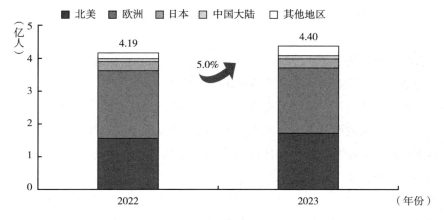

图3　2022～2023 年全球主机游戏用户规模状况

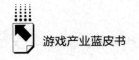

二 海外主机游戏市场发展状况

（一）海外游戏主机硬件状况

1. 游戏主机销量增长20.2%，供应量充足帮助用户释放积压需求

游戏主机是主机游戏市场规模的重要组成部分。2023 年，游戏主机的销量表现较为强劲，2023 年前三季度主要游戏主机销量同比增长 20.2%（见图 4）。

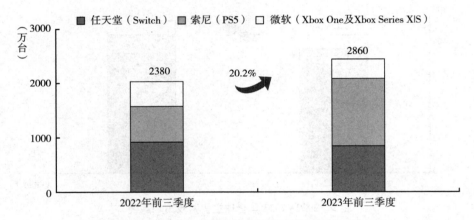

图 4　2022～2023 年主要游戏主机前三季度销量变动情况

注：任天堂和索尼的数据来自官方公布，微软数据来自 vgchartz。

2. 持续推进共享到独占的转变，用户渗透程度提升维稳游戏主机销量

游戏主机的强劲表现主要受两方面因素影响。

一方面，随着新冠疫情影响的消退，制造业、物流业等产业回归正常生产经营秩序，曾限制游戏主机发售的芯片短缺、物流混乱等问题得到解决，市场上新主机的供给逐步充足，积压的用户需求得到释放，带动以 PS5 为代表的主机销量提升。

另一方面，主机游戏厂商加速游戏主机的用户渗透。设备在用户中的渗透率较低，是主机游戏的固有现象，从数据上看，虽然海外主机游戏用户已超

4亿，但覆盖绝大部分主机用户的NS、PS4、XONE游戏主机累计销量仅在3亿台左右，用户数量远超设备数量，也在客观上造成具备主机偏好的用户虽然更多，但并未完全拥有硬件设备。用户偏好与设备拥有量的差异主要受终端特征影响，相较于其他终端，主机游戏具备更强的家庭属性，部分主机游戏用户并未拥有独占的主机设备，而是通过购置一台主机并由家庭成员共享的方式成为主机用户，进而导致游戏主机的销量相对较少。因此，提升主机游戏的便携性，并让更多用户享受单人游戏乐趣也是发展的方向，由"一户一台"转为"一人一台"也是部分主机厂商提升设备渗透程度的规划。

3. 新世代主机销量预计超过上世代，但所需时间较长

本报告认为，新世代主机的长期销量或超过上一世代，但所需时间较长。销量预计超过上一世代是由于，一方面，新世代主机在影响销量的部分因素上表现较佳，例如设备性能更强、游戏阵容兼具品质较高及数量丰富，较为过硬的质量将奠定售出基础；另一方面，从市场表现来看，PS5、XS均出现过卖至脱销的事件，且用户提货需要一定时间排队等待，意味着用户对新世代主机较认可。未来，随着更多仅登录新世代主机的游戏发售，用户的换机需求将进一步加强，进而使新世代主机的销量在较长时间内保持稳定（见图5）。

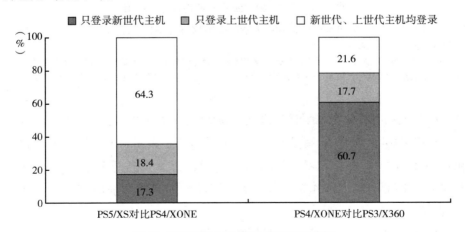

图5　游戏登录时的新旧世代主机选择

注：为新世代主机发售2年时游戏的登录状况。

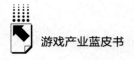
（二）海外主机游戏产品状况

1. 海外整体主机游戏产品状况

（1）游戏销售核心特征：销量略有下降，但销售金额仍然上升

"销量略有下降，但销售金额仍然上升"是2023年主机游戏产品的核心特征。统计显示，公开游戏软件销量的任天堂、索尼，其软件销售额大幅上升，但销量略有下滑（见图6）。

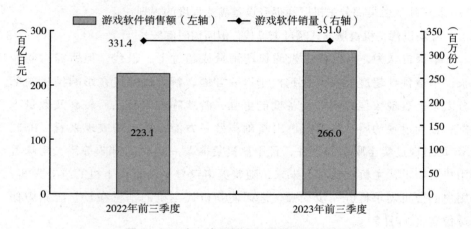

图6 任天堂、索尼游戏软件销售额及销量

注：①本图基于公开数据制作，由于微软并未单独公布游戏软件销量及销售额相关信息，因此本图不含微软数据。
②任天堂游戏软件销售额计算方式为数字版销售额除以数字版所占游戏软件销售额的比例。
③索尼游戏软件销售额计算方式为游戏与网络服务部门总销售额减掉硬件部分销售额。

（2）高品质游戏带动销售金额提升，新世代主机性能更好呈现产品品质特性

在诸多影响因素中，高品质游戏较多是形成"销量略有下降，但销售金额仍然上升"的核心因素。数据结果显示，新品中高评分游戏占比升至31.2%，较2022年增加4.5个百分点，2023年主机游戏品质更受用户认可（见图7）。

（3）游戏价格普遍上涨，销量下降或延续

虽然受用户花费更集中于高价的高品质游戏的影响，2023年游戏软件的销售金额保持增长，但"销量下降"的状况预计仍将延续。这是由于地区范

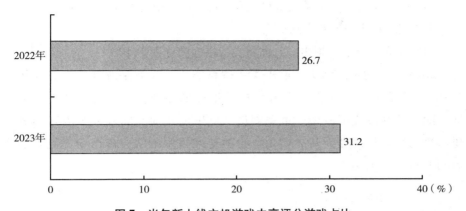

图7 当年新上线主机游戏中高评分游戏占比

注：高评分游戏占比，指在 Metascore 取得 80 分及以上的主机游戏占比。

围内经济尚未出现显著回暖，经济压力加大的情况下，或有更多用户转为价格敏感型，进而购买游戏时更为谨慎、更看重游戏性价比。但受高品质游戏增加、更多游戏登录新世代主机等因素影响，主机游戏的价格呈上升趋势（见图8）。

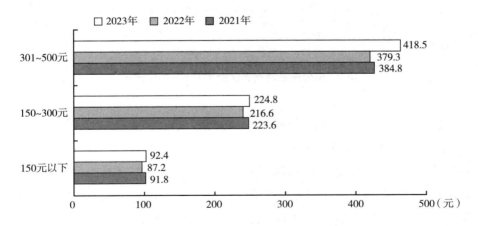

图8 海外新上线主机游戏主要区间平均价格分布

注："海外新上线主机游戏主要区间平均价格分布"指初始售价在该价格区间的游戏的平均价格，例如 2023 年"150 元以下"区间的数值 92.4 元即代表平均价格为 92.4 元。

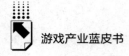
用户付费更为谨慎但游戏价格上升，这是游戏销量下降的主因。

2.海外热门主机游戏产品状况

（1）角色扮演类、射击类、体育类、格斗类分列 TOP3

2023 年，角色扮演类、射击类、体育类、格斗类是海外主机游戏热度 TOP3 的品类。角色扮演类仍为用户最偏好的品类，38% 的产品均集中于此，除受重视游戏沉浸感、重视剧情、可供创新的空间较大等因素形成的供需平衡影响外，也受高品质角色扮演游戏集中上线、占据用户更多游戏时间的影响（见图 9）。

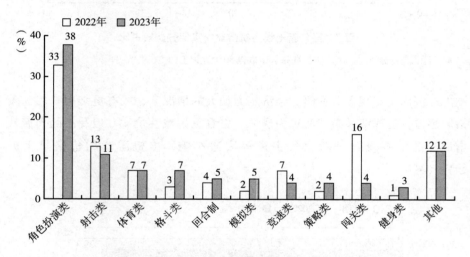

图 9　海外主机游戏热度榜 TOP100 类型分布

（2）闯关类占比下滑，受热度集中于单款产品、供给减少的影响

闯关类是 2022 年进入 TOP3，但 2023 年下滑较快的品类。这并非由用户偏好转移造成，下滑的部分原因在于：第一，闯关类新品《超级马力欧兄弟：惊奇》的反响较强烈，吸引部分闯关品类用户聚集于单款游戏；第二，集中上线的高品质游戏大多非闯关类玩法，在一定程度上分散用户游戏时间；第三，部分历史上多为闯关类玩法的 IP 尝试新兴玩法，使得闯关卡游戏供给减少，例如"瓦力欧" IP 新品《超级舞动：瓦里奥制造》选择了健身玩法（见图 10）。

图 10 海外主机游戏热度榜 TOP100 中闯关卡占比

三 中国主机游戏市场发展状况

（一）中国主机游戏市场状况

1. 回暖较显著，市场规模增长22.9%达28.93亿元

中国市场的主机游戏回暖更为明显，2023 年市场规模增速达 22.9%（见图 11）。中国的高速增长同样受高知名度产品集中上市与硬件销量增加的影响，新世代主机及限定版主机的带动作用尤为显著。

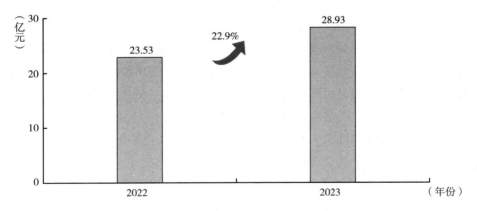

图 11 中国主机游戏市场规模

注：中国主机游戏市场规模包含游戏软件收入及游戏主机收入，未取得版号的游戏软件及非国行游戏主机均被纳入统计范围。

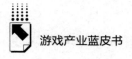

2. 用户规模增速13.3%首破千万

2023 年用户规模增长 13.3%,增速虽弱于市场规模,但首次突破千万(见图 12)。增速弱于市场规模是由于,由硬件带动的市场增长中大部分原本即为主机用户,购买新主机仅为实现换机需求,并非新增用户。未来,以共享游戏机为代表的线下业态或带来更多新用户,现阶段"通过线下体验店玩过主机游戏"是部分用户成为主机用户的原因。

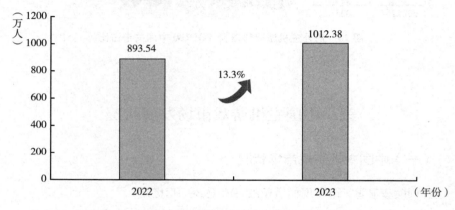

图 12　中国主机游戏市场用户规模

(二)中国用户偏好产品及中国自研主机游戏

1. 中国用户偏好产品状况

中国用户的游戏偏好较为稳定,虽然受发售产品影响部分品类占比出现波动,但整体而言,角色扮演类、闯关类依然是较为热门的游戏品类;同时,对比用户偏好,射击类是偏好较高但变现潜力释放不足的品类(见图 13)。

如上所述,角色扮演类、闯关类、射击类中国用户的偏好较高,这意味着若想更大程度激活中国市场潜力,从上述品类切入或将取得更佳效果。因此,本报告将针对上述品类呈现其用户特征。

(1)角色扮演类(不含回合制)

男性用户更偏好,关注强操作玩法是主因。无论男性女性,角色扮演类游戏均受较多用户欢迎。其中男性用户的偏好相对更高,部分原因在于角色扮演类几乎均为即时制游戏,因而对操作的要求较高,甚至存在以"魂类"为代

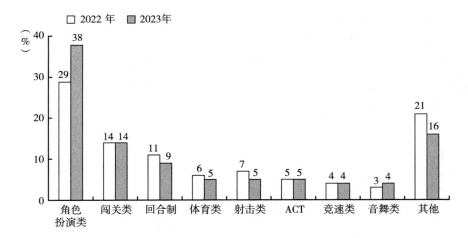

图 13　中国主机游戏热度榜 TOP100 类型分布

注：统计期间为各年的 1~8 月。

表的将高难度视作特色的细分品类（见图 14）。而相较于女性用户，男性用户对高操作难度的兴趣更高（偏好"硬核"体验的男性用户占比高出女性用户4.6 个百分点），因此进一步拔高了品类中男性用户的占比。

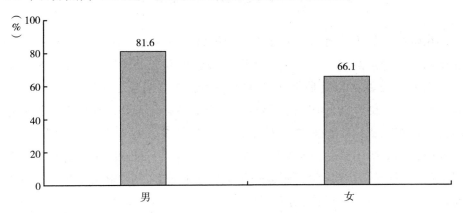

图 14　不同性别用户中，偏好角色扮演类的用户占比

　　游戏时间更长，沉浸于剧情是主因。角色扮演类用户的游戏时间更长，每周超四成用户在主机游戏上花费 4 小时或更多，是其他品类用户的 1.38 倍（见图 15）。剧情偏好与多收集元素是角色扮演类的游戏时间更长的主因。剧情偏好上，67.6%的角色扮演类用户会受剧情较佳因素影响而购买游戏，而这类游戏呈现完整剧情、世界观的方式，又大多通过丰富而细致的主线任务、支线任务、NPC 对话来实现，并吸引用户自主探索，因此游戏时间通常较长。此外，主机游戏大多内置成就系统，其中不乏需投入数小时甚至数十小时的任务，因而吸引部分偏好达成全成就的用户长时间游玩。

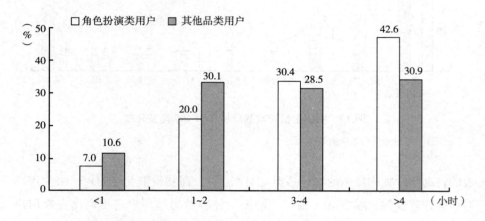

图 15　角色扮演类主机游戏用户每周游戏时长

在购买环节比其他用户关注更多，剧情、知名度、语言版本、IP 是差异化偏好。购买游戏时，角色扮演用户对各项因素的关注度均更积极，数据体现为各类因素均更易促成其购买行为。在此基础上，剧情、知名度、是否有中文、是否具备 IP 是角色扮演用户的差异化偏好，偏好度均比其他品类用户多三成以上。其中，对知名度、IP 的关注主要受游戏质量影响，一方面，如上所述角色扮演类游戏往往以 3A 级品质呈现，其卓越的质量不仅丰富了用户的游戏体验，还进一步提升了玩家的游戏审美水平；另一方面，角色扮演类游戏售价较高，用户的付费行为也更谨慎，而画面、游戏知名度更是质量的部分参考，因而易受用户关注。剧情偏好是高中文需求的主要成因，非母语的文字难以使用户沉浸于游戏。同时，关注 IP 也与剧情偏好存在关联，基于对曾发售的数代作品的游玩，用户与 IP、IP 中角色间的情感已较为深厚，因而更愿意关注其后续发展、体验其新的故事及冒险（见图 16）。

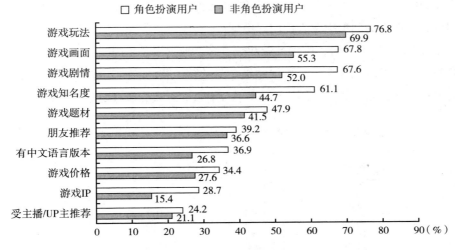

图16 影响用户购买一款主机游戏的因素占比（TOP10）

（2）闯关类

女性用户更偏好（见图17），能与朋友一同游玩是主因。无论男性女性，闯关类游戏均受较多用户欢迎。其中女性用户的偏好相对更高，部分原因在于女性用户更偏好与朋友一同游玩：55.6%的女性用户受"适合和朋友/家人一起玩"的影响而偏好使用主机，高出男性用户（45%）10.6个百分点。而闯关类的知名产品，如《双人成行》《胡闹厨房》《星之卡比：探索发现》"超

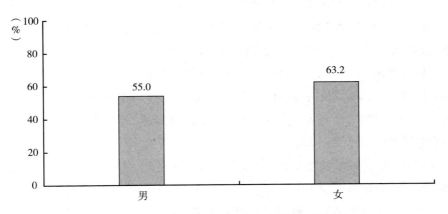

图17 不同性别用户中，偏好闯关类的用户占比

级马力欧"系列,大多提供多人合作的玩法,在一定程度上更符合女性用户偏好,进而提高闯关类在女性用户中的占比。

多集中于 NS 平台,闯关类游戏数量多、独占多是主因。一方面,NS 平台的独占闯关类游戏较多,例如"超级马力欧""星之卡比"等 IP;另一方面,闯关玩法多由独立游戏使用,而 NS 平台中独立游戏更多(见图 18)。

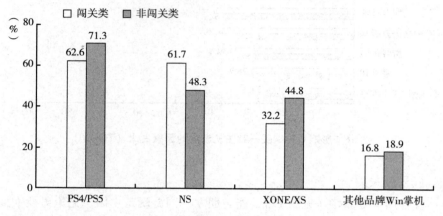

图 18　用户拥有主机游戏设备占比

(3)射击类

男性用户更偏好,受对抗性、战争题材等要素吸引。射击类用户集中于男性,部分原因在于射击类用户强调用户竞争,而男性用户更偏好强对抗性体验(偏好"对抗性"的男性占比高出女性 12.6 个百分点),且对战争题材更感兴趣(偏好射击类用户中男性占比高出女性 17.7 个百分点)(见图 19)。

射击类用户的游戏时间更长,每周游戏时长超过 4 小时的比例超过四成。部分原因在于,一方面为保持操作手感,用户需要更频繁地游玩游戏;另一方面,射击类网游的运营方式,使得用户易因"组队开黑"等而一直游玩,进而提升游戏时长(见图 20)。

更重口碑,偏好刺激及震撼体验是主因。射击类用户注重口碑,这是由于射击类用户普遍追求刺激和震撼体验,体量大、IP 知名的"大制作"游戏更易满足此类用户的偏好。而当面对射击类游戏时,用户还会基于口碑对 BUG 数量、外挂打击力度、运营服务等进行判断,以期获取更佳的游戏体验,进而

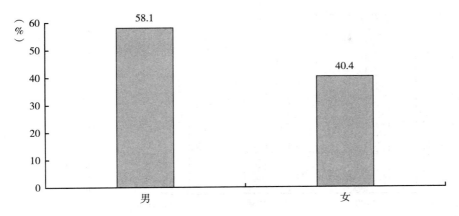

图 19　不同性别用户中，偏好射击类的用户占比

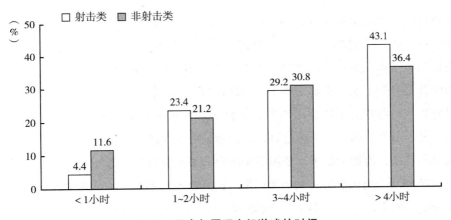

图 20　用户每周玩主机游戏的时间

决定是否购买该射击类主机游戏（见图 21）。

2. 中国自研产品状况

受市场规模较小等的影响，中国自研主机游戏处于相对弱势的状态，但在未来几年内，自研游戏或出现显著改善。

（1）自研游戏知名度及质量或提升，头部企业的布局进入成果产出期是主因。显著改善首先体现在，自研游戏的知名度、质量明显提升。这是由于中国企业的研发能力、技术水平并不弱于海外企业，而差距主要存在于描摹主机

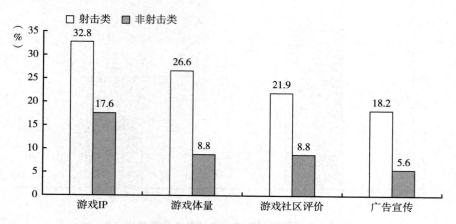

图21 影响用户购买一款主机游戏的因素占比

用户画像、登录主机平台流程、贴合主机用户习惯、扩大主机游戏营销等方面，针对此，中国企业也给出个性化解法。一方面，企业收购第三方工作室、邀请知名制作人加盟、代理海外游戏，进而通过吸收较成熟团队/个人的经验而弥补自身的不足。头部企业宣布加码主机游戏的时间大多在2021年前后，考虑到主机游戏的平均推出周期，本报告认为部分自研游戏或于未来几年面世。另一方面，部分企业通过移植，借擅长的在线游戏先一步了解主机平台的差异化特征，而探索结果也证明了中国自研游戏能够吸引海外用户关注，例如原生于PC平台的游戏《永劫无间》，上线PS5后不足1月，即在PlayStation免费游戏榜中位居美服TOP2、欧服TOP5；《崩坏：星穹铁道》宣布登录PS5后，吸引超100万用户预约。

（2）自研游戏的创收能力或改善，增加主机登录平台是主因。头部企业入局前，中小型团队的作品是中国自研游戏的主要来源，而这一部分产品或也出现改善，且主要体现在创收层面。这是由于，中国团队正开拓更多创收渠道，多平台登录是发展较快的方向，2023年新增的中国相关主机游戏中，超七成产品均通过增加主机登录平台、跨终端的方式布局多平台登录（见图22）。

从数据来看，中国企业对这一方式的运用已更为充分：企业较为偏好的Switch主机仍然保持高位，且其他主机平台均较往年显著增加。值得注意的

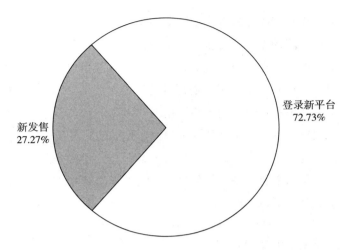

图 22　中国相关主机游戏多平台登录状况

是，中国企业对新世代及其他世代主机均保持较高关注度。这是由于上世代游戏主机 PS4、XONE 依然保有大量活跃用户，并保持着较为高频的新品发售，仍是获取用户的重要平台，在较近年份发售的主机游戏需重点考虑相关平台。

（三）中国主机游戏企业状况

1. PC 团队或可成主机企业补充，游戏质量较优且可拓展团队变现渠道

2023 年，中国主机游戏企业并未出现明显改变，数量较少、以中小型团队为主依然是中国主机游戏企业的核心特征。但国内已出现一批较优的潜在主机游戏团队，若能吸引其布局主机，或能实现较短时间内主机游戏企业的较快增长。现阶段，这部分团队主要集中于 PC 端。

理想情况下，于主机平台发售作品可实现中国主机行业、PC 团队的双赢：对于中国主机行业而言，PC 团队能为主机平台提供优质产品补充，例如《暖雪》累计销量超 200 万份，因而即使登录主机平台也具备竞争力；对于 PC 团队而言，主机平台能提供数量较庞大的潜在用户。

2. 移植主机版本的意愿较低，成本或超收益是主因

但现阶段，少有团队将主机端作为游戏的首发平台之一，甚至已在 PC 端取得一定成绩的作品，移植到主机端的数量也并不多。因此，若能定位登录意

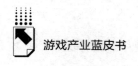
愿较低的原因并逐一解决，或能调动团队的积极性。

现阶段，核心问题在于若登录主机平台，其开发成本可能会超过收益，主要体现在三个层面。首先是技术层面，虽然在具备移植经验、游戏在 PC 端不存在严重问题（如内存泄漏严重、消耗过高）的情况下 PC 游戏的移植难度较低，但国内团队大多不具备相关经验及精力，因此仍然较为吃力。其次在资金层面，移植至主机平台需要额外的资金投入，例如购入各平台的开发套件，对中小团队而言具备一定压力。最后在适配层面，"使用手柄游玩"是中国用户选择主机平台游玩的重要原因，但部分游戏类型难以较好地适配手柄，进而流失用户。值得注意的是，手柄适配的难点在知名游戏中同样存在，例如当用户基于 NS 主机游玩《文明 6》并连接电视时，部分操作会由于需要触屏而无法进行，导致游戏无法推进。

此外，主机用户多位于海外，但中国团队的出海经验不足、主机游戏的价格普遍更高、用户是否愿意支付等问题同样存在。多重因素导致的收入不确定性，是 PC 团队登录主机平台意愿不高的主因。

（四）中国主机游戏用户状况

1. 中国主机游戏用户基础状况

（1）男性用户占六成。中国主机游戏用户中男性占比为 63.6%，用户画像表现更集中于男性（见图 23）。

（2）52.5% 的主机游戏用户年龄在 30 岁以下，青年为主机游戏核心消费群体（见图 24）。部分原因在于，受价值观影响，青年用户愿意为更优的体验付费，且更支持正版。

（3）PS 系列占有率最高，而单世代中 NS 占比最高。其中，PS 系列的占有率主要受新世代主机发售的影响，部分已拥有 PS4 的用户购入 PS5，使得 PS 系列总量较多（见图 25）。

2. 中国主机游戏用户特色状况

（1）游戏乐趣的感召力进一步增强，口碑向外部传导或加速主机用户扩张。购买游戏主机几乎是主机用户的先决条件，但较高的购入价格则让用户的决定更为谨慎。调查结果显示，购入游戏主机的用户大多认可其乐趣，少有用户认为"不值得"，行业内部的好评不断传导至外部，或吸引更多其他终端用

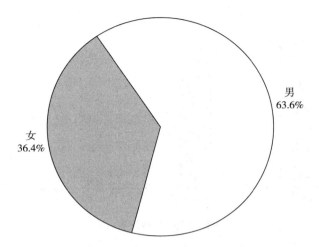

图 23　主机游戏用户性别分布状况

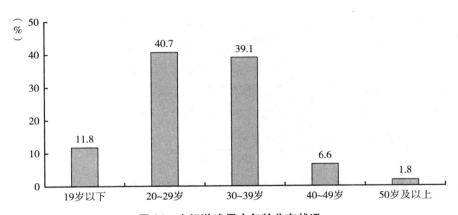

图 24　主机游戏用户年龄分布状况

户购买游戏主机、加速中国主机用户规模扩张。"购入游戏主机的用户大多认可其乐趣、少有用户认为不值得"的数据表现为，2023 年主机游戏时长增加的用户大多受游戏乐趣影响（见图 26）。与同伴一同游玩是最重要的乐趣来源，除部分合作类、多人对抗主机游戏本身需要其他用户参与外，找到同伴也能显著提升偏单人体验的游戏的游玩乐趣，例如一同讨论攻略、分享游戏感受。值得注意的是游戏厂商也不断优化与其他用户沟通的渠道，比如《艾尔登法环》中玩家互助，通过讯息留言提示通关技巧，增强游戏的社交性和娱乐性。

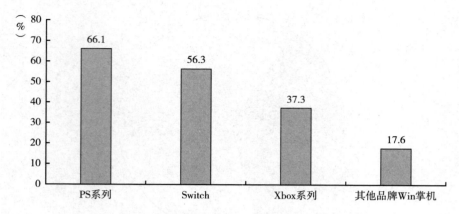

图25　用户拥有的主机游戏设备（按系列划分）

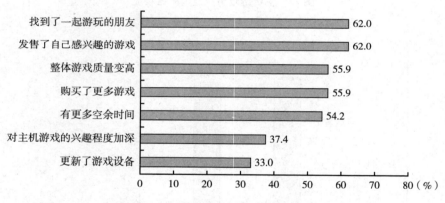

图26　用户在主机游戏投入时间变长的原因

（2）关注国产游戏，但购买行为仍由品质驱动。统计结果显示，超四成用户对国产主机游戏非常关注，可在销量等层面提供加成（见图27）。但即使玩家对国产游戏有比较高的关注，更多的玩家注重的还是游戏的品质而非仅拥有"国产"标签。尤其在绝大部分主机用户体验过欧美、日本等高质量作品的情况下，用户对自身游戏偏好的认知较高、对游戏质量的辨别能力已较强。

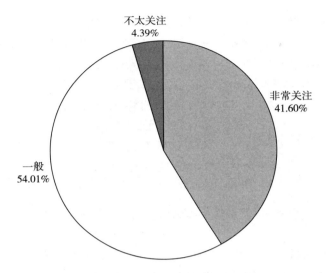

图27　用户对国产主机游戏的关注状况

　　《黑神话：悟空》在宣传视频上线之初即热度较高，现阶段超八成中国用户对其有所了解，已成为中国高知名度自研游戏的典型代表。但从吸引用户的特点来看，在确保质量的情况下实现差异化是主因。用户对质量的看重体现在，62.2%的用户被视听表现效果（美术、音乐）吸引、51%的用户被其"有魂系味道"的 ARPG 玩法吸引；差异化体现在，中国神话题材及《西游记》剧情创新均为 TOP3 的吸引点（见图28、图29）。

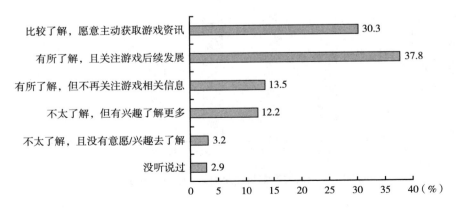

图28　用户对国产游戏《黑神话：悟空》的了解程度

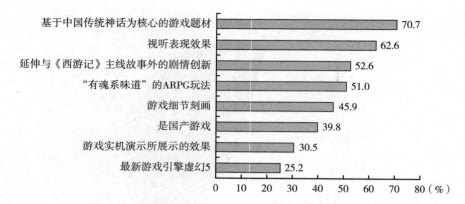

图29 国产游戏《黑神话：悟空》对用户的吸引点

限制国产主机发展的另一原因在于，用户的支付意愿较低，历史上也多次出现"叫好不叫座"导致的亏损甚至团队解散的情况。但从调研结果来看，这一现象或有改观。针对计划登录 PS5、XS 等平台的《黑神话：悟空》的调查显示，部分用户愿意支付的价格已比肩 3A 大作：32.9% 的用户愿意支付 151～300 元的费用，此外，20.3% 的用户愿意支付超 300 元的价格（见图30）。整体而言，在产品质量符合预期的情况下，中国用户愿意支付较为对等的价格。

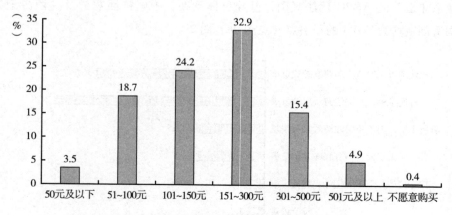

图30 用户对国产游戏《黑神话：悟空》接受的价格

四　主机游戏市场发展方向分析

（一）补充性游戏设备或因场景及阵容推动主机行业扩张

补充性游戏设备或助推行业增长。补充性游戏设备的代表为掌机形态，从市场来看，近年涌现出 SteamDeck、PlayStation Portal、Legion Go 等更多掌机。本报告认为，补充性游戏设备的出现将推动主机行业进一步扩张。这是由于，补充性游戏设备的市场机会主要存在于现有格局难以覆盖的领域，因而，当从这些领域切入时，新入局设备将吸纳与现有设备差异化的潜在受众，进而在并非加剧内部竞争的基础上，推动行业扩张。

需要注意的是，虽然游戏场景和游戏阵容是补充性游戏设备的重要切入口，但本报告认为中短期内这一趋势或难以快速扩张。仍以补充性游戏设备中的掌机为例，新出现的掌机的售价较高，例如 ROG、Legion Go 的售价均较 NS 翻倍，且几乎追平游戏电脑的价格，对于用户而言，是否愿为更多元的游戏场景、更快使用手柄游玩游戏而额外大额付费仍不确定。因此本报告认为中短期内补充性游戏设备趋势或难以快速扩张。

（二）高自由度玩法仍具潜力

高自由度是指用户能在更大程度上，遵循自身意志地与游戏世界交互。高自由度游戏的特殊性在于其允许玩家以非线性的方式完成游戏目标，例如，当用户为去往下一地点而需要跨越沟壑时，游戏允许用户通过砍断树木横在沟壑上的方式抵达，而非仅能经由官方推荐的修复吊桥的方式。

虽然高自由度并非主机游戏的新兴体验——早在十多年前，市场中已产出以《GTA5》《上古卷轴5》为代表的高自由度产品，部分产品当前仍保持极高的口碑与人气，但本报告认为，这一体验仍然具备较大的市场潜力，原因在于：一方面，用户偏好仍然较高；另一方面，围绕高自由度仍有较多运用方式有待挖掘。

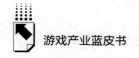

（三）借IP续作实现口碑、收入等的多赢，但IP还有更广应用空间

统计结果显示，2023年头部热门主机游戏中大部分拥有IP，也是本年度知名作品集中上市、市场规模快速回暖的主因之一（见图31）。

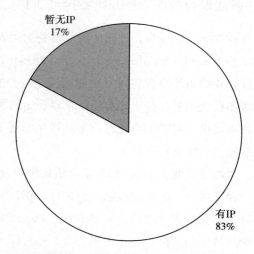

图31 2023年海外主机游戏热度榜 TOP100 IP 拥有状况

但IP并不仅限于续作，未来，主机游戏与IP的关联将更加密切，双方相互促进的作用也将更为显著。当前IP对主机游戏的作用仍主要集中于主机平台，但对IP感兴趣的用户并不局限于主机，用户消费的IP内容也不局限于购买主机游戏，因此，如果能挖掘IP的更多运用方式，或许能实现IP口碑、企业收入、用户需求等层面多赢（见图32）。

（四）跨平台游戏将成市场主流，主机游戏具备优势

跨平台游戏或成为市场主流。这是由于在更注重游戏体验的当前，用户不但希望游玩精品游戏，还希望以自己喜欢的方式游玩，不论是易于随身携带，还是用更大的游戏屏幕，都是用户的真实诉求。而跨平台游戏是用户需求的重要解法，且在设备性能提升等的加持下，这一解法越来越容易实现，也有更多游戏布局了跨平台同步发售，不但满足用户需求，也为自己增添了创收渠道（见图33）。

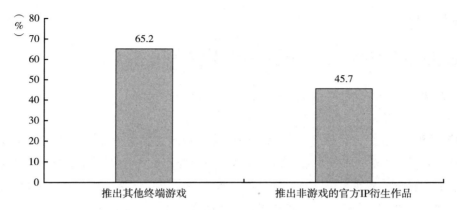

图32 2023年热门强主机IP游戏，IP拓展现状

注：强主机IP指IP发源于主机平台，或诞生于其他平台但于主机平台获得高知名度的IP。图中共46个IP，均为2023年海外主机游戏热度榜TOP100涉及IP。

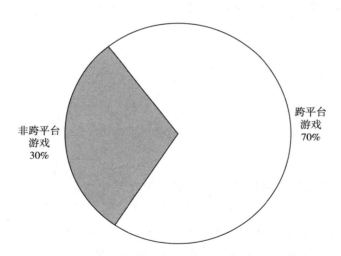

图33 2023年海外主机游戏热度榜TOP100跨平台状况

B.9
2023年中国手机小游戏行业报告

王晨 毋羽*

摘 要: 在版号发放常态化以及经济复苏的双重影响下,2023年国内游戏行业再次回到上升轨道,特别是小游戏行业的异军突起让从业者重新看到了新机遇,凭借开发成本低、研发周期短、用户量庞大、流量获取能力强等优势,开发商、发行商、渠道平台不断涌入赛道形成了百花齐放的局面,使得小游戏的用户规模和市场规模稳步扩大,成为行业内发展的新风口。在未来,小游戏行业规模将进一步扩大,保持快速发展的态势,更加激烈的行业竞争以及监管政策的完善,使得小游戏行业面临更多的机遇和挑战。

关键词: 小游戏 小程序 微信小游戏 混合变现

一 概述

中国音像与数字出版协会发布的《2023年中国游戏产业报告》显示,2023年,国内游戏市场实际销售收入3029.64亿元,同比增长13.95%,首次突破3000亿元关口。此外,2023年游戏用户规模达6.68亿人次,同比增长0.61%,为历史新高点。其中,小游戏市场快速扩张趋势明显。2023年,国内小游戏市场收入达200亿元,同比增长300%(见图1)。

---

* 王晨,触乐网联合创始人,曾担任《大众软件》执行主编;毋羽,触乐网信息部主管,曾担任《大众软件》主编,主要研究方向为国内外游戏产业、文化研究、政策研究。

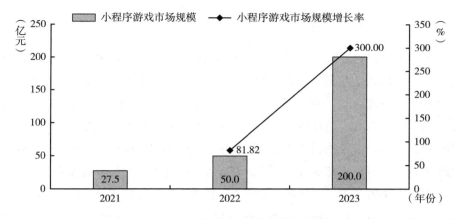

图1　2021~2023年中国小游戏收入及增长率

资料来源：信达证券《游戏行业2024年度策略报告》。

（一）小游戏行业基础概念

小游戏是一种以小程序为载体的新游戏产品形态，通常运行在移动App平台，具备无需单独下载安装、即点即玩、体验轻便等特点。小游戏并不是一种新的手机游戏类型，更像是一种新兴的商业模式，并且对我国近年来移动游戏市场竞争和格局的转变有着相当大的推动作用。

当前小游戏的主要开发语言是JavaScript，在开发内容上遵循各平台的开发规范和接口。与相对古老的HTML5游戏相比，小游戏的操作逻辑更多，能够自由地调用设备的蓝牙和音频权限。游戏性能和画质也比HTML5更好，程序运行更加稳定。目前，主流的小游戏开发引擎有Egret（白鹭）、Layabox、Cocos2d-js、Three.js、Creat.js等。游戏引擎能够为开发者提供编写程序所需的各种工具，从而能够更容易、更快速地编写代码而不用从零开始。

小游戏的商业模式主要分为IAA（In-app Advertisement，广告变现）、IAP（In-app Purchase，内购付费）和IAP＋IAA（混合变现，简称"混变"）三类，游戏类型主要集中在休闲益智、角色扮演和模拟经营，题材涵盖了现代、传奇、仙侠、三国、西游等广泛领域。这些产品体量轻、研发周期短，能够快速立项并研发后投入市场，已经成为近年来游戏企业开拓新兴市场、寻找新增长点的重要途径。

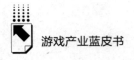

（二）小游戏主要特点

小游戏的最大特点是可以让用户做到即点即玩，更加简单快捷地进入游戏之中。传统的 App 端游戏通常需要"广告→产品介绍页→下载安装包文件→安装程序→打开游戏"这一系列较为烦琐的转化路径。而小游戏省去了下载安装等大部分环节，能够做到"广告→打开游戏"两点一线式极简路径，让用户可以在移动设备的浏览器或者渠道平台内的小程序中直接进行游玩，这种无需等待、随时随地都能进入游戏的设计大大提高了用户的游戏体验。

其次，小游戏可以通过各种渠道进行传播，具有入口便捷的优点。社交平台、短视频平台，甚至外卖软件、购物软件、金融软件等都可以做到无缝结合，用户点击链接或扫描二维码就能快速进入游戏。这种优异的便捷性使得用户能够更容易地接触到游戏，提高了游戏的曝光度和用户的参与度，同时也为游戏的推广和营销提供了更多的可能性，吸引更多的用户参与。

（三）小游戏行业商业模式

小游戏行业发展早期高度集中在轻量级产品这一范围，因此以 IAA 模式为主。由于用户的内购付费意愿普遍较低，所以基本只面向免费玩家群体，厂商通过在游戏中播放广告来获得收益。采用这种模式的游戏一般由平台提供广告组件，从中获得 30%～50% 的分成，剩下的归研发商和发行商所有。如果想要进一步提升盈利能力，就要依靠社交裂变的方式提升日活跃用户（DAU），从而扩大用户规模来提高流水。此外，广告的表现形式也需要不断创新（例如多种形式的礼包互动、返现抽奖等），并且要不断发掘和引入更多领域的广告主进入市场。

随着近年来小游戏市场向中重度化发展，越来越多的 App 端游戏开始进驻小游戏领域，推动了小游戏产品品质的明显提升，以较高的内容质量激发了用户的消费欲望。一部分习惯于内购模式的移动游戏玩家也进入小游戏的生态之中，进而提高了整体小游戏用户对于内购模式的接受度。根据 2023 年游戏广告生态大会披露的数据，2022 年 1 月至 2023 年 6 月期间，混变类小游戏产品的流水增长了 200%，用户规模破亿，混合变现整体商业渗透率对比纯 IAP 模式高出近 3 倍。

混合变现模式正在成为小游戏最主流的变现方式，在未来将会继续推动小游戏市场规模不断扩大。当前，厂商和用户对内购付费都已充分接受并且商业模式成熟。买量成本低、用户基数大等生态优势，为混变类小游戏能够最大化地挖掘用户价值提供了良好的基础和支持。此外，混变模式的兴起也与中轻度产品的流行密不可分，它可以同时兼顾 IAA 与 IAP 产品的两类玩家，一方面，IAA 产品可以通过激励广告提升轻度用户的游戏体验，进而增加游戏黏度以及他们的付费意愿；另一方面，IAP 产品的用户数量足够大、活跃度足够高，更能提升这部分付费用户的消费意愿。

二　中国手机小游戏行业总体情况

（一）小游戏行业背景

2017 年，小游戏在微信平台推出，在发展初期主要是为了丰富微信的生态系统，为玩家提供除端游、页游、App 手游之外的碎片化娱乐方式。第一款小游戏《跳一跳》的成功，显示出了小游戏行业的巨大潜力。进入 2020 年以后，突如其来的疫情给整体经济造成了巨大影响，人们居家时间的增加却给游戏产业的发展带来了意想不到的机遇。

同时，疫情也加速了我国游戏产业的数字化转型。在全球经济下行导致企业想方设法降低成本的大背景下，这类投入成本较低、研发周期相对较短、资金周转效率更高的小游戏项目就受到了游戏厂商的关注。另外，2021 年长达 8 个月的版号停发，也是小游戏集中生长的推动因素。在新规推出之前，如果游戏内没有充值功能和付费道具，那么就不必申请版号，只需备案即可。于是，这种处于监管灰色地带的小游戏产品成为中小游戏厂商的"救命稻草"，也得以让大量换皮抄袭的产品有了发育的土壤，小游戏领域进入野蛮生长阶段。特别是在 2022 年《羊了个羊》成为爆款之后，一个月间市场上就出现了多达上百个相似的游戏，抄袭和换皮的问题成为当时阻碍小游戏创新发展的最大绊脚石。

2023 年，游戏行业逐渐回暖，版号发放进入常态化状态，但国内用户规模已经见顶，游戏行业进入从存量中找寻增量的新阶段。曾经并不受重视的小游戏，如今被视为游戏行业的新增量，成为行业内第二增长曲线。小游戏落实备案政策的最终落地，也将引领行业朝着更加规范化、标准化的健康方向发展。

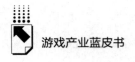

（二）小游戏行业参与主体情况

1. 流量端："流量加持+良性生态"迎来高质量增长

近五年来，移动互联网红利逐渐消退，手游用户数量基本饱和，存量博弈时代正在来临，而小程序应用已经成为全网流量的重要一环以及新的增长驱动力。在 2022 年 8 月至 2023 年 8 月新上线的小程序中，小游戏数量占比过半，达到了 52.6%；其次是移动购物 16.2%、生活服务 7.7%、实用工具 7.0% 等其他类型（见图 2）。单独统计 2023 年 8 月的数据，微信、支付宝、百度、抖音小程序的月活跃用户分别为 9.25 亿、6.45 亿、3.67 亿、2.67 亿，全网用户月人均使用小程序数量达到 15.9 个[①]。从买量数据来看，单看 2023 年微信小游戏的在投产品数量就超过了 16000 个，同比增长 214%，已经逼近 App 端手游规模[②]。由此可见，小程序已经成为全网流量的重要一环，特别是小游戏对流量加持和商业转化的推进效果更加显著，渗透率仍有上升空间。

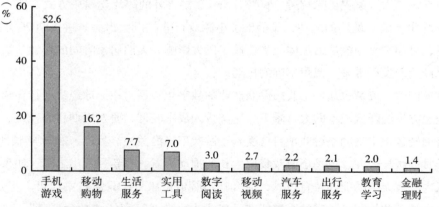

图 2　2022 年 8 月至 2023 年 8 月新上线小程序行业类别占比前十排名

注：小程序包括微信小程序、支付宝小程序、百度智能小程序（小程序期末活跃用户规模>1 万）。

资料来源：QuestMobile TRUTH 全景生态流量数据库（2023 年 8 月）。

---

① QuestMobile 研究院：《QuestMobile 2023 全景生态流量秋季报告：351 个应用月活超千万，小程序加持中小玩家变现，平台拼杀"内生+外扩"模式》，QuestMobile 网站，2023 年 10 月 27 日，https://www.questmobile.com.cn/research/report/1716711576407478273。

② 热云数据：《2023 中国内地手游 App 与微信小游戏买量白皮书》，https://download.s21i.faiusr.com/30295522/0/0/ABUIABA9GAAguqb7rgYokrvx9QM.pdf。

同时，在经历了2018~2019年小游戏"野蛮生长"的阶段之后，微信平台逐渐加大对小游戏生态的建设力度，严厉打击了一大批粗制滥造的违规产品，同时采取多元化措施鼓励开发者积极创新，不断推出优秀作品提升整体品质。在双重作用之下，良性的小游戏生态系统已经初步建立，活跃用户规模持续恢复上涨，并于2023年达到历史新高。

2. 渠道端："流量打通+平台政策支持"提供利好

从2022年3月开始，抖音、B站陆续开始支持微信小游戏外链的跳转功能，这一举措显著促进了第三方广告投放。同时，微信平台也进一步扩展其推广渠道，开始在抖音直播间进行宣传。双方在2023年针对小游戏生态持续推出了广告推广、内容立项补贴、创意鼓励计划等政策扶持，从而不断提升小游戏市场规模，助力精品小游戏发展。以微信平台为例，对于安卓端普通小游戏来说，平台分成比例40%，官方认证的创意小游戏，平台分成会降低到30%（iOS端暂不分成）。厂商可以将流水的一部分转化为"激励金"，并直接转入微信平台的广告投放账户，而且内购分成和广告变现分成都有不同的激励政策，具备较好的自由度。

3. 开发商/发行商：百花齐放仍处于红利期

得益于小游戏研发周期短、成本低等特点，简游科技、途游游戏、疯狂游戏等一批新晋开发厂商纷纷入场试图以小博大。而传统大型游戏公司也感受到了核心优势的挑战，凭借其丰富的开发资源和经验推出了一大批优质产品，并利用自身的渠道优势和品牌效应带来了更多的流量与用户，为扩大小游戏市场规模做出了不可或缺的贡献。对于发行商而言，小游戏用户数量庞大，获得流量能力强。2023年上半年，去重素材量超过500万组，较2022年下半年增长近5倍，创历史新高，并且在买量成本方面也比App端手游存在明显的成本优势，激活成本最大相差10倍以上，分成比例一般也会高出15%~22.5%[1]，考虑激励金等政策，发行商获得的利润还会更高（见图3）。

---

[1] 国海证券：《小游戏行业深度报告：增量市场，大有可为》，2023年12月14日，https：//pdf. dfcfw. com/pdf/H3_ AP202312141614162073_ 1. pdf。

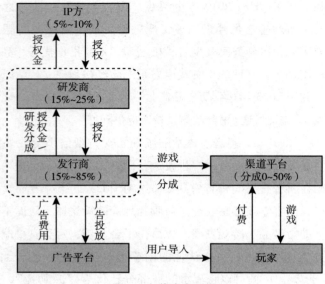

图 3　小游戏产业链

资料来源：国海证券《小游戏行业深度报告：增量市场，大有可为》，2023 年 12 月 14 日，https：//pdf. dfcfw. com/pdf/H3_AP202312141614162073_ 1. pdf。

4. 用户端：碎片化娱乐追求

伽马数据《2022-2023 中国游戏企业研发竞争力报告》显示，国内游戏用户的需求正在发生新的变化，即轻量化、玩法多和画面好，其中轻量化排在首位。主要原因在于小游戏基本没有剧情，每局之间的关联度较低，更能满足用户对于轻松休闲以及碎片化的娱乐需求，从而驱动游戏整体用户数量和使用时长的提升（见图 4）。

从厂商的角度来看，小游戏用户有着天然的转化优势，由于无需下载安装就可游玩，因此极大地降低了体验成本和使用门槛，从而能够更有效地沉淀用户。此外，App 端游戏更多的是依赖渠道曝光和口碑营销来进行分享，而小游戏是以各种移动应用平台为载体，尤其是像微信、抖音这种本身就有着强社交属性的平台，所以更容易在用户之间进行分享，并有机会实现爆发式裂变增长，大幅增加游戏的传播力和影响力。

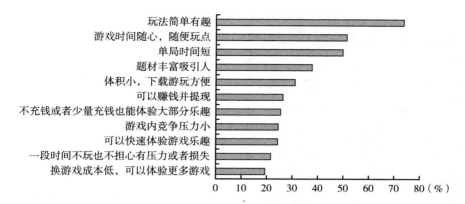

图4 影响用户下载休闲游戏的核心因素（多选）

资料来源：信达证券《游戏行业2024年度策略报告》。

（三）小游戏行业政策

近年来，随着小游戏市场规模的不断扩大，相关监管政策也在不断跟进与落地。2019年4月，国家新闻出版署在全国游戏管理工作专题会议上明确指出要加强对小游戏的管理，微信小程序游戏需要申请版号方可上线运营，无版号无收费的游戏小程序已经上线运营的，需要在上线起10个工作日内到省局备案。也就是说即便一款小游戏不提供内购但包含有广告，也同样需要版号才能运营，这意味着纯广告变现模式的小游戏产品也开始被纳入监管范围。

2023年8月8日，工信部发布《关于开展移动互联网应用程序备案工作的通知》，要求从事互联网信息服务的App主办者按规定履行备案手续，未履行备案手续的，不得从事App互联网信息服务。之后，微信平台快速跟进，宣布"9月1日起，微信小程序须完成备案后才可上架；若微信小程序已上架，需在2024年3月31日前完成备案，逾期未完成备案的将于2024年4月1日起进行清退处理"。2023年8月底，广东新闻出版局下发了《关于进一步规范国产游戏小程序备案工作的通知》，进一步明确了小游戏监管的备案要求。通知要求，在广东省内依法注册登记的游戏小程序运营机构需要向广东省新闻出版局申请备案管理，做好游戏小程序新上线备案工作，已上线的游戏小程序应于一年内补办备案手续。

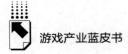

可以肯定的是，将小游戏正式纳入版号监管范围，是从政策层面为小游戏市场的长期稳定发展起到"定心丸"的作用。对于一个数百亿元规模的市场来说，如果一切的繁荣都是建立在无版号、套版号、换皮抄袭以及粗制滥造的基础之上，那么终将变为虚幻的泡影，无规则、无监管的野蛮发展将会带来不可估量的风险。因此，随着监管部门的介入以及版号发放进入常态化阶段，小游戏市场必将朝着健康、规范、可持续的方向发展，这有利于游戏公司持续释放游戏产能、打造更多的数字精品内容、发挥游戏的文化输出价值，从而进一步提振整个游戏行业的市场信心。

当然我们也应当清醒地意识到，小游戏厂商参差不齐，一些平台方的资质审核宽松，经常允许只需备案就可以上线运营。此外，有些小型开发商和运营商对遵守相关出版法律法规的意识淡薄，基本不考虑内容合规以及出版审查方面可能存在的问题。因此一旦出现涉及严重违规的小游戏产品并在市场中引爆，则有可能影响整个小游戏行业的政策风向，发生类似 2020 年苹果 App Store 中国区全面清理无版号游戏的情况，这无疑会给小游戏市场埋下潜在的危机隐患。

三 中国手机小游戏行业经营状况

（一）小游戏行业发展历程

微信在 2017 年 12 月底正式推出了小游戏平台，根据 2018 年在广州召开的微信公开课 PRO 版演讲所公开的数据，在上线不到 1 个月的时间内累计用户达 3.1 亿，大约每 3 个微信月活用户当中就有 1 人玩过小游戏，其中近 1/4 是从未玩过游戏的用户。在首批上线的 15 款小游戏产品中，《跳一跳》日活量达 1.7 亿，成为当年的爆款；《海盗来了》成为首个流水过亿的小游戏。随着微信用户的大量导入，以及快手紧随其后上线了小游戏 App "电丸"，中国小游戏生态初具规模，至 2018 年底小游戏数量已达 7000 款以上。

小游戏商业规模从 2019~2021 年持续扩大，平均每年保持 20%~35% 的增长。平台运营商依据相关扶持政策支持小游戏开发者，积极鼓励创意小游戏研发，给予开发者条件优越的分成比例和广告金激励政策，推出了一系列的相关推广服务和优化方案，从而提升游戏开发者的产品收益能力，改善研发技术环境，为小游戏之外更大体量的游戏入局创造了条件，内购游戏数量日益增加。与此同时，微信平台根据监管要求开始对违规小游戏进行整改，陆续推出《小游戏原创保护措施》《小游戏违规处罚规范》等规定，从而打造更为健康、公平的发展环境。

从2022年开始，抖音开始为微信小游戏导流，带来了更大的流量红利。上半年小游戏购买数量环比增长4倍，全年投放素材数量是2021年的15倍①。产业规模随之高速增长。2022年IAP小游戏流水翻倍，广告变现流水增长超过40%，IAA与IAP两种商业模式均走向成熟，混合变现模式最大化地挖掘了小游戏用户价值，并且涌现出诸如中重度游戏《史莱姆大冒险》《疯狂骑士团》，模拟经营游戏《叫我大掌柜》《我是大东家》《羊了个羊》等代表作，为传统移动游戏的发行提供了更为完善的补充。

从2017年到2023年，小游戏市场的上限不断被突破，其背后平台技术的迭代、缓存限制放宽的进步，以及工具端和广大开发者的持续推动，都起到了不容忽视的重要作用。Unity在2023年正式推出了中国版团结引擎，针对小游戏开发进行了专门的技术部署。在技术层面上，团结引擎能够适配国内主流软硬件平台并进一步优化拓展，有效降低了小游戏的开发门槛。由于国内移动端游戏大多是基于Unity引擎制作，因此团结引擎的推出无疑对行业大有裨益，能够使更多客户端游戏产品向移动端小游戏进行更快地移植开发，可以预见在未来，客户端游戏与移动端小游戏产品同步开发、同期上线将会成一种业界常态。

（二）小游戏行业市场规模

《2023年中国游戏产业报告》显示，国内小游戏市场2023年收入200亿元，同比增长300%。其快速增长的主要原因在于游戏内购模式、混合变现模式的占比迅速提升，使得行业利润率显著增加。此外，以微信小游戏玩家为代表的小游戏用户对游戏入口的操作习惯已培养成型，以及传统游戏大厂的纷纷

---

① 国海证券：《小游戏行业深度报告：增量市场，大有可为》，2023年12月14日，https：//pdf. dfcfw. com/pdf/H3_ AP2023121416141 62073_ 1. pdf。

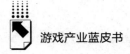

入局，进一步扩充了整体市场规模。

由于小游戏市场商业渠道繁多、发行方式多样，所以实际的市场规模较难计算，导致各家的统计数据存在一定差异。根据历年微信公开课所披露的信息，2023 年微信小游戏市场规模为 301 亿~373 亿元，2025 年小游戏市场规模预计会接近 500 亿元①。三七互娱对小游戏市场规模更为乐观，如果从同比增速和市场规模比值来看，当前小游戏的发展阶段类似 2012 年的网页游戏，网页游戏在 2012 年的同比增速为 48%，市场规模约为客户端游戏的 18%。因此在 2023 年下半年国内 App 客户端游戏出现明显回暖的背景下，以全年 App 游戏 2200 亿元流水计算，小游戏市场规模约占 App 游戏的 18%，即接近 400 亿的市场规模②。

（三）小游戏行业重点开发商

1. 豪腾嘉科

豪腾嘉科于 2010 年成立，2017 年小游戏上线后研发出多款持续热门的游戏产品，例如《海盗来了》《咸鱼之王》《疯狂骑士团》《肥鹅健身房》等。2023 年 3 月推出的《疯狂骑士团》和《咸鱼之王》的 MAU 分别为 8496.14 万和 7381.73 万③。

2023 年 1~9 月，豪腾嘉科旗下三款游戏《咸鱼之王》《疯狂骑士团》《肥鹅健身法》在中国大陆平均月流水分别为 9.6 亿元、6 亿元和 4.3 亿元，再加上海外收益部分，这三款游戏全年总流水预估分别为 115.8 亿元、72.7 亿元和 51.9 亿元。豪腾嘉科擅长通过把握用户特征来挖掘和制作符合小游戏用户喜好的游戏，在小游戏领域频获成功的关键在于能够利用游戏的社交属性实现用户裂变，并且能够通过鲜明的设计风格和趣味玩法吸引用户留存。

2. 简游科技

简游科技以休闲小游戏为主要开发类型，在前期开发《开局托儿所》《消

① DataEye：《2023 移动游戏营销与小游戏发展趋势》（2023 年），https：//www.dataeye.com/media-center.html。

② 《三七互娱王自强：小游戏或达 400 亿、长线不比 APP 游戏差，三能力制胜》，GameLook 网站，2023 年 12 月 15 日，http：//www.gamelook.com.cn/2023/12/533750。

③ 国海证券：《小游戏行业深度报告：增量市场，大有可为》，2023 年 12 月 14 日，https：//pdf.dfcfw.com/pdf/H3_AP202312141614162073_1.pdf。

灭屎壳郎》《解救大西瓜》等多款小游戏之后，将目光投向制作简单、玩法成熟的三消类小游戏，成功打造爆款 IAA 游戏《羊了个羊》，直至 2023 年 6 月以 272 万月活持续占据抖音小游戏月活榜首。《羊了个羊》的爆火为小游戏领域引流了更为可观的用户数量，使得小游戏赛道被更多玩家和泛用户所关注。

3. 三七互娱

三七互娱在 2020 年开始进入小游戏赛道，先后推出了《烽火攻城》《屠龙破晓》等传奇小游戏，之后尝试将《叫我大掌柜》《小小蚁国》等热门手游进行了小游戏化移植研发并获得成功，其中《小小蚁国》小游戏版本月流水达千万元以上。三七互娱在 2023 年 6 月上线了原生小游戏《寻道大千》，凭借独特的画风以及创新玩法成为爆款产品，在 2023 年 11 月占据微信畅销榜第二名。此外，三七互娱在 2023 年 10 月上线的自研原生小游戏《灵魂序章》也获得了安卓小游戏畅销榜排名第二的成绩。

（四）小游戏行业重点渠道平台

当前国内小游戏渠道平台主要有微信、抖音、百度、支付宝等，其中以微信和抖音平台占有更大比例。微信小游戏的优势在于社交裂变能力，抖音小游戏的优势则集中在分发能力上。

1. 微信平台

微信作为首先上线小程序游戏的平台，为开发者提供了开发、增长、变现、资金、策略等相关配套及政策优惠，从而使开发者数量和产品流水大幅度提升。微信平台从 2018 年开始陆续推出了创意鼓励计划、优选计划、虚拟支付广告金激励计划、成长激励计划等，为游戏开发者提供了资金、买量、变现一体化服务，鼓励小游戏持续创新并将市场做大。

微信小游戏在 2023 年的累计用户数量超 10 亿，月活跃用户达 4 亿，其中女性玩家占 40%，三线及以下城市玩家占 50%，24 岁以上的玩家达到 80%，微信小游戏商业规模整体实现了 50% 的同比增长[①]。

微信小游戏生态的优势主要体现在社交关系链、实名认证体系、支付等方

---

① 游戏矩阵：《还以为小游戏就是下沉市场低端局？那你在 2024 将会错过 300 亿市场》，网易网，2024 年 1 月 18 日，https://www.163.com/dy/article/IONUJ8FU05268CC2.html。

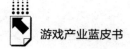

面，可利用微信程序自身的朋友圈、群聊等功能将小游戏通过社交裂变的形式进行推广。此外，微信平台在实名认证以及支付方式上的优势明显，用户进入小游戏无需再次进行实名认证，并且可以通过微信支付功能进行内购充值，从而使产品变现更加便捷高效。

微信在 2023 年 9 月上线"微信小游戏 IP 合作平台"，通过"IP 联动活动"和"IP 授权游戏"两种形式免费帮助开发者与 IP 方进行对接合作，目前已入驻的 IP 官方有腾讯视频、腾讯动漫、阅文集团，包括斗罗大陆、琅琊榜、凡人修仙传、梦华录等国民级知名 IP。

2. 抖音平台

抖音小游戏用户规模、商业规模和投放规模在 2023 年呈现高速增长，在抖音 6 亿月活跃用户中有 49% 为小游戏用户，相较 2022 年增长 150%，主要得益于抖音平台的一系列政策和功能更新，旨在吸引更多开发者加入抖音小游戏生态。2023 年，抖音小游戏用户在平台上的平均使用时长环比增长 30%，小游戏数量环比增长 80%，内购游戏收入实现了 20 倍环比增长[1]，其原因在于抖音所具备的以短视频和直播为主的精准推送内容平台的特殊属性，平台每天产生大量通过短视频和直播形式推广的小游戏内容，这些内容在分发过程中能够触发用户之间的互动，并通过平台的推荐、搜索和社交渠道实现大规模的二次分发，从而为小游戏带来更多自然流量和精准转化。虽然小游戏直播在 2023 年下半年才开始起步，但每天观看小游戏直播的用户已达 4000 万，充分显示出强大的增长潜力。

目前，抖音平台以休闲益智解谜类游戏为主，IAA 产品占比达 74%[2]，广告变现是主要的收入方式，游戏开发者可以分配到广告收益的 50%~60%。抖音平台对于小游戏内购收入规定开发者可以获得 60% 的安卓消费总额，并且对于符合减免条件的产品，还给予获得 90% 安卓消费总额收益的激励政策[3]，

① DataEye：《增长 83%，小游戏将开启平台大战?》，36 氪网，2023 年 12 月 18 日，https：//36kr.com/p/2563385738829700。
② 国海证券：《小游戏行业深度报告：增量市场，大有可为》，2023 年 12 月 14 日，https：//pdf.dfcfw.com/pdf/H3_ AP202312141614162073_ 1.pdf。
③ 国元证券：《小游戏有望带来新增量，关注新技术、新内容、新硬件——移动游戏行业深度》，https：//pdf.dfcfw.com/pdf/H3_ AP202311231612203177_ 1.pdf。

因此相对于微信平台分成比例更利好于开发者。

3. 其他平台

淘宝平台主要是以小游戏获得淘金币或乐园豆的形式鼓励用户参与，用户可以在购物时使用小游戏中的收益获得一定的现金抵扣，此外还设置了好友排行榜等功能来增强用户黏性；与淘宝类似的还有美团平台，用户可以通过美团小游戏获得外卖券、提现红包等，目标群体为下沉市场用户，通过游戏连接外卖场景，从而增加用户吸引力；B站平台以新游推荐为主，小游戏数量相对较少，用户主要是从游戏中心、分享链接等入口通过点击分享、收藏、推荐、搜索等方式参与小游戏；快手平台游戏种类丰富，数量较多，以休闲品类为主，产品采用广告变现模式，暂无内购充值功能；QQ平台的核心用户由于年龄偏低，因而付费能力有限。

（五）小游戏行业用户市场

当前，在小游戏的受众群体中30岁以上的中青年人群有着较高的覆盖度。具体来看，微信小游戏男性用户占比60%，女性为40%，其中有50%以上是24～40岁的中青年用户。值得注意的是，微信小游戏月活用户中有超过一半不玩腾讯旗下的App端手游，其中有50%是女性用户。抖音平台小游戏用户集中在18～40岁，30岁以上的用户占比高于其他游戏人群，相对于App端的游戏用户来说整体上更为年长[1]。

在游戏类型方面，休闲益智以及棋牌类中轻度小游戏是用户休闲娱乐的首选，这些玩法简单、规则易懂、容易上手的小游戏充分利用了小程序轻便、即点即用的特点，满足了用户碎片化、快节奏的娱乐需求。在只玩小游戏的用户群体中，有45%的用户会利用碎片时间玩小游戏，27%会利用完整时间段以及工作日碎片时间和节假日完整时间段玩小游戏[2]。

在用户性别方面，2023年小游戏用户男性比例有所提升，男女性别比例为6∶4。随着中重度小游戏投放比例的提升，其将会对流水贡献有正向

---

[1] 国海证券：《小游戏行业深度报告：增量市场，大有可为》，2023年12月14日，https：// pdf. dfcfw. com/pdf/H3_ AP202312141614162073_ 1. pdf。

[2] 国海证券：《小游戏行业深度报告：增量市场，大有可为》，2023年12月14日，https：// pdf. dfcfw. com/pdf/H3_ AP202312141614162073_ 1. pdf。

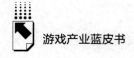

作用。

在地域方面，小游戏在二线及以下城市或地级及县级城市的用户相对占比更高。

在年龄和收入方面，小游戏用户中 30 岁以上的人群占比逐年提升，并且中低收入人群占比相对较大①。

四　中国手机小游戏行业发展前景

根据国海证券测算，在中性情况下，小游戏与网页游戏相似度较高，以网页游戏占客户端游戏市场规模的比例为参考依据，结合 App 游戏市场规模，可估算出国内小游戏中长期市场规模可达 625 亿~875 亿元②。招商证券也认为，小游戏将以约年均 30%的增速发展，2025 年市场规模将超过 500 亿元。

当前，小游戏行业已从一款游戏、一个平台逐渐演变为一个生态，预计在未来还会出现以下的发展趋势。

（一）市场格局正在改变

根据微信官方在 2023 年 6 月公布的数据，在 30 万小游戏开发者中约有 50%是少于 30 人的团队。随着大型游戏公司开始涉足小游戏市场，小游戏行业竞争将会更加白热化，小游戏生态也将因此产生改变。可以确定的是，小游戏的热度排名与买量投入具有高度关联性，爆款产品通常离不开平台的持续引流，日益加剧的营销竞争将会给中小型研发团队带来显著压力，同时买量成本也会水涨船高，从而使得以往以小搏大的机会越来越少。

（二）中重度品类积极探索

从 2023 年开始，小游戏品类在丰富度上有了明显提升，特别是增加了中重度游戏元素，角色扮演、卡牌、模拟经营以及大型多人在线类型游戏的比例有了明显上升（见图 5）。例如 2023 年畅销的《寻道大千》《咸鱼之王》《疯

---

① 国海证券：《小游戏行业深度报告：增量市场，大有可为》，2023 年 12 月 14 日，https：//pdf. dfcfw. com/pdf/H3_ AP202312141614162073_ 1. pdf。

② 国海证券：《小游戏行业深度报告：增量市场，大有可为》，2023 年 12 月 14 日，https：//pdf. dfcfw. com/pdf/H3_ AP202312141614162073_ 1. pdf。

狂骑士团》等，虽然在风格上仍然偏向于休闲类型，但其主要玩法是围绕着一系列的重度游戏元素，展现出较为强劲的商业化能力，这种趋势在 2024 年乃至将来都会延续下去。

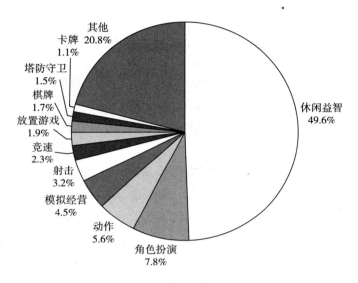

图 5　2023 年上半年微信小游戏各主要类型投放产品数占比

资料来源：信达证券《游戏行业 2024 年度策略报告》，（信达证券），2023。

（三）双版本发行或成趋势

当前，电脑端小游戏+手机端 App 双版本游戏发行正在被越来越多的厂商所采用。2023 年 5 月微信小游戏畅销榜前 100 名数据显示，其中有 63%的游戏为双端版本发行①，这种发行模式最突出的优势在于游戏中的美术素材基本上可以重复使用，从而能够节省游戏研发成本。此外，当前小游戏受众人群的偏好也已由之前高度集中的轻度产品开始向中、重度产品偏移，对小游戏内购付费的接受度逐步提升。

---

① 国海证券：《小游戏行业深度报告：增量市场，大有可为》，2023 年 12 月 14 日，https：//
pdf. dfcfw. com/pdf/H3＿ AP202312141614162073＿ 1. pdf。

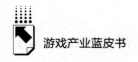

（四）行业发展制约

目前，技术层面对游戏厂商来说仍存在刚性限制，最为典型的就是在代码程序包的容量上存在一定的限制，因此在游戏开发过程中必然迫使开发商在某些内容设计方面作出取舍，例如在画面材质的品质上降低显示效果，这显然不利于中重度游戏的拓展研发。

从产品立项维度来看，混变模式小游戏需要保证玩法的趣味性和创新度，同时还要努力突出游戏品质。而创新玩法则需要对用户进行一段时间的培养，从而使得一款新产品能够成为爆款的机会少之又少，更多情况则是产品还在测试阶段就直接夭折。

从产品研发的维度来看，紧跟市场热点是目前大多数小游戏开发者的主要立项方向。对于混变小游戏产品来说，一款新游戏产品从立项到上线一般至少需要半年的时间，而目前国内游戏市场呈现节奏快、热点变化多的现象，因此有时一款产品上线之后的市场份额很有可能已被其他头部产品占据，或者是热点已过，错过了最佳时机。

此外，应用市场和小游戏产品之间的关系也在制约小游戏发展。由于历史原因，目前所有平台上的苹果端小游戏都不能提供内购，只能采用广告变现的方式进行盈利，迫使一部分研发商只能放弃这部分苹果手机用户，导致苹果生态下的小游戏只能长期扮演 App 端游补充的角色。

五　结论与展望

2023 年，在版号发放常态化以及经济复苏的双重影响下，国内游戏行业再次回到上升轨道，并且更加趋于理性。在市场进入存量竞争阶段之后，小游戏行业的异军突起让从业者重新看到了新机遇，凭借开发成本低、研发周期短、用户量庞大、流量获取能力强等优势，开发商、发行商、渠道平台不断涌入赛道形成了百花齐放的局面。小游戏的用户规模和市场规模呈现稳步增长的趋势，其已经成为行业内发展的新风口。

展望未来，小游戏行业规模将进一步扩大，保持快速发展的态势。技术的进步以及市场的扩张将使得小游戏在产品创新和用户体验上获得更大的提升和突破。同时，更加激烈的行业竞争以及监管政策的完善，将使小游戏行业面临更多的机遇和挑战。

参考文献

中国音像与数字出版协会游戏出版工作委员会：《2023年中国游戏产业报告》，2023。

冯翠婷：《游戏行业2024年度策略报告》（信达证券），2023。

武占国：《1年增加150亿，小程序游戏赢麻了》，2023。

DataEye：《增长83%，小游戏将开启平台大战？》，2023。

DataEye：《混变小游戏，能成为行业最大增长点吗？》，2023。

GameLook：《年产值有望挑战800亿？万众瞩目的小游戏如何实现稳健狂飙》，2023。

刺猬公社：《主打"无需下载"的小游戏，正在占领微信和抖音》，2023。

IT时报：《绕过版号，野蛮生长的休闲小游戏有多赚钱？》，2024。

B.10
2023年中国独立游戏发展现状与趋势报告

张恩齐 叶梓涛*

摘 要： 近年来，受《时空幻境》等经典作品鼓舞，基于开发灵活等特点，独立游戏逐渐受到越来越多开发者的青睐。随着我国游戏行业产值及玩家群体的增长，这一领域发展为拥有巨大潜力的新兴游戏市场。独立游戏承载着开发者的个人表达，给行业带来多元化成长的契机，开拓多种设计维度，为整个游戏行业源源不断地提供新鲜创意。数字时代背景下，其在文化传播层面的重要媒介作用亦不可忽视。本报告以统计数据为依托，结合2023年度游戏代表案例，初步分析中国独立游戏行业的表现及未来发展趋势。目前，国内独立游戏生态建设已初具雏形。不过，在孵化优质内容导向型作品、提升国际影响力等方面依旧面临挑战。在行业新趋势出现的大背景下，政策扶持将成为行业持续发展的重要推动力。

关键词： 独立游戏 行业生态 高质量发展

一 什么是独立游戏

（一）国际背景

2023年，全球游戏市场规模达到1840亿美元，玩家数量突破33.8亿①，

---

* 张恩齐，独立游戏社区网站indienova资深编辑；叶梓涛，游戏制作者与研究者，译者，播客《落日间》主播，曾就职于腾讯NExT Studios进行创意跨界游戏孵化工作。
① "Games Market Trends to Watch in 2023 Updated May 2024", Newzoo.

其中，独立游戏市场也在日益增长。作为当今规模最大的在线游戏分销平台与独立游戏发行主阵地，Steam 提供了较为全面、有代表性的数据。报告显示，2023 年，独立游戏营收占到 Steam 平台的 31%，相较 2018 年的 25% 有所提高[①]。

作品数量方面，从 21 世纪 10 年代中期独立游戏开始在 Steam 平台井喷以来，其数量一直在 Steam 平台上保持着较高占比（见图 1）。2023 年，共有22169 款游戏上线 Steam，其中带有"独立"（indie）标签的共计 9144 款，相比 2022 年分别增长了 13.0% 和 7.2%。自 2018 年以来，每年登陆 Steam 的独立游戏均超过 8000 款，并在 2021 年达到了 10023 款的近年来最高点[②]。国产独立游戏过去一年在 Steam 平台上的表现同样可圈可点，全年销售额超过 20亿元，共有 1100 余部作品（其中绝大部分可被归为独立游戏范畴）登陆Steam，市场基本面出现回暖迹象[③]。

图 1　2015～2023 年 Steam 平台发行游戏数量及带有"独立"标签的游戏数量

资料来源：Steam DB，访问时间：2024 年 5 月 27 日。

独立游戏与业界发展趋势的关系也值得关注。2024 年初，在技术领域调查及咨询机构 Omdia 的支持下，游戏开发者大会（Game　Developers

① "Indie Games Claim 31% of All Steam Revenue", gam3s. gg, May. 28, 2024, https：//gam3s. gg/news/indie-games-claim-31-perfect-of-all-steam-revenue/.
② SteamDB, May. 27, 2024, https：//steamdb. info/stats/releases/.
③ 《2023 国游销量年榜》，新浪微博：国游销量榜，https：//weibo. com/1969176463/4992938799270817，2024 年 1 月 22 日。

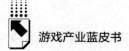
Conference）携手游戏媒体 Game Developer 发布了《2024 年游戏行业现状报告》①，报告收集了全球 3000 余名开发者的背景信息及其对业界若干热门议题的看法，如生成式 AI 工具在游戏开发中的使用、无障碍功能的有意识普及、Unity 的收费政策以及裁员潮等，这些广受国内外业界关注的议题都已经或将对独立游戏领域产生影响。

此外，统计显示，32% 的受访者目前就职于独立工作室；43% 的受访者反对行业的大规模收购行为；数字买断制是最受开发者欢迎的商业模式。以上数据不同程度反映出独立游戏已经成为游戏行业不可忽视的一股力量。

（二）概念界定

21 世纪初，西方学界出现了何为独立游戏的讨论②，独立游戏开始逐渐成为被各方广泛接受并使用的概念，但它的准确定义始终难以得出。原因在于，独立游戏很大程度上是一个以"3A 作品"为参考系的相对概念，种种因素导致其界定标准一直随着行业发展而动态变化。

游戏学者贾斯珀·鲁尔（Jesper Juul）认为，独立游戏不再将游戏视作产品，而是一种由人创建的文化作品，其核心精神在于创新③。加尔达（Garda）和格拉巴尔奇克（Grabarczyk）将独立游戏的概念拆分为三个维度：财务、创意与发行④，从而提供了有益的思考路径。本报告首先尝试在不给出严格定义的前提下，粗略勾勒出独立游戏的特征：开发团队规模较小（甚至仅有 1 人）；作品在一定程度上注重自我表达与机制创新，或具有一定实验性质；开发团队不完全依赖投资方及发行商的协助，游戏开发成本较低，发行相对独立。需要说明的是，并非满足全部上述特征的作品才能被称为独立游戏，往往需

① 《GDC & Game Developer 2024 年游戏行业现状报告》，indienova 网站，2024 年 2 月 6 日，https://indienova.com/indie-game-news/gdc-2024-state-of-the-game-industry/，访问时间：2024 年 5 月 20 日。报告中约 60% 的受访者来自北美。

② Zimmerman, E. "Do Independent Games Exist?", in Lucien King, eds. The History and Culture of Videogames, London: Laurence King Publishing, 2002, pp. 120–129.

③ Juul, J. Handmade Pixels: Independent Video Games and the Quest for Authenticity. MIT Press, p. 6., 2019.

④ M. B. Garda, P. Grabarczyk. "Is Every Indie Game Independent? Towards the Concept of Independent Game", Game Studies 1 (16), 2016.

要根据具体案例判断；很多实际讨论语境也并不需要对独立游戏有明确界定后才能展开。

（三）历史沿革

尽管电子游戏产业自诞生以来就带有强烈的独立创作色彩，但有观点将20世纪80年代视为广义独立游戏作品涌现的时间节点①。1983年的"雅达利大崩溃"是该浪潮的重要推动力之一。在游戏业萧条前后，新一代独立开发者开始学习相关技能，并创作了一系列以《足球经理》（Football Manager，1982）为代表的经典作品②。

这一时期，对是否属于独立游戏的判断很大程度上参照发行维度。因此，自20世纪90年代大型发行商和零售商在商业游戏领域占据绝对优势后，独立游戏就遭受了巨大冲击。为了使自己的作品被更多人知晓，独立开发者们逐渐开始采用名为共享软件（Shareware）的新分销模式，共享软件不仅支撑着独立游戏的发展，还使用户意识到家用电脑所拥有的娱乐属性③。但在大厂商占据绝大部分市场渠道的行业生态中，独立游戏依然举步维艰。

2003年，Steam平台上线，并在两年后向第三方游戏开放，微软也于2004年推出了在线商店Xbox Live Arcade，全新的分销模式与Unity等开发引擎的逐渐流行让独立游戏开发者看到了曙光。21世纪10年代前后，以《时空幻境》（Braid，2008）、《超级食肉男孩》（Super Meat Boy，2010）、《我的世界》（Minecraft，2011）和《菲斯》（Fez，2012）为代表的作品宣告着独立游戏黄金时代的来临④。

进入21世纪10年代中期，独立游戏数量水涨船高，在竞争愈加激烈的同时，同质化及低质量作品大量涌现，开发预算日益增长和商业前景不明朗等因

---

① Pérez Latorre，Ó. "Indie or Mainstream? Tensions and Nuances between the Alternative and the Mainstream in Indie Games"，Anàlisi，54，2016，pp. 15–30.

② Baker，T. "The Complete History of Indie Games"，The Indie Game Website，May. 20，2024，https：//www. indiegamewebsite. com/2018/10/19/the-complete-history-of-indie-games/.

③ Baker，T. "The Complete History of Indie Games"，The Indie Game Website，May. 20，2024，https：//www. indiegamewebsite. com/2018/10/19/the-complete-history-of-indie-games/.

④ Baker，T. "The Complete History of Indie Games"，The Indie Game Website，May. 20，2024，https：//www. indiegamewebsite. com/2018/10/19/the-complete-history-of-indie-games/.

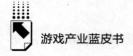
素逐渐引起广泛关注，从业者的信心遭受了一定打击，业界甚至用"独立游戏大灾变"（Indiepocalypse）来形容该时期的行业现状。

不过这一说法一直存在争议，有观点认为，"大灾变"的部分表现是游戏开发门槛降低后的自然结果。21世纪20年代前后，此说法的热度随着独立游戏保持上升势头而逐渐消退：全球范围的开发赛事（Ludum Dare、Global Game Jam）及评奖活动（Independent Games Festival，The Game Awards）的影响力不断提升，助力独立游戏与产业生态紧密结合；《蔚蓝》（Celeste，2018）、《杀戮尖塔》（Slay the Spire，2019）、《师父》（Sifu，2022）和《茧》（COCOON，2023）等优秀作品接连推出，吸引了大量玩家。独立游戏当下的发展趋势表明其市场前景广阔，有潜力成为全球游戏产业的长期增长点之一。

二 独立游戏的意义

（一）创新：独立游戏是游戏行业持续创新的驱动力

在不断发展的环境下，独立游戏几乎无法通过一个定义简单地囊括和切分，最终都是为了捕捉所谓独立游戏背后的"独立游戏精神"。独立游戏为人所尊重且津津乐道的缘故在于，其不仅代表着一种勇于跳出舒适圈、进而先锋性探索和实验的创新精神，也在不断地颠覆主流游戏，甚至颠覆之前的独立游戏作品。

这股创新力量来自追求和展现强烈个人色彩的愿望，这也正是《独立游戏大电影》（Indie Game：The Movie，2012）打动人们的缘故。但从国产独立游戏《太吾绘卷》（The Scroll of Taiwu，2018）销量突破百万开始，资本和投机者也看到了独立游戏蕴藏的可能性，这也是现下被定义为"小团队独立游戏"的作品可能并不都具有独立和创新精神的缘故。

实际上，独立游戏为成长期团队的后续发展和更大的商业成功打下了基础。如凉屋游戏从《元气骑士》（Soul Knight，2017）起家，逐渐积累轻Roguelike动作游戏经验后，不断地探索商业游戏更深层次的可能性，形成了独特风格；椰岛游戏也从轻量级手游起步，到独立游戏《汐》（Shio，2017）、《中国式家长》（Chinese parents，2018），再到诸如《江南百景图》（2020）和

《完美的一天》（A perfect Day，2022），逐渐摸索出一条依托于题材的游戏开发规则；国人游戏设计师陈星汉所带领的 thatgamecompany，其游戏作品《Sky 光·遇》（Sky：Children of the Light，2019）长期跻身手游盈利排行榜较前位置。该作品在商业模式创新、陌生人善意社交设计以及图形和体验设计方面的成功，都来自其更早期的游戏《风之旅人》（Journey，2013），甚至是《云》（Cloud，2005）。

如果从"创新力量"来看，独立游戏不应该限于小型创作者团队，也应该囊括诸如游戏产业大公司产生的诸多"例外"。例如"虚拟现实之父"杰伦·拉尼尔（Jaron Lanier）在雅达利时期的艺术游戏创作《月尘》（Moondust，1983），还有作为玩家心中至高的"玩者之心"——任天堂前社长岩田聪亲自上阵在游戏开发者大会上推广的《电子浮游生物》（Electroplankton），皆在实验艺术游戏道路上踏出了脚步。正是这些愿意跳出既有路径，在新道路上的勇敢尝试，才有了全新的、更加成熟的产品或品类的出现。同样，对于中国游戏厂商而言，如《疑案追声》（Unheard，2019）之于腾讯游戏，《末剑》（2017）之于光子工作室，《艾彼》（Abi，2018）之于莉莉丝，这些在大厂商庇护之下的创新尝试都值得肯定。

对于大厂商和下沉市场来说，游戏行业的产品发展周期强烈依托于核心玩法和品类迭代，而核心玩法的创新，有相当一部分来自独立游戏的探索。如 MOBA（多人在线战术竞技游戏，Multiplayer Online Battle Arena）游戏的源头便是同人游戏和模组开发——玩家群体为《星际争霸》（Starcraft，1998）和《魔兽争霸3》（Warcraft Ⅲ，2002）所制作的地图，其创造的玩法被发展和简化，为我们带来了经久不衰的《英雄联盟》（League of Legends，2009）和《王者荣耀》（Arena of Valor，2015）。后续同样基于《刀塔 2》（DOTA 2，2013）的同人独立游戏《刀塔自走棋》，最终带来了《金铲铲之战》（Teamfight Tactics，2019）等一系列同类作品的辉煌成绩。还有《吸血鬼幸存者》（Vampire Survivors，2021）等 Roguelike 游戏，为主流设计带来了大量参考，成为行业发展的重要灵感源泉。或许在当前游戏行业和互联网行业走向冷静的背景下，独立游戏能够成为未来市场复苏的催化剂之一。

（二）多元：独立游戏令电子游戏走向成熟、多元

游戏引擎的普及为开发者提供了可用工具。而 Xbox Live Arcade、Steam 等

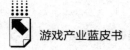

数字化分销平台的出现，也打破了过去的渠道垄断，这让电子游戏开发和销售不再是一件对普通人来说可望而不可即的事。一位从来没学习过游戏引擎的新人，也可以通过自学游戏开发，在一段时间后上架自己的游戏并获得收益。

这使得电子游戏成为一种可选的创作媒介，就像今天人人都可以成为视频创作者。许多非游戏行业人士意识到了游戏媒介的潜力，开始尝试游戏开发，他们不时创作出让玩家眼前一亮的实验作品和产品，为行业注入新鲜血液，激发已有从业者的灵感，让电子游戏市场走向成熟和多元。

从跨界的角度来看，其他文艺行业，诸如当代艺术、文学、戏剧、音乐制作等行业也在持续认知到电子游戏的多样性，这种在行业边缘的跨界生产和创作实践往往令人惊喜，也打开了人们对于电子游戏的想象。例如，《完蛋！我被美女包围了》的团队前身是短剧团队，《猛兽派对》和《文字游戏》的团队前身是设计团队，《极乐迪斯科》的主创则是一位小说作者。独立游戏"业余化"和"个人化"的作坊式生产方式，恰恰有利于游戏创作的丰富性，也有助于吸引更丰富的电子游戏受众。

三 独立游戏案例（2023）

（一）《完蛋！我被美女包围了》

2023 年上线的国产买断制游戏中，《完蛋！我被美女包围了》是一部引起行业内外广泛讨论的争议之作。自 2023 年 10 月 18 日登陆 Steam 及 Epic 平台起，该作销量在 3 个月内便达到百万量级，估算销售额近亿元，跻身 Steam 年度新游收入 Top50。截至 2024 年第一季度，其在 Steam 平台共有 3 万余条用户评测，好评率 94%。

在当前青年一代工作生活双向承压，价值观及婚恋观遭受经济发展、时代冲击的背景下，《完蛋！我被美女包围了》以轻松甜蜜的恋爱模拟体验和愉悦舒畅的情绪价值命中了目标用户。市场数据也验证了这一市场需求和用户群体切实存在。

以商业回报为主要导向，迎合市场所需，《完蛋！我被美女包围了》与传统的独立游戏创作理念相悖，分属不同赛道。不过，该作发售后话题度居高不下，不仅在行业内部、玩家社群间引发热议，学界亦有邓剑、武泽威、彭天笑、周思好等青年学者围绕该作与美少女游戏展开的学术讨论，故本报告仍将该作列入年度案例，作为观察 2023 年国产买断制游戏的视角之一。

从产品形态来看，该作以"游戏+短剧"的融合形式，借力近年来真人互动影像游戏的用户积累和网络微短剧的流行风潮，实现了营销、营收上的巨大成功。在其带动下，市场上出现了一轮恋爱主题真人影像互动游戏热，大厂商、小团队纷纷跟进，不到半年时间便有近 30 款同类型游戏密集发售。只是，市场热度虽在，用户消费行为却趋于冷静。其中，仅有蒸汽满满工作室的《美女，请别影响我学习》市场数据尚可，且与《完蛋！我被美女包围了》有断层差距，其余类《完蛋！我被美女包围了》作品均反响寥寥，迅速沉寂。

这一方面说明了当前扎堆涌现的真人影像互动游戏依然是"营销型产品"而非"内容型作品"，另一方面也体现出《完蛋！我被美女包围了》并不仅依赖先发优势，其内容完整性、制作精细度同样领先于一众粗制滥造的跟风之作。值得注意的是，在此期间，一些经典游戏 IP 也纷纷涉水真人影像互动游戏领域，国民 IP《仙剑奇侠传》版权方宣布与《完蛋！我被美女包围了》主创团队达成合作，鉴于发售日期犹未可知，市场风向多变，其前景仍有待验证。

（二）《边境》

2023 年初发行的《边境》（Bounday），累计斩获 25 万套销量。虽然在国产游戏中名列前茅，但从产品最初展露的势头来看，这一数据远未达到各方的期望。该作是入选"索尼中国之星"第一期的优秀项目，且拥有众多大厂背书，亮相之初就获得了大量曝光，很长一段时间内，都被业界看作国产游戏的希望。

上线首日，《边境》最高在线人数曾达到 2.5 万人，可仅仅 20 天后就跌破 1000，40 天后便跌破 100，同时下降的还有口碑和好评率。从结果而言，它并没有成为拯救中国买断制游戏的"中国之星"。

全新的玩法设计未必适合联机对战下的反复游玩。《边境》以"失重射击"为卖点，模拟宇宙环境中的枪战体验。这一玩法曾经出现在部分游戏的片段中，但几乎不会作为主要机制。《边境》将其营造为作品的独特销售主张（Unique

Selling Proposition，USP），在宣传初期获得了很好的效果，但这本质上是以常规FPS（First-Person Shooting game）玩法为基础，增加难度后的变种。玩家玩时的不适应性会大幅度削弱 USP 带来的新鲜感，无法支撑长期体验。在这种情况下，选择主推多人对战形式，过分依赖渠道，埋没了游戏的闪光点。

同赛道已拥有头部产品作为参照时，玩家对新产品的要求会更为苛刻。《使命召唤》（Call of Duty）、《战地》（Battlefield）都是 FPS 领域经久不衰的系列作品，有充分的技术、用户积累，射击及对战机制的体验打磨很成熟。作为新品，《边境》同上述前辈存在明显差距。另外，《绝地求生》（PUBG：Battlegrounds）则是近些年来玩法创新比较成功的 FPS 游戏，"射击+大逃杀"的创新组合得到了市场认可。《边境》成功营造了卖点，但卖点没有转化成新鲜的、可持续的游戏体验。可见，虽然 FPS 受众群体非常庞大，但想分得一杯羹，难度仍非常之高。

总体来看，承载业界内外期望的《边境》没有获得与之相符的市场成绩。作为小团队向成熟赛道发起的挑战，其不乏闪光点，而在立项—开发—宣推过程中收获的经验和教训，值得更多开发和市场团队关注学习。

（三）《大侠立志传：碧血丹心》

《大侠立志传：碧血丹心》（Hero's Adventure）是由半瓶醋工作室开发的开放世界武侠题材角色扮演游戏（RPG），于 2023 年取得了 3500 万元销售额，成绩可谓亮眼。游戏借鉴了《射雕英雄传》的基本框架：一个在树上睡觉的市井小卒，莫名卷入江湖纷争，最终立志走上"家国天下"的大侠之路。

工作室创始人郭磊（半瓶神仙醋）曾用 Flash 制作了《金庸群侠传 2》（2007）和《金庸群侠传 3》（2009）两部作品，与河洛工作室的《金庸群侠传》（1996）设定相同，将金庸笔下的人物及情节熔于一炉，创造了一个金庸武侠宇宙。尽管画面稍显简陋，但两部作品凭借高自由度和丰富的剧情，赢得了玩家的广泛好评。

《大侠立志传》延续半瓶神仙醋作品的特色，保留了武侠角色扮演游戏人物的基本玩法和叙事结构，将"打怪升级"的经典 RPG 元素与"小人物成长为大侠"的故事模式相结合，弥合了机制与叙事之间的意义鸿沟。相较于传统武侠 RPG，《大侠立志传》加强了开放世界设计，弱化主线剧情对玩家的引导和约束，并用更加多元的结局满足玩家的探索需求。游戏过程中，玩家还可以通过技能、打造、收集、交易、关系等系统，体验养成、经营玩法。游戏的一些细节制作也值得称道：丰富的随机事件能够让玩家从机械重复的"打怪升级"中暂时摆脱出来；随时可以进入战斗状态的设计很大程度上消除了战斗系统与叙事系统的割裂。《大侠立志传》的种种设计，可以被视为传统中式武侠 RPG 在保持自身特色的同时，借鉴其他成熟的开放世界 RPG，探索该类型新的可能。

国产武侠游戏的兴衰不仅象征着文化潮流的涨落，也反映出社会语境对玩家的影响。在生活节奏愈加快速、休闲时间日益碎片化的当今社会，长剧情内容、跑图刷怪、迷宫式地图的经典武侠 RPG 模式已难以满足当代人对快消式娱乐产品的庞大需求。作为一部近年来颇有热度的独立游戏，《大侠立志传》的表现验证了本土文化题材作品依然拥有广阔的市场前景，在经典武侠 IP 逐渐淡出公众视野的背景下，独立制作或将填补缺位。

（四）《三伏》

悬疑犯罪题材冒险游戏《三伏》（San Fu）是拾音工作室的第三部作品，最初于 2021 年 4 月举行的"Gamera Game 三周年纪念活动"中公开，并于 2023 年 7 月发售。游戏的编剧、美术、UI 设计和 PV 制作等工作，主要由制作人"月光蟑螂"一人完成。

在当下的影视、文学等领域，"90 年代叙事"已经成为潮流，《三伏》同样将目光投向该题材，以 20 世纪 90 年代末的气功与特异功能热为背景，构建悬疑与叙事，尝试唤起玩家的时代记忆。由此，我们能够看到独立游戏与其他艺术类型的共振。

该作的美术、演出与配乐依然广受好评，但综合口碑与前作《烟火》（Firework，2021）有一定差距。在 2022 年 3 月《三伏》试玩版放出时，这个从敲定剧情大纲到公开仅间隔 4 个多月的版本收获了不少赞誉和期待。然而，惊艳的试玩版提高了玩家的预期阈值，使得玩家对正式版本相对平淡的剧情、略显乏力的叙事逻辑与推理解谜设计颇有微词。作为一款剧情导向游戏，《三伏》的剧本质量未能达到玩家期望的水准。

从玩家评价来看，《三伏》在 4 小时的游玩流程中加入了太多要素，讨论的议题也过于庞大。其隐含的问题是：某部作品大获成功后，独立游戏制作人应该尝试不一样的风格与主题吗？独立游戏要尝试讨论更宏大、复杂的议题吗？无论如何，这都是对独立游戏人能力与素质的更高挑战。

从制作人思路与玩家反馈中，我们已经看到国产独立游戏在积极尝试本土叙事与当代社会议题。而在面对文艺作品中触及的当代题材时，玩家往往期待更有深度的讨论与更严谨的剧情。从这层意义而言，独立游戏与玩家是双向奔赴的，只是，探索性的创作必定伴随风险，开发者的竭诚创作和多样化的玩家生态是共赢的基础。

四　中国独立游戏的现状与未来

（一）独立游戏市场状况

2023年，中国游戏市场实际销售收入首次突破3000亿元，达到3029.64亿元，总玩家人数升至6.68亿人，创历史新高①（见图2）。其中，客户端游戏②收入超过660亿元，同比增长8%，当下，该市场仍处于快速增长阶段。

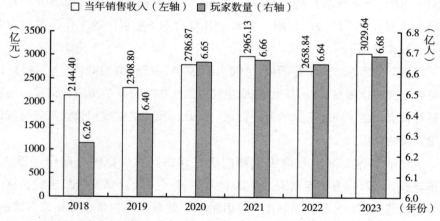

图2　2018~2023年中国游戏市场实际销售收入与总玩家数量变化趋势

资料来源：《中国游戏产业报告》（2018~2023年）。

---

① 中国音像与数字出版协会游戏出版工作委员会：《2023年中国游戏产业报告》。
② 指依靠下载客户端并在PC上游玩的网络游戏。

　　在多重因素影响下，国内独立游戏市场呈现以 PC 端为基本盘，主机端和移动端份额较小的分布。作为 PC 端的核心发行渠道，2023 年，Steam 平台同时在线人数峰值首次超过 3300 万。根据官方公开数据估算，当年度 Steam 月活跃用户规模 1.5 亿，其中，简体中文（国区）月活跃用户 3800 万，占比超过 25%[①]。

　　随着玩家基数日渐增大，国内独立游戏开发逐步进入市场化阶段。2023 年，国产买断制游戏销售总额超过 20 亿元，与上年基本持平[②]（见图 3）。纵向观察自 2015 年来的统计结果，国产买断制游戏销售总额呈持续攀升趋势。但另外，得益于高权重单品《永劫无间》（Naraka：Bladepoint，2020）的惊人销量，近年峰值出现在 2021 年，反映出此新兴市场尚未充分拓展，市场规模数据易受头部产品表现影响，呈现不规律的大小年现象。

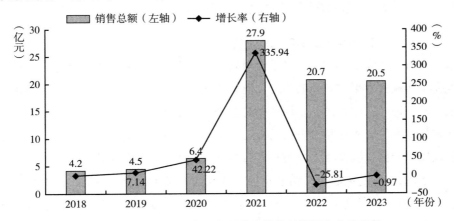

图 3　2018～2023 年国产买断制游戏销售总额逐年变化趋势

资料来源：《国游销量年榜》（2018～2023 年）。

　　2023 年，登陆 Steam 平台的国产新游约 1100 款，较上一年提升近 60%。其中有 3 部作品销量破百万：《猛兽派对》（195 万份）、《完蛋！我被美女包围了！》（190 万份）和《火山的女儿》（100 万份）。

　　全年新作基本涵盖了当下热门品类，如角色扮演（《逸剑风云决》）、恐

----

① 游民星空：《2023 Steam 白皮书》，第 3 页。
② 2023 年发行的绝大多数买断制游戏均符合宽泛的独立游戏定义，资料来源：《2023 国游销量年榜》。

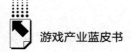

怖冒险（《三伏》）、Roguelike（《通神榜》《魔法工艺》）、多人合作（《无人生还》）、平台动作（《心渊梦境》《苍翼：混沌效应》）、射击（《边境》）、策略（《钢铁指挥官》）等，以《完蛋！我被美女包围了!》和《飞跃 13 号房》为代表的真人互动影像游戏也再次成为流行品类。

题材及风格方面，武侠、中国风成为亮点，《大侠立志传：碧血丹心》《逸剑风云决》《绝世好武功》《满庭芳：宋上繁华》《天外武林》等游戏均跻身年度销量榜前列，在娱乐商品之外，独立游戏的文化媒介属性凸显。休闲、养成和模拟经营等品类同样流行，诞生了《猛兽派对》《火山的女儿》《学园构想家》等佳作，其中既有沿袭经典作品的基因，也有贴近当下玩家需求的创作。

（二）独立游戏面临的挑战

1. 行业新趋势及转型期阵痛的冲击

随着市场竞争加剧，社媒平台对独立游戏宣发的重要性愈加明显。其便利性在于传统宣发渠道以外的路径，能够令开发者及独立游戏作品实现低成本自我宣传，进而在较长的开发周期中持续吸引并积累受众；较早开始的信息输入能够帮助开发者构建相对全面的市场环境和产品认知，降低试错成本。如何发挥社媒平台的积极作用，成为独立游戏开发者需重点关注的内容。

生成式 AI 的兴起也开始触及独立游戏的开发工作流。目前，已有部分独立开发者将 AI 工具引入个人项目，主要应用方向包括但不限于角色美术、环境美术、概念艺术、UI 设计、图标设计、商店及市场视觉、配音及音频、叙事内容、艺术家工具等。从发展趋势角度看，生成式 AI 有助于降低独立游戏开发的技术壁垒和开发成本。但作为新兴产物，此类工具目前在知识产权保护、应用规范制定等方面备受争议，未有行业共识。2024 年 1 月，Steam 平台官方宣布，在作品不涉及侵权或非法元素的前提下，开发者可以通过预先填写内容调查表，于 Steam 发布包含生成式 AI 内容的游戏，同时伴有商店页面提示。截至 2024 年 4 月，Steam 平台已有超过 1000 款游戏在其商店页面披露使用了生成式 AI 工具①。

---

① "The Surprising Number of Steam Games that Use GenAI", totallyhuman. io, May. 28, 2024, https：//www. totallyhuman. io/blog/the-surprising-number-of-steam-games-that-use-genai.

上述新趋势均传递出积极信号。然而与此同时，经历疫情时期的扩张后，游戏行业发展进入阶段性收缩期，并出现阵痛。目前国内游戏市场虽然开始出现回暖迹象，但行业整体回调积蓄的压力持续存在。

人力成本易升难降，技术门槛逐步提高，游戏开发成本不断上探；优质作品相对稀缺，发行商竞争加剧，发行环节风险成本被推高；身处波动环境，行业投资更趋谨慎，业内资金流动性下降。近期持续的行业裁员潮或成为独立游戏领域的未释放风险，使部分从业者被动改变职业规划，未来行业内竞争可能加剧。

2. 产品商业成绩两极分化加剧，多数开发者的生存状况艰难

2023年，国产买断制游戏中销量前20位新游的销售总额达到7.4亿元，同比上升184.6%；而销量20位以外新游的销售总额仅为1.7亿元，二者差距进一步拉大[①]。

以上数据表明，目前绝大多数独立游戏难以获得可观的商业回报，行业内部存在一个人数众多、默默无闻的开发者群体，该群体普遍缺乏充分的技术积累、项目经验等自身储备，也缺少宣发渠道、行业资源。其自主决策的生产流程保证了创作空间，但小体量以及自负盈亏的运营模式导致决策容错率低，抗风险能力较差。

桥接文化与创新，同时作为游戏行业创意之源，保持并扩大独立游戏从业者基数对行业意义深远。需要政府、行业多方协同，给予支持。

3. 产品创新不足，市场竞争激烈

2023年，国产买断制新游的数量相较上一年提升约60%，创造了一个产品丰富、涵盖类型广泛的市场。但分析2023年国产头部独立游戏新作可以发现，大部分作品均以市面上已有品类的制作思路和玩法为参考，普遍缺乏机制层面创新。在大量作品涌入市场且趋于同质化的背景下，独立游戏市场的同品类竞争愈加激烈，回报预期摊薄。

4. 国际影响力亟须建设，开拓海外市场存在挑战

立足国内的同时，独立游戏从业者也正努力以 Steam 平台为依托开拓海外

---

① 《2023国游销量年榜》，新浪微博：国游销量榜，https://weibo.com/1969176463/49929387 99270817，2024年1月22日。

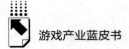

市场，近年来，以《波西亚时光》《戴森球计划》为代表的国产独立游戏取得了不小的海外影响力，2023 年的部分新作也在海外市场获得了一定认可，在这一年的国产买断制新游销量的前 20 名榜单中，有 3 款在 Steam 平台上外语评价占比超过 50%①。

同时值得注意的是，该榜单 60% 游戏的外语评价占比低于 20%，侧面反映出独立游戏在海外获得广泛认可存在一定困难，主要原因包括海内外文化背景与用户偏好的差异，以及本地化工作复杂等。具体而言，部分以中国传统历史文化或以当代中国社会为背景的游戏难以引起海外玩家共鸣，本地化难度也较大。此外，国内及海外用户的信息接收渠道不同，文化背景差异明显，增加了国产游戏在海外市场的宣发成本和难度。当下，国内市场仍然比较缺乏既叫好又叫座，且具有国际影响力的作品。

5. 消费观念转变影响开发与发行决策

国内独立游戏玩家群体不断扩大，版权意识也在不断提升，进而带动市场发展，但近年来，玩家消费心理出现保守趋势。原因大致可归纳为：一是对独立游戏的价格预期较低，部分玩家倾向于以折扣价购买；二是由于监管力度不足、利润率高等因素，游戏产品盗版行为不止，部分玩家以破解代替购买；三是此前部分以抢先体验形式（Early access）上线的游戏未如期完善并正式发布，导致当下玩家普遍对以该形式发售的国产独立游戏缺乏信任，观望多而购买意愿较弱；四是对作品质量的要求提高，2023 年独立游戏新作中，出现了因工作室过往作品质量好而备受期待，却在上线后因各类问题而口碑低于预期的案例。

但不可忽视的是，玩家的购买决策在具备理性分析因素的同时，也包含感性判断成分，容易受宣发内容和网络热度影响。因此，如何规划开发与发行工作方向，在消费观念各异的玩家群体间取得最大公约数，是独立游戏从业者需要思考的问题。

（三）独立游戏生态建设

1. 生产方：差异与共性并存

由于开发门槛低、创作相对自由以及作品承载个人表达等特性，独立游戏

---

① 外语评价比例只能在一定程度上反映作品的海外影响力，不完全等同于海外销量占比。统计截至 2024 年 1 月 10 日，资料来源：《2023 国游销量年榜》。

领域吸引了大量不同背景的开发者，生产方内部既存在显著差异，同时也具有共通之处。

首先，独立游戏开发团队有多种组织形式，包括个人开发、家庭团队、小型团队和中等规模工作室等（见图4）。个人开发是最为常见的组织形式之一，根据国内独立游戏开发者社群 indienova 的站内数据，在站内注册并登记信息的开发团队中，约一半团队的成员仅有一人①。

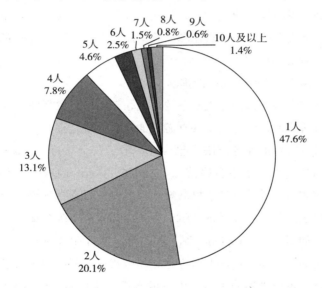

图4　indienova 注册独立游戏开发团队中不同规模团队占比

资料来源：indienova 会员开发者统计数据。

其次，开发者的个人情况有明显区别，包括学科背景、工作背景（全职/兼职）、技能熟练度和参与业界活动频率等方面。值得注意的是，头部独立游戏的开发者多数具有丰富的游戏制作经验，说明尽管独立游戏的制作门槛较低，但作品往往需要达到较高基准线方能获得市场广泛认可。

广大独立游戏开发者也尝试涉猎各种题材，并借此表达自我。例如，indienova 站内注册开发者的作品基本覆盖了所有主流类型，从数量来看，角色

---

① 由于登记相关信息非强制行为，因此数据无法全面、准确地反映出 indienova 及全行业的个人开发者占比，但个人开发一直是独立游戏开发的重要组织形式之一。

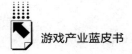
扮演类、动作类、休闲类、冒险解谜类和策略类分列前五①。2023年的独立游戏新作也呈现百花齐放的态势，既有对现实议题的关注（《飞跃13号房》），也有向传统文化的致敬（《逸剑风云决》），这些尝试共同创造了一个多元并充满活力的独立游戏市场。

最后，与大中厂商的精细化分工组织形式不同，独立游戏开发工作的分工相对模糊，开发者往往需要一人身兼多职，音乐、美术等工作的实现方式多样。而由于缺少系统性行业支持等，独立游戏开发者往往对行业环境缺少全局认知，缺少非开发工作的主动意识和经验，加之宣发渠道和资源有限，独立完成市场工作的效果不理想。

2. 中间传递方：良性互动的助推器

作为在开发者与玩家间建立联系的角色，近年来，发行商、社媒平台及线下活动主办方等中间传递方之于独立游戏的重要性日益提升。

时至今日，发行商业务范围已包含且不限于资金支持、开发指导、测试、本地化、海内外宣发和多平台移植等。Bilibili、Gamera Games、indienova、独立方舟、雷霆游戏、心动网络、椰岛游戏等国内发行商在支持国产独立游戏的同时，也有引进海外优秀作品的尝试。生态内部也有不少尝试开拓国内市场的海外发行商，如Devolver Digital、Raw Fury等，通过在国内开设办事处、设置中国市场专员岗位、与国内同业深度建联等方式积极开拓中国市场。

社媒平台的重要性不断上升。由于成本低、流量高、传播速度快等特性，越来越多的独立游戏开发者选择在Bilibili、新浪微博等老牌社媒平台宣传个人作品、获得反馈、积累目标受众。此外，小红书、抖音作为新兴的综合性互联网平台，其日益增长的游戏内容流量也引起了行业广泛关注，各大中型厂商和部分独立游戏开发者选择同时入驻新兴平台。平台官方也意识到了独立游戏的潜力，并以各种方式布局该领域，如小红书在2023年9~10月开展了"我在小红书做游戏"活动，以流量扶持为激励吸引独立开发者，这说明游戏内容流量与平台间存在双向需求。可以预见，社媒平台在独立游戏宣发上扮演的角色将愈加关键，但传统媒体、有一定粉丝基数的游戏自媒体及直播平台依旧是促进行业资讯和优秀作品在玩家群体间广泛传播的重要渠道。

---

① 资料来源：indienova。

线下活动同样是重要的中间传递途径之一。由 CiGA 中国独立游戏联盟主办的 Global Game Jam 中国区比赛、indieplay 中国独立游戏大赛和 CiGA 开发者大会等赛事及活动有助于开发者之间实现良性互动、催生创新；核聚变、ChinaJoy 和 Weplay 文化展等展会均是独立游戏的重要展示窗口。

目前，各中间传递方已经成为中国独立游戏生态中不可或缺的一环，帮助生产方和消费方高效沟通，实现良性互动。但当下，中间传递方仍然主要聚焦头部作品，对其他作品的关注较为缺乏，行业生态仍需更加公平、完善。

3. 生态支持方：从资金扶持到人才培养

生态支持方继续扮演重要角色。投资方不仅扶持着独立开发团队，同时也投资各中间传递方，成为独立游戏生态的后盾。行业内部，一些注意到独立游戏潜力的大中型厂商也在积极进行项目投资，还通过孵化器等形式全方位扶持独立游戏团队，如鹰角网络的"开拓芯"品牌项目。

但整体而言，当前独立游戏领域的投资规模处于收缩周期，多数团队处于自负盈亏、缺乏资金支持的状态，且行业投资方普遍将追逐重点放在能够快速回收资金的移动端项目上，对注重创意产出、采取买断制商业模式的独立游戏关注不足，暴露出资本逐利避险的本质。改换现状，很大程度上要依靠商业成绩优异的独立游戏大量涌现，拔高产品盈利预期，增强投资方信心。

除了转投独立游戏赛道的游戏从业者外，国内高校已成为独立游戏人才的重要输送渠道之一。从 2001 年起，部分综合类、艺术类大学成为国内首批开设游戏相关专业的高等院校，中国传媒大学于 2001 年成立动画与数字艺术学院，2004 年开设游戏设计相关课程，迄今已建设为拥有艺术与科技（数字娱乐方向）、动画（游戏艺术方向）、数字媒体技术（游戏设计技术方向）三个专业，覆盖本科生到研究生教育的游戏电竞专业群[①]。清华大学深圳国际研究生院也于 2019 年成立互动媒体设计与艺术中心，开设国内第一个以游戏制作人为培养方向的研究生项目，并于次年开始招生。

各高校相关专业在课程设置和教学模式上多采用校企联合框架，由学校导师与企业导师联合培养，实现产学研结合。部分高校与美国游戏设计专业代表

---

① 《专访中国传媒大学：读游戏专业，有光明的前途吗?》，游戏葡萄，2022 年 8 月 1 日，https：//youxiputao.com/article/23816。

院系如纽约大学游戏中心（NYU Game Center）、南加州大学电影艺术学院（USC Games）开展合作办学、访学交流等活动，并在课程设置上借鉴跨细分专业的横向游戏设计课。由于起步较晚，国内相关专业依然存在师资力量短缺，课程国际化程度较低等问题。同时部分高校的相关专业归属工科院系，其教学延续工科培养路径，考核难以摆脱论文导向，导致学科建设尚存诸多不合理之处。

就业方面，大中型游戏厂商最受毕业生青睐，少数应届生选择投身独立游戏或创业。对游戏专业学生的抽样采访反映出，几乎所有毕业后直接从事独立游戏开发的开发者在校期间均已有相对成熟的游戏项目，且曾获得学生游戏奖项和行业创投资金的关注。2023 年销量破百万的《火山的女儿》，其原型正是中国传媒大学数字媒体艺术方向 2019 届学生的毕业设计。

4. 消费方：年轻化与多元化浪潮

随着经济发展与社会接受度的上升，国内游戏玩家数量逐年提升，2023 年，国内玩家规模达到 6.68 亿，相较 2018 年增加 0.42 亿[①]，进而带动了独立游戏市场和受众规模的壮大。当下，独立游戏玩家群体呈现出年轻化和多元化的发展趋势，并已经开始对独立游戏的开发及营销环节产生影响。

根据部分发行商提供的数据，近年来，00 后、05 后玩家数量增长迅速，开始成为独立游戏消费、衍生线上及线下活动的主力。通过对百度贴吧、新浪微博、小黑盒等玩家社群的观察发现，00 后年轻一代已成为游戏娱乐产品的重要消费群体，也是游戏文化的活跃讨论群体。独立游戏面对宣发平台和策略风格的选择时，年轻群体的行为习惯和用户特征不可忽视。

与此同时，玩家群体的多元化趋势也不容忽视，其偏好类型、文化及家庭背景、教育程度及职业环境等均存在明显差异，这推动了产品的多元化发展，相应的，提醒开发者和发行商需要兼顾不同玩家群体的偏好。同时，玩家群体的多元化趋势也使游戏无障碍设计、教育、医疗等方向的功能性游戏需求进入业界视野，而当下国产独立游戏从业者尚未有足够的经济基础和主动意识对上述方向保持持续投入，缺位巨大。

---

① 中国音像与数字出版协会游戏出版工作委员会：《2018 年中国游戏产业报告》，2018 年 12 月 20 日。

（四）展望

尽管独立游戏的开发规模难以与高成本、高人力投入的商业大作相提并论，但在当下，独立游戏已是整个游戏产业不可或缺的一极，且与大型商业游戏赛道紧密联系。大型商业游戏的发展路径对独立游戏产生了重要影响，促使后者"从开发者到玩家"的线性生态模式发展为各方相互支持的多元格局，有助于营造稳定、良性的生态环境；作为致力于个人表达与探索的开发创作，独立游戏在主题与机制等多个层面的创新也不断被大型商业游戏吸纳。

总体来看，国内独立游戏生态建设目前已见雏形，出产内容导向佳作、放眼全球市场等目标成为业界共识。面对市场竞争愈加激烈、玩家偏好趋向多元化等挑战，中国独立游戏产业马不停蹄——立足国内、发力海外，各生态方接力轮转，持续推出优质作品。值此乘风破浪之际，提升审核效率、明确审核标准、加大对盗版产业链的打击力度、加强对各方的政策扶持乃业界亟盼。

B.11
2023年中国教育游戏发展报告

曲茜美　黄文丹　尚俊杰*

摘　要：　教育游戏，以其互动性、参与性和娱乐性，为传统教育模式注入了新的活力，成为教育创新的重要工具。2023 年，中国教育游戏行业在政策的引导、市场需求的推动和技术创新的支持下取得了显著发展。本报告综合分析了 2023 年教育游戏文献和实践案例，揭示了教育游戏的研究进展和应用情况，报告还探讨了教育游戏的发展趋势，特别强调了政策支持、技术进步等对教育游戏发展的推动作用以及教育游戏研究前沿与学习科学的深度结合发展。

关键词：　教育游戏　个体化学习　高质量发展

一　引言

近年来，随着信息技术的快速发展，数字化背景下的教育教学模式正经历着深刻变革。教育领域正在从传统的教学向更加智能化、个性化的方向转变。[①] 其中，教育游戏作为结合游戏与教育两大元素的新兴教学方式，正受到越来越多的关注。[②]

---

*　曲茜美，浙江开放大学副教授，主要研究方向为游戏化学习、教育信息化；黄文丹，北京大学教育学博士，现任职桂林电子科技大学，主要研究方向为游戏化学习、项目式学习、学习科学；尚俊杰，博士，北京大学教育学院研究员，主要研究方向为学习科学与技术设计、游戏化学习、教育数字化。
①　杨晓燕、王静、杨亚平：《教育游戏软件在护理教学中应用研究进展》，《护理学报》2023年第 9 期。
②　徐榕霞、付雪凌、石伟平：《游戏化教学模式构建与实施策略研究——以中职信息技术类专业课为例》，《职业教育研究》2023 年第 1 期。

教育游戏，是同时具备趣味性和教育意义的计算机软件系统。作为一种有效的学习方式，它一直是教育技术学的研究热点。[①] 对于教育游戏的定义，从狭义的角度来看，教育游戏是专门为教育而开发的电子游戏；从广义的角度来看，教育游戏是一切兼具教育性和趣味性的教育软件、教具和玩具，包括专门以教育为目的开发的电子游戏、桌游、教具和玩具，具有教育价值的商业游戏，以及趣味性比较强的教育软件。[②] 在本报告中，主要使用的是对教育游戏的广义定义。

教育游戏，其核心在于将游戏元素和学习目标相结合，创造出既能够激发学习者兴趣又能有效传递知识的学习体验。随着信息技术的飞速发展，教育游戏已经成为教育创新的重要工具，它通过互动性、参与性和娱乐性，为传统的教育模式注入了新的活力。

教育游戏的设计和应用，不仅仅是技术的展示，更是一种教育思想的体现。它要求设计者深入理解学习者的需求，将教育目标与游戏设计巧妙融合，以实现知识的有效传递和学习者能力的提升。

2023年，中国教育游戏行业迎来了新的发展机遇。在这一年中，教育游戏不仅在学校教育中得到了广泛应用，而且在教育技术研究和教学方法创新等方面展现出了巨大的潜力。本报告对2023年发表的与教育游戏相关的文献进行了述评，分为综述类、应用实践类、设计及建构方法类、调查类、理论研究类五类；并整理了2023年教育游戏在学校中的应用实践情况，最后分析了未来的发展趋势。

二　研究进展

在中国知网数据库中，检索2023年1月1日到2023年12月31日主题或者关键词包含"教育游戏""游戏化学习""游戏化教学"的论文，得到917篇相关度很高的学术文章。

---

① H. Y. Sung , G. J. Hwang , " Facilitating Effective Digital Game-Based Learning Behaviors and Learning Performances of Students Based on a Collaborative Knowledge Construction Strategy , " Interactive Learning Environments 26. 1（2018）：118.

② 尚俊杰、蒋宇、庄绍勇：《游戏的力量：教育游戏与研究性学习》，北京大学出版社，2012。

　　对比近十年发表的关于"教育游戏""游戏化学习""游戏化教学"的文章数量的趋势，2019 年处于高峰（1621 篇），2022 年和 2023 年趋于平稳状态，分别是 936 篇和 917 篇，趋势如图 1 所示。由此可以看出，教育游戏领域在经历了快速增长和广泛关注之后，已经逐渐进入一个成熟和稳定的发展阶段。在 2019 年达到高峰，随后的 2022 年和 2023 年文章数量虽然有所下降，但仍然保持在一个较高的水平，这反映出教育游戏作为一个研究领域和实践领域，已经形成了较为稳固的基础和持续的关注点。

　　此外，这种趋于平稳的状态也可能意味着教育游戏的概念已经被广泛接受，并且开始逐渐融入教育实践中，成为教学方法创新的一部分。教育工作者和研究人员可能正在从基础的探索转向更深入的实证研究和应用开发，以进一步提升教育游戏的有效性和实用性。

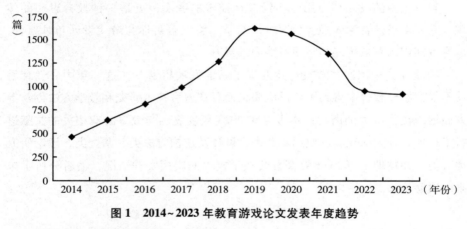

图 1　2014~2023 年教育游戏论文发表年度趋势

资料来源：中国知网数据库。

　　从研究内容的角度来看，这些文献主要分为以下几类：综述类、应用实践类、设计及建构方法类、调查类、理论研究类等五类。

（一）综述类

　　综述类文献综合分析现有研究成果，为读者提供某一领域内知识和理论的全面概览，促进学术交流和知识传播。赵玥颖、孙丹儿、尚俊杰等人采用文献计量法，筛选了科学引文数据库中教育技术学领域最具影响力的 11 本 SSCI 期刊，选取了 124 篇教育游戏实证研究论文，统计分析了论文的发表时间与刊物、核心作者及其所在国家或地区、关键词与突现词，了解国际教育游戏实证研究的热点；采用内容分析法，探究了教育游戏应用的学科、学段和理论方法，并围绕设计开发、效果探究、因素分析、教育评估等主题，揭示了国际教育游戏实证研究的发展路径。研究表明，学科应用比较多的是语言、数学、物理、信息技术与计算机等，学段应用比较多的是 K-12 和高等教育阶段；核心作者所属国家或地区上，中国台湾、美国、中国大陆等地发文最多。[①] 陆巧等通过梳理国内外教育游戏设计开发模型的研究现状，分析了国外自 20 世纪 80年代以来对教育游戏价值的关注和设计方法的发展，以及国内自 2005 年以来的相关模型研究。虽然国内外的研究取得了一定进展，但仍然缺乏既富含教育意义又具有高可玩性的成熟教育游戏设计模型。[②] 杨晓燕、王静、杨亚平综述了教育游戏软件在护理教学中的应用研究进展，指出教育游戏软件虽已用于多个领域，但在护理教学中尚未普及，存在开发与应用不均衡、评价指标众多但适用性待考证等问题，研究指出提高教育游戏的质量和普及度是需要进一步探索的关键。[③]

综述类文献认为，教育游戏作为一种新兴的教学工具，在全球范围内受到研究者和教育工作者的广泛关注。无论是在国内还是国际研究中，教育游戏的设计、开发、应用和评估都是研究的重点。未来的研究应当更加关注教育游戏的理论基础、设计原则、教学效果评估以及个性化学习支持，以实现教育游戏在教育领域的有效整合和应用。

（二）应用实践类

应用实践类文献通常关注将理论与研究成果具体应用于现实情境中，以解决实际问题并产生社会影响。这类文献通常包含案例研究、实证数据等，并提供具体的策略和建议。在所检索到的论文当中，应用实践类是所占比例最高的

① 赵玥颖、孙丹儿、尚俊杰：《国际教育游戏实证研究综述——基于 2018—2022 年的文献分析》，《开放教育研究》2023 年第 5 期。
② 陆巧、乔凤天：《教育游戏设计开发模型研究综述》，《中国教育技术装备》2023 年第 7 期。
③ 杨晓燕、王静、杨亚平：《教育游戏软件在护理教学中应用研究进展》，《护理学报》2023年第 9 期。

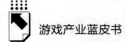

一类文献，这表明，教育游戏作为一种创新的教学工具，已经被广泛认可并深入教育实践的各个层面。它们不仅在学术界受到重视，更在实践层面得到了广泛而积极的探索和应用。这种趋势反映了教育工作者和研究者对于提升教学效果、激发学生学习兴趣以及促进学生全面发展的持续追求。同时，这也指出了教育游戏在未来教育领域的广阔发展前景和重要价值。

陆谣在硕士论文中聚焦于增强现实（AR）技术在教育游戏设计中的应用，构建了一个基于 AR 的教育游戏设计模式，并以成人科普教育为例进行了案例设计、开发与测评。通过问卷调查、观察和访谈等方法，研究了成人学习者对 AR 科普教育游戏的满意度，结果表明该设计模式科学有效，能够提升学习者的学习兴趣和效率。同时，研究也指出了样本数量有限、游戏案例需进一步完善等不足，并对未来研究方向提出了建议。[1] 开发一款基于 Unity3D 的初中物理电路教育游戏《电路连接员》，通过构建评价指标体系、设计流程和策略，以提高学生对物理电路知识的兴趣和学习效果。研究结果表明，《电路连接员》能有效提升学生的学习动机、自信心和满意度，同时在实验后学生的平均成绩有所提高，达到良好的教学效果。[2] 牟柏潼基于 Unity3D 开发了一款针对高中生生物安全教育的教育游戏软件，经测试后发布游戏，再进行教学实践。研究表明，教育游戏显著提升了学生的学习兴趣和课堂参与度，有效增强了学生的生物安全知识和意识。学生对教育游戏表现出积极态度，并期待其在更多学科中的应用。[3] 温嘉慧以北师大版四年级下册数学"观察物体"课程为案例，设计开发了一款名为"观察物体"的教育游戏，旨在通过 Unity3D 引擎创建的虚拟三维空间，提高学生对数学知识的理解和掌握，尤其是空间想象力和观察能力。研究采用准实验法和问卷调查法，对深圳市光明区某小学四年级两个班共 97 名学生进行了实验，结果显示教育游戏显著提升了学生的学习兴趣、积极性和探究意识，促进了对抽象数学内容的理解水平，有助于新知识体

① 陆谣：《基于增强现实的教育游戏设计与应用研究——以成人科普教育为例》，东北石油大学硕士学位论文，2023。
② 林湘隋：《基于 Unity3D 的初中物理电路教育游戏的开发及应用研究》，广东技术师范大学硕士学位论文，2023。
③ 牟柏潼：《基于 Unity 3D 的高中生物安全教育游戏的设计与应用研究》，中央民族大学硕士学位论文，2023。

系的建构。① 总体而言，这些研究表明教育游戏在提升学习兴趣、效率和理解方面具有潜力，但也面临着样本数量有限、游戏设计完善度不足、缺乏统一评估工具等挑战。未来的研究需要在扩大样本、改进游戏设计、开发标准化评估工具等方面进行深入探讨。

（三）设计及建构方法类

设计及建构方法类文献关注的是微观上各个设计环节中的细节问题，这些研究强调了在游戏中实现教育价值与娱乐体验之间的协调，这反映在对游戏主题、场景、任务、规则、关卡设置、玩家角色以及情感元素等方面的精心设计上。魏小东和王昱探讨了交互叙事模式在教育游戏设计中的应用，指出了当前教育游戏中存在的问题，如内容可信度低、教游比例失衡等，提出了一系列设计策略，包括使用类人动画代理、任务挑战机制、智能对话系统、多类型互动模式和个性化教学等，旨在提高教育游戏的教育适用性和学习效果，确保教育游戏能够实现寓教于乐的目的。② 温金菊、钱扬义、吴锶敏等通过内容分析法对 134 篇国内外化学教育游戏文献进行了系统梳理，研究了化学教育游戏中的知识学习与玩法设计的关系。研究发现化学教育游戏覆盖了丰富的知识主题，知识内容具有高度抽象性、低可视化、难识记和强动手操作性等特点。论文还探讨了不同知识类型转化为游戏元素的方法，以及游戏设计中需要平衡的三大属性：游戏类型、行为规则和教学规则。③ 茹镇缘、刘卫东、竺丽英介绍了一种基于 powerpoint 软件设计的化学密室逃脱游戏，它巧妙地将化学知识与密室逃脱的紧张刺激相结合。在这个游戏中，玩家被置于一个虚拟的密室中，必须运用氧化还原反应等化学原理来解决一系列谜题，才能成功"逃脱"。研究结果表明，这款游戏不仅能够吸引学生的兴趣，还能够有效提升他们对化学概念

① 温嘉慧：《基于 Unity3D 的小学数学教育游戏设计与应用研究——以北师大版"观察物体"为例》，中央民族大学硕士学位论文，2023。

② 魏小东、王昱：《基于交互叙事模式的教育游戏设计策略研究》，《电化教育研究》2023 年第 9 期。

③ 温金菊、钱扬义、吴锶敏等：《化学教育游戏中知识学习与玩法设计的研究——中外 134 篇文献分析》，《化学教育》（中英文）2023 年第 21 期。

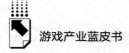
的理解和应用能力。教师们也对这种新型教学工具表示出了高度的认可和兴趣。①

综上所述，这些研究强调了在教育游戏中实现教育价值与娱乐体验之间协调的重要性，并且提出了多种设计策略和方法来增强教育游戏的有效性和吸引力。

（四）调查类

调查类文献主要指的是那些通过实证研究方法，如问卷调查、访谈、观察等来收集和分析数据，以了解和评估教育游戏在实际教学中的应用、效果、用户态度、需求等方面的学术文章。例如，邸郅欣、孙钦亮、逢冬等调查了高职护生对教育游戏的认知、态度及需求，旨在为教育游戏在护理教学中的应用提供理论基础。研究发现，尽管教育游戏在护生中的普及率不高，但大多数护生愿意通过游戏化学习来加强专业知识和技能。学生们更倾向于角色扮演和情景模拟类游戏，且多数愿意投入课余时间参与护理教育游戏。研究认为，教育游戏是护理教学中一个有潜力的新途径，当前在中国尚处于起步阶段。②

（五）理论研究类

理论研究类文献主要聚焦于教育游戏的定义、特征、核心属性和分类。这类研究探讨了教育游戏的特征，考察了不同的学习理论如何塑造教育游戏的设计，并讨论了教育与游戏之间的相互关系和互动。刘革平等探讨了教育游戏在智慧教育中的重要性及其面临的挑战，文章分析了教育游戏的审美动机层次，并强调了审美教育对于提升教育游戏品质和支持自主学习的关键作用。通过提高相关人员的审美素养，可以推动教育游戏的发展，释放其在育人方面的潜力。③

---

① 茹镇缘、刘卫东、竺丽英：《基于 powerpoint 的化学密室逃脱设计——氧化还原反应》，《化学教育》（中英文）2023 年第 15 期。
② 邸郅欣、孙钦亮、逢冬等：《棋盘游戏在超声医学生知识掌握与教学满意度中的效果研究》，《中华全科医学》2023 年第 5 期。
③ 刘革平、陈笑浪、黄雪：《审美动机：教育游戏的张力与困局——破茧而出的自主学习新纪元》，《华东师范大学学报》（教育科学版）2023 年第 6 期。

三　应用实践

在当今教育领域，创新的教学方法层出不穷，其中教育游戏作为一种新兴且有效的教学手段，正在中国各级学校中逐渐普及并展现出独特的魅力和潜力。

（一）MamaGame 教育游戏资源网站

MamaGame 网站是北京大学学习科学实验室推出的教育游戏资源网站，网站以推荐"让妈妈放心的教育游戏"为主，力图帮助家长和教师更好地应用教育游戏于家庭教育和学校教育中。网站所提供的游戏仅用于非商业用途，除了推荐优质的教育游戏，实验室也开发教育游戏，例如《怪兽消消消》《方块消消乐》《分数跑跑跑》。

1.《怪兽消消消》

《怪兽消消消》是针对小学一年级学生学习"20 以内数的认识和加减法"而设计和开发的，游戏结合了国家数学课程标准和数学认知研究，根据游戏的"内在动机理论"，对该游戏的叙事和奖励规则等游戏元素进行了设计，从而保证了游戏中教育性和游戏性的平衡。

在游戏玩法上，《怪兽消消消》设定了小玩家为小世界的英雄，任务是通过消除小怪兽来拯救小世界。游戏中的小怪兽分为三种类型：长度小怪兽、数字小怪兽和声音小怪兽，每种类型都有其独特的设计，分别对应数量的不同表示方式。玩家需要使用魔法方块来消灭小怪兽，魔法方块分为长度魔法方块、数字魔法方块和声音魔法方块，与小怪兽的类型相对应。玩家必须组合魔法方块以匹配小怪兽的数量，通过拖动正确的魔法方块到小怪兽身上来完成消除。

游戏中还包括了趣味道具，如普通钻石、冰冻钻石和小太阳，增加了游戏的挑战性和趣味性。玩家在消灭小怪兽的同时，需要收集钻石和利用小太阳来解锁冰冻钻石。游戏设计了四个不同主题的篇章，每个篇章包含 10 个不同难度的关卡，以适应不同学习阶段的学生，界面截图如图 2 所示。

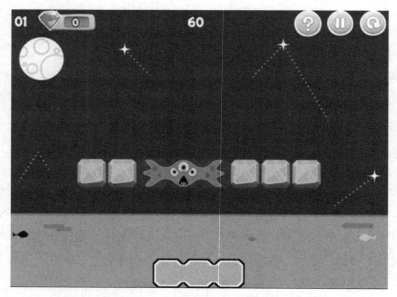

图 2 《怪兽消消消》界面截图

《怪兽消消消》的教育性设计体现在学习序列和练习频率上,游戏关卡和习题设计参照了两个版本数学教科书的内容,确保了游戏内容与学校教学的一致性。此外,游戏还融入了数量编码转换的练习,帮助学生掌握不同数量编码之间的转换,培养学生的数感和运算能力。游戏性设计则通过挑战性的目标、丰富的幻想元素和好奇心驱动的探索,提高学生的参与度和学习兴趣。

研究结果显示,尽管《怪兽消消消》在提升学生数学成绩方面与传统教学方法效果相当,但学生对游戏表现出更高的兴趣和参与度。通过准实验研究和半结构访谈,学生们普遍反映游戏好玩、有趣,并且能够感知到游戏中涉及的数学知识练习。[①] 这一案例表明,教育游戏有潜力成为提高学习动机和参与度的有效工具,为数学教学提供了新的视角和方法。

2. 方块消消乐

《方块消消乐》是一款结合了脑科学、心理学和教育学理论的教育游戏,

---

① 裴蕾丝、尚俊杰:《学习科学视野下的数学教育游戏设计、开发与应用研究——以小学一年级数学"20 以内数的认识和加减法"为例》,《中国电化教育》2019 年第 1 期。

专为小学五年级学生设计，以支持"立体图形折叠与展开"的教学内容。游戏内容严格遵循中国数学课程标准，贴合学生的认知发展，同时适合各年龄段学习者提升心理折叠技能。

游戏设计了递进式任务，包括展开图折叠后各面的辨认与立体图形的对应，旨在逐步提升学生对 2D 与 3D 图形转换的认知能力。《方块消消乐》通过 2D~3D 图形转换动画等认知脚手架，帮助学生构建心理表征，确保学习的有效性。此外，游戏融入了故事情境、积分和奖励等机制，增强了学习的趣味性和参与度。

在《方块消消乐》中，玩家扮演探险者，通过消除活动解决立体图形问题，逐步解锁新关卡和地图，界面截图如图 3 所示。游戏中的提示系统和动态动画支持学生在遇到困难时获得帮助。研究显示，该游戏显著提升了学生的几何学习成绩和空间想象能力，帮助学生克服几何学习困难。①

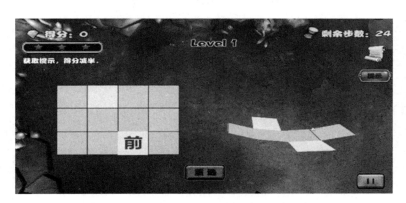

图 3　《方块消消乐》界面截图

（二）杨镇二中之成就银行

北京市顺义区杨镇二中在成就银行方面进行了一系列的探索和实践，成就银行是该学校改变评价方式和激励形式的一种探索，是储存成就的银行。模拟银行运营，把学生日常的表现实时换算成积分，存进银行，积分可存可取可生息，积分有购买文创、兑换票券、参与活动三大用途，用积分盘活校园生活，调动学

---

① 曾嘉灵、张鹏、尚俊杰：《基于设计的研究与教育游戏设计应用》，《中国电化教育》2022 年第 8 期。

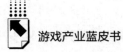
生参与的积极性。例如作业良好，可加1分，乐于助人，可加1分，违反纪律扣1分，成就银行的界面截图如图4所示。2023年5月，杨镇二中举办了以"成就银行让成长看得见"为主题的论坛暨研讨会，旨在展示成就银行的实施成果，探讨多元评价在教育领域的应用，并征求专家和教育同人的宝贵建议，以期进一步完善成就银行系统，推动教育评价改革，助力学生全面成长。①

图4　杨镇二中成就银行系统截图

① 杨菲菲：《探索多元评价体系，北京顺义杨镇二中用"成就银行"记录学生成长》，"新京报"百家号，2023年5月17日，https：//baijiahao. baidu. com/s？id＝1766151707067360 654&wfr＝spider&for＝pc。

（三）成都七中之开发游戏

成都七中的同学们通过 Roblox 创意编程社团，将自己对游戏的热情和对教育的思考相结合，在开发游戏的过程中培养了创新，提升了社会责任感。2023 年 5 月，举办了首届教育游戏发布会，展示和发布了四款既有趣又有意义的教育游戏，其中一款是《覆巢 cover the Nest》，这款游戏设定在未来世界，关注环境保护，让玩家在游戏过程中体会到破坏环境带来的后果；还有一款《YOUNIVERSE》，是一款关注心理健康的游戏，通过控制情绪和击败心魔，启发玩家正确看待心理问题。这些游戏不仅展现了学生们的编程和能力，也体现了他们对于社会问题的关注和思考。教育游戏作为一种新兴的教育工具，其受欢迎程度和发展潜力在成都七中的这次活动中得到了充分的体现。

（四）教育游戏专委会之游戏推广

中国教育技术协会教育游戏专业委员会（以下简称"专委会"）在中国教育游戏的推广和发展中扮演了重要角色。专委会积极推动游戏化教学理念，鼓励社会各界参与教育游戏的设计和开发，共同促进教育游戏领域的进步。2023 年，专委会通过组织"第五届游戏化教学设计案例征集与展示活动"和"第八届教育游戏作品展示交流活动"，收集和展示了 200 余件有效案例，进一步激发了教育游戏设计的创新与实践。此外，通过举办第八届学术年会暨游戏化学习研究论文征集活动，为教育工作者、研究人员和游戏开发者提供了一个交流和探讨教育游戏理论与实践经验的平台。

在教育游戏的实践方面，金晓芳、姚铁龙在小学语文数学学科中也作出了积极的探索。金晓芳团队在杭州市硅谷小学实施"小学语文游戏化学习实践"，将游戏应用于幼小衔接，并于 2023 年成功出版了《小学语文一课一游戏》课程，为小学语文教育提供了新的教学模式。姚铁龙团队则专注于数学学科的游戏化学习，2023 年出版《数学可以这样玩》一书，配套桌面游戏和线上游戏，让学生在游戏中学习。通过这些教育游戏的实践案例，可以看出教育游戏在提升学生学习兴趣和教学效果方面的积极作用。

综上所述，教育游戏在中国各级教育机构中的应用已经非常普遍，并且受到教育工作者、学生以及社会各界的积极评价。通过游戏化的方式，教育变得

227

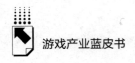
更加生动和有趣，同时也提高了学习效率和质量。教育游戏的普及和发展，不仅促进了教学方法的创新，还为学生的全面发展提供了新的途径。

四　发展趋势

在信息化与全球化加速时代，教育正经历深刻变革。受政府对教育技术的强有力支持与政策推动，教育游戏与数字化学习工具成为我国教育现代化的关键力量。本报告聚焦中国教育游戏的现状、挑战、前景及其在国际化趋势中的教育形态塑造。通过剖析政策、市场以及技术动态，我们就教育游戏作为学习工具与认知媒介的全球影响提出洞见，并探讨中国教育游戏如何扩展至全球市场与应用。

（一）政策助科研与市场新扩展

中国教育信息化迅猛发展，得益于政府强力支持与持续政策推动，如《教育信息化 2.0 行动计划》及《中国教育现代化 2035》等关键政策，为教育游戏和数字化教学资源的发展明确了框架与目标。这些政策不仅倡导创新与信息技术在教育改革中的应用，更为教育游戏的整合与实践奠定了坚实基础。

教育游戏与传统教学模式的有效结合，在多个教育场景中展现重要价值。无论是低龄儿童教育、语言学习还是素质教育，教育游戏通过其互动性和趣味性显著提升学习吸引力与效率。在教育政策的支持下，新型教学方法的应用范围有望在全国乃至全球进一步扩大。

教育游戏的学术研究和市场发展也展现出广阔前景。根据中国知网、Google Scholar 等平台统计，教育游戏相关学术论文发表量自 2017 年激增，显示出全球学术界对此领域的持续关注和研究热情。国家基金项目数量增加，也推动了教育游戏的理论深化、实践应用和技术创新。

在投资领域，教育游戏同样显示出其商业价值。2021 年，Roblox 对三款教育游戏投入 1000 万美元，是教育游戏领域的一项重大投资。此外，腾讯游戏与 Roblox 成立的"罗布乐思"合资公司，专注于教育游戏的开发和推广，进一步凸显了资本市场对教育游戏潜力的认可。

综合来看，中国政府的政策支持奠定了教育游戏的发展基础，技术进步与市场扩展扩大了教育游戏的全球影响力，学术研究与资本投入共促教育游戏提升教育质量与效率。教育将迈向一个更具互动与趣味且效率卓越的新未来。

（二）学习科学视域下的新探索

教育游戏研究前沿与学习科学深度结合发展。交叉学科的融合推动游戏化学习的理论进展，促进教学应用创新。神经科学、脑机接口等先进技术的引入，为研究带来新视角和新方法，设计和评估更趋科学与精准。

心理学教育游戏显著提高了学习的有效性，激发学习者的内在动机，加强知识保留，促进高阶思维与情感培养。多项研究[1][2]验证了教育游戏对提升学习成效的积极影响，游戏的趣味性和易用性是提高学习成绩的关键。教育游戏中的"心流体验"，即学习者在游戏过程中的完全沉浸和投入感。例如Bressler 工作[3]，评估移动 AR 游戏对学习的影响。

教育游戏课堂教学，其拥有作为认知工具和知识建构工具的潜力。与传统的教师中心课堂模式不同，游戏化教学让学生能够独立探索和发现，从而转向以学习者为中心的教学模式。在该模式下，教师的角色转变为提供必要的学习支持，帮助学生在游戏挑战中解决方案。

（三）技术融合引领教育新浪潮

人工智能、大数据和云计算等先进技术，虚拟现实（VR）、增强现实（AR）等前沿技术，驱动了国内教育游戏行业的技术变革。这些技术的集成优化了个性化学习路径、智能评估系统和互动体验，提升了学习效率和趣味性。例如教育游戏利用推荐算法，根据学生的学习偏好和能力，定制内容和学习模

① Calvo-Ferrer, J. R., "Educational Games as Stand-alone Learning Tools and Their Motivational Effect on L2 vocabulary Acquisition and Perceived Learning Gains," British Journal of Educational Technology 48 (2017): 264-278.

② Smith, G. G., Li, M., Drobisz, J., parK, H. R., Kim, D., & Smith, S. D., "Play Games or Study? Computer Games in eBooKs to Learn English Vocabulary," Computers & Education 69 (2013): 274-286.

③ Bressler, D. M., &Bodzin, A. M., "AMixed Methods Assessment of Students, Flow Experiences during a Mobile Augmented Reality Science Game," Journal of Computer Assisted Learning 29 (2013): 505-517.

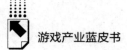

式；大数据和云技术则实现对学习过程的宏观分析，为教师及家长提供有价值的教学反馈学习成效。VR 和 AR 技术赋予教育游戏新的可能性，为学生创造沉浸式学习环境，使学习者全面理解学习材料。技术整合不仅能增强学生的参与度和实践技能，也能激发他们的学习兴趣、提升学习动力。

中国教育游戏也受到元宇宙概念的影响。科技巨头如腾讯、阿里巴巴和百度、推出相关软硬件产品。高盛预测，未来数年将有数万亿美元投入元宇宙的开发。随着元宇宙研究重点转向内容交换和社交互动，中国教育游戏也将探索借助元宇宙概念创新游戏模式和应用场景[①]。

（四）游戏化跨学科学习新方式

教育技术进步下，中国的基础教育和高等教育课程体系逐渐接纳教育游戏，以激发教学活力。富有创意的教育游戏产品跨越多个学科领域，其引人入胜的游戏机制和内容受到教师、学生及教育工作者的青睐。与传统教学方法相比，教育游戏促进逻辑思维、创造力、解决问题能力等的全面提升，更培养跨学科思维以应对复杂多变的现代社会[②]。教育游戏强化社交属性，通过设计合作学习环节，激励学生共同协作。学生在教育游戏的社交过程中，既体会了学习的乐趣，又提升了团队合作能力和沟通技巧；不仅提升了学习的效率和质量，也在社交和职业发展方面取得进步。

教育游戏与 STEM（科学、技术、工程和数学）教育的融合成为趋势。这种结合增强学习趣味，提高学生对 STEM 领域的兴趣和参与，深刻理解框架。此种融合打破了学科孤立的传统局面，构建综合学习模式，使学生能够在真实的情境中应用所学知识，从而更好地准备未来的挑战[①]。

（五）多元应用场景探索新体验

教育游戏的用户群体正在不断壮大，应用场景也在拓宽。教师可以利用教

① kaddoura, S., & Al Husseiny, "The Rising Trend of Metaverse in Education: Challenges, Opportunities, and Ethical Considerations," Peer J. Computer Science 9 (2023): e 1252.

② Shi, A., Wang, Y., & Ding, N., "The Effect of Game–based Immersive Virtual Reality Learning Environment on Learning Outcomes: Designing An Intrinsic Integrated Educational Game for Pre–class Learning," Interactioe Learning Enoironments 30 (2022): 721–734.

育游戏中的数据分析工具追踪学生的学习进度和表现，深入了解每位学生的学习需求，并提供个性化的学习支持和指导，优化教学质量。家长也可参与到教育游戏中，与孩子共同学习，增强亲子互动，更有效地给予孩子指导和支持。可不再局限于学校教育，社区教育、职业培训和企业内训等也可通过多样化的形式和场景满足不同人群的学习需求。

（六）教育游戏国际发展新局面

国际上，教育游戏在提升教学质量和增加学生参与度方面已展现出显著效果。例如，美国各级教育机构的教师广泛采用教育游戏作为教学工具。密歇根大学信息学院和教育学院联合发起的 A-GAMES 研究项目调查了全美 K-12 教师对教育游戏工具的使用情况，绝大多数教师对使用教育游戏辅助教学表示满意，其中 84% 的教师至少每月使用一次教育游戏，56% 的教师至少每周使用一次。

教育游戏在国际教育课程中的应用也越来越广泛。例如，《帝国时代 I》与亚利桑那大学的历史课程合作，以及《刺客信条：奥德赛》在肯尼迪高中科学课程中的使用，都是教育游戏应用的典型案例。在欧洲，像《这是我的战争》这样的游戏也被纳入波兰高校的文科课程作为选修科目。

这些趋势和实例表明，教育游戏已成为全球教育领域一种重要的创新工具。对中国教育游戏开发者而言，这不仅是一个将本土创新推向国际市场的机会，也是一个从国际优秀实践中学习和引进创新教学方法的良机。通过国际合作和交流，可以进一步提升中国教育游戏的质量和国际竞争力，同时也为全球教育创新贡献中国智慧和解决方案。

五 结语

2023 年，中国教育游戏行业在探索中前行，取得了一系列积极成果。未来，随着技术的不断进步和市场的日益成熟，教育游戏有望在中国教育领域发挥更加重要的作用，成为推动教育创新的重要力量。

所有创新都伴随着初始的挑战和局限，然而我们依然可以对其未来的发展抱有乐观的期待，相信教育游戏能够像电子游戏一样吸引学习者深度参与。正如人工智能领域的先驱图灵（AlanTuring）所指出的："我们的目光所及，只能在不远的前方，但是可以看到，那里有大量需要去做的工作。"①②

① yannier, N. , Hudson, S. E. , & Koedinger, K. R. ," Active Learning is About More than Hands - on : A mixed-reality AI System to Support STEM Education , " International Journal of Artificial Intelligence in Education 30（2020）: 74-96.

② 刘革平、陈笑浪、黄雪:《审美动机：教育游戏的张力与困局——破茧而出的自主学习新纪元》,《华东师范大学学报》（教育科学版）2023 年第 6 期。

B.12
中国游戏美术教育发展现状与趋势报告

崔晨旸　王野　袁宇静　孙笑　贾书萱*

摘　要：　游戏美术在电子游戏中的重要地位彰显出游戏美术教育的重要性。中国的游戏美术教育主要分为高等教育、社会培训与企业培训三种模式，呈现学历教育与非学历教育相辅相成的格局。针对学历教育，本文主要调研了国内22所具有代表性的院校，从专业设置、课程体系、师资构成等方面展开具体论述；针对非学历教育，则从游戏行业的人才需求、企业培训和社会培训的现状对18家不同层级的游戏企业和58家具有代表性的社会培训机构展开了调研。本文根据游戏行业发展的特点与技术趋势，提出未来的游戏美术教育将以高等教育与社会培训为主、企业培训为辅的方式长期发展下去，同时指出游戏美术的高等教育需要保持较强的学术独立性，才不致成为游戏行业的附庸。

关键词：　游戏美术　高等教育　社会培训　企业培训

一　游戏美术发展简述

电子游戏的发展历史也体现了电子游戏美术的发展历史。1971年，世界上诞生了第一款商业电子游戏《Computer Space（计算机空间）》，受制于计算机硬件和图形学等学科的发展，此时的电子游戏更注重游戏玩法的设计，而非游戏的视觉表现。但是随着技术的进步，游戏制作者能够在游戏中实现更为精致的画面，且玩家更青睐于选择具有优美画面的游戏，于是游戏的视觉开始

---

* 崔晨旸，中国美术学院动画与游戏学院教授，浙江大学工学博士，主要研究方向为计算机图形学及互动媒体设计、游戏理论与创作；王野、袁宇静、孙笑、贾书萱，中国美术学院动画与游戏学院硕士研究生，主要研究方向为游戏理论与创作。感谢傅丹丹同学对此次调研的辛勤付出。

受到开发者的重视，游戏美术逐渐成为衡量游戏优劣的重要尺度之一。从游戏美术的总体变迁上看，电子游戏画面经历了从简单抽象的 2D 黑白像素走向真实复杂的 3D 写实画面的过程。在 1999 年英伟达推出世界上第一款真正意义上的 GPU 后，游戏得以实现更为丰富的画面细节、光影特效和实时渲染等效果。时至今日，游戏画面中对场景细节、光影特效的处理完全能够达到以假乱真的地步，制作电影级画质的 3A 游戏已经成为现实。

中国电子游戏的发展晚于欧美日等国，起步于 20 世纪 90 年代，得益于欧美等国已经积累的先进技术，我国游戏在发展初期就已经可以实现较为丰富的 2D 画面效果。随着计算机硬件技术和图形学的发展，游戏画面也从 2D 像素转向 3D 写实，视觉表现上也日趋多元化和风格化。这种变化不仅考验着游戏美术团队对各种新技术的敏锐程度和应用水平，同时也检验着游戏美术人员的绘画实力、审美情趣和综合素养。

从 20 世纪 90 年代到现在，国内玩家与全球游戏市场的接触在不断加深，玩家的审美品位逐渐提高，审美趣味变得更为多元，玩家对游戏内的美术细节要求也越来越高，当下的游戏美术往往需要至少在某一个方面（如角色场景设计的生动性、交互视觉的舒适度、特效动作的打击感等）做到极致，才能吸引住玩家的目光，一款游戏的美术质量往往决定了玩家对游戏的第一印象。因此，玩家审美的多元化与高要求令游戏美术人员必须拥有扎实的绘画能力，能够驾驭不同的美术风格，随时适应市场的变化，在这样的背景下，国内游戏企业对游戏美术人才的质量与数量需求与日俱增。

电子游戏技术的快速更迭、玩家对游戏美术日益增长的高标准、游戏行业对美术人才的高需求，都使得对游戏美术人才的培养变得比以往更为重要。

二　游戏美术教育的格局

（一）游戏美术的基本概念

游戏美术指游戏中一切可见的画面内容，它将策划设计的玩法机制和世界观以视觉的形式呈现出来，内容包括角色、场景、UI、动画、特效等。经过游戏行业多年来的积累与发展，如今游戏美术的分工越来越细化。本文依据游戏中不同的美术生产类型，将游戏美术分为 2D 美术、3D 美术、动画、特效、UED 与 TA 六大类。此外，根据此次调研的企业提供的美术岗位信息，我们制作了如图 1 所示的游戏美术岗位细分图。不同的企业会根据内部需求在招聘上将一些岗位进行灵活合并招聘，图 1 仅供参考。

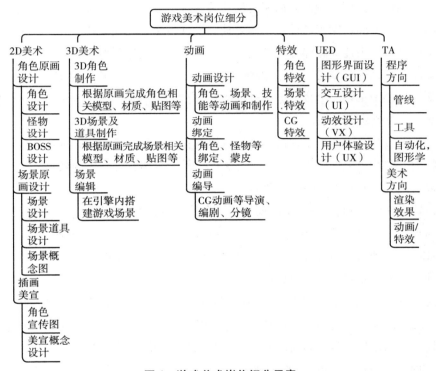

图 1　游戏美术岗位细分示意

　　2D 美术设计可大致分为角色原画设计、场景原画设计与插画美宣三类。角色及场景原画设计在项目环节中起到引导游戏美术风格的重要作用，为项目搭建起一个具体的视觉框架。其中角色原画设计主要负责角色、武器、怪物、Boss 等概念设计；场景原画设计主要负责场景及场景道具的概念设计，在 3D 项目中 2D 角色和场景原画设计都为后期模型制作提供了视觉参考，有效降低了设计的修改成本；插画美宣主要负责游戏内插画与游戏宣传插画的绘制，常见于游戏的海报、登录页面、活动页面等，美宣图在质感表现、光影表现和渲染细节上都要优于原画设计，以达到吸引玩家和商业宣传的目的。

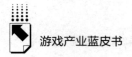

3D 美术设计则主要分为 3D 角色设计、3D 场景及道具设计与场景编辑三类。其中 3D 角色与 3D 场景及道具主要根据 2D 原画内容进行 3D 建模，包括模型、贴图与材质的制作；场景编辑则主要负责游戏关卡内的 3D 场景编辑、环境灯光的表现等。

动画设计主要负责游戏内所有的动画表现，分为动画设计、动画绑定与动画编导三个方向。动画设计包含角色动画设计与场景动画设计，其中角色动画又可以细分为表情动画和动作动画两种。场景动画设计则主要聚焦在道具和可交互物品的动画表演设计上。动画绑定多出现在 3D 项目中，主要负责角色、怪物等模型的绑定与蒙皮、处理动捕数据等工作。动画编导主要负责动画分镜绘制、后期视频剪辑等。

特效设计主要负责游戏内的特殊效果制作，包括角色特效、场景特效、粒子特效、游戏宣发视频等特效设计与制作，模拟真实物理环境的效果，协调美术风格提升游戏整体的视觉效果。

UED（User Experience Design）主要负责游戏内 UI 的美术表现，包括图形界面设计（简称 GUI，Graphical User Interface）、交互设计（简称 UI，User Interface）、动效设计（简称 VX，Interface Visual Special Effects）与用户体验设计（简称 UX/UE，User Experience）等。本文聚焦于与游戏美术视觉紧密相关的 GUI 和 VX，其中，GUI 设计主要负责游戏界面的美术设计，包括界面相关标志、图标、按键等设计与绘制；VX 主要负责根据界面视觉风格设计界面特效及动态效果，包括界面内的 UI 交互动效、界面转场动效等。

TA（Technical Artist）俗称技术美术，是一个为了满足日益增长的游戏视觉表现力需求而形成的新兴岗位，其工作内容主要包括着色器的制作、渲染管线的使用与优化、美术资源的程序化制作与性能优化以及美术工具开发等，在团队工作中负责协调沟通美术与程序的需求，TA 很大程度上决定了游戏视觉表现力的上限。

不难看出，如今的游戏行业对游戏美术岗位的细分度越来越高，这就导致游戏美术从业者不仅需要广泛地了解与学习游戏美术包含的所有内容，还要精通游戏美术的某一个细分方向。因此，当下的游戏美术教育需要给学生提供一专多能的学习条件和环境，以便在行业中找到相应的位置。

（二）游戏美术教育的基本格局：学历与非学历教育相辅相成

根据此次调研发现，从整体的游戏美术教育格局看，当今中国游戏美术教育基本呈现为图2所示的学历教育与非学历教育相辅相成的情况。高等教育、社会培训与企业培训三者密不可分，共同构成了当下中国游戏美术教育的局面，为游戏行业培养了大量的优质美术人才，对促进游戏行业的发展起到了积极的推动作用。本文在后面的章节中将从高等学校、社会培训与企业培训三个方面分别阐述当下的游戏美术教育现状。下文先从学历教育与非学历教育两种模式大致介绍此次调研的高校、社会培训机构和受访企业的整体信息。

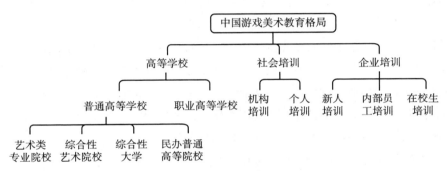

图2　中国游戏美术教育基本格局

1.高等学历教育

针对游戏美术的专业特殊性，此次调研学校分为以下几类：美术类专业院校、综合性艺术院校、综合性大学、民办普通高等院校、职业高等院校等。此次调研选择了22所不同层次的有代表性的院校，从专业设置、课程体系、教师构成、学生就业情况等方面对这些院校与游戏美术相关或相近的专业负责人或师生进行了采访。调研院校如表1所示，其中美术类专业院校的主要调研对象为八大美院与清华大学美术学院。其中，中国美术学院的本科招生中虽然没有明确的游戏方向，但是作为按图媒大类招生的发起者，在本科生一年级末进行专业分流时，该校为学生提供了明确的游戏美术专业，并设置了相对系统的课程体系。综合性艺术院校的调研对象为北京电影学院、北京服装学院、广西艺术学院、南京艺术学院与山东工艺美术学院，其中广西艺术学院和南京艺术学院在本科都开设了系统的游戏美术设计课程，学生毕业后选择游戏行业的较多。综合型大学的调研对象为清华大学深圳研究院、同济大学、浙江传媒学院与中国传媒大学。其中，清华大学深圳研究院以信息技术为基础培养游戏策划、游戏开发和游戏制作人，该院是目前受访高校课程体系中明确含有游戏技术美术相关课程的院校，该课程面向研究生。中国传媒大学开设的动画（游戏艺术方向）专业是首批入选国家级一流本科的专业，也是国内最早独立设立游戏设计的专业之一，它开设了完善的游戏设计课程，因此本次调研也将其作为综合性院校典型案例。民办普通高等院校的调研对象为吉林动画学院与上海视觉艺术学院，吉林动画学院是一所以动漫游戏类专业为主体的民办高等艺术院校，也是中国第一所专门培养动漫游戏人才的教学研究机构，被誉为"中国动漫游戏人才的摇篮"，早在2004年就开设了游戏设计、游戏软件开发等专业方向，注重学生的专业技能培养，与游戏行业密切接轨，本次调研选取其作为北方民办高校的典型案例。上海视觉艺术学院为本次调研选取的南方民办高校代表，其地理位置为游戏方向的学生提供了实习和入职游戏公司的便利，同时该校游戏概念设计及游戏制作软件课程也较为完备。职业高等院校的调研对象为温州职业技术学院与浙江艺术职业学院。

上述院校都是国内较早开始进行游戏美术教育的院校，它们可以作为各自院校类型中的游戏美术教育代表，具有较高的参考价值。

表1　受访院校（排名不分先后，按拼音排序）

美术类专业院校	综合性艺术院校	综合性大学	民办普通高等院校	职业高等院校
广州美术学院	北京电影学院	清华大学深圳研究院	吉林动画学院	温州职业技术学院
湖北美术学院	北京服装学院	同济大学	上海视觉艺术学院	浙江艺术职业学院
鲁迅美术学院	广西艺术学院	浙江传媒学院		
清华美术学院	南京艺术学院	中国传媒大学		
四川美术学院	山东工艺美术学院			
天津美术学院				
西安美术学院				
中国美术学院				
中央美术学院				

2. 非学历教育

非学历教育可分为社会培训与企业培训两个方面。

在社会培训中，依据机构或个人在网络社交平台的粉丝量和学员口口相传的口碑，本文对 58 家（包含个体讲师）游戏美术培训机构的师资资质、培训课程等方面展开了调研。调研机构包括曼奇立德、krenz、桑德兰的等待、俊灵概念艺坊、蚂蚁八手王和匠人绘等。其中着重于美术基础教学的 krenz 在新浪微博的粉丝量高达 88.3 万，聚焦于概念设计课程培训的俊灵概念艺坊在新浪微博的粉丝量高达 31.6 万。

在企业培训上，依据各公司历年发行的游戏作品数量、作品受市场欢迎程度与公司规模等指标，本文调研了网易、腾讯、米哈游、叠纸、西山居、阿里、鹰角、不鸣科技等游戏公司与事业群。上述公司均有在市场上取得不俗表现且知名度较高的游戏代表作品，在各自的层级内具有一定的代表性。针对上述企业，从人才需求、人才培训、校企合作等方面展开了调研。受访企业具体名单如表 2 所示。

表 2　游戏企业调研名单（排名不分先后）

网易雷火	阿里灵犀互动娱乐	FunPlus（杭州）
网易伏羲	三七互娱	淘米
腾讯互动娱乐事业群	吉比特	上海域起
叠纸	米哈游	鹰角网络
完美世界	杭州不鸣科技	小白工作室
西山居	快手（杭州）	杭州心光流美

三　高等院校的教学体系现状

游戏美术的学历教育以高等院校为主体，目前只有极少数的社会培训机构能够颁发学历（据调研，社会机构中只有曼奇立德能够发放大专学历）。其中在游戏美术方向的学历教育主要为大专、本科与研究生，而本科生仍是主体。

以下从专业设置、课程体系、师资构成等方面展开论述。

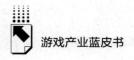
（一）专业设置

根据教育部 2024 年发布的《普通高等学校本科专业目录（2024 年）》，教育部并未明确设置与游戏及游戏美术相关的专业。本次调研的 22 所院校中，在实际招生中，大多数高校将游戏美术的招生设置在"互动媒体""动画""数字媒体艺术"等专业内，仅有 6 所院校在本科和研究生招生中明确列出了游戏相关方向。如表 3 所示，在本科专业设置上目前仅有中国传媒大学与吉林动画学院在本科招生简章中明确列出了游戏美术专业，中国传媒大学本科游戏美术招生专业为"动画（游戏艺术方向）"，吉林动画学院本科游戏美术招生专业为"数字媒体艺术（游戏策划、游戏美术、游戏衍生品设计方向）"。而在研究生招生中，仅有 4 所高校设置了与游戏或游戏美术方向相关的专业，中央美术学院为"沉浸体验与游戏设计研究"；中国美术学院为"动画与游戏研究（学硕）""游戏与交互艺术（专硕）"；中国传媒大学为"设计学（游戏学方向）""设计（游戏创作与电竞策划）"；北京电影学院为"虚拟交互影像创作（叙事游戏、互动娱乐研究方向）"。

表 3　明确以"游戏"方向招生的院校

本科（2 所）	中国传媒大学"动画（游戏艺术方向）"
	吉林动画学院"数字媒体艺术（游戏策划、游戏美术、游戏衍生品设计方向）"
硕士研究生 （4 所）	中央美术学院"沉浸体验与游戏设计研究"
	中国美术学院"动画与游戏研究（学硕）""游戏与交互艺术（专硕）"
	中国传媒大学"设计学（游戏学方向）""设计（游戏创作与电竞策划）"
	北京电影学院"虚拟交互影像创作（叙事游戏、互动娱乐研究方向）"

从受访的各院校的院系建制来看，从名称上直接体现游戏相关的，仅有中国美术学院设有动画与游戏学院、中国传媒大学设有动画与数字艺术学院游戏设计系、吉林动画学院设有游戏学院，这使得这些院校的课程设置能紧紧围绕游戏美术展开，其他受访高校都将游戏美术教学放在了动画学院、数字媒体艺术学院中，也有小部分将游戏美术教学放在了城市设计学院内——如中央美术学院，这样的院系建制导致大多数高校的课程设置并未围绕游戏美术展开。

此次调研过程中，也有部分高校和企业受访者认为设立游戏美术专业的意义不大，应该设立游戏设计专业。从实际情况看，许多游戏美术的从业者来自不同的美术专业背景，如动画、雕塑、插画、油画、视觉传达设计等。得益于原有专业的积累，他们在游戏美术的某个方向会更有优势，如雕塑专业的同学可能在造型、数字雕刻等方面具有更好的立体造型把控能力，这对于游戏美术的制作是非常有益的。

（二）课程体系

从整体看，高校教学基本围绕着美术基础、设计理论与创作实践三个方面展开。同时，由于行业快速发展，所有受访高校都存在不同形式的企业课程合作。因此，在高校的实际教学体系中呈现出自有教学体系为主、校企合作为辅的状态。

由于不同高校在专业设置和招生上存在差异，各高校对游戏创作及与游戏美术相关的课程体系建设和模式也存在较大的差别。根据调研，本文总结了以下三种模式。

1. 系统的游戏美术课程体系建设

目前，广州美术学院、四川美术学院、中国美术学院、广西艺术学院、南京艺术学院、山东工艺美术学院、中国传媒大学、吉林动画学院、上海视觉艺术学院与温州职业技术学院等高校在游戏美术的课程体系设置上较为完善，基本包含了与游戏美术设计相关的大部分内容，如游戏美术专业基础、角色与场景的 2D 原画设计与 3D 建模设计、角色动画、UI 设计、游戏视听语言、引擎基础等。其中，山东工艺美术学院、吉林动画学院、上海视觉艺术学院与温州职业技术学院等高校在游戏美术教学中比较注重技术运用，其课程会对3dMax、Maya、Zbrush 等游戏美术软件进行详细深入的教学。而得益于综合性大学的招生优势，中国传媒大学在整个游戏专业设置的结构上最为合理与全面，他们拥有游戏策划与电竞、游戏美术、数字媒体技术三个专业，基本涵盖了游戏设计的主要环节，其综合性的专业设置能够更好地培养学生的综合能力。

2. 工作室或项目制的游戏教学模式

受到高校的招生模式与专业设置的影响，湖北美术学院、鲁迅美术学院、清华美术学院、天津美术学院、西安美术学院、中央美术学院、北京电影学院、北京服装学院、浙江传媒学院和浙江艺术职业学院并未开设游戏美术相关专业，但学生在高年级时可以选择进入相应的工作室从事游戏制作的学习或在毕业创作时进行游戏项目的制作。

3. 校企合作的教学模式

此次受访的高校基本进行了各种形式的校企合作，本报告依据校企合作的形式将其分为以下四类。

（1）单一课程合作：聘请企业导师进入高校，参与到正式课堂的专业教学中，这类教学以技术性较强的游戏美术为主，如游戏特效、UI、3D角色和场景等。

（2）校企工作坊教学：校内专业老师和企业导师联合指导，以体验游戏全流程、产出游戏demo为目标，其间包含了游戏美术和游戏设计的教学指导。

（3）以完成企业项目的美术设计需求为目标的校企合作：这类合作主要以能在商业游戏中应用学生作品为激励导向，以校内教师指导为主。

（4）游戏美术科普系列讲座：企业导师进入高校，对有志于进入游戏行业的同学进行游戏美术的专业科普与教学活动，确保学生能够第一时间接触到来自行业一线的专业熏陶，这类活动基本面向合作高校的全部学生。

（三）师资构成

在此次调研的22所院校中，与游戏相关的师资构成也与课程体系的建设一样，形成了以本校专业教师为主、企业导师为辅的格局。

由于游戏在高校属于新兴专业，相关的师资专业背景在早期多以动画为主。随着学科发展，部分游戏专业毕业的学生也作为新鲜血液融入游戏专业的师资团队。游戏行业的高速发展与迭代，也深刻影响着高校的游戏美术教学。据调研，此次22所受访高校都有来自企业的外聘导师。这种合作模式为高校教学引入了来自行业一线的最新标准和实践经验，有助于为学生踏入行业适应市场需求打下基础。值得警惕的是，高校教学应当保持一定的学术独立性，以培养学生正确的游戏设计理念，丰富他们的文化底蕴，提升审美素养，引导学生树立正确的游戏价值观，与企业共同推进游戏美术教育的健康发展。

四　游戏美术的社会培训现状

　　相较于高等教育体系在应对游戏美术行业变化与动态需求方面呈现出一定的滞后与局限性，社会培训机构对行业变化及需求更为敏锐。整体来看，社会培训在专业技能的深化、行业对接及实践内容训练的密集度上较高校教育表现出更明显的优势，课程设置更加丰富多样，涵盖了从初学者到进阶者的全阶段学习需求。因此，当下游戏美术的社会培训对游戏美术行业的人才输送，于游戏美术的高等教育而言是极其重要的补充。以下从培训机构的师资背景、培训课程、培训模式及收费、培训学员构成等情况一一展开描述。

（一）师资背景

　　此次对 58 家培训机构的综合调研显示，机构中高达 88% 的讲师参与过多个大型商业游戏项目的制作，具备丰富的游戏美术实战经验，拥有业内广泛认可的代表性作品。他们大多数毕业于美术相关专业，其专业背景主要集中在动画和插画领域，非美术科班出身的讲师也展现出了卓越的专业才能，如参与过《天铸》的黄光剑、参与过《仙剑十年约》的苏健等，他们的专业实力和深厚的从业背景同样为他们在游戏美术教育市场赢得了高度认可。

（二）培训课程

　　目前社会机构提供的主要培训课程有：角色设计（2D&3D），插画美宣，场景设计（2D&3D），UI 设计，TA，基础课（含造型、色彩、构成），风格化作品集课等。在所有课程中，2D 原画课程占据主导地位，超过 2/3 的机构提供此类课程，内容涉及角色设计、场景设计及插画美宣等。3D 软件的使用教学多被融合至 2D 设计类课程中，两者相辅相成，纯粹的 3D 课程较为稀少。同时，UI 设计课程也相对较少，只有 10 家机构开设。而 TA 课程因技术门槛较高，目前只有两家机构开设了相关课程。

（三）培训模式及收费

　　根据调研数据，课程的时长及授课模式（线上或线下）是影响社会培训

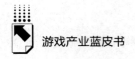
收费的两个主要因素。各类课程的持续时间多在几个月至一年之间。线上授课的费用范围通常在每期 1000~8000 元，而线下实体课程的费用则显著高于线上，在每期 10000~30000 元。此外，由于游戏美术多使用电子设备，并不过于依赖面对面线下教学，加之开课方对课程场地成本的经济考量，因此游戏美术课程以线上为主。

线上授课为主的教学模式，使不同机构间的竞争比线下教学更为激烈。课程学员会在网上分享经验与感受，实时反馈课程的水平与质量，从而对课程的宣传与招生起到重大影响。因此，讲师需要不断提高自身的授课水平与专业技能，提升口碑，只有这样才能吸引更多的生源。在这种教学模式下，美术能力不足、难以适应游戏行业发展或是教学能力较弱的讲师会逐渐被市场淘汰。

（四）培训学员构成

社会培训的受众群体广泛，不限于渴望进入游戏行业的美术生，还包括已在此行业中工作并希望提升竞争力的在职美术人员，以及来自非美术专业但有志于此职业道路的学生，甚至包含了对游戏美术纯粹感兴趣的普通大众。虽然多数课程没有报名门槛，但一些进阶类课程仍会审核学员的美术基础，以确保教学质量和管理的有效性。此外，部分机构还提供职业发展支持，如企业内推、作品集的润色及专业投递等服务。

综上，相比于高等学校的游戏美术教学，社会培训能更快地响应企业和学员的具体需求，其就业导向的特性很大程度弥补了高校无法快速回应游戏美术行业需求的问题。根据团队的长期观察，以及此次对中国美术学院 24 位在校生的调研，大约 72% 的同学会参加社会培训，以便紧跟行业动态，持续提升自己在游戏美术上的专业能力，以在激烈的就业市场中具备更强的竞争力。

五　企业的游戏美术人才需求与培养现状

（一）游戏企业的美术人才需求变化：从"多"转向"少""精"

随着游戏行业的不断发展，企业对游戏美术的人才需求整体表现出"从多到少而精"的变化。

游戏在市场上成功与否，不仅与游戏自身的品质有关，还带有一定的天时、地利、人和的偶然性。在 2018 年游戏版号寒冬之前，国内许多游戏企业会同时开发多个游戏项目，以此提高企业研发的游戏在市场上的成功率。因此，游戏行业对游戏美术人才的需求量不断扩大，整体呈现为美术岗位需求人员"多"的态势。2018 年 3 月原国家新闻出版广电总局公布的《游戏申报审批重要事项通知》、2018 年 8 月教育部会同国家卫生健康委等八部门制定的《综合防控儿童青少年近视实施方案》，给游戏行业带来了深刻的影响，国家新闻出版署对网络游戏总量进行了调控，导致很多企业苟活或难以存活，2018 年成为游戏的版号寒冬年。2018 年 12 月底，虽然版号恢复发放，但版号审核依然保持收紧，发放数量持续走低。2021 年 8 月 30 日国家新闻出版署印发了《关于进一步严格管理切实防止未成年人沉迷网络游戏的通知》，使版号寒冬持续升级，给游戏行业带来了更大的冲击。许多游戏公司因为企业经营、版号审批与项目管理等问题，大量游戏项目被砍，游戏美术岗位骤减，只有实力过硬的游戏美术员工能够在裁员潮中继续保留下来，这无疑导致游戏行业对游戏美术的人才需求从"多"转向"少"。

受到游戏行业裁员潮的影响，大量游戏美术的从业人员重新流向人才市场，同时高校与社会培训也在不断向游戏行业输送游戏美术人才。这使行业内的竞争压力不断变大，游戏美术人才必须以高要求和高标准来提升自身的水平，自觉走向"精"的道路。

近年来，越来越多的游戏企业开始追求"降本增效"，即以较低的成本获得较高的产出与回报。此现象出现的原因有几个方面，从外部来看，一是全球新冠疫情以来，世界经济呈现整体下行的态势，对企业对个人都提出了生存挑战；二是前文所提到的游戏"版号寒冬"以及后续影响，对各游戏厂商都提出了产品的整体质量要求；三是围绕电子游戏所产生的游戏成瘾和暴力等社会话题导致其作为文娱产品依然存在争议；四是 AIGC 的发展，也替代了一部分低端美术人才的需求。从行业来看，游戏的研发要求日益提高，企业对于行业经验丰富的高素质人才需求不断增加，同时，为了能够抓住更多的玩家，游戏的研发成本也在不断上升，因此对于刚入行的新人或校招生，企业需要控制培养成本。面对外部市场的不景气与内部的同行竞争，大多数公司选择从内部入手寻求扩大利益的方式。

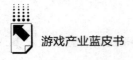

以上这些原因都导致企业对游戏美术的人才需求从过去的"多"转向"少"与"精"。

（二）游戏美术的企业人才培养

企业对游戏美术的人才培养大致可根据面向的人才类型分为三类，分别为入职新人、内部员工与在校生。

在针对新人的培养中，大部分企业会给予新人较长的适应周期，不同企业的具体时长不同，大致从1月到1年不等。在这段适应周期内，企业主要以集中培训、以老带新与进行mini-game制作等形式让新人逐渐适应公司的工作流程。其中，新人的适应周期往往是社招人员的2~3倍。因此，在当前降本增效的环境下，大多数企业更倾向于通过社招招聘人才。在受访的企业中，他们都希望高校能够对在校生进行更为专业的训练，以此缩短校招新人适应工作岗位的时间。

与新人的"以老带新"和"集中培训"的培养方式不同，企业对内部美术员工的培养主要以内部分享会的形式进行，通过讲座、组内报告分享等形式进行经验的传授，以帮助员工在专业上与时俱进，不断提升。

而对于在校生的培养，多数企业会采取校企合作的方式，通过企业导师与高校老师共同进行专业授课、带领学生进行独立项目制作、开设寒暑期夏令营等方式让学生更早地接触企业工作流程，如此，企业也可提前挖掘高校美术人才。

据本文的调查，富有经验的社招人才在适应企业工作流程和解决实际问题上，较校招生有明显的优势，这也导致在校生想通过校招进入企业变得越来越困难，学历只是"作品"同等条件下的加分项，"作品"是永恒不变的试金石。

六　AIGC下的游戏美术教育及未来趋势

（一）AIGC对游戏美术教育的影响

AIGC（Artificial Intelligence Generated Content）指人工智能生成内容，主

要指使用 AI 技术自动生成内容，它包括使用 AI 技术生成文字、图像、音频、视频等内容，本文主要关注 AIGC 中与游戏美术相关的部分。

对 AI 生成图像的研究可上溯至 20 世纪 90 年代初，不过在 20 世纪 90 年代初到 2020 年间，AI 文生图的技术存在许多缺陷，生成的图像质量较差，所需的设备要求较高，因此这项技术难以实际应用在游戏美术的工作中。但自 2021 年 OpenAI 发布 DELL-E 以来，人工智能在文生图领域开始了井喷式发展，2022 年人工智能领域又发布了 DELL-E-2、Imagen、Parti 等技术，之后又涌现出 Stable Diffusion、Midjourney 等文生图软件，正式将 AIGC 的文生图技术带向大众视野。

据 2024 年 3 月 20 日央视财经报道，当前 AI 能够有效地帮助游戏公司降本增效①。在此次调研的 18 家游戏企业中，90%以上的公司在美术生产环节已经引入 AIGC 的使用，以此减少人力成本，提高生产效率。大部分游戏公司内部培训美术人才时使用 AI 技术，部分实力很强的公司还成立了 AI 小组，专门研究与训练 AI 模型。同时，此次调研的高校也通过各种方式在课堂上引入了 AI 教学，主要表现为独立开设 AI 教学课程与在现有的课程中使用 AI 作为辅助两种形式。而在社会培训中，使用 AI 的比例非常低，只有极少部分培训机构会在课堂上介绍 AI 软件的使用。此外，网络上也出现了专门教授 AI 生图的课程，不过目前这些课程并不围绕游戏美术展开，因此在本文调研中并未涉及。

根据本文的采访，AI 技术在企业内部大多在前期设计灵感与中期丰富细节的环节中使用，在高校美术教育过程中也主要起到辅助设计的作用。高校教师与企业的美术从业者目前基本将 AI 视作一种辅助设计与画面表现的工具，而非代替人工绘画的手段。实际上在游戏美术的创作中，企业与高校都更关注美术人才的绘画基本功、审美素养与创新水平。熟练掌握 AI 技术在求职中能够提升一定的竞争力，但对于游戏美术人才而言，最核心的能力依然是基本功以及设计表现能力。

---

① 《AI 助力游戏公司降本增效 业内人士：美术环节有望降本 50%》，"央视财经"百家号，2024 年 3 月 20 日，https://baijiahao.baidu.com/s? id=1794054495929883064&wfr=spider&for=pc。

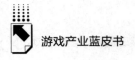
（二）未来游戏美术教育的趋势

游戏美术创作的核心本质是通过创作者的美术基本功、审美和文化素养进行视觉创作和情感表达，从而达到体现游戏的精神内涵、增强玩家体验的目的。技术更迭使得游戏的形态发生了变化，增强现实 AR、虚拟现实 VR、混合现实 MR 等技术的发展，不仅对游戏美术的呈现提出了新的挑战，对行业内美术人员的综合素养要求也越来越高，想在行业内站稳脚跟需要有一定的转型能力，不仅要求有更好的美术基本功底和审美素养，也要求对于游戏研发全流程有较好的熟悉度。这就要求游戏美术人才在拥有美术创作能力的基础上对于其他专业方向也要有所了解，并对技术的发展前沿保持敏锐的洞察力。

从总体趋势看，未来的游戏美术教育依然将由高校、社会与企业三方共同推进，保持学历教育与非学历教育相辅相成的格局，充分发挥各自的优势。如何培养学生的艺术审美、创新精神与人文素养仍然是高校需要重点关注的内容。当然，完全脱离行业需求的游戏美术教育同样不可取，将审美理念付诸实践才是游戏美术教育的真正目的，未来高等游戏美术教育需要在课程体系建设和教学模式等方面继续探索和完善，并进一步优化校企合作。

参考文献

孙静、邓剑主编《中国游戏研究：游戏的历史》，华东师范大学出版社，2023。

王亚晖：《中国游戏风云》，中国发展出版社，2018。

叶橹编著《游戏美术设计》，海洋出版社，2007。

张倩、张春新编著《创新视野下高校美术教育的探索》，西北工业大学出版社，2019。

章文：《基于传统"工匠精神"的高校艺术人才培养模式研究》，《艺术设计研究》2015 年第 3 期。

张永康：《我国高校美术教育的价值意蕴、现实困境与实践进路》，《教育科学》2022 年第 5 期。

周春花：《美术教育的文化转向》，西南师范大学出版社，2018。

B.13
2023年杭州亚运会电竞项目
相关舆情报告

张　毅[*]

摘　要： 电子竞技成为 2023 年杭州亚运会正式比赛项目，是其迈向制度化、国际化未来体育竞技形态的重要一步。本文梳理了亚运会电竞项目比赛期间的相关舆情，总结其文本特征，并针对其背后的潜在风险进行研判，进而对电竞未来发展提出对策建议。本文认为"电竞入亚"是创新对外话语、讲好中国故事、建设数字时代中国软实力的重要发展契机，而电竞用户的情感特征、电竞规制的制定与研判以及电竞出海的策略有待学界多维探索。

关键词： 杭州亚运会　电子竞技　电竞传播　舆情

一　亚运电竞传播现状概述

2023 年杭州亚运会共有 7 个电竞项目，分别为英雄联盟、王者荣耀亚运版本、和平精英亚运版本、刀塔 2、梦三国 2、街霸 5、FIFAOnline4，共计 5个 PC 端、2 个手游端项目，囊括多人在线对战经济类、体育模拟类、策略卡牌类等广受电竞爱好者欢迎的品类。有来自 30 个国家的 417 名运动员参赛，中国队参加了除街霸 5 以外的所有项目，获得 4 枚金牌 1 枚铜牌的成绩。在亚运比赛期间（2023 年 9 月 24 日至 2023 年 10 月 2 日），与电竞相关话题数次登顶热搜，可见电竞的传播力之大。

为了适应杭州亚运会和体育赛事的价值观，本次亚运会对电竞的部分项目

---

[*] 张毅，浙江大学传媒与国际文化学院博士研究生，主要研究方向为数字文化、文化产业、智能传播。

进行了改动。和平精英亚运版本没有对射、大逃荒等玩法，也用不到"跑毒""吃鸡"等行话，提供真实的体育游戏体验，包括但不限于跳伞、越野射击和赛车，玩法混合了现代体育赛事，如铁人三项，从而产生了符合体育精神的电子竞技赛事——越野射击比赛。王者荣耀亚运版本在玩法上仍然是 5 对 5 在线竞技场游戏——在一个拥有上、中、下三条道路的模拟战场中，10 名玩家分成两队，每名玩家操控一名"英雄"，以摧毁对手的基地为最终目的。考虑到选手们来自不同国家和地区，亚运版本选择了王者荣耀和王者荣耀国际版里技能机制相同的游戏角色以供使用。梦三国 2 则随着正式入选亚运会，将国风文化与体育竞技相结合，形成了一系列人物形象，可以看到许多体育项目的影子，选手需要操控以三国时期的传奇历史人物为参考的角色，展示团队策略以及个人操作，击败对方单一选手 60 次或摧毁对方基地便可取胜。

亚运会电竞项目的现象级传播反映了中国电竞的受众规模、市场潜力与发展速度。自 20 世纪 90 年代星际争霸进入中国市场以来，中国电竞飞速发展。2016 年，中国电竞超越韩国、欧洲、北美，成为全球最大的电子竞技市场。[①]2023 年，中国电竞产业收入 263.5 亿元，用户规模达到 4.88 亿人，2023 年共举办了 127 项省级及以上、有职业选手参与的非表演性质的中国电竞赛事，头部赛事单场观众峰值超过 506 万人。同时，截至 2023 年 12 月，中国国内共有 188 家电竞俱乐部。[②] 可见，电子竞技已成为中国网民媒介化生活的重要组成部分。

相较于其他传统体育项目，电竞有着以下三方面特征，使其话题的传播呈现鲜明的个性化差异。

其一是计算机中介性。电竞是身体技术的编码[③]，选手的电竞参与行为需要借由软硬件设备为界面，在信息技术营造的虚拟环境中进行竞技交互，因而电竞的展演和观看具有鲜明的中介化特征，这使得与电竞相关的传播与互联网

---

① Yu, H. "Game on: The Rise of the Esports Middle Kingdom," *Media Industries Journal*, 5 (2018): 88-105.

② 宋宇晟：《报告：2023 中国电竞产业收入 263.5 亿　直播收入占比超 8 成》，中国新闻网，2023 年 12 月 21 日，http://www.chinanews.com.cn/cj/2023/12-21/10132730.shtml。

③ 石磊、丁冉：《电子竞技文化的三重身体交互：简论电子竞技的体育属性》，《沈阳体育学院学报》2024 年第 1 期。

的技术特性更加契合。其二是娱乐性。尽管电子游戏与电竞在今天已成为两个内涵不尽相同的概念，但我国电竞的本土化传播并非从一开始就有清晰且独立的范畴，而是经历了由电子游戏议题向电竞议题逐步聚焦、分化的过程。①。因此对于大多数公众来说，电竞就是电子游戏。甚至在本土的日常混用语境下，电竞很长时间都未脱离电子游戏而成为相对独立的范畴。② 而由于电竞与电子游戏之间血亲般的联系以及后者在国内长期被污名化的现状，电竞传播不得不在新兴数码娱乐形态与传统观念的结构性张力下展开。因此，许多电竞传播倾向于淡化电子游戏的娱乐特征，并凸显其正向价值，以形塑正名实践。其三是文化性。一方面，电竞为玩家构筑了一个具有可操控性同时充满想象力的数字空间。其符号的技术呈现使得电竞作为文化及艺术的植入平台拥有更多的可能；另一方面，电竞为用户的跨文化沟通提供了语言和渠道。这使得电竞在国际传播方面有着广阔的驰骋空间。

因此，作为世界瞩目的新兴运动项目，如何把握电竞传播的主动权，发挥电竞的正向价值，推动电竞的可持续发展，成为当下必须思考的问题。本文拟以 2023 年杭州亚运会电竞项目相关舆情为参照，剖析电竞传播的文本特征、情感特征以及潜在风险，为理解中国电竞的现状提供参照和启发。

二 亚运电竞传播的信息特征

从"量"上来看，本次亚运会与电竞相关话题的传播集中于微博以及短视频平台（以抖音为主）。由于主流媒体对电竞的相关报道采取相对谨慎的态度，微博、短视频平台成为电竞话题的主要舆论场。

（一）主流媒体

在主流媒体平台及各个商业平台的主流媒体账号上所发布的电子竞技相关内容，主要可以分为赛事情况、电竞科普、人物报道与新闻播报四类，整体风

---

① 何天平、宋航：《电竞传播在中国：媒介框架变迁与社会认知重塑》，《上海体育学院学报》2022 年第 4 期。
② 宗争：《电子竞技的名与实——电子竞技与体育关系的比较研究》，《成都体育学院学报》2018 年第 4 期。

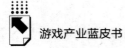

格上沿袭传统体育的传播特色。

在赛事开始之前，与电竞相关内容聚焦于其正向价值引导。例如对杭州亚运会电竞选手陈泽彬的专访，讲述其在电竞路上的奋斗故事；通过多行业多专家的讲解，继续解读电子竞技不单纯地等同于打游戏；以及国际奥委会电子竞技委员会的成立等。这些内容表明主流媒体正持续、积极地推动电子竞技朝向更加主流化的方向发展，试图消除其边缘化的外部认知（见图1）。

**图1　三大央媒微博官方账号在亚运会前夕
关于电竞的短视频报道**

在亚运会举行期间，赛果播报成为主流媒体电竞短视频生产的主要侧重点。多数内容采用图文配BGM的形式来呈现亚运会电子竞技项目的赛果简报。这表明央媒在电子竞技报道方面变得更加审慎，其中新华社在亚运会举行期间并未通过自身平台及相关媒体平台上对电竞赛事进行报道，而是从其他主流媒体（南方日报）进行新闻的援引，这反映出电子竞技在成为正规体育赛事后完全融入主流体育报道道阻且长。

与此不同的是，人民网旗下的电子竞技社交媒体账号——人民电竞，是目前我国主流媒体中着重报道电子竞技内容的重要窗口。他们积极发布与电子竞技相关的短视频内容，其中以实时赛况为核心，为观众提供更为生动和即时的电子竞技体验。

综合来看，目前主流媒体对电竞项目报道采取较为谨慎的态度。虽然电竞群体广泛，但关注度上相较于传统的、大众化的体育项目差距较大。

（二）商业平台

综合来看，亚运电竞短视频的内容涵盖赛果相关、商业相关、粉丝相关、选手操作相关、八卦相关等诸多方面，涉及微博、B站、抖音、快手、百度贴吧、虎扑等多个商业平台，各平台的受众群体、商业化程度、媒介形式及审查机制的特点使得亚运电竞信息的热度、情绪、焦点呈现明显差异。从绝对信息生产量上看，微博居首，短视频平台次之。

1.微博

在微博上，与电竞话题相关信息传播呈现鲜明的自发性、高关注度、高讨论度的传播特征。在赛程安排上，首场电竞比赛于2023年9月24日开赛，首个热搜出现于2023年9月22日，舆情主要围绕"2023年杭州亚运会电子竞技项目抽签仪式结果公布"这一事件，相关热搜话题有：#亚运会电竞项目抽签##杭州亚运会英雄联盟赛程##LOL中韩可能在半决赛交手#DOTA2中国将提前对阵马来西亚#。此外，电竞选手入住亚运村、英雄联盟韩国队、电竞项目公开售票也受到关注，相关热搜话题有#中国电竞代表团入住亚运村##杭州亚运会电竞项目开启公开售票##中国电竞出征亚运##亚运会LOL项目韩国队抵杭#。清博舆情数据显示，2023年9月22日的亚运会电子竞技舆情共有相关信息586499条，平均传播速度24437条/小时，峰值传播速度97750条/小时，可见其关注度之大。

从峰值上看，电竞关注度最高的时间点为2023年9月26日（王者荣耀项目夺冠）和2023年9月28日（英雄联盟项目中韩大战）。

2023年9月26日19：00王者项目决赛开始后，舆情总量急速增加，并在20：00左右中国队夺冠时达到顶峰。传播速度方面，该时间段可达到26018

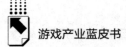

条/小时，峰值传播速度 104071 条/小时。相关话题包括如下。一是赛果相关：围绕"亚运电竞首金""电子竞技第一块正式奖牌"展开，将电子竞技的第一块正式比赛奖牌诞生视为历史性时刻，同时将比赛胜利视为国家荣誉。二是选手相关：赞扬选手赛中个人表现及赛后采访内容，认可选手的技战术水平与表现，同时为选手取得成绩感到自豪并将相关的采访内容与为国争光相联结，相关热搜话题有#徐必成金牌射手##王者项目首发打野林恒##王者荣耀中国代表队获胜采访#。三是商业相关：王者荣耀代表队选手所属俱乐部及相关赞助商的相关话题也同步登上热搜。这一类型主要为商业宣传性质。

微博传播多由网友或自媒体发起。以 2023 年 9 月 22 日的舆情为例，起始点位于上午 10 点，此时体育周报记者、游戏博主@王玮晨于微博平台发布相关内容指出，按照抽签规则，中国队可能有 1/4 的概率与韩国队（被认为是此次赛事的夺冠热门，也是中国队最强的对手）在八强相遇，引发关于对阵情况可能性的相关讨论。12 时左右，有网友发博称已有国外媒体报道亚运会电竞项目抽签结果，并配有分组对阵图，韩国队、中国队极有可能在半决赛相遇。随后大 V、媒体证实了该分组情况，引发网友热烈讨论，下午两点半左右，有多位与电竞相关的自媒体博主发博称由 Faker（电竞明星，在国内也拥有极高的知名度）领衔的英雄联盟韩国队抵达杭州，并配有 Faker 采访视频，获得较高热度，#亚运会 LOL 项目韩国队抵杭州#登上热搜。下午 3 点左右，#电子竞技亚运会抽签仪式结果公布#这一话题的传播热度达到本日峰值。随后话题热度下降，下午 5 点左右，#中国电竞代表团入住亚运村#词条登上热搜，Fake 相关话题关注度又得到进一步的增加。此后亚运会电竞赛事进行过程中，由于主流媒体采取延时转播的形式，赛事最新进程往往由网友发出，例如英雄联盟半决赛，在赛果转播之前已有网友通过"翻墙"观看直播的方式提前发布。这形塑了亚运电竞项目传播的参与性特征。

2.短视频平台

短视频平台成为微博之外电竞相关话题讨论的主要舆论场。以抖音为例，数据显示，亚运期间抖音平台共转播 12 场电竞比赛，曝光人次 4.49 亿，通过抖音平台观看人次达到 9475 万，单场最高人次 1661 万，仅仅 138 位抖音电竞从业者创作内容累计播放量就超过 13.3 亿，共有 71 个上榜热搜的电竞相关话题。此外，由于电竞爱好者多为年轻群体，是网络互动的活跃群体，此次电竞赛事短视频评论区互动较之于传统体育更多，其中，王者荣耀亚运版本、英雄联盟、刀塔2三个项目比赛时间节点为电竞短视频活跃度高峰。

内容方面，亚运电竞短视频碎片化、实时化特征明显。根据观察，热门亚运电竞短视频在时长方面多为30~60秒，内容集中于亚运比赛的高光时刻并辅以画外音解说，也有针对热门选手过往比赛回顾。例如实力突出的王者荣耀热门选手徐必成，在中国队对阵泰国队比赛的时候，该队员被泰国队五名队员"针对"性包围，这一画面在赛事结束后被剪辑成短视频在各大平台上播放（见图2）。

图2　徐必成被泰国队五名队员包围的片段

相较于其他传统体育项目，电竞短视频传播呈现明显的实时性特征。本次亚运会竞技对战类项目均采用BO3（3局2胜制），时长较短，但与赛事相关的短视频往往能在赛事进程中实时生产，例如和平精英亚运版中国队的车手位刘云雨，在比赛中在空中调整驾车姿态的表现被剪辑成一个短视频，该视频在比赛进行中便被自媒体博主剪辑发布。

（三）主流媒体与商业平台的电竞传播信息特征对比

1.结果导向 VS 过程导向

比较而言，主流媒体更关注电竞赛事的比赛结果，信息发布于比赛结束之

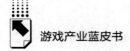

后，而商业平台往往更加关注比赛的进程以及"明星选手"的比赛表现。例如央视频平台会播报"@CGTN环球体育：中国队夺得刀塔冠军""@体坛报：'全浙班出战'，助中国队夺梦三项目奖牌""@CGTN环球体育：中国队2-1战胜越南队，获亚运会英雄联盟项目铜牌"等，大多侧重于赛事结果播报。而商业平台自媒体的介入往往较为杂乱，有伴随比赛进程的，比如英雄联盟半决赛4~0梦幻开场，不少网友"半场开香槟"，也有因为比赛结果"四金一铜"感到不满或遗憾的，更多的是大众自媒体对于电竞看法的表述，例如"玩游戏也能为国争光！""电子竞技终于被更多人认可了"，当然依旧有表述电竞作为"游戏"不应当被用于正向宣传的声音。

2. 国家叙事 VS 个人叙事

主流媒体在电竞报道的用词上带有更多国家民族叙事的特征。例如"@近日亚洲：外媒关注中国电竞产业巨大潜力""@近日亚洲：中国电竞产业全球影响力显现""@东方财经浦东：中国电竞迎来'高光时刻'"。抖音、快手等商业短视频平台的自媒体博主喜欢分析选手个人表现和采访实录，例如中国澳门电竞教练何猷君、王者荣耀选手徐必成和罗思源、英雄联盟项目韩国选手Faker等都有很高的热度，不少从前从事职业电竞的主播例如PDD和UZI也在直播中从个人的角度出发，认定亚运电竞含金量，并发表自己的相关看法。

3. 官方用语 VS 圈层化用语

如前文所述，主流媒体在电竞报道的用词上更为谨慎，多采用官方用语。网络上有个热梗：这次亚运最辛苦的是电竞解说。为了符合国际体育赛事标准，电竞解说和选手们全部实名而不用游戏昵称，游戏内装备和野怪也全部采用官方用语，例如蓝buff、红buff分别改名为"蔚蓝石像"和"猩红石像"，"击杀"改为"击败"，"复活甲"命名为"贤者的庇护"，这与过去电竞赛事的解说用法完全不同，在商业短视频平台，网友纷纷表示听不惯，解说提及选手真名也需要让网友反应很久。这种圈层化的称呼特征在电竞圈十分显著，例如网友将战队名称与战队经历联系在一起以示偏爱，LGD（电竞俱乐部名称）叫老干爹等，这导致主流媒体与商业平台在用语上呈现差异鲜明的风格。

三　亚运电竞传播的风险研判

电竞横跨文化、经济、技术等多个领域，这导致其传播特征有着多重的面向，其舆情风险问题也亟待得到更多关注。综合来看，本次亚运电竞传播所呈现出来的风险主要有以下几个方面。

（一）涉饭圈乱象风险

电子竞技在全球范围内有着巨大的影响力，吸引了大批的粉丝，特别是青少年群体，其独特的竞技魅力以及活跃的粉丝文化催动了电竞"饭圈"的产生[①]。在狂热的情感氛围中，有粉丝因维护自己热捧的电竞选手，作出造谣诽谤、互撕、拉踩、举报、蹲点围堵等不理性行为。在国家集训队选手名单公布后，有粉丝因为自己所喜爱的电竞选手未能入选，而向相关部门举报选拔过程"涉嫌玩忽职守渎职"。引导电竞"饭圈"生态朝着合理、健康、积极的方向发展，需要多方共同努力。

（二）电竞"区别对待"的认知风险

由于电竞"污名化"外部认知的延续性，"电竞入亚"仍存在一定的争议。在支持者方面，亚运电竞赛事基础设施的吐槽易被建构为"电竞被区别对待"的话语进而引发负面舆情。如2023年4月，电竞英雄联盟项目国家集训队队长Meiko在直播中吐槽亚运会的居住环境导致负面舆情。在亚运会举办期间，有部分初赛赛事未安排公开展演的体育场馆引发网民"吐槽"。在亚运电竞赛事转播上，由于电竞比赛期间转播延迟大、音效不佳、个别转播平台频繁植入广告、解说专业术语过多、部分赛事没有进行转播等问题影响到线上观看体验，引发了一定程度的舆论不满情绪，赛事播出方式和渠道不符合预期，电竞粉丝对此表达了强烈的不满。在反对者方面，电竞相关网民评论中，仍能看到"呼吁国家取缔电竞""电竞坑害青少年"的观点。两者对立容易在相关话题下形成论战。

---

① 刘丽华、张笛华：《电子竞技"饭圈"的成因、现状与治理》，《传媒论坛》2024年第5期。

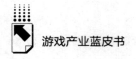
（三）涉赌风险

电竞因巨大的关注度和商业价值而成为赌博公司开盘标的重要赛事，因而此次亚运会涉赌问题潜藏舆情风险，存在影响赛事氛围的可能性。电竞涉赌问题由来已久，2018年在温哥华举行刀塔2国际邀请赛，参赛队伍共计18支，有9支队伍在赛前接受了与博彩相关的赞助，并以博彩网站的名字对战队进行冠名[①]。按照比赛规则，博彩网站赞助的队伍每击杀（死亡）一次，赞助商就会曝光一次，可见电竞对博彩网站的广告效应；电竞与直播关联密切，因而一些不法分子利用直播平台，组群开设赌局。[②] 由于互联网直播存在扩散效应，此类案件涉及金额往往十分巨大；此外，也有不法分子以电竞之名开设"电子赌场"，例如涉赌App"互遇帮"，涉及用户260万人，涉赌金额超过1000万元。[③] 电竞作为仍在快速扩张的新兴产业，如何更迭监管和社会治理体系、预防潜在的社会问题，是中国电竞走向高质量发展之路不可回避的话题。

四 关于电竞传播的对策建议

可以预见，随着亚运会主流体育为电竞"正名"以及电竞选手国家队身份的凸显，未来与电竞赛事相关的事件是主流媒体无法回避的议题，电竞文化以其独特吸引力和广泛传播力，成为青年社会化的重要场域。以社会主义核心价值观引领电竞文化、实现对青少年的价值引领，成为把握电竞产业意识形态的重要一环。如何讲好中国电竞故事，需要从以下几个方面入手。

（一）建构主流电竞话语体系

电竞与游戏在大众认知上的紧密关联，使得民间电竞话语有着先天性的娱

---

① 孔学劭：《全球奖金最高电竞赛事，过半战队赞助商涉博彩业务》，网易新闻，2018年8月24日，https：//m.163.com/tech/article/DPVGMFAO00097U82.html。

② 潘哲睿：《有法"柯"释｜警惕！电竞比赛背后的网络赌博群》，"柯桥检察"公众号，2024年6月6日，https：//mp.weixin.qq.com/s/OIqilvf693vRTrzHdcLrdA。

③ 罗莎莎、丁进：《260万用户的"电竞App"竟是赌博！14人获刑》，京报网，2023年8月27日，https：//news.bjd.com.cn/2023/08/27/10543562.shtml。

乐化特征，这与传统主流体育有着显著的区别。在此生态下，严肃化与泛娱乐化的语态都不适合已经成为亚运会项目的电子竞技。官方迫切需要建构起兼顾圈层性与大众化、适配电竞生态的官方话语体系，从而把握电竞传播的主动权。

（二）建立专属频道，打通电竞舆论场

目前来看，虽然人民日报等主流媒体早在亚运会之前就已经关注电子竞技，但尚未与电竞观众群体形成同频共振，电竞"圈内用语"未出圈，官方叙事也未得到电竞粉丝认可。因此，建议在电竞赛事节点建立一个专属的直播频道，以实时播放电竞比赛。且允许观众可以在比赛进行的同时观看和参与评论。在非赛事期间，可以与电竞界知名的解说员和分析师合作，制作每场比赛的精彩解说和分析视频，增加观众对比赛的理解和参与度，实现电竞"破圈"与"收编"。

（三）聚焦电竞选手讲电竞故事

此次亚运会舆情显示仍有不少的观众认为电竞入亚以及主流媒体直转播电竞容易诱导未成年沉迷游戏，电竞"污名化"外部认知依旧存在。主流媒体应把握电竞国家队取得好成绩这一契机，深挖选手的成长历程、日常训练以及比赛经历等故事进行专题报道，以真人真事来解释电竞选手并非网瘾少年，电竞训练并非沉迷游戏，展示电竞的职业性，彰显正向的电竞观。

专 题 研 究

B.14
中国游戏纸媒的发展历史与现状研究

周 伟*

摘 要： 在全球范围内，游戏纸质媒体曾是玩家了解电子游戏信息的唯一选择，之后有影响力的专业游戏网站出现，传统期刊类的游戏媒体逐渐衰落。梳理游戏杂志在过去50多年间的发展历史，可以探讨其兴起过程中的策略、当前面临的处境。研究发现，尽管今天游戏纸媒已接近消亡，但其精神仍在新兴媒体形态中得以延续。创作出玩家感兴趣的优秀游戏内容是游戏媒体生存和发展的关键，这一点在媒介变迁中从未改变。

关键词： 游戏媒体 游戏纸媒 游戏杂志

对于经历过游戏纸媒黄金时期的玩家来说，与游戏相关的杂志、报纸等纸媒上的内容无疑是成长过程中颇为重要的一份精神食粮，其不仅有对玩游戏有帮助的攻略、秘籍，各类新型游戏的新闻也帮助玩家开阔了游戏视野，在一段

* 周伟，笔名楚云帆，资深游戏媒体人，曾任职于网易游戏频道、新浪游戏频道，2011年任新浪游戏频道主编，2016年创办游戏媒体游研社。

时间里甚至有些游戏杂志希望带来具有文学性的文章或者颇为专业的社会报道。

但是在今天，游戏纸媒已经接近消亡。原因自然是多方面的，互联网和智能手机的兴起让玩家能够更便捷地获取游戏新闻、攻略等内容，传统零售渠道的衰退，以及视频等传播形式的兴起，这些都让传统的游戏纸媒处境堪忧。在欧美和日本等地区，尚有少量的游戏纸媒仍在发行，但是在中国大陆地区，游戏纸媒已经接近实质消亡。

对于电子游戏的历史来说，游戏纸媒有着重要的意义。对游戏历史研究者来说，早期的游戏纸媒提供了重要的一手资料，如 Alexander Smith 在 "They Create Worlds：The Story of the People and Companies That Shaped the Video Game Industry" 一文中就引用了数百条早期各类杂志上对于游戏史相关事件的记录，有效地厘清了一些错误。除了历史研究之外，游戏纸媒对于游戏文化的形成也有重要意义。学者邓剑认为："90 年代中期以来，各类游戏刊物的'文字实践'形塑了最初的'游戏文化圈'"[1]，促成了中国最早的游戏文化诞生。

但是对于游戏纸媒本身的历史，无论是全球还是中国，相应的研究都相对匮乏。美国游戏媒体 Usgamer 的撰稿人 Jaz Rignall 在专栏文章 "A Brief History of Games Journalism" 中对欧洲和北美游戏媒体的历史、两个地区的游戏发行特色差异以及游戏记者与出版商的关系等进行了探讨，但是缺乏整体性，也没有涵盖日本和中国等亚洲地区。本文将尝试以更加全球化的视角研究游戏纸媒的历史，对包含欧美、日本和中国在内的游戏纸媒历史进行梳理，分析游戏纸媒在业务发展过程中所做的尝试，以及对比游戏媒体所面对的困境。

一 早期游戏纸媒的诞生

电子游戏产业诞生于 20 世纪 70 年代初期，随着家用电子游戏机和电子街机市场的发展，这一新兴的产物也逐渐受到了电子科技和家庭娱乐类媒体的关注。在 20 世纪 70 年代，关于电子游戏的报道和评价首先出现在《Play Meter》

---

[1] 邓剑：《中国当代游戏史述源——以 20 世纪的游戏纸媒为线索》，《新闻界》2019 年第 3 期。

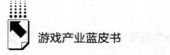

《RePlay》等街机行业杂志、《Video》等家庭娱乐杂志以及《InfoWorld》《Popular Electronics》等关注计算机和新信息技术的杂志上，此时还没有专业的游戏杂志出现（见图1）。

图1 1982年1月18日的《时代》杂志的封面

到20世纪70年代末，游戏机市场进入一个繁荣阶段，Atari CVS、美泰Intellivision等新型主机和游戏数目繁多，《太空侵略者（Space Invaders）》《吃豆人（Pac Man）》等街机上的新游戏数量也不断增加，规模逐渐庞大的游戏玩家对于了解新游戏以及如何选购游戏机、更好地通关游戏都产生了较大的需求，以电子游戏为主要内容的游戏书籍与杂志应运而生。

在游戏媒体诞生之前，市场上已经陆续出现了与游戏有关的书籍，最著名的是大卫·阿尔（David H. Ahl）的游戏编程教学系列书籍《BASIC Computer

Games》，累计销量超过 100 万①，对于早期游戏开发人员产生了很大的影响。还有一类游戏书籍则是满足玩家如何更好地玩游戏的需求，20 世纪 70 年代末北美市场诞生了一系列名为《How To Win At Video Games》的攻略书籍。在中国大陆游戏市场的早期，1990 年前后的《任天堂游戏攻关秘诀》《电视游戏攻关法》《电视游戏一点通》等也是在同样的需求下诞生的，部分书籍如《电视游戏一点通》总印量达到 23.25 万册②，可见玩家需求的旺盛，随后也催生出了一批纸媒类游戏媒体（见图 2）。

图 2　20 世纪 90 年代中国大陆地区销量最高的
游戏书籍《电视游戏一点通》封面

---

① David H. Ahl 的维基百科，https：//en. wikipedia. org/wiki/David_ H._ Ahl#cite_ note-1。
② 大狗：《沉默的人——中国电视游戏业往事》，《家用电脑与游戏》2009 年第 3 期。

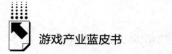

有据可考的第一份游戏杂志是 1981 年 1 月在美国诞生的《A. N. A. L. O. G.》，全称为 Atari Newsletter And Lots Of Games，是由美国商业出版公司 Larry Flynt Publications 创办的，顾名思义就是为用户提供 Atari 计算机和游戏机的相关资讯、软件。在该杂志创办的那个年代里，Atari 游戏还是电子游戏市场的主流，不过随着 2 年后 Atari 的衰落，该纸媒内容也不断调整，之后在 1989 年停刊，人员合并到另一份出版物《Video Games & Computer Entertainment》，该刊的主要报道内容已扩展到计算机、家用游戏机和街机上的游戏。

《A. N. A. L. O. G.》并不只是专注于游戏报道，也有大量电脑软件的内容，因此并没有成为公认的第一本游戏杂志。1981 年 11 月，英国出版公司 EMAP 发行的《Computer and Video Games》杂志成为真正意义上的世界上第一本游戏杂志，该杂志后来还曾推出著名的游戏产业大奖"金摇杆奖（Golden Joystick Awards）"。两周之后，北美地区第一本游戏杂志《Electronic Games》诞生（见图 3），随后，《Computer Gaming World》《Video Games Player》等游戏杂志也先后创立，早期游戏杂志行业快速进入繁荣阶段。

图 3　《Electronic Games》杂志创刊号的目录

同时期日本的游戏杂志市场也开始发展。在经历过电子杂志的零星版面介绍游戏的阶段后，1982 年 5 月，株式会社 ASCII 推出了日本第一本电脑游戏杂志《LOGiN》①，奠定了日本电脑游戏杂志的风格。次年，角川发行了《Comptiq》②，Softbank 发行了《Beep》，之后随着任天堂 FC 在日本占据支配地位，游戏杂志的数量也越来越多。早期大部分日本杂志都专注于 FC 游戏的新闻、攻略等内容，如《LOGiN》在 1986 年发行的电子游戏杂志《Famicom 通信》③ 就是以 Famicom 的名字命名的，该杂志后来改名《Fami 通》，至今仍是日本最有影响力的游戏杂志且仍在发行，在中国的电视游戏玩家中也有非常大的影响力。

二　中国的游戏纸媒

相比欧美和日本，中国的游戏产业发展略晚，因此游戏纸媒的诞生也要迟于以上地区。20 世纪 80 年代初期，随着国家改革开放的进行，《家用电器》《无线电》《电子技术》等杂志上开始零星刊登与电子游戏有关的内容，但游戏机因为价格高昂，在当时的全民经济条件下依然是非常稀少的物品，玩家数量也不多。

到 20 世纪 80 年代末，随着价格相对低廉的任天堂红白机的兼容机在中国大陆地区的流行，游戏玩家数量开始增多，诞生了《电视游戏一点通》等专业游戏书籍，一些计算机杂志也开始设置游戏专栏，如 1992 年《电脑报》开设了"游戏机之窗"栏目，《电脑》杂志开设了"游戏乐园"栏目，随后也有了专门以游戏为主要内容的期刊。

国内的第一本非正式游戏刊物《电子游戏指南》创刊于 1991 年春节前后，是一本典型的"Fanzine"（爱好者杂志），但只延续了 4 年。1992 年，创办者谭启仁联系《电子世界》杂志社，发行了两辑刊物，名为《电玩迷》（见图 4），以"电子游戏丛书"的形式出版，后随着一批真正游戏杂志的诞生而逐渐消失④。

① 日文名为ログイン，1982 年 5 月创刊。
② 日文名为コンプティーク，1983 年 11 月创刊。
③ 日文名为ファミコン通信，1986 年 6 月创刊。
④ 大狗：《沉默的人——中国电视游戏业往事》，《家用电脑与游戏》2009 年第 3 期。

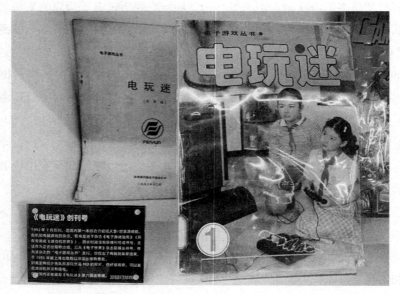

图 4 《电玩迷》第一辑与《电玩迷》送审稿，摄于游研档案馆

1993 年，北京先锋卡通公司发行了《GAME 集中营》，1994 年获得正式刊号创办了《电子游戏软件》，这也是大陆地区最早的游戏杂志，吸引和培育了一代电视游戏玩家。1996 年，《电子游戏软件》部分人员出走创办了《电子游戏与电脑游戏》，2 年之后，另一本电视游戏杂志《游戏机实用技术》创刊，加入早期电视游戏杂志市场的竞争。不过电视游戏产业在大陆地区的发展一直缓慢，《电子游戏与电脑游戏》在 2004 年停刊后，《电子游戏软件》继续坚持了 8 年，在 2012 年宣布停刊，当时只有《游戏机实用技术》杂志仍在坚持，但近两年也已经没有了实体的期刊。

大陆地区电脑游戏产业相对繁荣，相关的游戏纸媒数量也更多。1994 年 6 月，科学普及出版社主办的《家用电脑与游戏机》创刊，后更名为《家用电脑与游戏》，是主要报道电脑游戏的一份重要杂志。1995 年 10 月，中国科学技术协会支持的《大众软件》杂志创刊，虽然除了报道游戏内容外也有一半的篇幅报道计算机硬件与软件内容，但也被认为是主要报道电脑游戏的一份杂志。除了以上两份杂志外，在世纪之交的几年里，大陆地区诞生过数百份以电脑单机游戏、网络游戏为主要内容的杂志、报纸，如《软件与光盘》《电脑游戏攻略》《电脑商情报：游戏天地》《大众网络报》等，一时之间游戏纸媒的市场十分繁荣。

《家用电脑与游戏》和《大众软件》可以说是其中最重要的两份杂志，也留下了大量的遗产，如《家用电脑与游戏》杂志记者大狗（赵挺）所撰写的一系列专题文章，如今是游戏研究学者研究国产游戏市场早年历史的重要资料，《大众软件》杂志上大量与游戏产业相关的专题稿件和采访文章起到了同样的作用，包括生铁、飞鸟冰河、司马平安等记者所做的专题和采访文章。

一些纸媒还在文学性上做了尝试，将游戏与文学结合在一起，如《大众软件》杂志的"游戏剧场"栏目，陆续刊载了一系列以游戏为主要内容的小说，包括潘海天的《命运注定的空间》、cOMMANDO 的《勇往直前之千亿星辰》、杨平的《寂静都市》等。根据 2003 年的《大众软件》读者调查，每期阅读"游戏剧场"的人数在 32 万左右。其他纸媒如《电脑商情报：游戏天地》上也刊载过由 cOMMANDO 和 Salala 撰写的《网络创世纪（UO）》主题小说，《家用电脑与游戏》杂志上刊载的短篇小说《继续砍树》则是著名的《帝国时代》同人作品。

三　游戏纸媒的生存与发展

一个例子可以体现出游戏杂志受到游戏产业发展影响。1983 年北美视频游戏市场出现毁灭性崩溃后，早期游戏机企业与游戏发行商的营销支出锐减，北美市场的大多数游戏纸媒因此关门，该地区最早创办的游戏杂志 EG 曾尝试出版双月刊来渡过难关，但最终于 1985 年停刊。在"雅达利大崩溃"前推出的 18 种游戏杂志中，唯一幸存下来的只有《Computer Gaming World》[①]。而当 80 年代任天堂 FC 的北美版 NES 上市后，游戏市场恢复繁荣，各类新的游戏杂志也开始重新出现，如《Gamepro》《Nintendo Power》《Electronic Games Monthly》等知名游戏杂志都是在此期间诞生的。

在游戏行业发展早期，游戏机厂商和游戏发行商对于游戏媒体的介入非常

[①]　Jaz Rignall：A Brief History of Games Journalism，VG247，2015-12-22，https：//www.vg247.com/a-brief-history-of-games-journalism.

深度，甚至市场上有一类游戏媒体，就是由游戏机企业和游戏发行公司所创办。如任天堂在北美市场推出的著名游戏杂志《Nintendo Power》，该杂志的第一期于 1988 年出版，共发行了 360 万份①，任天堂娱乐俱乐部的每位会员都会免费获得一份。Atari、SEGA、3DO、NEO GEN、Playstation、Xbox 等主机都曾在不同地区和出版机构合作推出过类似的官方游戏杂志，是这些主机厂商粉丝的重要信息来源。

除了游戏主机厂商外，一些游戏发行商也曾推出过自己的游戏杂志，如中国大陆地区早期的两本著名游戏杂志《电子游戏软件》和《大众软件》都是由游戏公司前导软件投资成立的。中国台湾地区最早的电脑游戏杂志《精讯电脑》是由游戏发行商精讯公司推出的，主要用于对自家游戏产品的推广，之后智冠公司推出了《软体世界追踪》，大宇公司推出了《软体之星》，汉堂公司推出了《游戏工场》，这些都是介绍旗下游戏产品的免费刊物，这其中大部分刊物并没有发行多久。智冠公司的《软体世界追踪》更名为《软体世界》后作为综合性游戏杂志发行，一度是台湾地区发行量最大的游戏杂志。

成功的游戏杂志可以成为连接游戏主机厂商、游戏发行商与玩家的重要纽带。为市场上占有率较高的游戏主机推出专属杂志一度是游戏杂志的重要盈利途径，此举可以带来可观的订阅收入，如《Fami 通》《电击 G's Magazine》都曾为多款游戏主机和掌机推出专属的主题杂志。杂志有时候未必选择最流行的主机，如在任天堂的 FC 主机占据支配地位时，SoftBank 旗下杂志《Beep》与SEGA 接近并展开合作，推出了《Beep! Megadrive》杂志，因内容的独家性获得了可观的订阅，从而渡过了生存危机②。

但游戏杂志与游戏发行商之间的关系十分微妙。一方面，很多商业杂志无法完全通过杂志的订阅收入维持发展，游戏企业的广告投放是重要的业务发展支撑，因此涉及游戏的负面报道往往非常谨慎。另一方面，游戏媒体与游戏企业过从甚密又会影响到读者对媒体客观性的评价，有时对一些产品的溢美之辞就会被玩家质疑，媒体与企业是否存在利益关联的看法也随之增加。

---

① Blake Hester: The Internet Archives' Nintendo Power Collection Is No Longer Online, 2016-08-08, https://www.gameinformer.com/b/news/archive/2016/08/08/over-100-issues-of-nintendo-power-added-to-the-internet-archive.aspx.

② 奥成洋辅：《セガハード戦記》，白夜书房，2023。

其中最为著名的就是"Driv3r"事件。2004 年 Atari 发行的游戏《Driv3r》上市时，在玩家之中获得了褒贬不一的评价，但是英国出版集团 Future Publishing 控制的两本游戏杂志《PSM2》和《Xbox World》都给了 9/10 的高分，这种差异导致游戏玩家和记者对其产生怀疑，Future 旗下的 GamesRadar 论坛也充斥着批评的帖子，最终这些帖子被全部删除①。Atari 和 Future 均否认有任何不当行为，最终这一事件不了了之。类似事件还如日本游戏杂志《Fami 通》一直因对即将发行的电子游戏非常严格的评分而全球知名，但也曾因对一些游戏的评分过高而遭遇过信任危机。

为了生存和发展，游戏纸媒也在业务上做过诸多的尝试，以摆脱仅依靠订阅和广告获得收入。欧美和日本的很多游戏杂志一般从属于一些大型出版集团，如上文所说的 Future 旗下就有《PC Gamer》《Edge》等著名杂志，《Fami 通》杂志的母公司是日本著名的角川，一般都会通过出版业务销售与游戏相关的小说、漫画、攻略等书籍。

除此之外，一些游戏纸媒还尝试过游戏的发行和渠道业务。如大陆地区的游戏媒体《大众软件》杂志创刊之初就开始赠送软件，后来发行了 CD 版本的月刊《大众软件 CD》，借助这一月刊发行过不少的游戏，如《特勤机甲队 3》《心跳回忆》等游戏，当大宇公司与之前的发行商合作结束后，由《大众软件》读者服务部发展而成的晶合时代公司还与大宇合作在国内发行了《仙剑奇侠传》《轩辕剑 3》《新天使帝国》等游戏②。后来晶合还成为中国最大的游戏发行渠道之一，成为《石器时代》《魔力宝贝》《千年》《红月》等网游点卡的总经销商，与连邦软件分庭抗礼。

四　游戏纸媒的衰落

在 20 世纪 90 年代，当游戏纸媒正处于黄金时期时，一个新的事物——互联网出现了。发行于 1992 年的游戏杂志《Game Zero》在 1994 年 11 月发布了自己的网站，这被认为是第一个专门的游戏网站。在接下来的几年里，大型出

---

① Rob Fahey：《A Question of Trust》，Gamesindustry，2007-12-06，https：//www.gamesindustry.biz/a-question-of-trust.

② 大众软件杂志社：《写在杂志边上——大众软件五周年》，吉林科学技术出版社，2000。

版公司旗下的游戏纸媒和一些新兴的公司都加入了这个新的在线出版世界，IGN、Gamespot、Gamespy、Kotaku 等新兴的游戏网站或博客趁机崛起，在国内，也诞生了新浪游民部落、17173 游戏网、多玩游戏网等游戏网站（见图5）。这些生于互联网的新型游戏媒体逐渐建立了有别于游戏纸媒的生态，并逐步蚕食了游戏纸媒的市场。

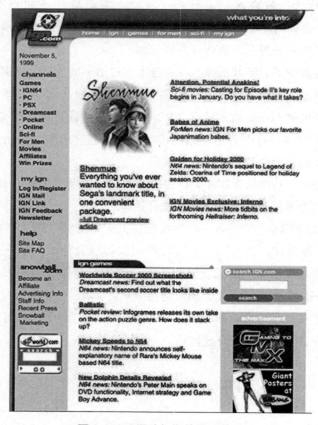

图 5　IGN 网站初期的页面截图

互联网上的游戏新闻和文章的质量往往无法与游戏纸媒竞争，却胜在速度和数量上，并且对用户而言是免费获取，同时还有用户可以为其免费贡献高质量的讨论和内容。游戏纸媒往往按月发行，且有页数和篇幅的限制，在新闻效率上无法和这些新兴的游戏网站竞争。大部分游戏纸媒都曾经开设过游戏网站，但是因为业务重心的关系大多无法作为业务重点投入，因此鲜有能够发展起来的。

在新游戏资讯无法与游戏网站竞争的情况下，一些纸媒反其道而行之，推出了以复古游戏为主题的杂志，也响应了部分玩家的怀旧热情，最著名的当数英国的《Retro Gamer》杂志，至今已出版了200余期。中国台湾地区的数位原力也推出了《旧游戏时代》杂志，截至2024年4月出版了30期。但是这些都无法改变纸媒衰落的大势。

英国媒体Push Square在2018年的一项调查中询问了206人"你是否为游戏杂志的粉丝"，58%的受访者表示"我曾经喜欢游戏杂志，但是我已停止购买它们了"，仅有17%的受访者表示仍在长期购买游戏杂志（见图6）。在另外一项面向198人的"游戏杂志在游戏媒体中是否仍然占有一席之地？"的调查中，36%的受访者表示"不，游戏网站已经让游戏杂志过时了"，仅有20%的受访者表示"是的，它们是游戏历史的一部分，应该被保留"①。

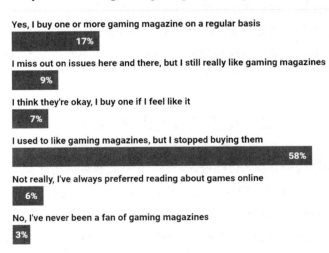

图6 Push Square关于"你是否为游戏杂志的粉丝"的调查结果

---

① Robert Ramsey："Poll：Are You a Fan of Gaming Magazines？"，Push Square，2018-10-19，https：//www.pushsquare.com/news/2018/10/poll_are_you_a_fan_of_gaming_magazines.

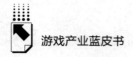

随着互联网在 21 世纪的蓬勃发展和网民数量的增长，游戏网站的优势逐渐扩大，游戏玩家对于即时获取内容也有了更多的需求，尤其是在线网络游戏的内容对于即时性本身就有极强的要求。同时，新生代的玩家更习惯在电子屏幕上接收游戏信息，而不是传统的杂志、报纸等载体，这些都让传统的游戏纸媒生存境况愈加艰难，最终大量游戏杂志走上了停刊、关闭或是被收购的道路。

2004 年，世界上第一本游戏杂志《Computer and Video Games》就停止了实体印刷版的发行，将重心放在了线上；2011 年，北美地区一度非常有影响力的游戏杂志《GamePro》宣布停刊；2012 年，在当年仍有 47.5 万订阅量的游戏杂志《Nintendo Power》宣布停刊。

在中国，进入网络时代后，游戏纸媒的生存境遇同样艰难，同时在线网络游戏逐渐成为中国游戏市场的主流，这对于发行周期较长的纸媒来说更加不利。2010 年 9 月，《软件与光盘》宣布无限期停刊，之后数年内，包括《游戏基地》《电子游戏软件》《家用电脑与游戏》在内的著名游戏杂志先后停刊。2014 年，《大众软件》在遭遇过一次刊号危机后，决定正式转型并发起移动端的众筹，但是这次所谓的转型并没有改善杂志的境遇，2 年之后，《大众软件》发起了一次休刊号的众筹。虽然众筹取得了成功，但也最终给这本巅峰时期单月销量超过 38 万的杂志画上了句号。

五 媒介的变化与不变

到今天，中国的游戏杂志已经接近消亡，但在世界各国仍然有一些游戏纸媒在发行，如在日本常青的游戏杂志《Fami 通》，欧美地区还有《EDGE》《PC Gamer》《Game Informer》等杂志，只是这些杂志的订阅量都已无法和巅峰时期相比。游戏纸媒的衰退并没有让游戏网站笑到最后，因为整个产业和媒介的环境再次发生了变化：玩家接触游戏资讯的渠道更加多样，越来越多的游戏自媒体、主播有了远超普通游戏媒体的影响力，原本的信息不对称优势也越来越小。

对于游戏网站来说，游戏纸媒曾经面对的商业化困境同样一直困扰着它们。2007 年，Gamespot 编辑总监杰夫·格斯特曼（Jeff Gerstmann）因评论出版商 Eidos 发行的《凯恩与林奇：死人（Kane & Lynch：Dead Men）》而备受争议地被 GameSpot 解雇，再次引发了玩家对游戏媒体客观中立性的质疑。与此同时，游戏网站在商业上也开始面对更多的竞争，那就是视频和直播平台的游戏主播们。

2010 年以来，社交网站、视频和直播平台的兴起给了更多规模更小的团队甚至个人机会，而这些新的博主、主播有些甚至拥有了比游戏网站这类机构媒体更大的影响力。如游戏主播 PewDiePie 在 Youtube 平台上拥有 1.11 亿位订阅者，《堡垒之夜》知名主播 Ninja（Tyler Blevins）依靠直播吸引了 1000 多万粉丝，多次创造 Twitch 平台的观看人数纪录。这些视频平台和直播网站为那些制作玩游戏视频或讨论、分析游戏视频的人提供了平台和经济收入，不断吸引更多的游戏玩家加入其中，也因此成为游戏出版商的重要营销阵地。

在国内的视频平台 Bilibili、抖音、斗鱼和虎牙等直播平台，同样有数量众多的具有影响力的游戏主播，如 Bilibili 平台的 STN 工作室，抖音博主"呼叫网管"等。社交平台微博和微信公众号同样培育出了一些游戏新媒体，如笔者所在的游研社，行业媒体游戏葡萄、触乐等，这些游戏新媒体有别于传统的游戏网站，在业务发展上更加灵活，但是在商业模式上同样面对诸多的困境。

自 20 世纪 80 年代发展到今天，游戏纸媒已经成为明日黄花，但纸媒留下的遗产如今仍在持续滋养着整个行业。一些游戏企业的发行人员甚至开发者都曾有过游戏媒体工作的经历，如缔造了《精灵宝可梦》系列的田尻智和杉森建最初曾一同制作一本名为《GAME FREAK》的游戏攻略杂志，后来以杂志名命名了工作室。

一些曾经的纸媒编辑仍然奋战在游戏媒体的一线，为游戏玩家撰写关于游戏行业的深度报道。在诸多新兴的媒体形态中，无论是网站、机构还是个人主播，最终能够脱颖而出的往往都是继承了优秀纸媒的精神、能够创作出玩家感兴趣的优秀游戏内容的。无论媒介如何改变，总有一些是不会改变的。

B.15
国产游戏的叙事艺术表现
与心理因素研究

陈京炜　孙瑜*

摘　要：　游戏媒介作为叙事载体，其艺术性从世界观建构、视听效果的呈现"大叙事"，以及玩家交互产生的"小叙事"中体现出来。艺术表现的背后存在认知、情感、动机等方面的心理因素。本文通过分析多部类型不同的国产游戏的优势与不足，挖掘游戏传承传统文化审美价值的潜力，展望国产游戏叙事艺术的未来道路，对国产游戏的发展提出审美价值与文化传承等建议。

关键词：　国产游戏　情感共鸣　叙事艺术　文化传承

一　引言

在数字媒体环境下，游戏具有强大影响力，并逐渐成为一种新的叙事媒介。游戏的交互性为叙事引入了"玩家视角"这一维度，由此突破了由电影、小说和戏剧构成的传统叙事媒介生态，在叙事表现性上增加了许多可能性和挑战。

从首款国产游戏《神鹰突击队》于1994年面世，到2000年中国第一款图形化的网络游戏《万王之王》正式商业化运营，再到2020年多款国产游戏成功出海，我国电子游戏行业迅猛发展的同时，叙事艺术也在蕴藏着中国文化的

---

* 陈京炜，教授，博导，中国传媒大学动画与数字艺术学院副院长，主要研究方向为游戏心理学、游戏创作理论与实践；孙瑜，中国传媒大学动画与数字艺术学院艺术与科学硕士研究生。

意象和符号的游戏故事中蓬勃生长。在国产买断制游戏方面，2023 年 Steam 平台共上架 1100 多款国产游戏，占 Steam 同期上架新游总数的约 8%①；在 2023 年国产买断制游戏销量榜前十之中，互动影像类《飞跃 13 号房》、养成类《火山的女儿》、武侠 RPG 类《逸剑风云决》等以剧情为主要卖点的游戏总销售额达 1.54 亿元。而在国产长线运营手游方面，2023 年收入排名前 100 位移动游戏产品中，充满丰富故事与剧情的角色扮演类游戏占比 31%②，明显高于其他类型，而其他如策略类、卡牌类游戏也不断添加新的叙事要素来吸引玩家。在用户购买方面，近 70% 的用户表示，在游戏消费过程中主要是受角色形象吸引，受故事情节吸引的则为 60% 左右③。游戏不只在世界观设定和预设文本中为玩家讲故事，在游戏机制中也为玩家设置了文化与艺术的体验空间。

在"讲好中国故事"的大语境下，探索游戏中的叙事艺术表现不仅能为传统文化构建"活"的创新数字场域，还可以开辟跨文化传播的新路径。与此同时，基于心理机制的科学分析可以探究人们深层次的情感共振，挖掘游戏叙事艺术背后的底层之源。

二　叙事艺术的理论基础

"叙事学（Narratology）"这一概念由托多罗夫于 1969 年正式提出并定义。该理论诞生时受到结构主义与俄国形式主义的影响，它关注故事的叙述方式、叙述者、接受者、时间与空间等叙事元素，并探讨这些元素如何共同构造作品的内在结构和意义。后来，经典叙事学经历了多元的发展历程，后经典叙事学开始承认作品的复杂性与异质性，不再执着于只在作品内部寻找稳定体系，而是将作者意图和读者的构建纳入研究视野之内，聚焦于受者（读者/观

---

① 国游销量：《2023 国游销量年榜》，知乎，2024 年 1 月 22 日，https：//zhuanlan.zhihu.com/p/679139953，最后访问日期：2024 年 6 月 6 日。

② 中国音数协游戏工委（GPC）：《〈2023 年中国游戏产业报告〉正式发布》，游戏产业网，2024 年 5 月 10 日，https：//www.cgigc.com.cn/details.html？id=08dc70a3-deb3-4af9-8043-8b92d80fff2c&tp=report，最后访问日期：2024 年 6 月 7 日。

③ 中国音数协游戏工委（GPC）：《〈2023 年度移动游戏产业 IP 发展报告〉正式发布》，游戏产业网，2023 年 11 月 11 日，https：//www.cgigc.com.cn/details.html？id=08dbe27b-c53f-43a4-890d-a5980d5a33f6&tp=news，最后访问日期：2024 年 6 月 7 日。

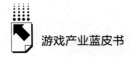

众）心理的认知叙事学不断完善。而随着新媒介的多样化，叙事学也在不断扩展自身的理论框架，电影、电视以及新数字媒介参与进了研究视域。

游戏学的经典分析框架中存在与叙事学相契合的部分。例如在 MDA（Mechanics, Dynamics & Aesthetics）、FDD（Formal, Dramatic & Dynamic Elements）等游戏分析框架中，世界观背景、角色设定和戏剧情节这些分析要素承继了文学叙事学理论中环境、人物和情节的三要素分析结构。但即便如此，叙事学框架仍不能完全囊括游戏的全部元素，杰斯帕·朱尔（Jesper Juul）认为游戏不是叙事，但具有叙事特征，学界对于游戏是否可以纳入传统叙事理论框架之下分析尚且存在争议，但毋庸置疑的是，游戏可以作为一种讲故事的媒介，且游戏叙事的高互动性向传统叙事学理论提出了新挑战。法国哲学家利奥塔认为后现代特征就是小叙事取代大叙事①，小叙事更加谦虚且"本土化"，他们可以突出单一的事件，一个人就是一种叙事，通过这种理论立场聚焦个体的特定语境，关注人类知识和经验的多元性。在网络化、碎片化的今天，"去中心化"的个人叙事逐渐占据主流，游戏在此方面占据独特的优势。

大多数包含叙事的游戏都存在"故事整体叙事"和"玩家的个人叙事"两层结构，因此游戏的叙事也可以分为"大"与"小"两部分，"大叙事"指游戏的机制规则和世界观架构中的意义体现与文化表达，这是由媒介生产者也就是游戏制作者设计的；而"小叙事"则是由受者即玩家在体验过程中建构的"过程叙事"，它基于玩家一系列的主观选择。本文将采用该视角对国产游戏叙事艺术表现进行分析。

三 国产游戏的叙事艺术表现

在国产游戏市场不断壮大、游戏类型不断扩充的同时，游戏的叙事艺术表现形式也随之丰富。在游戏类型逐渐饱和的背景下，玩法的机制创新难以寻求突破，市场转向了谋求故事创意、角色设计与塑造创新、追求视觉声音效果等新竞争赛道，例如网易在 2021 年推出的手游《忘川风华录》，该游戏在机制上与其公司旗下《阴阳师》等半即时回合制 RPG 老牌手游属同一赛道，但其

---

① 〔英〕马克·柯里：《后现代叙事理论》，宁一中译，北京大学出版社，2003，第108页。

因"历史新编"的奇幻世界观以及自带影响力的国风音乐企划，获得了不少玩家的青睐。玩家将扮演一位使者，与逝后来到"忘川"的各位名人雅士如嬴政、苏轼等人对话交流，相比于《阴阳师》中出自日本神话故事的式神，"忘川河"与和谐的桃源文化能自然地唤起本土玩家的历史记忆。

（一）游戏世界观中的宏观叙事

国产游戏包含的世界观文化背景繁多，包括武侠仙侠、架空幻想、民俗历史、神话传说等。"世界观的构建提供一个近乎真实的环境和一个持续性的话题。"① 世界观是从"大叙事"的视角出发，给予玩家宏观意义与叙事感受的"土壤"，是游戏叙事艺术的基础。

一类是国产大型角色扮演类游戏例如《原神》《崩坏：星穹铁道》，它们的"大叙事"旨在打造一个架空历史的幻想世界，其想象力是超现实主义的延伸，"摆脱了在既定历史面前的被动性"，为玩家带来"自由"、"开辟"与"冒险"的叙事感受，其开放世界探索玩法、高自由度机制也支持着它的宏观叙事。另一类如《逆水寒》《剑侠情缘网络版叁》（以下简称《剑网3》）等武侠国风游戏，则是建立在具有历史原型的半幻想世界之中，它们的游戏背景设定往往有一个特定朝代，例如《逆水寒》设定在北宋晚期，《剑网3》则在唐朝开元和天宝年间，因此，除了游戏自身的玄幻设定，中国悠久的历史传统也是其世界观语境的一部分，它们为玩家提供的宏观意义是"家国"、"江湖"与"侠义"，其中特有的游戏机制例如"情缘""师徒"系统强调了玩家之间的社交联系，更加突出"有人才有江湖"的理念。而像《纸嫁衣》《烟火》《三伏》等民俗类独立游戏的世界观则基于现实，在中国现代或特有年代画卷上展开，理解其大叙事需要玩家对所处年代源流有一定的把握。例如《三伏》的故事发生在 20 世纪 90 年代的重庆，以特异功能、气功热席卷国内的现象为年代背景，以民俗怪谈的叙事风格探讨了科学进步与迷信蒙昧的冲突，这一类游戏采用解谜机制和线性叙事，玩家行动和视角的受限带来了"谜"与"命运"的现实主义思考，与其含蓄内敛的文化隐喻相呼应。同样基于现实还有一类特殊的题材——红色革命主题游戏，代表作品如民国谍战类《隐形守护

---

① 刘子烟：《角色扮演类游戏的世界观建构研究》，江南大学硕士学位论文，2021，第 23 页。

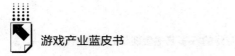

者》。《隐形守护者》作为一部强叙事游戏，它基于选项点击的交互机制，需要玩家在一个复原的"历史性"情景中作出选择，命运与历史的壮烈感在紧张的剧情与导向不同的选项中凸显出来。

（二）视觉声音艺术作为叙事要素

游戏中视觉声音效果与世界观设定是相统一的。音视觉效果构成了电子游戏叙事要素，起着传达背景信息、情境氛围、思想主题的功能，同时还需要满足一定审美性需求。

在游戏视觉方面，"'影'的'再现'是通过想象对现实物项的一种跨维度召唤"①，游戏场景设计中的光线与色彩等视觉元素可以把玩家带入特殊的叙事语境中。《原神》"三渲二"的美术风格的"出场"就是在回应架空世界中的幻想元素，饱和明亮的色彩回应着治愈诙谐的冒险故事。而同为"二次元"幻想手游，如果这种高饱和视觉应用到《战双帕弥什》《无期迷途》上则会略显割裂，作为末日废土主题以及诡秘的禁闭追捕主题，无论是世界观还是故事叙述中都充满了紧张的危险感，在灾祸降临、病毒蔓延、随时可能有角色牺牲的后启示录世界中，主角一行则是黑暗中希望的化身，其用以黑白灰为主调的低饱和度视觉效果来体现压抑和爆发之间的张力，形成了视觉与叙事的统一。国产独立游戏《风来之国》的背景设定虽然也是末日，名为"黑潮"的自然灾难侵蚀着人类的生存空间，它的主线故事却采用童话风格讲述，人物塑造和台词夸张有趣，其采用的类塞尔达的复古像素画面、可爱怀旧的像素视觉与主旨相得益彰，游戏媒体评价其为"末世之下的温柔之风"。而上文所提到的《隐形守护者》游戏背景为严肃的中国现代史，于是这部游戏在画面表现上就压制了玩家进行超现实幻想的空间，回归"现实主义"，它全程采用真人演出和电影镜头拍摄的方式，高度保证了历史的真实感。

在游戏声音方面，"声音景观"理论的提出者谢弗为声音研究者提供了探索声音背后文化研究的新思路，他强调探寻声音与人的关系，更加注重声音的文化、历史和社会属性。游戏中的听觉符号（音乐、音效与语音）在满足玩

---

① 张坤新：《想象、表征与认同：视频游戏的视觉修辞实践——以〈底特律：变人〉为例》，《东南传播》2023 年第 7 期。

家心理愉悦感的同时，也对游戏的文化背景和叙事进行解读式表达。例如 2023 年上线的国产手游《重返未来：1999》宣传时以全英文配音为卖点之一，它采用非本土语言声音并非噱头，而是配合了其维多利亚蒸汽工业时代的叙事背景，更好地彰显英伦复古、神秘典雅特征。而在悬疑游戏《疑案追声》中，玩家需要依靠听辨来自不同人群、不同时间的声音进行探案，声音和音效几乎承担了该游戏的全部叙事功能。"音乐本质上有隐喻的向度"，《王者荣耀》的世界观本就庞大繁杂，是神魔、历史、西方幻想类等主题的"大杂烩"。其游戏角色音乐如《六合虎拳》《五虎上将》系列等，经常使用特色民族乐器和极具东方地域风格的声音元素，配之以宏大混杂的交响乐。强调东方主题的同时又暗示东西方文化的融合。

视觉声音艺术作为叙事元素参与进了游戏的"大叙事"之中，风格各异的视听塑造了玩家的心理场景，将玩家引入一个独特的意义背景中。

（三）化身角色塑造和玩家参与的互动叙事

"电子游戏的叙事展现出区别于传统大众媒介宏大叙事的新型叙事特征"，玩家通过个性化的游戏互动行为向游戏世界和其他玩家传达自己的意图，从而构建属于自己的小叙事①。而游戏的主控角色是玩家的化身，是玩家参与叙事的视角主体和产生情感共鸣的载体。化身的设计既要参与到大叙事之中，又要让玩家感受到自主性与代入感。国产经典角色扮演游戏《仙剑奇侠传一》中游戏主角是李逍遥，其机智、侠义的鲜明性格给玩家留下了深刻的印象，与玩家产生深刻共鸣。而另一部分游戏为增强代入感，会在角色设计上为玩家提供更多的自由想象的空间，有意削弱角色的预设特征，例如采用主角丧失记忆等叙事技巧，或直接让其变成"哑巴"，一些 MOORPG 游戏则直接将游戏形象的设计权交给玩家，让玩家自定义脸部模型和声音特征。

"小叙事"聚焦于玩家自己创造的游戏进程。但玩家的自主行为都会不可避免地影响到游戏预设的叙事，在主要故事进行的过程中，发生一些脱离安排的行为：这些行为可能是余赘无意义的，或者是破坏叙事连贯性的，也可能会

---

① 关萍萍：《互动媒介论——电子游戏多重互动与叙事模式》，浙江大学博士学位论文，2010，第 164 页。

带来意外之喜。

克劳福德所定义的互动叙事为"发生在两个或多个活跃主体之间的循环过程，各方在此过程中交替地倾听、思考和发言，形成某种形式的对话"①。一方面，游戏在"倾听"玩家的输入之后，经过"思考"后作出"发言"。例如《逆水寒》中运用 AIGC 技术，通过语言大模型来驱动 NPC 的对话以回应玩家，甚至根据玩家行为形成 NPC 的社交圈，玩家的自主行为无疑让游戏更加丰富，这得益于深度学习等人工智能技术的发展，让玩家在超脱预设框架的情况下仍然能够得到有意义的反馈。另一方面，玩家与玩家之间进行"倾听"、"思考"与"发言"，主动对游戏所呈现的"大叙事"进行补充。例如玩家在《剑网 3》中自发祭奠逝去的玩家"浪凌飞"，其数字化身作为万花谷门派弟子在游戏中永存，这一行为引起无数玩家的情感共振，正与游戏中"有人有江湖"的大叙事相辅相成，这种来自玩家的偶发性叙事艺术是游戏创造者的想象力无法穷尽的。

四　游戏叙事艺术底层的心理机制

（一）玩家的情感投入与共鸣

人是具有丰富情感的社会动物。情感则是一种复杂微妙的心理趋向，它的产生建立在一系列生理学和心理学的基础之上，最终表现为一系列外在行为。游戏中的故事容易唤起人的情感体验。"文化消费中的情感体验，其实就是通过一定的符号对自我深层结构的深入或反复，以实现精神的回归。"② 情感本身是一种具有依附他物性的模糊信息，玩家在通过化身与游戏世界进行交互的过程中，容易将现实中的情感投射并依附到游戏的元素符号中。优秀剧情向独立游戏《去月球》采用"盗梦空间"式层级叙事结构，为玩家讲述了一个老人奇怪的临终愿望背后遗憾而温暖的爱情故事。每一梦境层级都包含着一个通关符号"纸折兔子""鸭嘴兽""月亮"等，这些游戏符号寄托并积累着玩家

---

① 〔美〕克里斯·克劳福德：《游戏大师 Chris Crawford 谈互动叙事》，方舟译，人民邮电出版社，2015，第 24 页。

② 李思屈、李涛编著《文化产业概论》，浙江大学出版社，2010，第 65 页。

不同层级的情感，慢慢揭开一段爱情往事的记忆回溯，给玩家带来强烈的情感共鸣。《去月球》不仅获得多家权威游戏媒体的最佳剧情奖项，还获得 Steam 平台玩家无数好评，其证明游戏叙事艺术成功的底层逻辑之一就是使玩家在情感体验中获得满足。

（二）玩家选择背后的动机驱动

在青少年心理与游戏研究方面，对于玩家动机和心理需求的研究较多。不少学者基于马斯洛著名的需要层次，分析了玩家游戏时的动机层次。玩家在游戏叙事中的选择与决策体现了人类的需求层次，包括生理需求、安全需求、归属和爱的需求、自我实现与审美需求等。玩家是习惯体验人与人之间的情感故事，是探寻稀奇的世界观、怪物设计来满足好奇心，还是享受升级的爽快王道故事？需要和动机是紧密相连的。以叠纸公司在 2024 年初推出的女性向恋爱游戏《恋与深空》为例，乙女游戏往往以满足女性的"归属和爱的需要"为主要目标，玩法机制难度系数低，以精美画面、第一人称恋爱故事和虚拟人陪伴系统为卖点。而《恋与深空》首次在乙女游戏中引入了动作战斗机制，女主角作为战斗者主体，战斗成就通过男主角语音和"朋友圈消息"进行关联反馈，添加到恋爱叙事的整体中，关注到女性玩家"自我实现"动机的同时又丰富了"恋爱"需求，拓宽了选择的层次。当然，如果玩家的角色处于一种高难度的环境下，周遭充斥着死亡威胁或紧张的战斗，往往也会丧失高层次的寻求审美和自我价值的动机。所以游戏的设计在让玩家感到生理舒适的同时，还需要在精神层面灌以丰富的内涵，来进阶满足玩家不同层次的审美需求。

（三）玩家认同与代入对认知的影响

玩家在游戏中进行选择体验时，受到自身已有知识与经验影响的同时，也在塑造着玩家的认知。"认知是一种感知符号系统，某些感知符号在感知到一些事物的时候会被激活，并很快连接在一起。"[①] 玩家与电影、小说等叙事媒介有一定程度的代入距离，当故事中的主角与玩家的现实认知产生冲突时，更

---

① 郑旭东、张金胜：《智能环境下角色扮演的游戏化教学何以有效？——基于认知具身观点的理论透视》，《电化教育研究》2023 年第 5 期。

容易造成意识上的疏离。而游戏叙事基于媒介自身的交互性与沉浸性，为参与者提供了独特的代入窗口。玩家更容易对角色产生认同，而且认同感会在一次次操作和行动中不断地被巩固。例如，《烟火》在 Steam 平台上一篇发表于 2022 年的高赞评论称："这个游戏再次坚定了我要去支教的想法。"当身为教育从业者的玩家在《烟火》中对小学教师"陈青穗"故事体验转化为一种感知符号时，"职业价值"会在现实生活中再次被唤醒，个体的自我认同通过对游戏中角色的情感投射得以实现。

五 国产游戏叙事艺术的案例分析

游戏的类型不同，叙事性不能统一而论，这里采取《山海旅人》《江南百景图》《鬼谷八荒》三个不同类型的国产游戏对其中表现出的叙事艺术以及心理机制进行分析。

（一）《山海旅人》：解谜强叙事与民俗志怪

《山海旅人》于 2021 年上线 Steam 平台，是一款由 Gamera Game 公司发行、由云山小雨工作室开发的国产独立游戏，目前已经积累了近 6000 条评测，被 Steam 标记为"好评如潮"。其游戏类型为 2D 国风志怪解谜冒险游戏，温馨感人的剧情为游戏亮点，是典型的强叙事性游戏。玩家将扮演能够穿梭阴阳两界的逆梦师"七云"，受到黑白无常的委托后，在"芦河村"与"地府"的空间场景中穿梭，通过窥视记忆以改变过去，帮助灵魂遁入轮回。游戏中不仅包含了中国神话、志怪小说、民俗历史的元素，还囊括了友情、亲情、爱情等感人至深的复杂情感。游戏将自己的背景定位于中国神话中的"阴曹地府"，却没有将生死观念置于晦涩沉郁的语境中，而是用细腻温馨的情感来表达逝者对死亡的释然，与道教传统的生死观相契合。游戏的视觉表现契合了故事基调，在场景中也运用到了不少的道教符号，游戏还将中国传统工具算盘、秤杆、纺车、脸谱等融入解谜玩法里，让玩家了解该工具大概使用方法的同时，也将谜题日常化，为故事中的玩家模拟一个贴近真实的"古代"情景。而玩家的"小叙事"体现在他们需要在记忆回溯里自主收集"感受"与"想法"，植入角色的脑海中，促使他们在命运的分岔口作出选择。玩家在根据碎片作出决策时，实际上是一个"去拯救"他人的过程，每一步操作寄托着玩家对角色的情感投入。当琵琶鬼小柳儿凤愿被主角完成，他最后也默默地替主角团献出了生命。玩家代入主角时就形成了从"去拯救"到"被拯救"的情感传递的闭环，从而形成强烈的心理共鸣。但这种强叙事游戏的不足是结构线性、选项基本唯一，而且《山海旅人》的"逆梦"系统有时间限制，当玩家在其中一个选择节点没有找到或选择了错误的"想法"，就会导致"逆梦"失败重新开始，容错率低的选择十分容易造成玩家连续积累的情感产生断层。如何达成玩家自主度与叙事节奏的平衡，是强叙事类游戏需要思考的命题。

（二）《江南百景图》：模拟经营与"桃源理想"

《江南百景图》于 2020 年正式上线，是由椰岛游戏开发的一款模拟经营类游戏。目前在 Taptap 平台上已有 1814 万下载量，455 万关注度，曾获得 2020 年 Google Play 最佳独立奖项。玩家将扮演一名知府，与明朝画家文徵明一起成为城市设计师，在"江南百景图"绘卷中重建大明水乡。玩家不仅可以规划布局、通商惠工，还可以在城市中聆听百姓们的故事和名人们的奇遇。历史上的各类名士可以被召唤到城市中安家落户，并辅助玩家完成开荒建造、管理城市，体现了"阡陌交通、鸡犬相闻"的和谐田园愿景以及"桃源理想"。因《江南百景图》在画面、玩法、叙事上与传统文化结合的优秀表现，学界不乏对该款游戏美学、设计、传播方面的研究。在叙事艺术方面，该游戏并没有一条明显的主线，碎片化的故事散落在城市的建筑介绍、百姓交谈和书信趣闻里，每位居民都有自己的日常生活。以明四家的趣闻为例，当玩家凑齐四位角色之后，城市中游历的百晓生会告诉玩家，"沈周、仇英、唐伯虎在文徵明家中吃茶作画"，只有玩家的城市中建设有住宅并且让文徵明入住，才能继续触发接下来的剧情线，将人物故事与游戏模拟管理的玩法相结合。不仅如此，其城市建筑的介绍中并非在描述古物，而是处处在写"人"，黏土矿的介绍中是居民狗剩的故事，戏台的介绍里是丽娘、春花之间的小事，宗祠的描述里写的是百姓阿北和知府的寻根往事。游戏中所有的碎片化叙事都是以人为线索，串联起真实的人间百态和江南图景。但这一类以贴近历史文化、还原真实生活为卖点的游戏对待历史人物更需要谨慎，该游戏曾因将著名奸臣秦桧、魏

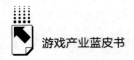

忠贤设定为"天"字等级角色，对英雄人物岳飞等设计不妥而引起争议，之后道歉删除争议角色。这说明世界观叙事涉及历史元素的游戏并非可以用"架空"为挡箭牌，要在符合民族历史认知的基础上，再对传统人物形象与元素进行活化与创新。

（三）《鬼谷八荒》：自由沙盒与神话世界

《鬼谷八荒》于 2021 年发布，是由鬼谷工作室开发的一款修仙沙盒类游戏。其一经上线就反响热烈，在开测首页就卖出 180 万份，Steam 最高在线人数达 18 万人。在世界观架构上，这款独立游戏以《山海经》为背景，从中国神话中充分汲取养分，其主线剧情由"后羿射日""精卫填海""钻木取火""夸父逐日"等几个神话故事串联起来，其各类系统中的元素例如地图系统中的雷泽，奇遇系统中的朱厌、巴蛇，异兽系统中的当康、长右，皆来自《山海经》，升级系统则采用了经典修仙结构，而水墨国风美术和仙侠类音乐风格与世界观背景相辅相成。玩家在沙盒世界中自由度很高，在完成主线剧情间隙可以自主安排升级的路径与方向，辅以随机的奇遇事件以及由 AI 驱动行为逻辑的 NPC 故事，给玩家多样的故事体验。虽然游戏利用玩法机制上的巧妙设计牢牢地抓住了玩家心理，但不足之处在于主线剧情薄弱，神话故事只是流于表面设定，并没有创新或深度挖掘情感。这使得玩家对于《鬼谷八荒》的记忆被局限在了《山海经》的符号上，而缺乏具有深度内涵的理解，这也是不少评论认为即使《鬼谷八荒》销量出色，其与《仙剑奇侠传》《古剑奇谭》等剧情出色的经典仙侠神话作品相比，还是稍显逊色。游戏的"国风"不能仅是作为包装的精美面具，还需要真正地融入传统文化的精神内涵。

六　游戏叙事艺术的审美价值与文化传承

游戏的交互性使得游戏叙事艺术生成了当代审美经验新范式——融入式审美经验。它指的是"人在数字文学艺术和其他数字技术装置中被引发出来的审美经验类型，具有相当深度和广度性的'沉浸'形式，必然伴随着用户与文本、与作者之间的强势交互行为及其交互性感知、体验"①。这种新媒介美学范畴包含生理、感官与心灵三个层次：游戏机制的易玩性，操作上的流畅性与低门槛影响着最基础的生理层次，而感官层次上则强调视觉、听觉等多维度美感经验，心灵层次旨在表达艺术作品的内涵和情感。以改编自白居易的《长恨歌》的游戏《画境：长恨歌》为例，其操作层面上采用简单易懂的点击交互方式，使玩家可以"改画""作画""寻画"，感官层次上辅以古典水墨美术，给玩家带来国风意境十足的心灵体验，充分发挥游戏媒介的特殊性，挖掘了古典叙事诗的潜力，展现了游戏叙事艺术的审美价值。

游戏从业者们越来越意识到游戏这一媒介作为多元审美价值载体的可能性，并在游戏制作中积极地与中华传统文化相融合，故事就是将玩家与传统元素联系起来的桥梁。《新倩女幽魂》通过游戏支线剧情"遇见龙门"将玩家自然引入龙门石窟场景之中，玩家在父女亲情的叙事中"以小见大"，体验到叙事背景中盛唐时期的石窟文化。除此之外，还有《原神》与京剧文化、《幻塔》与刺绣艺术等，游戏不仅要通过美术设计传达中国文化元素和风格，也要去积极地挖掘中国文化精神和思维，承担起作为一个具有极大影响力的叙事媒介的责任。

七 结论

世界观设计、音视觉要素等构成了国产游戏中的叙事艺术中的"大叙事"框架，玩家在设计者提供的土壤中构建自己个性化的"小叙事"过程。而玩家在参与叙事的过程中涉及了心理学的机制：玩家通过游戏符号投射情感产生共鸣、选择的动机体现着玩家的需求层次，而玩家在代入化身、认同角色故事、投射情感的同时，对现实价值的认知也会受到影响。同其他叙事媒介一样，叙事游戏面临着许多未来的挑战，包括技术与创意的难题、市场竞争与玩家的需求变化等。叙事游戏的发展方向与技术的发展同行，例如随着 AIGC 技术的发展，未来可能出现"用语言大模型为玩家创造个性化的故事"，腾讯、

① 单小曦：《静观·震惊·融入——新媒介生产论视野中审美经验的范式变革》，《中国人民大学学报》2013 年第 5 期。

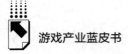
网易等游戏公司已初步步入实践。

"商业游戏已然成为一个巨大的数字情景和媒介载体，其在企业社会责任与叙事形式创新的双重驱动下，具有助力传统文化传播的可行性与现实性。"①游戏是审美价值的载体，国产游戏更是承担着文化继承、传播的责任。利用游戏的叙事性为传统文化开辟新的表达场域，将游戏媒介融入"推动中华优秀传统文化创造性转化和创新性发展"的文化战略语境之中。游戏与传统文化的碰撞将开辟出叙事艺术的桥梁，它连接着宏观与个体，在通向"讲好中国故事"的道路上引领美之"东风"。

参考文献

刘革平、陈笑浪、黄雪：《审美动机：教育游戏的张力与困局——破茧而出的自主学习新纪元》，《华东师范大学学报》（教育科学版）2023 年第 6 期。

〔荷〕约翰·赫伊津哈：《游戏的人——文化的游戏要素研究》，傅存良译，北京大学出版社，2014。

周志强：《游戏现实主义与现实主义的"游戏"——象征界真实、想象界真实与实在界真实》，《探索与争鸣》2023 年第 11 期。

唐润华、叶元琪：《符号·故事·互动：数字游戏讲好中国故事的三重叙事模式》，《现代传播》（中国传媒大学学报）2023 年第 10 期。

刘珂、刘芮：《游戏化叙事视域下数字人文的叙事表达、媒介呈现与实践路径》，《图书情报知识》2023 年第 5 期。

---

① 刘涛、张媛媛：《通往数字人文的游戏之路：游戏叙事中的传统文化符号再现及其程序修辞机制》，《南京社会科学》2023 年第 11 期。

B.16
中国传统音乐元素在国产游戏中的呈现研究

赵晓雨　周文轩　尹伊可*

摘　要： 游戏音乐作为游戏审美过程的主要视听元素之一，不仅具有功能性意义，更承载着重要的文化和审美价值。近年来，随着中国国际影响力的日益提高，游戏成为文化传播的重要媒介，承担起"文化出海"的使命。许多热门国产游戏也在其声音媒介中多维度地融入中国传统音乐元素，力图将具有民族特色的传统音乐文化以创造性转化和创新性发展的方式，与国内外玩家共鸣。

关键词： 游戏音乐　游戏声音　中国传统音乐元素　国风音乐

引言　国内游戏音乐研究动态

从 2009 年开始，随着国内游戏产业的发展，针对游戏中声音媒介的研究也逐渐开始起步。2022 年至今的三年内，相关研究数量开始大幅增加。从关键词共现网络分析图可知，围绕游戏音乐展开的研究目前主要聚焦于整体的声音设计与制作角度。综观国内游戏声音的文献资料，可以发现国内游戏声音研究大致立足于探析游戏的声音类型、声音特征及声音作用三个方面（见图 1、图 2）。

---

* 赵晓雨，北京师范大学艺术与传媒学院数字媒体系讲师，硕士生导师，中央音乐学院电子音乐作曲博士，主要研究和创作方向为人工智能音乐、计算机音乐；周文轩、尹伊可，均为北京师范大学艺术与传媒学院数字媒体系硕士研究生。

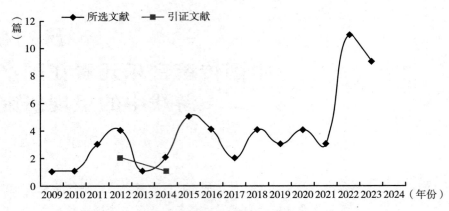

图1 国内音乐研究论文发文量

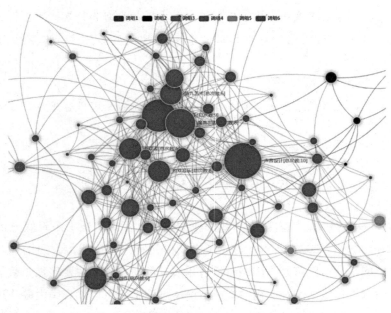

图2 国内音乐研究关键词共现网络分析

在游戏声音特征方面，王欣玥、冯亚提出，交互性、非线性、个性化是游戏音乐区别于传统音乐的三个基本特点①。黄汉认为，游戏音效作为非语言性

---

① 王欣玥、冯亚：《论音乐在电子游戏媒介中的新特征》，《音乐生活》2022年第4期。

的听觉符号，具有依附性叙述特征①。

在游戏声音类型方面，不同学者提出了不同的分类方式。黄明元、廖静将游戏中的声音分为：声音效果、背景音乐和画外音②。覃京燕、刘碧雨、张盈盈根据对各种游戏的总结研究，将游戏音乐分为背景音乐、游戏主题曲、游戏效果音效、游戏信息提示音四类③。而刘佳岑提出了更详细的分类方式，她从两方面对游戏音乐进行分类，一方面以游戏为对象，从游戏的系统构建规则入手，总结出"场景""背景""任务""指定""有源"五种类型；另一方面以音乐为对象，针对"不同类型的音乐如何创作"这一问题，总结出主题线索贯穿类、中心主题扩散类、信号处理交互类、段落循环交互类、乐器协奏交互类五种游戏音乐的交互方式类型④。

游戏音乐的功能和作用是国内游戏声音研究领域探讨最多的话题。覃京燕、刘碧雨、张盈盈将游戏音乐的作用归纳为奠定游戏氛围基调、把握游戏节奏、提示玩家所处状态、区分不同角色、引导玩家进行游戏、模拟游戏场景音效六类，目前也是引用量较多的研究，为后续学术研究奠定了一定基础⑤。惠阳、张秦彬在艺术表现上补充说明了游戏声音可以提升游戏的审美价值⑥。罗群从游戏音乐和游戏关系的角度提出了观点，认为游戏的故事和情感能为音乐提供创作素材，而音乐的加入能显著升华游戏的剧情、充盈角色的背景故事，在游戏与音乐的共同作用下让玩家产生共鸣，甚至能作为游戏的线索，述说更为隐晦的剧情⑦。黄汉则从符号学理论入手，强调游戏音效可以指示动画造型，即表明对象的物理属性特征；可以指示游戏玩法，承担叙述和补充叙述的功能；还可以指示游戏中的空间和环境⑧。

---

① 黄汉：《基于 Wwise 引擎的游戏音效设计方法研究》，南京艺术学院硕士学位论文，2022。
② 黄明元、廖静：《论网络游戏中不可或缺的元素——声音》，载《自主创新与持续增长第十一届中国科协年会论文集（4）》2009 年 9 月 8 日。
③ 覃京燕、刘碧雨、张盈盈：《游戏设计中声效应用对于用户交互体验的影响研究》，《包装工程》2011 年第 22 期。
④ 刘佳岑：《探析电子游戏音乐创作的基本要素》，《民族音乐》2021 年第 5 期。
⑤ 覃京燕、刘碧雨、张盈盈：《游戏设计中声效应用对于用户交互体验的影响研究》，《包装工程》2011 年第 22 期。
⑥ 惠阳、张秦彬：《声音设计在网络游戏传播中的应用研究》，《新西部》（理论版）2016 年第 11 期。
⑦ 罗群：《游戏音乐与电子游戏的交互共鸣》，《大众文艺》2017 年第 14 期。
⑧ 黄汉：《基于 Wwise 引擎的游戏音效设计方法研究》，南京艺术学院硕士学位论文，2022。

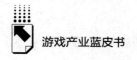
一　国产游戏音乐中的"中国元素"特征

游戏音乐不仅是功能性的背景音乐，还承载着文化和审美价值。近年来，随着中国国际影响力日益提高，文化软实力的重要性日益彰显，作为文化传播的重要媒介，游戏内容也被赋予着"文化出海"的意义。游戏音乐作为游戏审美过程的重要视听元素之一，也愈来愈多地被融入鲜明的民族特色与独特的文化内涵，如使用传统民乐配器、民族调式、古乐文化等，力图将中国传统音乐文化进行创造性转化和创新性发展，与玩家进行共鸣。

（一）《王者荣耀》

《王者荣耀》是腾讯天美工作室推出的5V5团队公平竞技手游。作为近年来中国游戏圈的巅峰力作，除了在人物和故事背景上与中国传统历史相结合，其音乐设计也一直秉承着融入中国传统音乐元素的理念，形成了"东方幻想"的独特风格。

与RPG游戏不同，《王者荣耀》中的场景是固定的，没有较强的叙事性，因此多用主题音乐来营造当前场景的主题氛围。游戏中每一个赛季版本都有相应的主题，在强化东方风格的主题时，音乐选用了多种各具特色的中国传统乐器进行演奏，通过不同音色特征来渲染主题情绪。例如主题音乐《永远的长安城》，以极具中国色彩、婉转悠扬的竹笛音色演奏主旋律，穿插管钟、大鼓等打击乐器，展现了大唐长安不夜城的历史韵味[1]。

同时，不同乐器的音色特征也能更好地塑造与凸显历史人物的性格。例如游戏中用古筝凸显上官婉儿"飞白·藏锋"技能音效，拟态化地呈现其挥动武器毛笔时的随心而动、一笔不断。而国际配乐大师谭盾在为《王者荣耀》打造的《五虎上将交响曲》中，选用了敦煌壁画中尺八、琵琶、奚琴、筚篥、芦笙五种古乐器来分别表现关羽、马超、赵云、张飞、黄忠的独特个性[2]。

---

①　沈行：《移动游戏中的声音景观研究——以〈王者荣耀〉为例》，广东技术师范大学硕士学位论文，2023。

②　姚宇涵：《"王者荣耀"游戏及其活动对音乐的传播效果研究》，上海音乐学院硕士学位论文，2022。

除音色以外，音乐的主题旋律是塑造人物形象、传递情感的关键，能够直观地为玩家营造沉浸式的国风意境。《王者荣耀》的许多音乐主题采用了传统的五声调式，如《王者冰刃》《王者雪魄》等，展现了浓郁的国风韵味。这些旋律不仅是情感与主题的承载者，更能通过古色古香的旋律，将角色置于古代场景之中，如英雄角色弈星的"滕王阁序"皮肤音乐，以离调和复古节律，将"落霞与孤鹜齐飞，秋水共长天一色"的景色跃然音符之上，也让玩家仿佛与弈星一起，站在滕王阁之上，俯瞰一望无垠的大唐盛世。

此外，王者团队也通过多次联动，融入京剧、昆曲、川剧、越剧等传统戏曲元素。2016 年，推出了京剧皮肤"霸王别姬"，开启了《王者荣耀》与戏剧传统文化的联动之路。2017 年，推出戏曲皮肤系列续作"游园惊梦"，以此致敬国粹昆曲艺术经典曲目《牡丹亭》的著名桥段《游园惊梦》。2018 年，推出的梦奇胖达荣荣皮肤则与川剧联动，还原了昆腔、高腔、胡琴、弹戏、灯调五种声腔，川剧变脸也被融入技能效果当中。2019 年，上官婉儿的"梁祝"皮肤与越剧联动，在游戏中加了越剧唱腔，并且在游戏外以全息形象演绎了《梁祝》的经典选段《回十八》。

（二）《剑侠情缘网络版叁》

《剑侠情缘网络版叁》（简称《剑网3》）是由金山软件西山居开发，金山运营的 3D 武侠角色扮演电脑客户端游戏，打造了中国传统武侠世界。游戏融入了诗词、歌舞、古琴等中国传统元素，大量使用古筝、编钟、笛子、琵琶、管弦等传统乐器，与唐代文化交融的游戏背景相呼应。《剑网3》从生活场景到战争场景的音乐都展现了浓郁的民族特色。如街道场景常采用五声调式，结合二胡、笛子、小碰铃、琵琶等乐器，打造氛围欢快的古代民居生活；战争场景则用中国大鼓和编钟这类极具辨识度的音色突出悲壮气氛，配以如泣如诉的琵琶旋律，让玩家沉浸式体验国破家亡的伤感。

此外，针对不同门派，所展示的音乐风格各不相同。《七秀坊》的音乐以柔美的旋律展现女性风采，凸显了七秀剑坊的女性门派特点。其音乐结合江浙地方特色，以琵琶为主奏，以古典韵味旋律为和谐，以欢快的节奏来表现舞蹈，穿插体现武学特性的手鼓声，充分彰显了七秀坊"灵动欢愉，柔媚而不

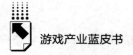
失刚毅之气概"①。《剑网3》中角色的一招一式所对应的音效，也都根据各门派不同的背景和发源地进行了特殊设计：如苗疆风情"五毒"门派异域风情的笛声音效，"长歌"门派琴音潺潺的古琴音效，使玩家能在视觉未到达时提前辨别出角色。

（三）《天涯明月刀》

腾讯开发的 MMO 武侠游戏《天涯明月刀》，以明末江湖世界为背景，玩家可以选择不同门派角色冒险探索，体验武侠风情。该游戏的音乐主旨致力于创造鲜明的"多元化国风雅乐"。其音乐创作采取了"国风武侠浪漫主义"的表达方式：以西方古典传统作曲技法为基石，融入中国特色的民族乐器与民族调式，中西交融构成了独具特色的听感。例如主题曲《时光》，整首曲子以钢琴作为主要演奏乐器，融合弦乐、梆笛等进行"中西混搭"，穿插若隐若现的女高音，使清逸泠然的氛围与强烈的中国色彩交相辉映。

游戏中不同地域的音乐都使用了最具有当地代表性的音乐风格，如江南地域的丝竹五重奏越剧、川蜀地域的箫、陕甘宁地域的秦腔、蒙古地域的马头琴等。这些音乐元素与画面及游戏世界观高度契合，增强了游戏的真实感与玩家的沉浸感②。对于一些具有明显特色风格的家园地图，游戏也单独为其添加了专属音乐，让玩家在体验不同家园的时候能够有相对应的全新听觉体验。如针对徽派和故宫两个极具风格特色的家园风格，分别选取了箫、钟磬来作为两个家园的代表乐器，通过箫的音色强调古朴、简约的风格，以钟磬表现皇家的庄严气质。

此外，《天涯明月刀》多次与各大顶级剧院合作，将楚剧、京剧等传统戏曲融入游戏之中，为玩家带来了丰富的中国传统戏曲体验。如春季京剧主题版本《曲韵芳华》，就采用了"动作捕捉"与"表情捕捉"技术，在游戏中还原了演员的唱腔、身段、神态，实现"唱念做打"样样俱全，为传统文化注入了新的活力与魅力，让游戏青年感受到京剧的文化之美。

---

① 姚玉洛：《古风音乐在网络游戏中的特点——以〈剑侠情缘〉为例》，《大观（论坛）》2018 年第 3 期。

② 严梓君、秦键：《时间布局与复杂事件相结合的游戏音乐设计初探——以〈天涯明月刀 OL〉唐门与杭州野外场景为例》，《大众文艺》2018 年第 2 期。

（四）《仙剑奇侠传》

《仙剑奇侠传》是以中国古代的仙妖神魔人鬼传说为背景，以武侠及仙侠为题材、以宿命为主轴的武侠 RPG 游戏，迄今已发行 9 款系列作品。以《仙剑奇侠传（一）》为例，除画面和剧情外，音乐也在其中起到了重要的渲染、推动作用。

《仙剑奇侠传》的音乐多以民族调式营造浓厚的东方武侠风格，与游戏画面相契合。如作为游戏的开场音乐《云谷鹤峰》就采用了羽调式，营造出了月朗风清的基调，极具民族特色。值得关注的是，和声编配也并未采用以三度音程为基础的西方和声体系，而是多采用充满东方色彩的四度叠置和声。在乐器选择方面，多选用中国民族乐器音色，尽量减少使用西方的打击乐器，从而与东方韵味浓厚的游戏画面相对应，仅在渲染激烈场景例如在《酒剑仙》等音乐中使用了西方的打击乐器架子鼓①。

二　国产游戏中的中国传统乐器道具

近年来，随着游戏玩法的不断创新，一些游戏尤其是 RPG 游戏，开始将"弹奏乐器"加入游戏玩法中，在许多热门游戏里都不乏以中国传统乐器作为道具的设计，这不仅使玩家在交互中体验到了演奏音乐的乐趣，增加玩家对传统乐器的了解，同时也通过游戏媒介对中国传统乐器进行数字再造，进一步推动对中国传统音乐文化的传播与普及。

以《天涯明月刀》、《一梦江湖》、《逆水寒》和《剑侠情缘网络版叁》（简称《剑网3》）为例，这四款热门游戏都以中国传统乐器为基础，进行了道具设计。

其中，《天涯明月刀》与《逆水寒》目前使用了 5~6 种乐器，而《一梦江湖》与《剑网3》使用的乐器种类更为丰富，《剑网3》的传统乐器使用甚至多达 18 种。在演奏界面设计上，大多使用了较为直观的以字母键盘对应

---

① 胡壮利：《〈仙剑奇侠传（一）〉游戏音乐的民族特色》，《咸宁学院学报》2011 年第 11 期。

不同音高的形式。值得关注的是，有些游戏还通过与非遗文化融合，对宝贵的中国传统非遗乐器进行了科普与传播：例如《天涯明月刀》与"古琴数字化"非遗项目合作，在游戏中聆听明代古琴"秋籁"的数字音色，让玩家以游戏化的方式，接触古琴文化，使古琴在游戏媒介中被赋予了"数字生命"（见表1）。

表1　四款国产游戏中中国传统乐器道具对比

游戏名称	乐器种类	玩法	社交	弹奏方式
《剑侠情缘网络版叁》	箜篌、古筝、古琴、二胡、笛子、琵琶、鼓、箫、笙、筚篥、马头琴、唢呐、埙、编钟、铜镲、都塔尔、战鼓、阮	娱乐	玩家合奏+卖艺	大多数音乐预置，少数乐器允许普通弹奏
《逆水寒》	唢呐、古筝、曲笛、大鼓、琵琶、奚琴	娱乐+战斗	玩家合奏+伴舞	有摇指技法，可以更改调式、外接 MIDI 设备
《天涯明月刀》	笛子、古琴、琵琶、鼓、小打	娱乐+战斗	玩家合奏	有摇指、颤音、刮奏技法，可以弹奏长短音
《一梦江湖》	古琴、箫、琵琶、二胡、阮、埙、笛子、唢呐、龙头三弦、古筝	娱乐	玩家合奏+NPC 合奏	—

通过对比上述四款游戏中乐器道具的玩法能够发现，《剑网3》虽然乐器种类众多，但大多数乐器在演奏时只能播放预置好的音乐，仅有部分乐器允许自由弹奏。而在自由弹奏时，音色仍然以电子音色为主。《一梦江湖》的乐器玩法更多融合了真实乐器的演奏法，加入了包括颤音、刮奏、摇指等专业的进阶演奏方式。《逆水寒》的亮点在于，在传统乐器演奏法与游戏玩法结合的基础之上，增加了更改调式的部分，并且能够与外置 MIDI 设备进行互联，突破游戏中乐器道具的音域限制，以真实乐器的"虚拟在场"方式为传统乐器的数字化进行赋能。除了预设弹奏和基础的自由弹奏模式外，《逆水寒》与《天涯明月刀》还加入了战斗玩法，乐器既是休闲时的娱乐道具，也是战斗时的武器，增加玩家对手中乐器的熟悉感与认同感。《天涯明月刀》中的 boss "练清商"能够以"宫、商、角、徵、羽"五种以五声调式命名的技能进行攻击，让玩家以游戏化的方式进一步了解传统调式文化。

除此之外，游戏的乐器道具也可与社交玩法进行结合，四款游戏中的传统乐器道具演奏均支持与其他玩家进行联网合奏，在此基础上，《一梦江湖》可以指定 NPC 进行合奏，《剑网 3》可利用乐器道具进行"卖艺"，《逆水寒》的其他玩家可以在 AI 技术的加持下，贴合琴师演奏的音乐随音而动进行伴舞。这种基于音乐爱好的游戏互动方式，在增强游戏社交的趣味性和沉浸感的同时也能增进玩家之间的共鸣，让玩家在虚拟世界中接触和体验传统音乐的魅力。这对于中国传统乐器走出象牙塔、实现数字再造、提高大众群体对传统音乐的了解具有积极的意义。而随着游戏技术的不断迭代和玩家需求的日益多样，中国传统乐器将在游戏虚拟世界中展现更多的可能性，也同样值得期待。

三 国产游戏中的国风音乐潮流

近年来，植根于游戏、繁荣于网络的国风音乐在现代游戏文化中引发了一股独特的音乐潮流，尤其在国产仙侠主题、英雄主题的游戏音乐中逐渐形成了一种"国风"化趋势。

（一）兴起于游戏的国风音乐

对于国风音乐的定义，目前学界尚未形成统一的概念，但这种音乐类型在国产游戏音乐领域中形成的趋势是有目共睹的。21 世纪初期，以《仙剑奇侠传》《诛仙》为代表的早期仙侠游戏，对当时流行的 New Age 风格进行中国化改编，在保持其空灵、舒缓、结构自由等游戏音乐天然基因的同时加入中国的民族元素，创造了大量早期国风纯音乐的经典作品。这些作品被用于游戏的场景音乐、主题音乐以及登录界面音乐等，为游戏渲染了浓厚的古典风味，例如早期的《回梦游仙》等。另外，仙侠游戏的粉丝们并不满足于官方推出的既有文本，而是选择通过填词、演唱等二次创作的方式，来表达在游戏进程中形成的个人情感。随着越来越多粉丝的加入，国风音乐也慢慢出现了诸如"角色歌"（以游戏中不同角色视角创作的歌曲）、"剧情歌"（根据游戏剧情创作的歌曲）等分支，形成了丰富的"同人"音乐文本，例如《水龙吟》《前尘忆梦》等。尤其借助 B 站等新媒体平台的大众传播后愈演愈烈，逐渐形成一种独特的音乐流派。

早期国风音乐所应用的游戏题材大多属于"仙侠"范畴，在创作上也尚未形成体系，2007 年之后，以周杰伦为代表的"中国风"音乐风格引爆华语乐坛，火遍大街小巷，影响力蔓延至全球。半文半白的歌词、中式旋律、中国传统器乐或声乐元素做色彩点缀，再加上现代编曲、和声的结构，使得这种极具中西融合特色的音乐风格成为一种引领潮流的文化现象。

越来越多的专业音乐团队也加入古风音乐的创作中，与游戏开发商紧密合作，以"中国风"音乐为模板，为游戏量身打造类似风格的主题曲、背景音乐以及剧情音乐。与此同时，游戏中的国风音乐也逐渐走出"仙侠"，扩展到了多种游戏类型题材中，包括角色扮演、策略及冒险游戏；而在音乐风格上，在旋律保持传统音乐特色的同时，开始融入更多现代流行音乐元素，如 EDM（电子舞曲）风格和迪斯科"高燃曲风"等。

按照游戏类型和功能特性划分，目前国风音乐在游戏中的应用主要包括以下几种。

（1）角色扮演游戏（RPG）。多使用国风音乐风格渲染古代或仙侠世界的氛围，如在《仙剑奇侠传》系列游戏中，国风音乐伴随玩家探索古代遗迹和神话故事。由腾讯公司开发的《曲中剑》则结合了 ARPG 元素和音乐节奏玩法，收录了多首古典乐曲和动听的旋律，玩家需要跟随音乐节奏点触屏幕让侠客挥动武器。

（2）音乐节奏游戏。玩家根据国风音乐的节奏点击屏幕，如在《阳春艺曲》中，玩家跟随古诗词的节奏进行游戏。与此同时，玩家在此过程中甚至能接触并了解中国古典音乐和诗词，建构式学习中华优秀传统文化。

（3）解谜类游戏。将国风音乐与解谜元素相结合，例如在《绘真·妙笔千山》中，音乐提示与解谜过程直接相关。在解谜中，玩家对传统文化探索的好奇心被进一步激发。

（4）模拟经营类游戏。以国风音乐模拟经营游戏中古代市井或宫廷的背景音效，如《江南百景图》中的古代市场叫卖声。在游戏中的节日或特殊活动期间，会播放相应的国风音乐，增加游戏的丰富性。

（5）恐怖游戏。在国产题裁的恐怖游戏中营造神秘和古老的氛围，如《纸嫁衣》中的阴森古乐，音乐随着游戏进程而变化，起到引导玩家的情绪、增强游戏的紧张感和玩家的恐惧感的作用。

（二）国风音乐的市场表现

国风音乐在游戏中的兴起不仅反映在其越来越广泛的使用上，更在市场表现和文化影响上呈现显著的特征。腾讯研究院的报告显示，国风游戏市场在2018年的收入已经超过300亿元，用户规模达到3亿人，占游戏用户总量的50%。由你音乐榜官方数据显示，2019年，在游戏音乐中，国风音乐以34%的占比成为最热门的曲风类型。这些数据不仅说明了国风音乐及其相关元素在游戏领域的广泛吸引力，也揭示出其深厚的市场潜力。

同时，国风游戏音乐专辑、音乐会市场也愈加火爆。从2019年起，《王者荣耀》每年都与中国交响乐团联合举办交响音乐会巡演，现场演绎《王者荣耀》主题曲，2023年还以传统国风为主题举办了国乐音乐节；2022年，上海东方艺术中心上演罗赓的"恣韵画曲"专场音乐会，重新编配并演出他为《倩女幽魂》《王者荣耀》《逆水寒》等游戏创作的音乐，成为中国本土首场ACG（游戏动漫）作曲家专场音乐会；2023年，"仙剑奇侠传视听音剧会"在合肥庐阳剧院上演音乐会，曲目从《仙剑奇侠传》游戏中精心选择，以故事的结构再度改编创作，将仙剑的故事娓娓道来。音乐会囊括仙剑全系列经典游戏曲目，包含耳熟能详的《蝶恋》《回梦游仙》《御剑江湖》《水龙吟·余情幽梦》《有情燕》等，国风音乐的魅力通过游戏呈现，又辅助游戏增强影响力，扩展市场份额。

此外，游戏中的国风音乐在各大音乐榜单及短视频平台上呈现持续高热度状态，尤其是在Bilibili、5Sing、网易云音乐等音视频媒体平台上的播放量增速显著，表明了其在年轻一代中的流行趋势。网易游戏于2021年推出以国风音乐企划IP授权改编的手游《忘川风华录》，仅在B站一个平台就拥有57万粉丝，播放量接近3000万，百万播放量以上的投稿视频超过10段，这种跨媒介的流行和受众的扩展，不仅加深了国风音乐的文化影响，也为游戏开发者提供了进一步挖掘和利用这一元素的动力。

随着中国传统音乐元素在国产游戏中的深度融合，国风音乐作为一种独特的文化现象迅速崛起。它在音乐风格和形式上承续了一定的传统音乐元素，也在游戏叙事和体验中赋予了独特文化底蕴。但近年来其存在的问题也比较明显：旋律创作受限严重，歌曲风格雷同，有千篇一律的趋势，对所谓东方意

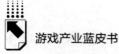

境、中式意象的过度追求导致风格一直受到含蓄、婉约、东方柔和等刻板审美观的限制而难以突破。2020 年,《王者荣耀》与谭盾合作《王者荣耀·五虎上将交响曲》,该曲的创作风格与常规国风音乐迥然不同,深具现代音乐的技法与古乐器的特有音色。作曲家谭盾的创作灵感来源于敦煌壁画中对中国古乐器的记载,并且以五种古乐器赋予"五虎将"——"奚琴神"代表赵云、"尺八神"代表关羽、"筚篥神"代表张飞、"芦笙神"代表黄忠、"琵琶神"代表马超。该作品一经推出,其中三首主题曲《关羽·尺八神五虎上将》《赵云·奚琴神五虎上将》《马超·琵琶神五虎上将》很快跻身 QQ 音乐 ACG 新歌排行榜 TOP10,引起广泛关注。就此而言,国风音乐创作也完全可以尽可能拓宽视域,脱离所谓安全的"舒适区"和对传统音乐元素片面的理解,从更深邃的传统音乐文化中深挖精华,构建具有东方审美意境的视听联动美学体系。

B.17

游戏育人：以游戏档案推行素养
教育的"课游"模式

刘梦霏*

摘　要：　游戏在中国，作为一种"强社会期待、弱游戏素养"的媒介，要发挥正向价值，最应解决的问题就是教育，特别是与"育人"的结合。而这既需要游戏本体论结合发展中国家实践的理论体系，也需要针对公众需求开发出接触与利用游戏的"用户界面"与行动体系。本文一方面拓宽并重新定义了游戏素养的概念，另一方面基于 2023 年游戏档案馆开展的"游戏育人：未来教师游戏素养系列工作坊"公益实践，试图展现出除教育游戏、教育游戏化之外，利用游戏来教育的第三种道路：我们称之为"课游"（Class－i－Game）的模式，其中我们将游戏档案化，配合游戏化系统在课堂中进行以素养为核心的再利用，以发挥游戏作为"五育育人"的载体的价值。

关键词：　游戏档案　游戏素养　游戏美育　五育育人　教育游戏化

引言　从游戏毁人，到游戏育人

通过游戏改善世界，是一个人类自诞生以来就有的美好目标。正如赫伊津哈所说，我们天生都是游戏的人（Homo Ludens），注定要通过游戏来认识世界、改变世界，也因此，文明社会的种种重要机制，实际上都是游戏，也都自游戏发展而来。游戏已是现代生活不可或缺的一部分，游戏产业亦是年收入将近 3000 亿元、覆盖超过中国一半人口的数字经济增长点。因此，游戏的社会

＊　刘梦霏，博士，北京师范大学艺术与传媒学院教师、硕士生导师，游戏的人档案馆馆长，长期研究游戏的社会作用、游戏化设计、游戏档案保护、数字人文及公共史学。

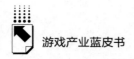

影响，特别是其能造就的正向社会价值就非常重要。

但是，现代社会中，游戏承担的作用，往往并非如此积极：在中国社会中，更经常与游戏勾连的是"游戏成瘾""君子不戏"① 等传统观念。

游戏一直以来，比起"育人"，似乎更多的是在"毁人"。如何遏制游戏对于青少年的负面影响，令其在游戏中投入的成千上万小时的精力能被因势利导地导向教育，是长期困扰教育界的问题。无论是数字化育人背景下的游戏化教育，还是功能性游戏，都是教育界积极拥抱新兴媒介、在关注青少年数字素养的状况下进行的探索。然而，单独创造一个游戏品类，对于整体地改善青少年的游戏状况来说仍是杯水车薪。要让千禧年出生的数字原住民接受游戏的正向价值，将他们置于滋养而非破坏性的游戏观念体系之中就很重要。而这种观念体系，应当包括数字游戏存在以来的所有游戏，因为这才是青少年日常真正接触、会自发接受其影响的游戏品类。

游戏正向价值与教育实践——无论是社会教育还是学校教育——的最佳结合方式转变，就是游戏素养的教育。不同于聚焦于技能的游戏培训、聚焦于制作的游戏教育，或是聚焦于本体论研究的游戏研究，游戏素养主要关注如何批判性地认识游戏，并将其应用于教育。詹姆斯·保罗·吉在讨论游戏素养时指出，这套观念背后是一套"实用主义哲学家"的逻辑，其中"我们评价事物的价值甚至意义，标准是其成果（产生的结果、用处和引发的后果），而不是靠起源或仅凭'真理'"。这种实用主义哲学对我们正确地认识游戏素养极为重要，因为它导向行动，且重视实践的效果。我们认为，对游戏素养的研究，对于受到"君子不戏"的儒家偏见影响，又格外重视游戏的教育作用的中国社会而言，使用实用主义哲学进行指导，才能带来让游戏真正"育人"的研究成果。

一 "游戏素养"概念史

（一）国外研究

1973 年，"游戏素养"（Game Literacy）的概念由 Katherine Day 首次提出，

---

① 刘梦霏：《"魔圈"即社会：中西跨文化视角下的游戏-社会本体论探索》，《当代动画》2024 年第 2 期。

此时的"游戏素养"被定义为狭义的"玩游戏的能力"，即游戏过程中要不断引入新的游戏元素来取代冗长的游戏介绍，所以玩家在玩游戏的过程中需要有能力去熟悉游戏的操作系统，并能对游戏中的动态变化作出适应性的反馈。Patricia M. Greenfield 则提出电脑游戏以强调视觉信息处理而不是语言信息处理的方式进行设计。通过玩动作游戏，儿童能够提高视觉技能，但是这种技能的提高只有在游戏中使用了某种技能，并且孩子的初始技能水平成熟到一定程度时才有效。① 由此可见，当儿童具有"玩游戏"的基本能力之后（即已经具备狭义意义上的游戏素养），游戏素养才被正式纳入教育的考量之中。

从语言学家理解"素养"一词的角度来看，"素养"包含以听、读为主的语言的输入，以及说、写为主的语言的输出过程。上文提到的狭义的、玩游戏的游戏素养还停留在输入阶段，但游戏素养本身理应更丰富多元。Andrew Burn 将游戏看作一种等同于电影、电视、文学的文化媒介，并提出游戏素养的建构应包含多个维度②。Jose P. Zagal 则将游戏素养概括为玩游戏的能力、理解游戏含义、制作游戏的能力三个方面，并把理解游戏定义为"解释（Explain）、讨论（Discuss）、描述（Describe）、建构（Frame）、情境（Situate）、解释（Interpret）和定位（Position）游戏的能力"③。此时的"游戏素养"包含了一定的输出过程，已经不再局限于玩家"玩游戏的能力"，制作游戏也成为其中重要的一环。

可见，游戏素养定义的变化过程是层层递进的，游戏创作建立在会玩游戏且能理解游戏的基础之上。此时，相较于创作一款新的游戏而言，在模组的基础上进行制作（modification）的门槛更低也更易被玩家接受。Eric Zimmerman 以 gaming literacy 一词代替 game literacy，强调游戏相关的素养虽确实与游戏和游戏设计相关，却不应限于严肃游戏，也不应只与培训职业游戏设计师相关，而应是一种以"素养"为核心的能力，一种"理解和创造各种特定意义的能

---

① Subrahmanyam, K., Greenfield, P., Kraut, R., & Gross, E., "The Impact of Computer Use on Children's and Adolescents' Development", *Journal of Applied Developmental Psychology*, 2001, 22（1），7-30.

② Buckingham D., Burn A., Game Literacy in Theory and Practice［J］. *Journal of Educational Multimedia and Hypermedia*, 2007, 16（3）：323-349.

③ Jose P. Zagal, *Supporting Learning about Games*, PhD Dissertation to Georgia Institute of Technology, 2008.

力，这种能力基于三个概念：系统（Systems）、玩法（Play）和设计（Design）"。通过使用 gaming 而非 game，他着重指出了游戏素养中"游戏"的双重含义：gaming 本身也可以当动词用，有在游戏过程中扭转规则，打破规则，找到隐藏的捷径或篡改、修改游戏规则的意指。所以游戏素养即"游戏"素养，是一个动态的概念，旨在打破规则从而建立属于自己的素养的概念。

（二）国内研究

国外的研究极大地影响了国内关于游戏素养的讨论。以"游戏素养"为关键词，在知网中能够检索到 2009~2022 年间的共计 48 篇文献（图 1 中下方 2009 年开始的折线）。"游戏"这一关键词被包含在"游戏素养"当中，导致有多篇文献并不与"素养"直接相关。经过筛选，与"游戏素养"切实相关的文献有 22 篇，硕士学位论文有 4 篇。论文内容集中于小学生游戏素养调查、青少年游戏成瘾预防、幼教及教师游戏素养模型建构以及教育游戏设计等。

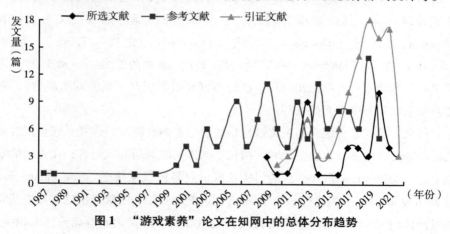

图 1　"游戏素养"论文在知网中的总体分布趋势

从国内的研究来看，目前针对游戏素养的研究基本集中于青少年，以"新媒体素养"的形式出现，且最初的重点更偏向于游戏的负面影响。例如，有学者指出，是家庭、学校和社会的素养教育的弱化和偏离，导致了青少年网络游戏沉迷的现象①。在这一背景下，游戏素养被定义为"游戏者（主体是青

---

① 王仕勇：《从网络游戏成瘾看青少年新媒体素养教育》，《重庆工商大学学报》（社会科学版）2008 年第 2 期。

少年）理解、辨别、选择、评判、自控、创造并有效地体验数字游戏的整体能力，能有助于他们以积极的心态在游戏中与他人相处、交互、合作或竞争，以获得一种健康、有价值的游戏生活"①，或是"游戏者能从玩游戏中获得知识、技能和体验，具备在游戏情境中运用所学的知识和技能作出决策的能力，具有批判意识和创造性"②。与国外研究相比，国内对于游戏素养的认知相对单一，集中于游戏者本人对游戏的认识，特别是希望游戏者可以从游戏中学到与现实相关的知识。

二　不再局限于游戏者的新游戏素养概念体系

总的来说，此前关于"游戏素养"的定义经历了狭义的"玩游戏的能力"、"玩游戏和理解游戏"以及"修改游戏和创作游戏"三个主要阶段，但研究重点和定义均将游戏素养的主体定位在游戏者的身上。然而，随着游戏玩家和非游戏玩家之间的距离越来越小③，社会本身逐渐与游戏"魔圈"的多孔边界相重合④，游戏化的体系渗透到工作、娱乐、生活之中时，游戏就从我们以为的"小写的儿戏"，变成了贯穿社会生活的"大游戏"。这种现状要求我们重新构建游戏素养的理念，突破玩家的局限，走向更广泛的普通人。从此出发，游戏素养就不只是游戏者的素养，还必须包括游戏的所有利益相关方，以及没有觉知到自己与游戏相关的"非玩家"。

从这个角度来说，我们认为比起在纸面上列举定义，爬梳游戏的利益相关方、理解围绕着游戏的社会需求更加重要。从中国社会关于游戏的一般舆论而言，游戏最主要的利益相关方可以从家、校、社会三个角度来看，如表1所示。

---

① 陶侃：《略论读图时代的"游戏素养"及构建要素》，《现代远程教育研究》2009年第2期。
② 张倩苇：《信息时代的游戏素养与教育》，《电化教育研究》2009年第11期。
③ Whitehurst G. J., Lonigan C. J., "Child Development and Emergent Literacy", *Child Development*, 1998, 69 (3): 848-872.
④ 刘梦霏：《"魔圈"即社会：中西跨文化视角下的游戏-社会本体论探索》，《当代动画》2024年第2期。

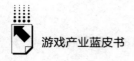
表 1　游戏的利益相关方

游戏场域	游戏者	非玩家（但相关）
家	孩子	家长
校	学生	教师
社会	（未成年）公众	专家/领导者

如果从利益相关方的角度考虑，我们就会发现实际上一直围绕游戏在社会领域大声疾呼的群体全部是非玩家。家长、教师、专家/领导者们关心游戏的影响，但他们从未被给予改变或者利用游戏的权限，理论与实践工具的欠缺，使得他们宛如控诉遥远的外星人一样对想象中的"成瘾游戏"和"电子海洛因"盲目攻伐。传统游戏素养研究一直在约束"游戏者"主体本身，虽然最熟悉游戏的他们却在各种讨论中沉默而隐形。以隐形的主体作为出发点来制定素养的相关项目，显然并不科学。我们因此提倡一种将对象拓宽到真正关心游戏对教育、对社会影响的群体的新的本体论：游戏素养应当覆盖玩家与利益相关的非玩家。

不过，游戏毕竟是为了娱乐与服务玩家的目的而创造的商品，将其直接应用于教育，确实会有难度。因此，此前游戏素养的研究多定位于玩家玩游戏与做游戏，或者认为只有教育游戏"有功能"。这种观念当然是受限的。我们因而提出了"游戏的第二次生命"的观念，认为买断制的作品游戏进入社会，成为文化的一部分之后，实际上就具有了独立的文化生命，可以经过再筛选，成为"游戏档案"之后，搭配上一定的游戏化系统，结合社会目的进行再利用。

换言之，当游戏素养的主体拓宽到"包括了玩家与非玩家的数字社会居民"之后，视野豁然开朗。之前的伦理问题——打游戏是不是不道德的成瘾行为——转换为了一个建设性、创造性的问题：如何让各个利益相关方利用好游戏，来使他们关心的教育或社会问题能得到解决呢？

问题转换之后，最重要的就不再是道德立场，而是切实的方法与工具。我们在实践中发现，存在一条混合了多种方法但确实行之有效的道路：经过筛选的游戏确实是我们世代的数字文化遗产，以"游戏档案"的形态沉淀后，配合上游戏化的手段，可以实现深入生命的各方面、多层次的社会再利用。

基于以上，我们提出："游戏素养（Game Literacy）是一套游戏者批判性认识游戏，成为'自觉自控的玩家'；游戏者之外的社会各界批判性认识、理解并为积极目的利用游戏的认识体系与行动体系"[①] 的概念体系。（见图 2）

三 "课游"模式的观念基础：游戏档案化，及课堂与游戏的同源关系

本文的重点，也是基于 2023 年游戏档案馆开展的"游戏育人：未来教师游戏素养系列工作坊"的公益性的社会实验，展示除教育游戏、教育游戏化之外，利用游戏来教育的第三种道路：我们称之为"课游"（Class-i-Game）的模式，其中我们将游戏档案化，配合游戏化系统在课堂中进行以素养为核心的再利用。

课游（Class-i-Game）实质上以游戏为课堂，也就是"Class in Game"的简称，我们特地去掉 n 字，通过 i—我—强调学生—玩家在这一体系中的主体性。本文推崇的游戏育人的方法，并不是为了教育目的单独创设一个或一款游戏，这样的游戏对开发者要求太高，也不是一线教师、家长等利益相关方的非玩家能在短时间内能做好的。我们希望能对现有的游戏进行再利用，让曾一度是商业游戏但具有文化载体功能的游戏，成为真正的数字课堂本身。

这又牵涉到一系列概念与工具的基础建设，首先是游戏档案的概念及其对于教育的作用。我们常常忽略，数字游戏并不只有数字的"虚体"，也曾有过盒装游戏、设定集、周边等物理实存形态。在建立游戏的人档案馆时，我们将藏品范围定为"所有有 artifact（物理实存）的游戏及周边"[②]，而这也成为判定游戏档案边界的一条实操规范。当这些游戏相关的物理实存围绕着创作与教育目标，凝聚成档案库时，也就是游戏进入社会的第二次生命即将发挥作用的时刻了。

[①] 游戏的人档案馆：《游戏素养行动指南》，2023 年 12 月。
[②] 游戏的人档案馆官网，www.gamearchive.cn，最后访问日期：2024 年 6 月 18 日。

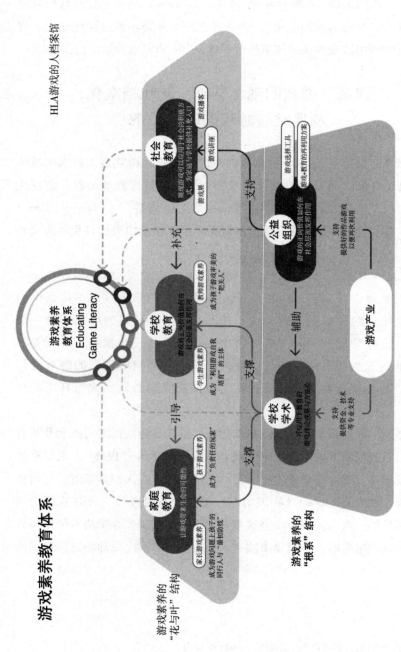

图 2　游戏素养利益相关方及生态作用图

通常而言，人们提到"档案"时，想到的都是静止的文件库之山，但我们在实践中摸索出的游戏档案之路，其实更偏向于"兼顾了'知识生产'与'知识传授'"① 的一种德里达意味下的"扮演倡议者的角色，支持艺术家，并鼓励他们随心所欲地表达"② 的"热档案"③ 之库。比如说在医学史和学科建构方面起到了重要作用的奥斯勒图书馆，"奥斯勒致力于让医学成为一门受人尊敬的、拥有悠久历史的学术研究型学科，他的图书馆为这一抱负提供了物理形态"。④

我们所谈的游戏档案也正是这样一种有学科建构之力的"热档案"，是一种通过游戏化手段在档案之间创造链接，来加深人与人之间的链接，让创造者社群能围绕着游戏建立起来的物理-数字空间。实际上，无论虚或实，档案所聚集之处，也是权力、认同与文化聚集之处。比起收藏家囤积居奇、为自我追求而营建的库存，我们更希望游戏档案馆发挥更积极正向的社会作用，也因此重新在商品化的游戏第一次生命定义之外，通过"钱从哪来，钱到哪去"的经济系统，重新将游戏的第二次生命划定为"消费游戏""作品游戏""赌博游戏"三类⑤（见图3），并特别规定游戏档案馆所应着力于与教育结合的，是对买断制不会产生二次消费的作品游戏进行的利用。

更具体地说，本文所提到的应用于教育的游戏档案，特指"具有文化表达特性的作品游戏，及其周边衍生的文化记录"。这样做对于教育系统来说，可谓别具价值地拓宽了可以取材的素材范围。过去，教师可用的往往只有特别制作的教育游戏，但它们也往往主打较成体系的技巧或能力培育，难以与课堂场景结合。成功的教育游戏数量又确实较少，可玩性不稳定，往往离开教师强制之后，学生也很少自主重玩。非玩家的教师往往也很少能了解到，在专精的

---

① 潘律主编《艺术档案（库）的可能与不可能：亚洲的理论和经验》，KCL Publishing House，2023，第258页。

② 潘律主编《艺术档案（库）的可能与不可能：亚洲的理论和经验》，KCL Publishing House，2023，第67页。

③ 德里达提到了一种"档案热"（archive fever），我们引申这一概念，与被束之高阁的"冷档案"相对比，特指一种在反复使用中产生价值的"热档案"。

④ 〔英〕汤姆·摩尔：《唯有书籍：读书、藏书及与书有关的一切》，李倩译，上海文化出版社，2023，第154页。

⑤ 刘梦霏：《游戏监管，从分类开始》，《环球》2020年第15期，第62~64页。

图3　从经济模式重新分类游戏

教育游戏之外，也存在大量优秀的经过市场检验，且玩家愿意花大量时间来体验与重玩的作品游戏可以用于素养的教育，例如写入波兰教科书的《这是我的战争》与反战教育，《刺客信条》系列之于历史教育，《文明》之于历史观。这些20年前在西方就已经得到运用的案例，在游戏素养较低的中国较少被教师、家长、管理者了解，而传统的"教育游戏"或"游戏化教育"又过于聚焦于现有的玩家群体，而使得这类游戏无法进入利益相关者的视野。

我们强调以档案化游戏来进入教育，正是为了让这些"叫好又叫座"的游戏能够进入课堂。如果说教育游戏的概念是"让游戏进入学者的武器库"，那么要满足中国社会对于游戏应用于教育的强期待，需要的正是"让这些作品游戏进入一线教师的课堂武器库"。

为什么课堂如此重要？因为它是教学的最小可控单位，是教师本人可以不借助任何外在资源就能掌控并设计体验，并与学生有所互动的天然舞台。抛去复杂的教学与教育体系不论，课堂本身从可供性（affordance）的角度来说，是承载动态的、交互的表演之地，教师本身既有要传达的"预设叙事"，又有基于学生反馈而临场反应与自组织的"生成叙事"①。而这些，正是游戏空间

---

① 刘梦霏：《叙事 VS 互动：影游融合的叙事问题》，《当代电影》2020年第10期。

的特点。

换言之，课堂本身是一种游戏的"魔圈"。它能与游戏融合，或者在游戏里被激活，说到底还是因为这种同质性。教育不只是一个人将一段知识、一些观念灌输给一群人，更是"一朵花影响另一朵花，一个生命影响另一种生命"的丰富多层次的生命体验。作为天生的游戏的人（Homo Ludens），我们习惯于通过游戏建构一切游戏规则，并在自由的游玩中探索生命的可能性。教育当然是游戏，就像法律、艺术、音乐、体育、宗教是仪式一样①。刻板的教育模式损毁了教育本身的游戏性，使我们忘记了教育的魔力；而在大游戏贯穿社会各处的时代，是时候恢复理智、找回前辈的智慧了。

四 课游模式在"五育育人"中的实施策略

研究表明，在课堂上使用游戏的价值不在于激发特定学生参与学习，而是培养学生对生活中不同类型文本的理解，从而理解世界②。詹姆斯·保罗·吉也曾提及，"前三年的学校教育在更大程度上以学习阅读为目标，而四年级学生则开始通过阅读来学习"，因此出现了"四年级低潮"。而现代人应该习得传统文字素养之外的多种符号领域的素养，而这个过程将持续终身③。在这个过程中，素养教育将突破传统读写意义上的符号领域，将单一的文字内容深化为可理解的"语境"。而游戏天然能够创设这样的语境，在虚拟世界中传递交互组合型的文字、图像、视频信息。

游戏能够打破零散知识点与体系化运用之间的隔阂。许多作品游戏取材于现实世界，在《大航海时代》《秦殇》《刺客信条》《孢子》等诸多游戏中，青少年能够将历史、地理、生物课本中的知识代入游戏，而游戏过程也可以反哺学习。我们希望游戏改良教育的方式是打一套多媒介形态的"组合拳"，其中游戏、影视、文学、课堂、言传身教各司其职。

---

① 〔荷〕约翰·赫伊津哈：《游戏的人：关于文化的游戏成分的研究》，多人译，中国美术学院出版社，1996。

② Pelletier, C., "Studying Games in School: a Framework for Media Education", *DIGRA*, 2005.

③ 〔美〕詹姆斯·保罗·吉：《游戏改变学习：游戏素养、批判性思维与未来教育》，孙静译，华东师范大学出版社，2020，第14页。

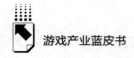

不过，考虑到大多数教师的游戏素养较为有限，而游戏领域的专业门槛其实并不像社会一般舆论以为的那样低，我们在实践中发现，能够最良好运作起来的使用游戏来教育的系统，往往还是需要经过一定的设计。直接将游戏推荐给教师或家长时，他们往往会陷入无法利用的纠结。要充分了解游戏，才容易决定将其中哪些关卡、哪些部分开放给孩子来体验，能带来最好的教育效果。而囿于现在的教育条件，让师长熟悉所有的游戏，既不现实又没有必要。项目组因此基于游戏化设计+教育实践的经验，以 2016 年使用《大航海时代 4》进行历史教学的案例[①]为基础，研发出一套可复制的方法论。

简单地说，这套方法论就是以某个作品游戏为中心，通过 45 分钟的标准课堂时间的教学活动的游戏化设计，来让学科教育或生命教育中的素养教育，以及育人的"五育"（德育、智育、体育、美育、劳动教育）这些传统较"虚"的能力能得到落实。在探索出可行的游戏 x 教育方法论后，我们通过众创活动，成功地实现了教师的"接棒"。我们让来自各高校的未来教师与奋斗在教学一线的教师一起，共同学习、使用这套方法论，设计出自己的游戏化教育方案。在档案馆游戏参考服务的辅助下，他们成功地将游戏化的教育方法应用到自己的教学设计中。

我们希望扭转一种根深蒂固的偏见：在教学中使用游戏，不仅仅是将好玩的内容导入课堂，更不是用游戏全盘替代日常教学，而是应该更关注学生能在游戏里"干点什么"。

游戏是由玩家行为驱动的，课堂也一直被期望真正由学生的学习和反馈来推动。学生在游戏化课堂中会遵循什么规则、采取什么样的行动，又获得什么样的反馈，始终都是我们在游戏化课程的设计中最需要关注的。也就是说，关键在于能不能真的通过游戏和游戏化，把学生变成玩家，为他们提供一套有意义的"核心动作循环"。

可以说，游戏化教案的设计目的，就是通过游戏化的方式，把游戏作为一种可以开展探索和实验的空间，让学生在游戏内外的实践和反馈中锻炼"学科核心素养"：比如地理的整体地理观、语文的意象理解，数理资源管理以及逻辑思维等方面。

---

①　具体描述及教案细节见游戏的人档案馆：《游戏素养行动指南》第三章、第五章。

"学科素养教育"，这个听起来有些"玄"的教学目标，正是游戏化教学能够为当下教育补上的一块拼图。2023 年 12 月我们举行的第一期"游戏育人"工作坊的 300 余名学员来自不同学科，有在读学生也有一线教师，有深度玩家也有资深教学经验者，大家在 6 周的工作坊中，调动起自身的经验知识，提出了许多具有实际意义的设计（见表 2)①。

表 2 "游戏育人"第一期工作坊教案成果

组号	学科(学段)	使用游戏	小组成员
动画畅想剧	艺术(初中社团课)	《Storyteller》	Henry Yu 姜纯 吕翀 张婷婷
Engamifying	英语	《底特律·成为人类》	汪欣怡 小到 巍家 王瑞泽 马霁宁 江昊
云山彼端	历史	《轩辕剑 3 云和山的彼端》	乔宸光 赵伊然 郭淳 李贾雪 铭 李笑笑
历史跑团组	历史(初中/高中)	《隐形守护者》《太阁立志传 5》	朱绍铭 王馨荷 江帆 张欣雨 王风雅
列国博弈组	政治(高中)	《列国博弈》	程旭 郝佳颖
战争与和平	政治	《This War of Mine》	刘亚琨 玉蝉 晓露 风狸
学前教育 solo 组	(学前教育)	户外攀岩游戏	肖允
数学宝可梦/逻辑组	数学	《宝可梦白金》《BABA IS YOU》	郭淳 孔佳玮
心理情绪组	心理	《Feelinks》(同感)	于佳彤 石硕 孙斌博 徐浩铭 谢怿墨
新闻传播学教案组	传播学、新闻学等	《不予播出》	刘艺 张诚涛 戚人杰
CHEMISTRIS	化学	CHEMISTRIS	NOTLSD
语你同游	语文	《画物语》《驴桥》	姜心琳 刘泽堃 沈梓芸 马雪涛 杨光 朱鹏程
语文 solo 组	语文(高中)	《光遇》《Journey》	周耀媛
我们的伊始之地	地理	《仙剑奇侠传四》	初晓 郭淳 侯丹淇 贾俊祥 满语涵 邱春兰 赵溪竹
《孢子》再进化	生物	《孢子》	郭文慧
细胞器合作	生物(高中/必修一)	《细胞工厂》	刘奖 李佳莹

---

① 2024 年 4 月，我们在四川国际标榜职业学院举行了深入职校的第二期"游戏育人"工作坊，为期 4 周，育成了 18 组教案。不过，不同于第一届的学科教育逻辑，这一期工作坊因有许多社会工作者参加，重点探索的是生命教育如何被课游系统打开的可能性。

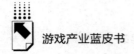

生物组选择《孢子》这款游戏，看重的其实是其中的进化观与生物科学的观点有冲突，甚至被《自然》杂志打了差评，这样的游戏不是误导学生吗？可是游戏化的"化劲"就可以一转颓势，这位工作坊学员设计了完善的评价量表，引导学生一边游玩、一边带着问题反思。这一方案为我们一直说的"反思性游玩"做了注脚，对于利用在科学知识上存在瑕疵的游戏也颇有参考价值。

地理组选择了《仙剑奇侠传四》作为实验空间，让学生体会"地理整体性"。但为什么不是更受欢迎的《旷野之息》《刺客信条》？这一组学员的考虑是，国产游戏的地图和生态设计才最为贴近学生的实际生活，能与他们的日常经验衔接起来。这也增加了一个选择游戏时的思考维度。

体会情绪、感受情感，在教育中的作用或许比我们想象的还要更大，这也是我们在本次工作坊中和大家一起发现的。很多文科小组将感受性作为学习知识的基础：语文组从游戏的画面氛围去关联诗歌散文的体悟；英语组发现即使只是跟读英文台词，"选择"并造成影响仍然能够让学生投入更多情感和注意力；历史组把游戏作为历史长河中一段鲜活的切片，见微知著；政治组和新闻组，把在游戏中压迫与被压迫的经历和感受，引向对战争和媒介深思。

在探索游戏的教育潜力和价值的过程中，我们通过举行教师工作坊、"游戏化学习"创新工作坊、蒲公英中学师生的游戏素养体验、游戏育人：未来教师教案游戏化工作坊，以及其他各种试点活动，不断深入对游戏×教育的研究和实践，逐渐形成了一套以"课游"为中心的完整的、独特的教育方法论。这套方法论不仅包括游戏化的教学方法，还包括作品游戏的再利用，以及结合教案的设计和实施。我们的目标不仅是利用游戏来传授知识，更是希望通过游戏来建立起教师与学生之间的关系，实现长期的素质教育和生命教育。

通过游戏，我们可以让学生在学习中找到乐趣，激发他们的学习兴趣和创新精神；通过游戏，我们可以强化以综合能力、实践能力为导向的教育范式，提升学生搜集知识、学习知识、运用知识的综合素养；通过游戏，我们也可以建立起教师和学生之间的关系，形成师生之间的情感纽带；通过游戏，实现的不仅是一堂课、一门课的短暂体验，更是长期的素质教育和生命教育。

无论是道德教育、价值观培育，还是提升身体素质与运动技能、审美能力与艺术鉴赏力，抑或提升劳动观念、某种脚踏实地的实践能力，游戏实际上都做得到。游戏不仅是知识传播的渠道，更是五育育人的绝佳载体，这是我们在这次研究中得到的最重要的启示，而课游之旅，甚至才刚刚开始。

参考文献

何威、刘梦霏：《游戏研究读本》，华东师范大学出版社，2020。

〔荷〕约翰·赫伊津哈：《游戏的人：关于文化的游戏成分的研究》，多人译，中国美术学院出版社，1996。

〔美〕格雷格·托波：《游戏改变教育》，何威、褚萌萌译，华东师范大学出版社，2017。

〔美〕简·麦戈尼格尔：《游戏改变世界：游戏化如何让现实变得更美好》，闾佳译，浙江人民出版社，2012。

Whitehurst G. J., Lonigan C. J., Child Development and Emergent Literacy [J]. *Child Development*, 1998, 69（3）：848–872.

陈亦水、刘梦霏：《北师大美育历程中的数字美育——数字媒体专业教育发展与教学改革新模式》，《艺术教育》2022年第3期。

刘梦霏：《"魔圈"即社会：中西跨文化视角下的游戏-社会本体论探索》，《当代动画》2024年第2期。

B.18
2023年人工智能技术在
游戏中的应用研究[*]

曹锐 曾丽红 朱雅婧[**]

摘 要： “人工智能技术”（AI）始终与游戏之间存在紧密的联系，因此 2023年国内AI技术的创新发展也意味着游戏产业迎来了新的机遇：一是AI 赋能游戏产业链条，重塑游戏创作端、游戏运营端和游戏体验端；二是AI深 入科技行业布局，为企业带来了丰厚的回报和良好的口碑；三是AI拓展文化 工业边界，聚焦非玩家角色的AI创生阶段，助力提升中国文化工业的全球竞 争力。总体而言，2023年AI技术在游戏中的应用，为提高人民生活质量、实 现科技与人文的和谐共生，绘制了一幅更加美好的蓝图。

关键词： 人工智能 游戏 产业链 行业布局 非玩家角色

一 引言：人工智能与游戏的“量子纠缠”史

自“人工智能”（AI）诞生之初，这一技术便与“游戏”（video games） 存在紧密的联系。由于二者之间的关系与量子力学中两个电子的“量子纠缠” 状态颇为相似，因而当我们在理解其中任何一方时，都无法忽视另一方的作 用。甚至可以说，AI技术的进步在某种程度上等价于游戏技术的进步。

早在1950年，艾伦·图灵（Alan M. Turing）在AI领域的开创性论文

---

* 本文属于广州市新型智库的研究成果。

** 曹锐，博士，广州大学新闻与传播学院讲师，广州市新型智库研究员，主要研究方向为程序 修辞；曾丽红，博士，广州大学新闻与传播学院教授，广州市新型智库高级研究员，主要研 究方向为新媒介文化、网络舆情治理；朱雅婧，博士，广州大学新闻与传播学院讲师，主要 研究方向为新媒介与社会、视觉传播。

《计算机器与智能》中，就提出了"机器能思考吗？"这一核心问题，并通过"模仿游戏"（imitation games）的方式对此予以回应。① 同年，信息论之父克劳德·香农（Claude E. Shannon）介绍了极大极小值算法对国际象棋的影响，这种树搜索的计算机式"思考方式"一度主导着 AI 在棋类游戏中的表现。② 然而，AI 与游戏之间的紧密联动并不局限于棋类游戏，此后随着街机和家用主机的普及进一步扩展至题材更广泛的商业游戏。1981 年，日本南梦宫在其出品的街机游戏《吃豆人》（Pac-man）中引入了不同的 AI 算法，为玩家创造出四个"性格"迥异的"敌人"。次年，其续作《吃豆人女士》（Ms. Pac-man）又引入了训练"机器人"（bot）的遗传算法和强化学习，为玩家带来了更"真实"的人机对抗体验。从 20 世纪 90 年代开始，游戏类型和玩法逐步走向多样化和复杂化，神经网络、进化算法、深度学习等诸多 AI 技术持续为游戏中的"对手"赋能，在不断满足玩家游戏欲望的同时，也极大拓展了计算机程序的智能边界。在相当长的一段时期内，AI 技术始终致力于不断强化游戏中的"对手"，以期它们有朝一日能够战胜人类。数十年来，AI 对手不断刷新着与人类的战绩，1997 年 AI"深蓝"（Deep Blue）战胜国际象棋世界冠军加里·卡斯帕罗夫（Garry Kasparov），③ 2016 年 AI"阿尔法围棋"（AlphaGo）战胜围棋世界冠军李世石，2019 年 AI"阿尔法星"（AlphaStar）在更为复杂的即时战略游戏《星际争霸 2》（Star Craft 2）中，又超越了 99.8% 的人类玩家（见图 1）。奥利奥尔·温雅尔斯等人指出，AI 在即时战略游戏中的大师级表现，标志着目前 AI 技术在游戏领域中的最高成就。④

　　面对 AI 技术带来的挑战，人类社会再一次面临一场巨大的技术变革。在这场看似人类注定"完败"的人机博弈中，我们究竟应该如何应对？卡斯帕罗夫曾在 TED（技术、娱乐与设计）2017 大会上，谈及自己在 20 年前惜败于"深蓝"后的感悟。他坦然表达了自己曾经对 AI 的恐惧，但最终又克服了这

① Alan M. Turing. "Computing Machinery and Intelligence", *Mind*, 1950, pp. 433-460.
② Claude E. Shannon. "Programming a Computer for Playing Chess", *Philosophical Magazine* 314, 1950, pp. 256-275.
③ 萧子扬、马恩泽：《"机器焦虑"和人工智能时代的主要社会学议题》，《大数据时代》2018 年第 8 期。
④ Oriol Vinyals, et al.. "Grandmaster Level in StarCraft Ⅱ Using Multi-agent Reinforcement Learning", *Nature*, 2019, pp. 350-569.

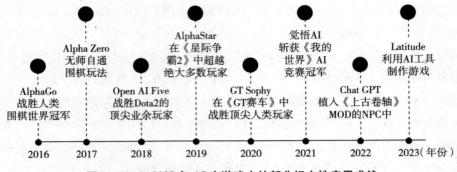

图1 2016~2023年AI在游戏中的部分标志性应用成就

种恐惧，并借用了一句俄罗斯俗语——"既然打不赢他们，那就加入他们"，呼吁人们用积极乐观的态度看待AI技术的进步。可见，人机博弈的最终结果，并不是埋下了一颗"你死我活"的种子，而是开启了一条"人机共赢"的合作之路。换言之，AI并不是替代人类的对手，而应是协助人类突破自身局限的帮手。

近年来，随着国内外AI技术的不断发展，游戏厂商始终将AI视为推动游戏进步的核心动力，坚持强调AI技术对游戏产业的赋能与革新（见表1）。尤其是通过对AIGC（AI生成内容）的恰当运用，以期获得成本更低、效率更高、质量更好的游戏，从而解决成本、效率、质量不可兼得的"不可能三角"问题，实现游戏行业的降本增效，最终推动各项业务长期发展，创造更多的经济和社会价值。

表1 国内外部分AIGC创新企业及其主要应用

国内		国外	
公司	应用	公司	应用
百度	文心一言	OpenAI	ChatGPT
阿里	鹿班	微软	GitHub Copilot
字节跳动	剪映	亚马逊	Code Whisperer
腾讯	绝悟	谷歌	Phenaki
网易	伏羲	Meta	Make-a-video
小冰	X-Band	DeepMind	Dramatron

国内		国外	
公司	应用	公司	应用
视觉中国	元视觉	Stability AI	Stable Diffusion
清博智能	元娲	英伟达	CycleGAN
万兴科技	万兴爱画	MidJourney Lab	MidJourney
昆仑万维	天工智码	resembla. ai	resembla
蓝色光标	销博特	textengine. io	textengine
智谱 AI	写作蛙	Anyword	Anyword

由此，本文将基于 AI 与国内游戏产业的"量子纠缠"现状，回应 2023 年游戏行业面临的三个基本问题：一是从微观层面考察 AI 赋能游戏产业链条的成效，二是从中观层面考察 AI 深入科技行业布局的现状，三是从宏观层面考察 AI 拓展文化工业边界的趋势。由此铺设一条从微观、中观再到宏观的产业观察路径，以大致勾勒出 2023 年 AI 在游戏中的应用图景。

二 AI 赋能游戏产业链条

沿着卡斯帕罗夫当年所希冀的"人机共赢"图景，国内游戏领域无论是学界还是业界，都在积极展开与 AI 的深度合作。2023 年，国内成功举办了"世界人工智能大会"（WAIC），大会不仅促成厦门大学与中国传媒大学、中央美术学院、北京理工大学、上海交通大学等多所高校联合筹备成立了"游戏人工智能高校联合研究中心"；而且作为全球 AI 领域最具影响力的行业盛会之一，WAIC 还吸引了腾讯、网易、米哈游等多家游戏公司再次参会，公布了一系列与游戏和 AI 相关的前沿技术成果。总体而言，我们可以从游戏产业链的设计创作端、游戏运营端和玩家体验端三条路径出发，考察 AI 对游戏产业的赋能成效。

一是重塑设计创作端。传统的游戏创作端存在资源成本高、生产周期长等痛点。特别是在美术资源的制作上，高质量的 2D 绘景和 3D 模型往往会耗费大量的生产时间，这不仅使得游戏开发周期延长，而且大幅增加了开发成本。例如，2018 年发行的《荒野大镖客：救赎 2》耗费 8 年时间、专职开发人员超过 1200 人、成本近 3 亿美元，但即便如此，该作仍然在开发阶段一度宣布发售延期。而在 AI 技术的加持下，游戏创作的周期长和成本高的痛点得到了有效缓解。目前，很多公司正在积极利用 AIGC 工具，为游戏制作环节中所涉及的场景美术、人物建模、任务关卡、角色配音等工作赋能，以提高开发效率和游戏的多样性，努力重塑游戏行业的设计创作端。例如，网易互娱 AI Lab（AI 实验室）在成立之初，便利用 AIGC 技术，降低了风格化头部模型生成的成本、缩短了生成周期。他们自研的这套风格化头部模型生成算法，只需要开发人员提供少量符合游戏风格的头部模型，便可以批量生成同类风格的一系列头部模型，从而极大地节省人力、物力和财力。

二是重塑游戏运营端。当游戏发售以后，除某些买断单机游戏外，对于大多数网络游戏而言，相应的运营团队仍需要持续维护游戏的正常运行，时刻专注于识别、判断和处理游戏内可能出现的任何问题，因而运营工作本身就是一件十分烦琐和复杂的差事。但近年来的游戏运营团队可以借助图像识别、物体检测、人脸检测与识别、光学字符识别、文本分类、语音识别等各种 AI 技术，快速解决运营工作中遇到的繁杂问题。例如，AI 能够通过分析玩家的技能水平、游戏习惯以及社交偏好来优化队友匹配机制，并对游戏中的外挂、作弊等行为进行监控和打击，有效保障游戏的日常运行。此外，以往的游戏运营阶段由于缺乏对用户的精准画像，营销转化弱也是一个大问题。如今，AI 能够精准生成用户画像，评估玩家的消费能力、收集玩家的游戏偏好和活跃度等信息，并根据这些信息投放相应的广告，提高用户参与度和付费转化率，帮助运营团队培养潜在的用户群体，制定出更精细化的运营策略。

三是重塑游戏体验端。虽然玩家的游戏体验通常是一种因人而异的主观感受，但在大多数情况下，玩家的游戏体验实际上都必须受限于开发者的程序性设计。例如，在很多 MMORPG（大型多人在线角色扮演）游戏中，玩家通常只能根据游戏开发者提供的参数，对所操控角色的相貌进行有限的"捏脸"。而如果玩家想要把游戏角色捏成自己或者某位明星的长相，这向来都是一件事倍功半的事情，因而玩家的游戏体验也会大打折扣。而如今的很多大厂都开始借助 AI 技术，试图极大地提高玩家的游戏体验。例如，在《一梦江湖》中，玩家只需要上传自己或者某位明星的图片，算法就会直接找到最优的捏脸参数，并为游戏角色一键生成相应的容貌。这些改变都无疑提升了玩家参与游戏的热情，丰富了他们的游戏体验。

概括而言，由于 AIGC 技术可以有效降低游戏的开发与运营成本，为玩家带来极富个性化与创新性的游戏乐趣，并为游戏公司带来相对丰厚的利润，因此 AIGC 技术深受国内游戏公司的青睐。相比"游戏出海"，AIGC 成为行业趋势的时间虽然短，发展势头却很猛。波克城市副总经理张韬认为，AIGC 的出现就像智能手机一样正在深刻地改变着游戏行业，因此，能否将 AIGC 融入工作流程已成为检验一家公司研发实力的重要标准之一。就 2013 年而言，国内的一些大厂，已经不满足于 AI 在游戏产业中所扮演的辅助内容生产角色，而是积极借助 ChatGPT（聊天生成预训练转换器）或"文心一言"这类基于大模型的文本生成工具，从游戏策划、美术制作、程序开发到营销运营的全流程实现 AI 的引领和主导，以推动游戏行业走向更深刻的变革（见图 2）。

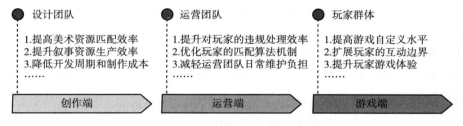

图 2　AI 赋能游戏全产业链

三　AI 深入科技行业布局

伽马数据 2023 年 7 月的《中国游戏产业 AIGC 发展前景报告》指出，中国游戏营收 50 强企业的 AIGC 布局率达到 64%，约半数企业重点搭建了 AIGC 实验研究团队，并运用专项资源积极推动相关技术的发展。其中有 27 家企业正在深入探索 AIGC 对于自身游戏业务的助力作用，并将 AIGC 投入游戏研发、营销运营等游戏产业的全流程应用层面。据国信证券研报梳理，这些企业包括完美世界、昆仑万维、腾讯、网易、世纪华通、三七互娱、天娱数科、汤姆猫、恺英网络、凯撒文化等。其中，有 12 家运用 AIGC 相关技术，为其他行业或企业提供解决方案，以解决更多的跨产业问题；有 9 家企业重点布局数字人/元宇宙领域，积极探索 AIGC 技术的热门应用方向。① 可以说，AIGC 技术已经成为 2023 年科技企业重点布局的方向（见图 3）。

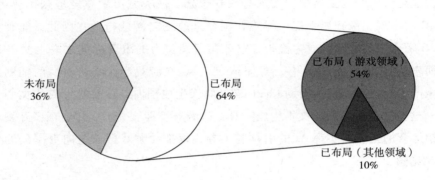

图 3　中国游戏营收 50 强企业 AIGC 布局情况

国内主要的大型游戏公司，如网易伏羲、完美世界、三七互娱、游族网络等，都高度重视 AI 在游戏全产业链中发挥的关键作用，并积极研发 AIGC 的相关底层技术。

网易伏羲在 AI 和游戏领域取得了多项创新成果，包括基于自研的文本大模型"玉言"、多模态图文理解大模型"玉知"、图文生成大模型"丹青"等。目前，网易伏羲不仅在游戏生产环节实现了 AIGC 美术资源的生成、智能打标等应用，不仅大幅提高了美术资产的生产效率，而且正在不断探索文字 AI 捏脸、AI 写词、AI 画师、AIGC 时装共创等新玩法。② 完美世界将相关技术已应

---

① 李哲：《AIGC 争夺战打响：AI 已成"兵家必争之地"》，《中国经营报》2023 年 8 月 7 日，第 4 版。

② 李哲：《AIGC 争夺战打响：AI 已成"兵家必争之地"》，《中国经营报》2023 年 8 月 7 日，第 4 版。

用于《梦幻新诛仙》《诛仙世界》等游戏中的NPC、场景建模、剧情、绘图等方面。三七互娱则陆续自主开发了AI大数据研发中台"宙斯"，研发数据分析系统"雅典娜""波塞冬""阿瑞斯"，AI研发平台"丘比特"，以及美术设计中台"图灵"等，不仅有效降低了游戏研发成本，而且还提升了研发效率。① 对此，三七互娱集团高级技术总监王传鹏表示："对于2D原画的生成，以前是按周来统计，现在都是按天来产出原画。"游族网络CEO陈芳则在公开信中表示，公司将对AI领域进行持续投入，计划将现有的创新院升级为"AI创新院"，下设"智子实验室"和"红岸实验室"，分别围绕"AIGC"和"AI赋能游戏全球化"两个方向进行聚焦突破。

除大型游戏公司以外，还有一些科技网络公司也正在积极入局AIGC。凯撒文化正在与上海交大展开合作，积极攻关剧情动画生成系统，并通过深度学习技术快速制作游戏剧情动画资源，试图打造一个鲜活的虚拟世界。② 恺英网络、幻杳网络、星跃互动也开始在研发中充分利用AIGC工具批量生成高精度的人物和场景渲染图。盛天网络当前主要在带带电竞平台上使用AI技术，该公司也一直关注生成式AI在游戏、虚拟人、电商等领域的应用情况，目前正在与国内相关大模型公司接触，共同研究AI技术与公司业务结合的具体场景和方式。

概括而言，截至2023年，国内大多数上市游戏公司和科技网络公司都已深度入局AIGC，并且大致形成了两条发展路径：一是主要依靠自研的底层算法模型参与游戏生产，二是主要依靠引入的第三方AI工具参与游戏生产。选择前一条路径的公司以腾讯、网易等这种拥有多元化复合型业态的大厂为主，它们旗下除了游戏产业外，还在社交、音乐、娱乐等诸多领域拥有深厚的业务基础。这些企业在AIGC概念真正进入公众视野之前，已经在AI领域耕耘多年，拥有雄厚的财力和技术自研AI大模型，并且早已将AI技术投入游戏开发和运营实践。例如，《蛋仔派对》在自研AI+UGC（用户生成内容）的助力下于2023年迎来了高光时刻，日活跃用户突破3000万人次，成为网易游戏日活跃用户数最高的游戏。同年8月，《蛋仔派对》月活跃用户突破1亿人次。但

① 胡岳豪：《基于四要素的三七互娱盈利模式转型及效果研究》，广西大学硕士学位论文，2023。
② 张毅：《从游戏开始，人人都能创造元宇宙》，《电脑报》2023年4月10日，第2版。

这类公司只是少数，大部分游戏厂商更看重对现有 AI 技术的应用。例如，天娱数科基于 Open AI（美国开放人工智能研究中心）的 Chat GPT 推出了"Meta Surfing-元享智能云平台"，汤姆猫公司则将 Chat GPT 应用于自家拳头产品"会说话的汤姆猫"，并在 2023 年上半年累计达成超过 200 亿人次的游戏下载量，最高 MAU（月活跃用户人数）达 4.7 亿人次。

不难发现，AI 深入科技产业布局，不仅为大中型企业带来了丰厚的回报和良好的口碑，也为国内众多独立游戏开发者带来了更多的挑战。中式悬疑剧情解谜游戏《烟火》《三伏》的制作人"月光蟑螂"表示，对一些独立开发者来说，独特的美术会带来不小的竞争力，而现在 AI 创作的风格有些单一，反而会削弱独立游戏的独特性。[①] 但对于大多数独立游戏人而言，AIGC 无疑降低了行业的准入门槛，在某种程度上缩小了他们与大企业的差距。非凡产研的研究报告指出，随着应用端和市场端的逐渐成熟，行业的创作门槛会降低，这使得市场竞争日益激烈，并形成细分赛道的差异化竞争格局，即除去大模型逐渐成熟之后话语权向头部企业集中的格局外，中小企业也将进驻细分赛道并展现优势。[②] 但需要注意的是，AI 技术应用范围的拓宽及覆盖用户数量的增长，也可能会带来某些安全隐患，如软件漏洞、数据滥用、恶意控制等问题。

四　AI 拓展文化工业边界

综观游戏与 AI 融合演进的历史，我们可以将其大致分为两个阶段。一是"围绕人机互动的 AI 对抗阶段"。例如《吃豆人》中四个"性格"迥异的"敌人"本质上只是简单的"状态机+决策树"算法，这一阶段的 AI 致力于成为打败人类的对手。二是正在上演的"重塑游戏产业的 AI 辅助阶段"。近年来，越来越多的国内游戏公司正在利用各类 AIGC 工具，辅助生成高品质的图像，多样化的关卡设计、各种模型的材质以及视觉特效，以借助 AI 重塑整个游戏产业链条。

[①] 陈奇杰：《AI 改造游戏业》，"经济观察报"百家号，2024 年 3 月 2 日，https：//baijiahao. baidu. com/s? id=1792382542693394373&wfr=spider&for=pc。
[②] 沈怡然：《AI 改变游戏行业，不光是好的一面》，《经济观察报》2023 年 8 月 21 日，第 3 版。

而 2023 年的游戏行业或已踏入第三阶段，即在利用 AIGC 降本增效的基础上，走向"聚焦非玩家角色的 AI 创生阶段"。"非玩家角色"（NPC）之所以被推至前台，一是因为"状态机"或"行为树"，作为驱动 NPC 的经典 AI 技术，已经无法满足玩家的需求。例如，在游戏过程中，当玩家摸索出游戏设计者的"套路"之后，就能依据其逻辑总结出针对性的策略，玩家最终只能在不断的"机械重复"中，消磨掉对游戏的探索欲望。二是因为借助 AIGC 工具重塑游戏产业链条的做法，其实更侧重于现实世界中游戏的物质生产，却相对忽视了虚拟世界中游戏的叙事生产。而 NPC 则是营造虚拟世界可信度、创设引人入胜的冒险剧情的关键，甚至可以说，没有"真实的" NPC，就没有"真实的"游戏世界。微软 Xbox（微软公司创建的电子游戏品牌）援引 Inworld AI（一家生成式 AI 公司）的一项调查称，84% 的玩家认为 NPC 在游戏中很重要，79% 的玩家会与 NPC 进行互动，52% 的玩家抱怨现在游戏内的 NPC "只会重复对话"。因此，从需求侧来说，玩家越来越高的叙事期待，被主要投射到了游戏 NPC 上。从供给侧来说，决策式 AI 和生成式 AI 是实现"通用人工智能"（AGI）的必由之路，而 NPC 又是能够反映决策式 AI 和生成式 AI 具体表现的最佳应用对象。因此，NPC 的智能化已成为通向 AGI 这一终极目标的关键突破口。相比晦涩的论文和评选标准各异的榜单，在某种程度上，智能 NPC 更能展现一家 AI 公司的实力。2023 年底，微软 Xbox 宣布与 Inworld AI 达成合作，将利用 AI 技术，为游戏中的 NPC 注入更多的交互力和生命力，从而提升游戏的沉浸感和体验感。在微软刚刚发布的 2024 财年第二财季（即 2023 自然年第四季度）财报中，游戏业务贡献的收入超过了 Windows（微软视窗操作系统）。

"聚焦智能角色的 AI 创生阶段"离不开底层的大语言模型为 NPC 赋予"智能"。根据中国科学技术信息研究所、科技部新一代人工智能发展研究中心联合发布的《中国人工智能大模型地图研究报告》，截至 2023 年 5 月，美国已发布 100 个参数规模 10 亿以上的大模型，中国已发布 79 个，全球累计发布大模型 202 个，中美两国大模型的数量占全球大模型数量的近 90%，中国大模型数量已进入第一梯队。根据大模型之家的测算，到 2028 年，全球大模型市场规模将达到 1095 亿美元，中国大模型产业市场规模将在 2028 年达到 1179 亿元[①]。

---

① 姚嘉莉：《广东企业加速 AI 产业渗透》，《深圳商报》2024 年 2 月 29 日，第 8 版。

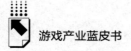

基于此，腾讯、网易、完美世界、百川智能、昆仑万维以及一些 AI 初创公司都不约而同地聚焦于智能 NPC 的开发和应用。网易旗下的开放世界武侠手游《逆水寒》是国内首个于 2023 年安装大模型的游戏，这意味着 NPC 能够和玩家自由生成对话，并基于对话内容，自主给出有逻辑的行为反馈①。完美世界出品的《梦幻新诛仙》则为 NPC 提供了更加丰富的微表情，为玩家提供更真实自然的交互体验。而端游《诛仙世界》则推出了高度模拟真实玩家行为的"人形对战 NPC"。昆仑万维开发的 Club Koala（考拉俱乐部）的创新玩法之一是 Home Island（本岛），其在游戏中引入了智能 NPC。玩家可以在 Home Island 中创造自己的虚拟形象，建造、装饰自己的岛屿和房屋，进而形成一个活跃的玩家模拟社区。汤姆猫已推出 GameBud Talking Tom（游戏芽出品的会说话的汤姆猫）语音智能交互玩伴，该智能产品实现了与《汤姆猫跑酷》等游戏产品的链接，拥有游戏陪玩、实时交流、语音互动等多个功能。

概括而言，智能 NPC 大量应用了强化学习、自然语言处理、语音生成等 AI 技术，不仅能和玩家自由对话，而且能基于对话内容，自主作出有逻辑的行为反馈。NPC 和玩家的交流不再局限于设定好的台词，而是 NPC 经过"理解后"给出对话，这是自由度极高的游戏体验。从长远来看，基于底层大模型的智能 NPC 一旦在表情神态、连续对话和动作反馈方面获得了全面升级，不仅可以为玩家构建一个"真实可信"的游戏世界，而且为今后的 AGI 之路打下了坚实的基础。智能 NPC 在给玩家带来千人千面的游戏体验之时，还将大幅提升公众对游戏的传统认知，并带动我国文化工业的蓬勃发展，多项重要政策已直接或间接提及推动 AI 的发展。事实上，AI 不仅是"科技强国"的重要发展方向，也是"文化强国"的重要推进器。在政策方面，AI 已是我国重点鼓励发展的前沿科技领域，也是国家战略的重要组成部分，AI 的发展有助于提升文化产业的生产效率与生产质量，进而提升中国文化工业的全球竞争力（见表 2）。

---

① 张毅：《从游戏开始，人人都能创造元宇宙》，《电脑报》2023 年 4 月 10 日，第 2 版。

表2　截至 2023 年关于推动游戏文化工业的部分相关政策

发布时间	发布单位	政策名称
2022 年 8 月	科技部、中宣部、中国科协	《"十四五"国家科学技术普及发展规划》
2022 年 7 月	商务部、中宣部等 27 部门	《商务部等 27 部门关于推进对外文化贸易高质量发展的意见》
2022 年 5 月	文化和旅游部	《文化和旅游部关于修改〈娱乐场所管理办法〉的决定》
2022 年 3 月	文化和旅游部、教育部等 6 部门	《关于推动文化产业赋能乡村振兴的意见》
2022 年 1 月	国务院	《"十四五"数字经济发展规划》
2021 年 10 月	商务部、中宣部等 17 部门	《关于支持国家文化出口基地高质量发展若干措施的通知》
2020 年 11 月	文化和旅游部	《关于推动数字文化产业高质量发展的意见》
2019 年 12 月	文化和旅游部	《游戏游艺设备管理办法》
2019 年 10 月	工业和信息化部、国家广电总局、中央广电总台	《超高清视频产业发展行动计划（2019－2022年)》

五　结语

在 AI 技术浪潮的推动下，2023 年的中国游戏产业迎来了巨大的变革。AI 技术的深度融合与创新应用，不仅在游戏产业的设计创作、运营维护和用户体验等多个环节发挥了关键作用，而且在科技行业的布局和文化工业的拓展上展现了其独特的价值和广阔的前景。

首先，在游戏产业链条中，AI 技术的应用极大地提升了游戏开发的效率和质量，有效降低了成本，使得游戏产业能够更加敏捷地适应市场变化和玩家的多样化需求。AIGC 技术在美术资源制作、角色生成和个性化体验等方面的突破，不仅加速了游戏产业的发展，也为相关技术领域的进步提供了新的动力和方向。

其次，AI 技术在科技行业的布局，促进了跨领域的技术融合与创新。游戏企业通过深入研究和应用 AI 技术，不仅增强了自身的核心竞争力，也为其他行业提供了创新的解决方案和服务模式。这种跨界合作和技术输出，有助于构建一个更加开放、协同的科技创新生态系统，推动整个社会的科技进步和产

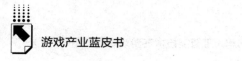
业升级。

最后，AI 技术通过赋予游戏 NPC 更加真实和丰富的交互能力，不仅提升了游戏的沉浸感和体验感，也有助于推动我国文化工业的蓬勃发展，增强中国文化产业的全球影响力和竞争力。

展望未来，我们坚信，随着 AI 技术的不断成熟和应用领域的不断拓展，中国游戏产业将继续在全球舞台上发挥重要作用，为社会经济的发展和文化繁荣作出更大的贡献。同时，我们也期待 AI 技术能够在促进社会公平、提高人民生活质量等方面发挥更大的作用，实现科技与人文的和谐共生，共同绘制出一个更加美好的未来。

参考文献

唐振韬、邵坤、赵冬斌等：《深度强化学习进展：从 AlphaGo 到 AlphaGo Zero》，《控制理论与应用》2017 年第 12 期。

张宏达、李德才、何玉庆：《人工智能与"星际争霸"：多智能体博弈研究新进展》，《无人系统技术》2019 年第 1 期。

黄凯奇、兴军亮、张俊格等：《人机对抗智能技术》，《中国科学：信息科学》2020 年第 4 期。

袁云佳：《人工智能的发展与应用综述》，《科技风》2020 年第 17 期。

B.19
2023年VR游戏发展现状与趋势研究

蒋 蕊 张诗钰 樊埕君 左安萍 董广建*

摘 要： 世界范围内虚拟现实（Virtual Reality，以下简称"VR"）游戏市场发展至今已具备丰富的玩法和题材品类，随着技术的更新与用户偏好的变化，VR游戏市场也在不断发生变化。此次研究围绕VR游戏玩法、技术及案例，充分研究行业的市场趋势、技术发展现状及游戏内容与类型，同时关注VR游戏行业的驱动因素及挑战，围绕2023年的主要趋势与创新进行分析，为VR游戏行业提供发展指引。

关键词： VR游戏 VR技术 泛娱乐 商业模式

一 引言

（一）研究目的与意义

《关于实施网络游戏精品出版工程的通知》在2023年10月由国家新闻出版署公布，这一举措为我国游戏行业的标准化和持续发展制定了新的准则，并对其提出了新的期望。《网络游戏管理办法（草案征求意见稿）》的公开征求意见通知被发布，其目的是保障和助推网络游戏行业的健康繁荣。VR技术因其具有沉浸性和交互性两大特征，已成为游戏产业的重要载体。随着这类技术的普及，日常生活的方方面面出现泛游戏化现象，及时研究VR游戏的发展现

---

* 蒋蕊，北京化工大学艺术与设计系副系主任，副教授，中国传媒大学动画学博士，主要研究方向为严肃游戏、游戏用户研究及XR技术应用；张诗钰，北京化工大学艺术与设计系硕士研究生，主要研究方向为严肃游戏设计、数字艺术创新；樊埕君、左安萍、董广建，均为北京化工大学艺术与设计系本科生，主要研究方向均为数字媒体艺术。

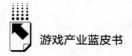

状与趋势成为我国文化产业结构建设的重要内容。游戏行业兼具科技和消费属性，在遵守行业规范的前提下，VR 游戏有望助力多类产业释放数字经济新动能，游戏产业链也将得到进一步的系统发展。

（二）VR 游戏行业的简要历史回顾

虚拟现实技术在 20 世纪 90 年代初成为许多项目研究的焦点，1965 年，Ivan Sutherland（伊万·萨瑟兰）提出了虚拟现实的概念，随后创造了第一个头戴显示器设备。1981 年，美军开发了第一款 VR 街机游戏《Bradley Trainer》，旨在训练新兵操作坦克。1985~1988 年，VPL 公司打造出第一款商用 VR 设备，但由于设备易损且成本过高并未得到广泛推广。1990~2000 年，日本世嘉公司和任天堂公司推出了 the SEGA VR-1 和 Virtual Boy，但由于玩家在使用时常出现头晕等体验问题，产品销售情况惨淡。在此期间，《星球大战：黑暗力量（Star Wars：Dark Forces）》等实体游戏相继推出，可玩性较强。同时期各大知名游戏厂商纷纷开始投入设备研发，攻克技术难关。2011 年，任天堂公司推出了具有沉浸感和真实感的 3DS 便携式游戏机。2012 年，Oculus 推出分辨率更高且带有护目镜的设备 Oculus Rift，两年后该产品被 Facebook 收购。与此同时，SONY 发布产品 PS VR，两大科技巨头进入 VR 市场，宣告了 VR 元年的开始[①]。2015 年直播行业爆发，市场迅速转变为以用户为导向，VR 游戏中与电子竞技、直播等相关的品类迎来更加广阔的市场和空间。2016 年至今，包括索尼、三星、苹果和谷歌在内的科技公司都推出了各种类型的 VR 设备。Facebook 于 2020 年发布的 Oculus Quest2 使 VR 体验显著提升，以致销量激增，成为 VR 设备史上首款消费级单品。目前，互联网及科技大厂将研发重点瞄准一体式 VR 头显设备。随着人工智能技术、图像技术等的发展，各行各业有意识地通过游戏思维解决问题，游戏化现象渗透至多个领域，VR 技术随之推广开来，VR 游戏具有高度应用价值和强劲的发展动力。

（三）研究方法和资料来源

本文通过收集大量产业报告、新闻及相关数据、文献，进行总结分析，具

---

① Zhang, Ruiqi. "Research on the Progress of VR in Game." *Highlights in Science, Engineering and Technology* 39（2023）：103-110.

体包括游戏设计、技术发展、商业模式等方面，具体研究方法和资料来源如下。

1. 研究方法

文献综述：通过回顾相关的学术文献、行业报告以及之前的研究成果，来构建对 VR 游戏产业的理论和历史背景的理解。这包括分析 VR 技术的发展历程、游戏设计理论的创新，以及过去几年内商业模式的演变。

案例研究：选择具有代表性的 VR 游戏、公司或技术案例进行深入分析。通过研究它们的成功和失败，提取有价值的教训和最佳实践经验。

2. 资料来源

学术资源：包括学术期刊、会议论文、教科书和学术数据库等，提供理论框架和前人的研究参考。

行业报告：来自市场研究机构［Newzoo、Omdia、International Data Corporation（IDC）］的报告，提供关于市场趋势、技术发展、用户行为等的专业分析。

公司公开资料：从 VR 游戏公司的官方网站（Unity、Steam）、投资者通讯、产品发布和技术白皮书中获取数据和信息。

二　2023年 VR 游戏市场概述

（一）全球 VR 市场重拾增长

受 2022 年游戏版号中断、全球宏观经济逆风及疫情因素影响，2022 年游戏行业整体承压，2023 年游戏产业规模呈现回升趋势。据市场研究公司 Omdia 的研究表明，到 2023 年底，VR 头显的活跃安装量达到 2360 万次。同时，陀螺研究院发布的《2023 年全球 VR/AR 产业年度投融资报告》显示，2023 年全球 VR/AR 产业共记录了 229 起融资并购事件，其中 VR 游戏公司 nDreams 被 Aonic 集团以 1.1 亿美元收购成为该领域融资额最高的一次事件。这一事件反映 VR 游戏市场总体是向好的。

（二）Oculus 仍为市场领头羊

Meta 作为老牌元宇宙公司在 VR 游戏设备市场占据主导地位，其旗下品牌

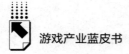

Oculus 目前拥有全球最大的市场份额。截至 2024 年 3 月,Steam 平台上的数据显示 Oculus Quest 2 的市场份额达 37.84%,成为市场的领头羊,Valve Index HMD 占比达 16.68%,Meta Quest 3 占比达 15.03%。

(三)海外仍为主要发行市场

2023 年的数据显示,Steam 平台上最受玩家欢迎的前十款 VR 游戏均来自海外,其中半数源自美国。与此相比,国内 VR 游戏在数量和质量上仍与海外 VR 游戏存在一定差距。但近年来随着 VR 游戏市场的崛起和更多资本的介入,国内游戏企业和工作室变得越来越重视 VR 游戏的开发,国内 VR 游戏发展仍然值得期待。

(四)亚太地区或将成为重要目标市场

随着终端 VR 设备销量的增长,VR 游戏内容生态也在迅速扩展。以主流游戏平台 Steam 为例,截至 2024 年 10 月,"VR 作品"标签已有 6935 款游戏,"VR"硬件标签已有 134791 款游戏。基于印度、中国等大型新兴经济体的存在,以及各地区用户对 VR 设备的接受度不断提高,亚太地区成为全世界 VR 市场增长最快的地区,未来亚太地区将占据 VR 游戏市场的重要份额。

三　2023年 VR 游戏行业的主要趋势与创新

(一)硬件技术突破助力用户体验提升

1.多家公司迭代芯片,实现设备性能飞跃

2023 年 9 月,Meta Connect 大会上发布了高通骁龙 XR2 Gen 2 和 AR1 Gen 1 芯片,搭载在 Meta Quest 3 和 Ray-Ban 智能眼镜上。XR2 Gen 2 性能显著提升,相比前代 XR2 芯片 GPU 性能增加 2.5 倍,支持更高分辨率和更多摄像头,并通过自研技术提升了视觉和 AI 能力。不到 3 个月,高通又迭代发布了骁龙 XR2+ Gen 2 芯片,进一步提升了分辨率、帧率和 CPU、GPU 频率,支持更流畅的 MR 体验和快速连接技术。2023 年 6 月苹果发布了首款头戴式空间计算显示设备——Apple Vision Pro,该设备搭载了 Apple M2 和 R1 芯片,提供了低延

迟的数据传输、更快速的反应和更流畅的体验。2023年10月，苹果正式发布了M3系列芯片，但尚未应用到产品中。

2. Pancake方案成为VR光学显示主流解决方案

相比传统折射式方案，Pancake方案将头显厚度缩减至约17~18mm，重量减半，大大提升了产品的佩戴舒适度和用户使用时长。2023年各大品牌的新产品中，如YVR 2、大朋VR、创维VR、Meta Quest3、索尼PS VR2等，都选择了Pancake解决方案，未来VR产品将更注重轻量化和便携性，为用户带来更舒适、更沉浸的虚拟现实体验。丁玉强等人在2023年提出并证明了一种新的Pancake光学系统，使用夹在两个反射式偏振器之间的非互易偏振旋转器，具有重量轻、外形紧凑和低功耗的特点，并且可以克服传统的Pancake光学系统的效率限制，给下一代VR显示器带来革命性的变化[①]。

3. Micro OLED技术成为微型显示器新宠儿

目前，主流产品使用的多为硅基微显示器Micro OLED，通常带有Birdbath光学器件，全色设计使用具有衍射或反射波导的LCoS显示器。一些主要厂商开始使用OLED技术来提升显示性能。苹果的Vision Pro采用了硅基OLED（Micro OLED），在显示亮度、分辨率等方面有明显提升，有助于有效解决使用产品时的眩晕等问题。硅基OLED在对比度、色彩和均匀性方面可以达到当今任何微显示器类型的最佳图像质量要求，通常可以支持90到120 Hz之间的帧速率。另外一款硅基微显示器Micro LED因其极快的切换速度已在医疗、工业和军事领域有较为成熟的应用，但由于需要使用更大功率驱动，在游戏领域仍需要更长时间的孵化。

4. 其他光学器件持续提升

VR显示器正在采用最新计算方案支持的优化显示系统，并将其应用扩展到MR实践中，如Meta Quest Pro（配备了合格的MR直通功能）。柔性（Liquid Crystal，以下简称"LC"）光学器件可以帮助用户克服AR和VR头显设计中光学性能和舒适性的平衡问题，为曲面屏带来更多功能的延伸。VR摄像头正从空间感知发展到全方位的手势识别和眼动跟踪应用，外置摄像头通

---

① Ding, Yuqiang, Zhenyi Luo, Garimagai Borjigin, and Shin－Tson Wu. "Breaking the Optical Efficiency Limit of Virtual Reality with A Nonreciprocal Polarization Rotator." *Opto－Electronic Advances*（2024）：230，178-1.

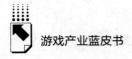
常需要配备 3D 摄像模组和内部空间定位技术，而内置摄像头则有助于实现眼动跟踪和其他技术，从而不断提升用户体验。

5. 主流产品呈现 VR/MR/AR 效果融合趋势

最新推出的产品表明，VR 头显逐渐向 MR 化发展，MR 将成为 VR 硬件的延伸形式，也可作为 AR 成熟之前的过渡产品。混合现实技术结合了虚拟现实技术的沉浸式体验和增强现实技术的交互性，可以识别屏幕上显示的实时外部视图，并提供与虚拟图像的互动功能。

6. Apple Vision Pro 使用体验最佳

目前世界范围内主流的 VR 头显设备有 Pico4 Pro、Quest 3 以及 Apple Vision Pro，这三款产品均支持全彩透视显示，但透显清晰度不高，仍无法与真实世界比拟。在分辨率方面，Apple Vision Pro 表现最佳，可以达到单眼 4K+，所有 UI 达到高清无锯齿效果。而 Pico4 Pro 和 Quest 3 只有 2K+，且文字清晰度较低，前者还有很强的鱼眼效应，边缘画质畸变严重。在交互体验、定位、散热及刷新率方面，Apple Vision Pro 最优。在佩戴体验方面，Pico4 Pro 的不适感最轻，Apple Vision Pro 最差。Apple Vision Pro 和 Pico4 Pro 都支持自动调节瞳距，而 Quest 3 需要手动调节。Apple Vision Pro 和 Quest 3 的 MR 透视可以随意打开，而 Pico4 Pro 只有部分游戏和应用支持。

（二）软件性能增强助力 VR 游戏开发

1. 游戏开发工具的更新助力降本增效

虚幻引擎和 Unity 在 VR 和 AR 领域的重要性不言而喻。2023 年 5 月 11 日，虚幻引擎发布 5.2 版本，引入了过程内容生成框架（Procedural Content Generation Framework，以下简称"PCG"）、Substrate 等重要新功能。PCG 允许艺术家使用虚幻引擎资产填充大型场景，Substrate 可以通过模块化多叶框架控制创作材料的外观。其他新功能包括实时软体模拟系统 Chaos Flesh、支持虚拟几何系统 Nanite 流入的几何体以及支持软体与周围环境的交互等。紧接着，2023 年 9 月 6 日，虚幻引擎发布了 5.3 版本。此版本进行了渲染效果的优化、Nanite 和 Lumen 的改进、稀疏体积纹理和路径追踪器的支持等。

2. VR 设备系统迭代大大提升使用体验

通过不断改进性能、提升舒适度、增强功能和推动内容创新，新一代的

VR设备能够为用户提供更出色、更沉浸的虚拟现实体验，推动了VR技术和VR游戏的发展和普及。PICO OS在2023年进行了三次版本更新，在手柄使用灵敏度、语言检测准确度、位置校准准确度、跨平台分享、录屏即时预览及视频录制防抖效果等方面不断优化，切实提升了用户体验。Quest在2023年进行了四次版本更新，在网络链接性、社交互动功能、手部追踪、儿童教育功能以及安全性方面不断攻克难关，提升了社交的便捷性及用户数据的安全性。

3. 超分辨率研究增强远程渲染效果

在远程渲染的虚拟现实中，内容延迟和高带宽的要求成为远程渲染图形的关键挑战。近年来，利用深度学习进行的超分辨率研究以及移动超分辨率得到了广泛关注，研究人员在寻找不同的方法来优化神经网络用于移动端的推理，张安澜和王晨东等人提出将超分辨率用于体积视频流[1]，尤金·李（Eugene Lee）等人提出在视频超分辨率中融合低分辨率上下文与区域高分辨率上下文的方法[2]，卡迈勒宁（Kämäräinen）等人的研究表明，超分辨率是一种可行的方法，可以提高远程渲染VR的整体质量，同时还可以结合不同的视觉聚焦策略[3]。

4. 空间计算有望创造人机交互新浪潮

空间计算集成了混合现实、人工智能和全球定位系统等技术，使物理和虚拟空间中的沉浸式、自然且智能的多模式交互成为可能。该技术正以令人难以置信的速度增长，在工业界，许多科技公司，如苹果、微软、谷歌和Meta，都在投资空间计算，开发新的设备和应用程序。具体而言，2023年空间计算市场规模为979亿美元，预计到2028年将增长到2805亿美元[4]。但空间计算

---

① Zhang, Anlan, Chendong Wang, Bo Han, and Feng Qian. "｛YuZu｝: ｛Neural-Enhanced｝ Volumetric Video Streaming." 19th *USENIX Symposium on Networked Systems Design and Implementation* (*NSDI 22*) (2022): 137-154.

② E. Lee, L.-F. Hsu, E. Chen, and C.-Y. Lee, "Cross-Resolution Flow Propagation for Foveated Video Super-Resolution," *IEEE/CVF Winter Conference on Applications of Computer Vision* (*WACV*), (2023): 1766-1775.

③ Kämäräinen, Teemu, and Matti Siekkinen. "Foveated Spatial Compression for Remote Rendered Virtual Reality." *Proceedings of the First Workshop on Metaverse Systems and Applications* (2023): 7-13.

④ Xu J., Papangelis K., Tigwell G. W., et al. Spatial Computing: Defining the Vision for the Future [C] //Extended Abstracts of the CHI Conference on Human Factors in Computing Systems. 2024: 1-4.

的人机交互研究面临着一个显著的差距，特别是在用户体验领域，具体表现在用户协作、道德问题和可访问性等方面。空间计算领域的先驱之一是 Apple，2024 年最新发布的 Apple Vision Pro 旨在通过多模式交互在我们的混合空间中为吸收、创造和共享信息带来新的可能性，从而将空间计算带到讨论的最前沿。

5. AIGC 技术成为各大厂强有力的开发工具

生成式人工智能（Artificial Intelligence Generated Content，以下简称"AIGC"），是人工智能在发展过程中衍生出的特殊类型，也是近年来迭代迅速、影响广泛的新型人工智能模型。国外知名游戏公司如育碧、Roblox 等，已广泛采用大模型和 AI 工具来生成游戏场景、道具、剧情和对话情节等内容，以提高游戏的用户吸引力和留存率。多家参展商在 2023 游戏开发者大会（Game Developers Conference，以下简称"GDC"）上表示，AIGC 将推动游戏在开发、测试、运营和客服等环节的应用加速发展。这不仅可以降低成本、提高效率，更重要的是通过丰富游戏内容和增强互动性，有望推动游戏用户规模的增大，从而扩大整个游戏市场的规模。游戏公司 Cyber Manufacture Co 于2023 年 1 月发布了一款名为 Quantum Engine 的新型 AIGC 引擎，使玩家可以与非玩家角色进行自由互动。AIGC 技术的出现将大幅降低游戏开发成本，提振游戏的全产业链条，降低玩家创作门槛，进一步活跃平台的内容生态。

（三）商业模式创新引发全新游戏体验

1. 混合货币化机制成为 VR 游戏主流趋势

随着区块链技术的不断演进，虚拟世界产品平台和 VR 游戏市场正在融合，加密货币在虚拟世界的生态中越来越重要，VR 游戏因其独特的体验和高成本的开发投入而存在叠加的游戏盈利机制。在多数 VR 游戏中，玩家必须先付费才能进入基础游戏，例如《Beat Saber》。随着 VR 游戏市场的扩展，追加下载内容（downloadable content，以下简称"DLC"）模式正逐渐成为主要盈利策略之一。在另外一种模式下，玩家可以免费体验，但需要购买其他服务进行深度体验，例如在《Echo VR》中想要持续体验游戏需要订阅服务，在《The Under Presents》中想要获得更多游戏体验需要购买戏剧表演。Newzoo 报告显示，在 Steam 和 Quest 商店中，对 VR 游戏购买统一收取 30% 的费用，对订阅、通行证和游戏内购买收取额外费用。在平台、开发者和消费者三方的混合货币化机制下，VR游戏将拥有更广阔的市场。

2.《失控玩家》或将成为现实

近年来出现的一个领域是虚拟现实大型多人在线角色扮演游戏（Virtual Reality Massively Multiplayer Online Role－playing Games，以下简称"VRMMORPG"）[1]。在这类游戏中，玩家可以不用戴着沉重的头戴式眼镜，而是使用VR和AR耳机进入深度睡眠，随后进入虚拟世界。设备不断更新，甚至可能像手机和电脑一样方便，也正因此，参与MMO的玩家数量将大幅增加。但目前由于直接对大脑进行实验违反人伦关系，这类设备的相关研究被禁止，未来科研人员需要寻求一种更安全、更合适的方式来完成新技术VR设备的研发。

3. HoloTile实现在虚拟世界中的自由移动

2024年1月22日，迪士尼研发部门发布了全球首款多人、全方向、模块化、可扩展的虚拟现实滑动地板技术HoloTile。该技术允许用户在原地踏步的同时在虚拟世界中实现任意移动，解决了VR游戏中晕动症的问题。晕动症主要由两个原因引发，一是由硬件技术限制导致视觉模糊与延时，二是当虚拟信息与正常感知产生冲突时，眼睛和前庭接收到的信息不匹配导致眩晕感。HoloTile地板技术是在一系列铰接且倾斜的锥体顶部之上，装上圆盘，再依靠内部电机让其旋转，以适应人们行走的速度。由于只有接触到圆盘顶部才会旋转，所以无论用户朝哪个方向行走，HoloTile都会将用户拉回中间。此外，用户还可以通过游戏操控柄控制，或者通过外力（手）在HoloTile上实现移动。HoloTile技术通过"欺骗"前庭感官，让用户在虚拟世界和现实世界都动起来，为VR游戏带来更沉浸的体验，并解决了沉浸式体验场景中的现实场地问题。

四　VR游戏内容与类型

（一）热门VR游戏分类

在多项政策鼓励游戏产业开发出原创性精品的背景下，现有的VR游戏类

---

[1]　Bian，Shijie. "Research on the Application of VR in Games." *Highlights in Science，Engineering and Technology* 39（2023）：389－394.

335

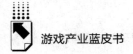
型百花齐放，但 VR 的游戏生态仍处在发展初期阶段。六大游戏平台（Steam、Vive、Oculus Quest、PICO、NOLO、YVR）合计 VR 游戏不足 8000 款，且多以轻度游戏为主，具体可分为场景体验类、动作模拟类和教育类三大类。威廉姆森（Wilhelmsson）等的研究表明，Steam 平台上纯 VR 应用中，动作类占 VR 应用的 79.2%，休闲 VR 应用占 42.88%，冒险类游戏占 35.51%，模拟类占 35.22%[①]。

场景体验类的如《虚拟探索者（Virtual Explorer）》注重沉浸式体验和自由探索，提供多样的场景和任务，支持多人在线模式，让玩家共同探索和互动；而《Half-Life：Alyx》融合了引人入胜的故事情节和惊人的 VR 交互性，让玩家沉浸在游戏世界中，体验前所未有的沉浸感；《The Elder Scrolls V：Skyrim VR》将经典的《上古卷轴 V：天际》完美移植到 VR 平台，玩家可以在虚拟现实世界中自由探索广阔的"天际省"，体验丰富的角色扮演游戏内容；《Job Simulator》以幽默的方式展现了未来工作场景，让玩家在虚拟世界中尽情体验各种职业，相对较轻松有趣。

动作模拟类的如音乐游戏《Beat Saber》强调音乐节奏和动作的结合，玩家通过挥舞光剑切割方块来与节奏配合；《Boneworks》强调物理引擎和真实感觉，玩家可以与游戏世界中的物体深度互动，并进行各种动作。

教育类的如《编程王国（Kooring VR Coding Adventure）》，将玩家置身于方块星船中，通过编程学习来培养逻辑思维和创造力，提供高度沉浸的学习体验；《VR 纽约物语（VR New York Story）》以纽约为虚拟空间背景，引导玩家使用英语完成任务，体验与其他角色进行生动的 VR 对话；《Quest 高中解剖学（High School Anatomy for Quest）》则提供精确的解剖学模型，适合医学生和医生使用，为用户带来独特的虚拟教育体验，提高高中生学习解剖学知识的效率。

（二）VR 游戏案例分析

1. Half-Life：Alyx——模式创新与社区驱动

《Half-Life：Alyx》以其沉浸式 VR 体验和高质量的视觉效果，在 2020 年

---

① Wilhelmsson, Ulf, et al. "Shift from Game-as-a-product to Game-as-a-service Research Trends." *Service Oriented Computing and Applications 16. 2*（2022）：79-81.

发布后迅速成为 Steam 平台上最受欢迎的 VR 游戏之一。通过 2023 年的更新，Valve 公司为游戏加入了社区支持和模组功能，赋予玩家自定义游戏体验的自由，极大地提升了游戏的可玩性和重玩价值。这些创新举措不仅保持了游戏的长期吸引力，也促进了 VR 游戏社区的创意和互动，展现了公司对推动行业发展的承诺。

2. Beat Saber——音乐节奏与动作的完美融合

作为一款结合音乐与运动的 VR 游戏，《Beat Saber》在 2019 年荣获 TGA（The Game Awards）最佳 VR/AR 游戏奖，深受玩家和评论家好评。通过 2023 年的连续更新，游戏引入了丰富的音乐曲目和多人在线模式，让玩家在切割节奏方块的同时享受与他人的互动乐趣。这种创新的社交元素不仅使《Beat Saber》成为一种全新的娱乐方式，也推动了 VR 游戏社交活动的新潮流。

3. 刺客信条：联结核心（Nexus）——超级 IP 的有效转化

《刺客信条：联结核心（Nexus）》通过延续系列作品中的跑酷、潜入和战斗三大标志性元素，于 2023 年 11 月发布后获得多数好评。尤其在刺杀关卡中，通过 VR 效果将沉浸式体验感放到最大，例如在 PC 端执行任务时玩家通常不会细致地了解场景地形，而在 VR 中则需要玩家去走动了解建筑构造和策划逃脱路线。此外，玩家可以在任何地方攀爬晃荡、快速飞跃，体验沉浸的 VR 跑酷，也可以练习体验《刺客信条》标志性的"信仰之跃"，充分利用 VR 的特性进行动作交互。在内容为王的趋势下，育碧公司实现了对《刺客信条》这一 3A 级游戏 IP 在虚拟现实领域的成果转化。

4. Asgard's Wrath 2——VR 与 MR 的交叉体验

《Asgard's Wrath 2》作为一款奇幻题材的动作角色扮演游戏，可以提供超过 100 个小时的可游玩内容，除了战斗和解密的主线任务外，还包含丰富的支线任务和迷你游戏，可玩性极强。相比前作，该游戏可以完全无线在 Quest 3 一体机上流畅运行，并且可以借助设备的 MR 功能在现实世界中与敌人战斗，为未来 VR 游戏的制作提供了全新的思路。

5. Ghost of Tabor——玩家对战玩家（player versus player，以下简称"PVP"）与玩家对战环境（player versus environment，以下简称"PVE"）的融合体验

《Ghost of Tabor》作为一款 FPS（first-person shooter，第一人称射击游戏）

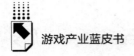
生存游戏于 2023 年 3 月上线，位列 Steam 2023 年度最热 VR 游戏榜单前十名。该游戏融合 PVP 和 PVE 模式，在游戏体验上接近于真实战斗中的武器处理和战术选择，极大程度地还原了射击游戏的真实性。同时，游戏开发者通过游戏社区密切关注玩家的反馈并满足玩家的需求，不断进行版本更新。

6.《VR Fitness》——教训与反思

《VR Fitness》，这款由 Nintendo 开发的 VR 健身游戏，未能在市场上获得预期的成功，为 VR 游戏开发提供了重要的反思案例。游戏的失败归结于几个关键因素：内容单一且挑战性不足，社交元素缺失导致玩家体验孤立，过分侧重于视觉和听觉感受而忽视游戏深度，以及缺乏明确的市场定位。这些问题提示开发者们在设计 VR 游戏时需平衡感官体验与玩家互动，同时针对特定市场进行细致的定位和策略规划。

通过对上述 VR 游戏案例进行分析，可以发现 VR 游戏的成功不仅依赖高质量的内容和技术，还需要细致的市场策略、创新的社交功能，以及持续的内容更新，来满足玩家多样化的需求，并提高玩家的参与度。

五　VR 游戏行业的挑战

（一）打造优质 IP 内容才是长久发展之计

VR 市场的增长取决于产品内容的可用性，从沉浸式游戏体验到教育模拟和虚拟旅游，多样化的内容吸引并留住用户。首先，内容创作者通过设置各种各样的货币化策略来增加与用户的联系，包括直接销售或在应用内购买等。诸如 SteamVR、Oculus Store 和 PlayStation VR Store 的游戏平台促进了玩家对 VR 内容的发现、购买和下载，为用户提供了一个集中的中心。其次，成功的内容创作者会定期更新游戏内容、提升社区参与度并整合用户反馈，开发符合新兴趋势和技术进步的内容。

（二）硬件成本仍是普通用户的拦路虎

高昂的硬件成本是 VR 游戏行业发展的一个重要挑战因素，IDC（Internet Data Center）数据公司的报告显示，2023 年中国 VR 头显出货 46.3 万台，比

2022 年下滑 57.9%，其中绝大部分出货集中在线下游娱类体验门店。首先，游戏中需要使用的高性能硬件设备及额外配件成本较高，普通消费者在购买设备时需要支付较高的费用，因此限制了设备普及率的提高。其次，VR 游戏的硬件设备通常需要配备强大的计算能力来实时渲染高质量的视觉效果。这就需要消费者购买高性能的计算机或游戏主机，这进一步增加了成本。另外，虚拟现实技术的快速进步和更新也放大了硬件成本的问题。这就导致消费者在购买设备时面临着迅速过时的风险，进而使得他们对投资高昂的 VR 硬件设备持保留态度。

（三）产品安全问题亟待解决

VR 技术快速发展的同时也引发了一系列与健康和安全相关的问题。由于 VR 技术刺激了人的视觉和平衡系统，而身体实际上没有实际的运动，这种错觉可能导致不良反应发生。这一问题不仅影响了部分用户体验 VR 游戏的舒适度，还限制了某些人群参与 VR 游戏的能力。并且由于 VR 头盔的视觉显示距离非常接近眼睛，眼球不断地对焦和转动，容易引起视觉疲劳和干涩，甚至可能影响视力健康。另外，VR 游戏玩家在使用虚拟现实设备时，往往不受外界环境的干扰，这可能导致意外伤害，长时间的玩耍还可能导致肌肉疲劳、颈椎问题等身体损伤。VR 游戏的内容也可能导致心理健康问题，由于虚拟现实游戏的真实感和沉浸性，一些内容可能会引起玩家的情绪波动，包括恐惧、焦虑等。

（四）虚拟犯罪相关法律法规亟待完善

由于 VR 模拟的几乎是真实世界体验，现实世界的犯罪，如虚拟攻击、在线美容、虚拟强奸、虐待、恐吓、网络欺凌等犯罪行为已在几个实例中出现，一名伪装成 13 岁女孩的卧底研究人员曾在《VRChat》的虚拟现实世界中目睹了种族主义侮辱和强奸威胁[①]。由于应用程序开发商的监督，英国儿童慈善机构 National Society for the Prevention of Cruelty to Children （简称

[①] Raymer, Emma, Áine MacDermott, and Alex Akinbi. "Virtual Reality Forensics: Forensic Analysis of Meta Quest 2." *Forensic Science International: Digital Investigation 47* （2023）: 301658.

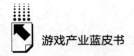

"NSPCC") 也将虚拟现实元宇宙中的一些应用程序描述为"设计上的危险"。这些担忧促使英国政府考虑将元宇宙纳入拟议的在线安全立法。这些安全与隐私挑战预计将不断增长，在 VR 环境中调查此类犯罪时也将给法学带来一系列挑战。

六　未来展望

在遵循严格政策监管的同时，行业需把握疫情后及 Z 世代带来的新需求。VR 游戏市场预计在未来几年持续增长，得益于游戏内容的创新和更丰富的体验，不仅可能成为主流娱乐方式之一，VR 技术还将扩展到教育、旅游、医疗等多个领域。技术发展的下一步将着眼于提高真实感、沉浸度和交互性，以高清晰度图像和更广阔的视野为趋势，同时注重设备轻量化和使用舒适性。游戏开发将更加重视身体感知和运动参与。

此外，游戏内置广告（In-App Advertisement，简称"IAA"）模式在各个领域的普及率不断增加。这种开发方式周期短、成本可控，并且通过广告变现可以有效缩短资金回收周期，提高资金周转效率。未来，这种模式可能被更广泛地应用于 VR 游戏开发中。

开发者需紧跟技术步伐，不断拓宽 VR 游戏的界限，深入挖掘用户需求，创造有吸引力的独特虚拟体验。投资者则应把握 VR 市场的成长机会，关注市场和技术动态，并投资于具有创新性、长期价值和市场竞争力的项目。对于玩家而言，合理安排游戏时间，注意身体和视力健康，并选择符合个人兴趣的游戏类型，以获取最佳体验。

"电竞入亚"契机下高校电竞教育的
现状、发展与策略

张兆弓　周　曦*

摘　要：　电竞入亚之后，中国电子竞技产业发展进入了新的发展阶段，面临着建设文化强国、构建新发展格局等时代机遇。然而，我国高校电竞人才培养面临着师资储备相对不足、专业教材建设质量有待提高、国际化复合型人才缺乏等问题。新时代加强中国电竞高等教育可在以下方面发力：明晰电竞属性，明确人才培养方向；强化协同发展，打造高素质人才生态；完善教育标准，实现电竞教育规范化；开拓新路径，培育兼具国际视野与中国灵魂的电竞人才等。

关键词：　电子竞技　电竞入亚　电竞教育　高校电竞教育　电竞人才

近年来，我国电竞产业迅速崛起。《2023年度中国电子竞技产业报告》数据显示，2023年我国电子竞技产业实际收入为263.5亿元，是数字经济的重要组成部分。当前我国电竞用户规模4.88亿人，已成为全球最大的电竞市场。同时，国际上越来越多的人通过电子竞技进行交流，电竞成为中国和世界对话交流的新语言，是中华文化出海的新载体。因此，培养高素质电竞人才已经成为产业发展的重要保障，我们要加强中国电竞教育理论研究与实践探索。

一　电竞教育发展现状

我国电竞产业规模巨大，政府扶持力度加大，电竞观众基础庞大。电竞教

---

*　张兆弓，中国传媒大学动画与数字艺术学院副教授、硕士生导师、游戏设计系主任，主要研究方向为游戏设计艺术；周曦，中国传媒大学动画与数字艺术学院副教授，主要研究方向为动画艺术学、游戏化与电子竞技。

育呈现办学院校数量增多、电竞科研迎来热潮、电竞毕业生逐步走入市场等特征。

（一）办学院校数量大幅增长

2016年9月，教育部将电子竞技运动与管理作为全国《普通高等学校高等职业教育（专科）专业目录》2016年增补专业，2017年正式开始招生。同年，中国传媒大学作为第一所开设电竞专业的本科高校，其动画与数字艺术学院设立了艺术与科技专业（数字娱乐方向），开始招收电竞策划方向的学生。2018年，上海体育学院在播音与主持艺术专业中设立了电竞解说方向；2019年，山东体育学院设立了本科专业电子竞技运动与管理；此后，国内部分院校陆续开始电竞相关专业招生（见表1）。截至目前，我国电竞教育覆盖了全国15个省份、38所高校。2024年，中国传媒大学开始招生游戏创作与电竞策划方向研究生。

表1   中国部分院校电竞相关专业信息

学校名称	所属学院	专业名称	学校性质
中国传媒大学	动画与数字艺术学院	艺术与科技（数字娱乐方向）	公立
上海体育学院	传媒与艺术学院	播音主持艺术和电子竞技解说方向	公立
首都体育学院	管理与传播学院	电子竞技运动与管理专业	公立
山东体育学院	体育传媒与信息技术学院	电子竞技运动与管理专业	公立
齐鲁工业大学	体育与音乐学院	赛事组织运营大数据分析	公立
南京传媒学院	电竞学院	艺术与科技、电竞策划与设计、播音主持艺术电竞解说方向	民办
四川电影学院	新媒体与游戏电竞学院	动画（游戏美术）、计算机科学与技术（游戏开发）游戏设计、电子竞技运动与管理	民办

资料来源：笔者整理。

此外，中华人民共和国教育部全国职业院校专业设置管理与公共信息服务平台显示，截至2024年4月8日，以"电子竞技"为关键词搜索出114条结果，其中共涉及在教育部正式备案的专科院校101所，分布在27个省、自治区和直辖市，覆盖电竞解说、电竞编导、健康管理、互联网运营等教学研究方向。

（二）电竞科研迎来热潮

随着电竞产业的发展，电竞研究开始引起学术界的注意。中国知网统计显示，2014~2019年，学术界对电子竞技研究的发文量高速增长（见图1），其中体育学、新闻与传播和信息经济与邮政经济领域中的研究文献量最多（见图2）。截至2024年10月，在中国知网分别以"电子竞技"为篇名中的核心概念检索中文期刊论文共2317篇，中文博士、硕士学位论文963篇。论文内容涵盖电子竞技运动、电子游戏、直播平台、职业选手、电竞赛事、参与者（用户）、电子游戏产业的现状与发展对策等。由此可见，电竞研究初露端倪。其中以"电竞教育"为篇名中的核心概念检索期刊论文共54篇，博士、硕士学位论文20篇。

此外，2023年3月，中央广播电视总台宣布成立国家电子竞技发展研究院，同年发布《全球电子竞技发展报告（2022-2023）》《亚运电竞项目宣传报道参考》等研究成果；2023年4月6日，国家社会科学基金项目体育学条目设有"电子竞技专题研究"，结束了自1997年以来国社科无电子竞技专项的现象。2023年4月17日，中国音像与数字出版协会电子竞技工作委员会也宣布成立"中国电竞产业研究院"的消息。在总台、全国哲学社会科学工作办公室和音数协这些顶层机构接连从实操层面介入电子竞技发展的当下，电竞研究热潮悄然而至。

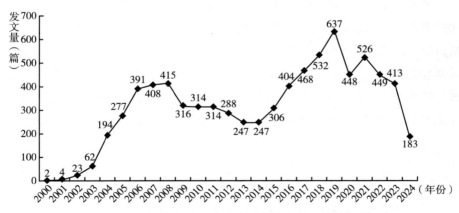

图1 2000~2024年知网总库内电子竞技中文文献发文量一览

资料来源：中国知网2024年10月23日搜索结果。

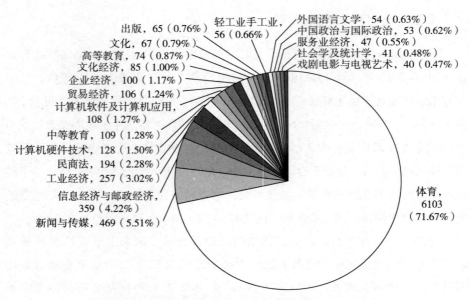

出版, 65 (0.76%)　轻工业手工业, 56 (0.66%)　外国语言文学, 54 (0.63%)
文化, 67 (0.79%)　中国政治与国际政治, 53 (0.62%)
高等教育, 74 (0.87%)　服务业经济, 47 (0.55%)
文化经济, 85 (1.00%)　社会学及统计学, 41 (0.48%)
企业经济, 100 (1.17%)　戏剧电影与电视艺术, 40 (0.47%)
贸易经济, 106 (1.24%)
计算机软件及计算机应用, 108 (1.27%)
中等教育, 109 (1.28%)
计算机硬件技术, 128 (1.50%)
民商法, 194 (2.28%)
工业经济, 257 (3.02%)
信息经济与邮政经济, 359 (4.22%)
新闻与传媒, 469 (5.51%)

体育, 6103 (71.67%)

图2　知网总库内电子竞技所有中文相关研究领域一览

资料来源：中国知网 2024 年 10 月 23 日搜索结果。

（三）首批电竞毕业生步入市场

截至目前，中国高校电子竞技相关专业的就业情况呈现多元发展趋势。自 2021 年起，首批电竞本科专业的毕业生开始走入市场，为电竞产业注入了新鲜血液。高校官网显示，中国传媒大学①、广州体育学院②、上海体育学院③ 等高校 2022 届电竞相关专业毕业去向落实率均超过 90%。从就业去向来看，过半毕业生从事游戏电竞相关专业。以南京传媒学院为例，其首批电竞本科毕业生中，约有 50% 的学生在游戏设计、游戏运营、赛事场馆运营等领域就业；

①　中国传媒大学：《中国传媒大学 2022 届毕业生就业质量报告》，https：//xxgk. cuc. edu. cn/ 2023/0102/c5433a201996/page. htm。

②　广州体育学院：《2022 广州体育学院毕业生就业质量年度报告》，https：//gtedu. gzsport. edu. cn/ uploads/69/file/public/202305/20230525180849_ po37iown4y. pdf。

③　上海体育学院：《上海体育学院 2022 届毕业生就业质量年度报告》，https：//xgb. sus. edu. cn/ info/1083/2104. htm。

30%的学生选择继续深造，攻读研究生学位；仍有少数学生最终选择了与电竞关联性不强的其他职业。

总体来看，中国高校电子竞技相关专业的就业市场正在逐步成熟，为毕业生提供了更多的就业机会和发展空间。随着电竞产业的不断壮大，相信未来这一领域的就业前景将更加广阔。

二 现阶段电竞教育的问题

电竞教育旨在为电竞产业补充和输送专业人才，在各个环节的关键点上，稳固产业结构。虽然现阶段国内电竞教育在逐步发展，但仍然存在发展瓶颈。

（一）师资储备相对不足

电竞专业师资储备相对不足是我国电竞教育面临的一大痛点。首先，由于电竞教育起步晚，缺乏科班出身的电竞专业教师，这导致了普通本科与高职高专院校电竞教育的师资匮乏和力量薄弱。其次，电竞专业知识实操性强，很多行业一线经验尚未及时地转化为理论模型或实践案例，使得教学内容难以与时俱进，无法满足学生实际需求。再次，电竞产业链长且复杂，涉及软件设计、体育学、管理学等多个学科的交叉融合，这要求教师必须具备跨学科的知识背景和教学能力。最后，随着5G、AI等技术的快速发展，电竞领域的知识更新换代速度极快，这对电竞教育的师资力量提出了更高的要求。优秀的教师是教育质量提升和人才培养的关键力量。因此，电竞专业师资储备相对不足的问题亟待解决。

（二）教材规范化建设有待加强

我国电子竞技教材建设尚处于初级阶段。目前市面上的电竞教材有：英雄体育联合创始人兼首席运营官、中国传媒大学客座教授郑夺主编的《电子竞技概论》《电子竞技赛事制作与转播》；超竞教育与腾讯电竞共同编撰的《电子竞技运动概论》《电子竞技产业概论》；南京恒一文化传播有限公司出品的《电子竞技概论》《电子竞技赛事运营与管理》《电子竞技心理学》等。可见，除高校外，产业的从业者、教育企业也在研究电竞教育。诚然，现在市面上的电竞教材为顺利开展教学活动提供了保障，然而，部分教材仍然存在问题，还有可提升空间。例如，早期教材内容多从传统体育学科移植，缺乏针对电竞学科特点的深入剖析；部分教材内容概述多、理论提炼不足，产业案例有限，难以支撑本科教学需求。因此，目前电竞教育中的教材问题已成为一个亟待解决的痛点，需要集结更为专业的团队，致力于构建更扎实、更系统的理论基础。

（三）优质人才供不应求

电竞行业作为劳动密集型产业，其产业链庞大而复杂，涉及多个关键环节。从上游的游戏研发与发行，到中游的赛事运营与电竞俱乐部管理，再到下游的媒体传播与直播平台运营，每个环节都凝聚着专业人才的智慧与努力。然而，随着电竞行业的迅猛发展，对专业人才的需求愈加迫切。据统计，我国电竞人才缺口已达到 200 万人，而招聘网站上相关岗位数量也居高不下（见表 2）。

表 2　国内部分招聘网站电竞岗位需求信息一览

招聘网站	电竞岗位需求数（个）	检索出的岗位职能关键词（部分）
boss 直聘	300+	电竞教练、电竞师、策划运营、电子竞技工作室
智联招聘	570+	电竞网咖、电竞俱乐部、设计师、游戏电竞师
拉勾招聘	172+	品牌营销、微博运营、电竞酒店开发经理
猎聘网	325+	王者荣耀俱乐部主播、电竞运营专员
前程无忧	940+	游戏电竞师、电竞陪练、电竞体验师、电竞场馆主管

资料来源：笔者整理，数据截至 2024 年 4 月 8 日。

面对如此巨大的需求，高校开设的电竞相关专业虽然有所增长，但仍难以满足市场的迫切需求。电竞游戏研发、赛事制作、解说、数据分析等岗位，都需要具备专业技能和丰富实践经验的人才来支撑。因此，电竞人才供不应求的现状亟待改善。

三 "电竞入亚"对电竞教育发展的推进与要求

2023 年，杭州第 19 届亚运会是中国为世界呈现的一场体育与文化的盛宴，电子竞技作为正式比赛项目在杭州亚运会大放异彩。据央视索福瑞数据，截至 2023 年 10 月 8 日，亚运会电竞赛事报道在全媒体平台共触达 3.31 亿受众。总的来说，"电竞入亚"不仅拓展了电竞受众的基数，也拓宽了电竞受众的圈层，推动电竞赛事走向大众；同时也为高校电竞教育带来新的契机，提出了新的要求。

（一）界定电竞本质，引领人才培育新航向

前些年，电子竞技曾饱受误解，经常被误与网络游戏相提并论。然而，从"电竞入亚"这一标志性事件，以及国家体育总局对电子竞技的权威定义——"以电子程序为载体，展现人与人之间智力与体力的较量，属于新兴的数字体育运动"来看，电子竞技与纯娱乐性质的网络游戏有着本质的区别。电子竞技更强调公平、公正和拼搏精神，属于竞技运动。

与 2018 年雅加达亚运会电竞表演赛相比，第 19 届杭州亚运会的电竞项目正式成为比赛项目，并在中国中央广播电视总台体育赛事频道（CCTV5+）播出，这标志着电子竞技的地位得到了显著提升。中国代表团共派出 31 名运动员参赛，覆盖了 6 个小项，并荣获了 4 金 1 铜的佳绩。主流媒体通过精准研判、积极稳妥的报道，以及及时关注舆情反馈，正确引导了公众舆论，使得更多人对电竞的竞技本质有了深刻的认识，逐渐摒弃了过去的偏见。

明确电子竞技的基本属性，不仅是电竞行业自我正名的关键，也是高校电竞教育发展的基石。只有清晰界定电竞的属性，我们才能为电竞教育设定明确的人才培养方向，从而吸引更多优质的生源，为电竞产业的蓬勃发展注入新的活力。

（二）积累实战经验，丰富教育教学内容

2023 年杭州亚运会期间，电竞比赛项目成为一大亮点。共有来自 31 个国家的 488 名选手参与电竞赛事，展示了电竞行业的国际影响力。200 余名中国

国家队人员参与候选集训，展现了国家级的电竞实力。在国家级基地保障、赛训管理、反兴奋剂管理等方面，实现了零风险，为电竞比赛的顺利进行提供了有力保障。经过217场亚运电竞赛事的激烈角逐，组委会实现了零事故的目标，积累了宝贵的实战经验。这些经验涵盖了设备管理、现场执行裁判、制作播出、数据分析等多个方面，为电竞产业的未来发展提供了有力支撑。电竞入亚不仅树立了电竞的正面形象，也推动了电竞产业商业模式的多元化发展，为电竞行业的繁荣注入了新的活力。

未来，电竞教育者可将这些实战经验充分融入教学设计中。通过案例分析、模拟演练等方式，让学生更直观地了解电竞比赛的运作流程，提升他们的实践操作能力。同时，不断更新教学内容，确保与电竞行业的最新发展情况保持同步，培养出更多适应市场需求的高素质电竞人才。

（三）促进文化出海，提出更高要求

2020年，电竞北京2020系列活动举办，时任中宣部副部长傅华（现任新华社社长）指出"电子竞技已成为中华文化'走出去'的使者"。腾讯、沐瞳科技等企业先后推出《王者荣耀》海外版、《无尽对决》等多款产品，并举办相应的赛事，助推了国内游戏电竞出海。亚运会过后国际电竞迎来了新的积极的变化，"电竞入亚"加速"电竞入奥"进度。国际奥委会成立电竞委员会，俄罗斯主办的国际电子竞技赛事"未来运动会"，2024年8月英雄体育与沙特联合主办夏季电竞世界杯。目前，我国电竞观众数位列全球第一，据企鹅智库等第三方研究机构数据，2024年全球电竞观众将增长至5.77亿人。今后，随着信息技术的发展与迭代，电子竞技不但将进一步融入国内民众的日常生活，还将逐步成为中国与世界对话的"新语言"、中华民族文化传播的"新载体"。由此可见，立足国内、走向世界是高校做好电竞教育的重要目标。

四　未来电竞教育发展策略

（一）明晰发展方向，形成办学特色

现阶段，我国高校电竞教育的培养方向尚需更加明确。电子竞技属于新兴

学科范畴，各高校在建设电竞专业时要依托原本的学科优势进行衍生，并依据客观条件来形成办学特色，明确重点培养方向。根据培养方向来调整课程的比重，使学生将知识技能学深学精。

在欧美国家，电子竞技产业发展较早，电竞教育体系建设更加成熟。因电竞专业知识涵盖了不同的学科交叉融合模式和内容，各高校根据不同的培养目标，设置不同的教学重心、课时量等，电竞专业的毕业生可被授予文学、工学、理学、管理学等不同的学位类型（见表3）。目前国外高校电竞专业内容侧重在以下几个方面：一是侧重于教授电子竞技全流程制作的知识，例如英国诺丁汉特伦大学；二是侧重于教授游戏电竞运营相关的商业和管理知识，例如，美国雪兰多大学、西班牙巴塞罗那商学院、卡亚尼应用科技大学等；三是侧重于教授电竞媒体制作与传播的专业，例如，英国法尔茅斯大学、美国西维吉尼亚大学；四是侧重于教授游戏制作相关知识的专业，如福赛大学。

表3 海外部分院校电竞相关专业信息

学校名称	所属学院	专业名称	学位类型	QS排名（位）
英国法尔茅斯大学	—	电竞与直播专业	文学	100~
英国诺丁汉特伦大学	Confetti 创意研究所	电竞制作专业	工学	800~1000
英国北安普顿大学	—	电子竞技专业	理学	1001~1200
美国雪兰多大学	商学院	电竞管理专业	管理学	250~300
福赛大学（美国）	—	游戏商业与电子竞技专业	理学	400~450
美国西弗吉尼亚大学	—	电竞商业与娱乐专业	文学	800~1000
西班牙巴塞罗那商学院	—	体育和电子竞技工商管理和数字创新专业	管理学	150~
澳大利亚西悉尼大学	创意产业学院	电竞专业	文学	300~500
卡亚尼应用科技大学（芬兰）	—	电子竞技商业专业	管理学	500~

资料来源：笔者整理。

国内高校在电竞教育的发展道路上，应当积极借鉴欧美等国的先进经验，结合自身的学科特色和资源优势，明确培养方向，形成独特的办学风格。通过深入市场需求调研、行业趋势分析、学术会议探讨，可将电竞教育细分为多个

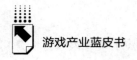

专业方向。每个方向都应设置相应的核心课程和实践环节，确保学生能够深入学习和掌握专业知识技能，为未来的职业发展奠定坚实基础。

（二）强化协同发展，打造高素质人才生态

电竞教育有别于传统教育，不仅需要建设传统教育完善的传达体系，也需要电竞行业最前沿的相关知识和经验。因此，电竞学科建设需要产学研一体化融合。

一方面，高校教育需要协同各专业优势，促进电竞专业发展，建设有效的教育传达体系。中国传媒大学在电竞教育方面进行了积极探索和实践。2017年，动画与数字艺术学院艺术与科技专业（数字娱乐方向）开始招收游戏制作和电竞策划方向学生，侧重于培养具有原创游戏电竞项目开发、传播与执行能力的人才。通过开设"电子竞技概论""电竞解说""赛事策划""赛事导播""用户体验分析""游戏心理学""游戏创作"等课程，旨在让学生深入理解电竞行业的运作机制。此外，中国传媒大学将电竞教育的培养目标贯穿于四年的人才培养工作中，注重培养学生实践能力。大一着重让学生理解游戏和电竞；大二开始引导学生制作电竞游戏；大三为电竞赛事实践；大四结合专业开展毕业设计，这种实践导向的教育模式有助于学生将理论知识与实际操作相结合，提升综合素质。师资团队不仅涵盖了游戏设计艺术、游戏设计技术方向教师，还覆盖了播音、编导、传播学等该校传统优势学科毕业的教师，目前可以做到专业互补、互助发展；此外还有英雄体育、腾讯公司等的校外导师加入教学团队。

另一方面，各高校还应主动对接社会资源，强化"政教协同、产教协同、科教协同"发展。首先，政府对于电竞产业的扶持和监管至关重要。高校应与政府进一步构建政教共同体，通过与政府合作，电竞教育能够更好地把握产业发展方向，确保教育内容与市场需求紧密对接。其次，企业是市场主体，电竞顶尖的专业人才往往聚集在企业内部。高校应与企业进一步构建产教共同体，建立专业与产业对接、理论与实践对接的人才培养模式。不仅根据国际市场及企业需求，共同制定人才培养指标与人才培养方案，设计岗位教学标准及教学手段，强化人才培养的针对性；还积极组建教学评价机构，及时跟踪并反馈培养质量，不断优化人才培养机制。此外，高校之间进一步构建科教共同

体，应该相互参观学习，互访互动，进行经验交流，并举办各种形式的教学研讨会和学术讨论会，促进中国电竞教育发展，共同打造高素质人才生态。

（三）完善教育标准，实现电竞教育规范化

电竞是新兴产业，其教育体系的完善与标准化至关重要。规范的教育标准能确保教学内容与时俱进，培养出符合市场需求的高素质人才。同时，标准化教育有助于提升电竞产业的国际竞争力，使我国电竞人才在国际舞台上更具优势。此外，电竞教育规范化能够优化人才结构，满足产业多元化需求，推动电竞产业持续健康发展。因此，我们必须积极推动电竞教育标准的制定与实施，为电竞产业的蓬勃发展提供有力支撑。

具体而言，实现电竞教育的标准化与规范化，需从多个方面着手。首先是教材的标准化规范化建设。高校应打造一套从基础理论到实践操作的全方位、多层次的电竞教材体系，确保教材内容与产业发展同步，既包含电竞产业的基本知识，又涵盖最新的技术动态和市场趋势。

其次是教育者的标准化。电竞专业的教师应具备深厚的产业知识和教育经验，他们不仅要主动学习了解产业发展现状，还要结合自己的专业优势进行知识更新与技能提升，强化教育能力，提升教学水平。

最后是电竞行业从业人员的标准化。通过统一的、专业的从业人员考核认证，可以确保从业人员具备基本的职业素养和技能水平，提升整个行业的专业形象和竞争力。同时，为高校明确人才培养的具体要求。

总之，促进高校电竞教育的标准化与规范化，是电竞产业健康发展的必由之路。高校应积极推动各项标准的制定与实施，为推动我国电竞产业的繁荣发展奠定坚实基础。

（四）拓展新路径，培育兼具国际视野与中国灵魂的电竞人才

随着产业的蓬勃发展，电竞将成为新时代重要的数字化文化场景，成为联结各国文化、促进国际交流的重要纽带。教育者应把握后亚运时期发展黄金期，培养具备国际视野与中国灵魂的电竞人才。

国际视野的培养，有助于电竞人才更好地理解和适应全球电竞市场的需求和变化。通过学习和借鉴国际先进的电竞理念、技术和经验，我国电竞产业能

够不断提升自身的竞争力和创新力。同时，具备国际视野的电竞人才还能够积极参与国际电竞交流与合作，为我国电竞产业的国际化发展提供有力支持。中国灵魂的培养，则是电竞人才在国际化进程中保持独特魅力和文化底蕴的关键。在电竞项目原创 IP 设计中融入国潮、民乐等中国元素，不仅能够让传统文化焕发新魅力，还能够让电竞作品更具辨识度和吸引力，让世界更加了解和欣赏中国的文化魅力。将这样的理念融入日常教学，需要教育者在课程设计上作出创新。例如，一方面，在电竞理论课程中增加国际电竞市场的分析内容，让学生了解全球电竞产业的最新动态和发展趋势。另一方面，在电竞实践课程中，设置国际赛事策划、国际团队合作等环节，让学生在实践中拓宽自己的国际视野、提升跨文化交流能力。此外，通过邀请国际知名的电竞专家、学者来校举办讲座和交流活动，为学生提供更多的国际化学习机会。同时，教育者要充分重视 5G 和 AI 等先进技术，引导学生打造多元电竞产品，用科技重塑电竞体验，传播以和为贵的中国传统竞技理念。

综上所述，培养具备中国灵魂与国际视野的电竞人才对于我国电竞产业的国际化发展具有重要意义。通过创新课程设计、引入先进技术、加强国际交流与合作等方式，可以为培养这样的电竞人才提供有力支持，促使电竞生态持续优化发展。

五　结语

在新时代浪潮的推动下，中国电子竞技崭露头角，不仅为海内外用户提供了丰富的精神文化滋养，更展现出了可信、可爱、可敬的中国形象。因此，加强中国高校电子竞技教育势在必行。通过培养高质量复合型电子竞技人才，进一步提升电子竞技的社会影响力与认同度，从而推动我国从电竞大国向电竞强国的跨越式发展，铸就电子竞技产业的辉煌未来。

参考文献

戴金明：《电竞热中的冷思考——在朦胧中探索的中国电竞教育》，《体育学刊》

2020 年第 3 期。

周灵、戴志强、王莉莉：《高校电子竞技教育的现状分析与路径探索》，《才智》2018 年第 23 期。

李阳、吕树庭：《后疫情时代中国电子竞技发展走向的若干思考》，《广州体育学院学报》2021 年第 1 期。

刘福元：《产业发展引导下电竞高等教育的挑战与应对——以"产业链—岗位需求—人才培养"对接为视角》，《河北体育学院学报》2023 年第 2 期。

汪文斌、马战英：《杭州亚运电竞赛事项目传播效果与影响研究》，《传媒》2024 年第 6 期。

张易加：《电子竞技的"取经之路"：提升社会认同感》，《传媒》2024 年第 6 期。

案 例 分 析 ◥

B.21
技术创新、传统文化与科幻美学：
《崩坏：星穹铁道》案例分析*

李 玥**

摘 要： 得益于米哈游在开发流程、内容开发和运营方面的出色表现，《崩坏：星穹铁道》上线后获得全球玩家的广泛认可。工业化开发流程保障了游戏内容产出的效率和稳定性，有助于实现游戏的长期运营；技术为游戏中角色、场景和战斗等视听体验的呈现提供了坚实支撑，强化游戏沉浸感体验；在游戏内容设计上，《崩坏：星穹铁道》将中国传统文化元素与科幻主题融合，创造出了独特的美学体验；游戏采用多元化运营策略，通过 IP 开发、社群运营等方式引导玩家全方位参与游戏内外的各类活动，增强了玩家对游戏的情感联结。

关键词： 崩坏：星穹铁道 数字游戏 传统文化 工业化

《崩坏：星穹铁道》（以下简称《星铁》）是由米哈游开发的角色扮演类游

---

* 本文系国家社科基金艺术学一般项目"中华优秀传统文化在数字游戏中的创造性转化与创新性发展研究"（项目编号：22BC052）阶段性成果。
** 李玥，北京师范大学艺术与传媒学院博士研究生，主要研究领域为数字媒体传播、游戏研究。

戏，于 2023 年 4 月 26 日登录 Microsoft Windows、iOS、Android，于 2023 年 10 月 11 日登录 PlayStation5。这款游戏以"崩坏"系列为背景，是继《崩坏学园》《崩坏学园 2》和《崩坏 3》之后的第四部作品，讲述在广阔星际背景下，玩家搭乘星穹列车，探索宇宙世界，解除各星球上由星核直接引发的危机的故事。

自发布以来，《崩坏：星穹铁道》在海内外市场取得了瞩目成绩。据 data. ai 统计，米哈游位居 2023 年中国游戏厂商出海收入榜首，《崩坏：星穹铁道》位列 2023 年中国游戏厂商应用出海收入排行榜第 3 名[①]。根据 Statista 提供的数据，2024 年上半年，该游戏在全球移动游戏市场收入排行第 8 位[②]，达 3. 72 亿美元[③]。

除了突出的营收表现外，《崩坏：星穹铁道》还在多个奖项评选中崭露头角。在世界范围内，它几乎包揽了 2023 年度最重要的游戏大奖，如在有"游戏界奥斯卡"之称的 TGA（The Game Award）上，被全球玩家票选为"2023 年度最佳移动游戏"；在 App Store 和 Google Play 两大移动应用商店分别拿到了"App Store 2023 年度移动游戏"和"Google Play 2023 年度最佳游戏"等多个奖项。在国内，它摘得了多项权威和主流的奖项，在由中国音数协主办的 2023 年度"游戏十强"评选中荣获"优秀客户端游戏"奖项，并获得"优秀移动游戏"提名；在第三届中国游戏创新大赛中它同时拿下"最佳创新游戏大奖"和"最佳创新出海奖"。这些国际国内的奖项，充分证明了《崩坏：星穹铁道》堪称 2023 年最亮眼的游戏，叫好又叫座。

一　长线运营导向的整体设计

近年来，如果以开发成本和玩家投入游戏的时间成本作为划分标准，移动

---

① 《2023 年中国游戏厂商及应用出海收入 30 强》，白鲸出海网站，2024 年 2 月 28 日，https：//www. baijing. cn/article/47743，最后访问日期：2024 年 6 月 8 日。

② "Highest grossing mobile games worldwide in 2024 YTD," Statista, 2024 年 7 月 2 日, https：//www. statista. com/statistics/1179913/highest-grossing-mobile-games/，最后访问日期：2024 年 10 月 23 日。

③ "App Revenue Generated by Honkai：Star Rail Worldwide from April 2023 to July 2024," Statista, 2024 年 8 月 12 日, https：//www. statista. com/statistics/1403891/honkai-star-rail-player-revenue-app/，最后访问日期：2024 年 10 月 23 日。

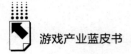

游戏市场呈现轻度与重度两极化发展的趋势①。《星铁》以"重度"的游戏开发给玩家带来"轻度"的游戏体验，强调自身注重运营的特性。《星铁》立项之初的两个核心理念是制作一款"轻量的、重运营的游戏"和"可以作为游戏来玩的番剧"，旨在吸引那些没有动作游戏经验但喜欢动漫电影的玩家群体②。

（一）轻度游戏体验吸引更广泛的玩家群体

《星铁》的轻度游戏体验不同于《蛋仔派对》那样注重玩法和快速的单局游玩，而是通过轻社交、轻时间投入、可碎片化游玩的整体设计来实现。

在轻社交方面，《星铁》好友之间的互动仅限于查看彼此的信息（游戏内称"漫游签证"），以及在部分副本战斗中邀请好友角色提供支援。玩家无法与好友在游戏内直接聊天或联机组队探索，游戏内也没有"竞技场"等的PVP（玩家间对抗）玩法。

在轻时间投入方面，玩家完成《星铁》的日常任务（"每日实训"）并清空"体力"（打部分材料奖励副本需要消耗的资源）平均仅需十几分钟，并可通过自动战斗实现；周活动大约需要两三个小时的时间投入。游戏在保留了一定自由探索元素的同时，也提供明确的游玩方向指引，无须玩家进行复杂的思考和决策。玩家可以通过相对较低的时间成本积累资源，提升主力阵容中角色的实力，从而推动游戏进度。

在碎片化游玩方面，《星铁》的战斗间剧情长度适中，每个地图的剧情并非一次性演出完成，而是"跑图探索""战斗""剧情演出"的循环组合，方便玩家随时中断和重新开始游戏体验，玩家普遍认为游戏"肝度

---

① 轻度游戏以其简单易上手、游戏时间短、随时可玩的特点，吸引了大量休闲玩家，其受众广泛，市场前景广阔；与之相对，重度游戏系统复杂，内容丰富，要求玩家投入大量时间和精力，其用户黏性高，付费意愿强，在核心玩家群体中拥有稳定的市场。

② 《ターン制RPGが世界中で愛される理由とは一アトラス橋野桂氏と『崩壊：スターレイル』プロデューサーが語る、「人生すら変えるRPGの力」》（《回合制RPG为何受到全世界喜爱——桥野桂与〈崩坏：星穹铁道〉制作人》畅谈"RPG改变人生的力量"），電ファミニコゲーマー，2023年4月25日，https：//news. denfaminicogamer. jp/interview/230425q，最后访问日期：2024年6月13日。

比较低"①"适合工作党"。

然而，轻度游戏体验容易导致玩家流失。因此，除了作为二次元游戏通过角色吸引玩家持续养成之外，《星铁》主要通过世界观的构建和剧情内容来维持玩家的参与度和留存率。米哈游通过业内领先的内容更新频率，实现"重度"的游戏体量，游戏内容会随着运营时间的推移不断丰富和扩充。

（二）工业化生产支持高强度内容更新频率

游戏生产的工业化是指借鉴制造业流水线生产模式，通过标准化游戏开发各环节，保证游戏内容品质和工艺水准的一致性，提升生产效率的过程。工业化流程有助于缩短游戏生产周期，实现高品质、水准一致的游戏内容的快速、稳定产出。

米哈游在游戏工业化方面取得了显著成就。据米哈游总裁刘伟 2023 年 2 月在"2022 年度中国游戏产业年会大会"上的演讲，米哈游的工业化能力已经使《原神》的版本更新周期稳定在 6 周。如果没有工业化的生产管线，超千人的研发团队可能需要至少半年时间来完成一次版本更新，完成扩充地图、增加新角色等内容的产出。而《星铁》是米哈游工业化能力的一次集中体现②。

米哈游的工业化生产体系支撑了《星铁》较高的版本更新频率，为玩家提供活动期间足量的游玩内容。《星铁》保持了 6 周一个版本更新的固定周期，每次版本更新都会引入新场景、新角色、新光锥（提升角色属性或丰富其战斗机制的道具）以及新任务、新的常驻玩法和运营活动；有时还会加入新关卡、成就、遗器、材料等内容。③

---

① 游戏玩家常用"肝度"一词来形象地表示深入体验或通关一款游戏所需投入的平均时间或精力水平。"肝度"较高，通常意味着玩家需要长时间高强度地投入某款游戏，这样的游戏会被评价为令人"肝硬化"的游戏；"肝度"较低的游戏则被视为"养肝""护肝"的游戏。

② 《米哈游刘伟：以创新树信心 让传统文化"走新"更走心》，"中国音数协游戏工委"公众号，2023 年 2 月 15 日，https://mp.weixin.qq.com/s/E1WjUq-_CMz62ovh3Vbxqg，最后访问日期：2024 年 6 月 8 日。

③ "常驻玩法"指的是在游戏中长期存在、可以持续进行的一种游戏模式或活动形式。它与临时活动或限时游戏模式不同，是游戏的一个固定组成部分，玩家可以在游戏的整个生命周期中随时参与。"遗器"通常指游戏中稀有度较高、具有剧情来源或被赋予神秘寓意的特殊道具或装备。在《崩坏：星穹铁道》中，角色可以通过装备遗器获得属性加强。

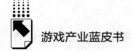

此外，工业化的标准化特性也有助于规划和实现角色加入、世界观完善和剧情分割，将长线运营游戏的"完整"内容划分在不同版本中逐步更新。值得一提的是，每次版本所更新开放的限时活动在活动期结束后仍然可以完成，虽然奖励有所缩水，但其内容体验与活动期间并无区别。

二 技术支持游戏表现全面精品化

米哈游一直将自身定位为科技企业而非游戏企业。从员工结构上看，研发人员占比超过七成；从技术成果上看，截至 2023 年底，米哈游在卡通渲染、人工智能、云游戏技术等领域申请了 460 余项发明专利[1]，具有扎实的核心技术储备。得益于技术积累，米哈游在云游戏、画面渲染质量、数据处理效率和系统架构设计等多个方面具备独特优势[2][3]。这些优势集中体现在了米哈游的游戏产品中，包括《星铁》。

《星铁》实现了全平台发行，玩家可以在移动端、PC 端和主机端无缝切换，且账号数据互通。此外，米哈游还另外推出了云游戏客户端《云·星穹铁道》。得益于高效的数据处理和优化的系统架构，游戏在各个平台上都能保持稳定流畅的表现。在画面表现上，《星铁》运用了米哈游自《原神》时期就广受好评的卡通渲染技术[4]，营造出明快通透的动画效果，即使在没有日光的地下场景也不会显得过于黑暗或有噪点（图 1 上）。游戏的启动动画更是实现了百万粒子的实时渲染（图 1 下）。

角色动作方面，《星铁》尽量还原了现实世界的物理运动规则，并减少了

---

① 《米哈游殷春波：守传统文化之正 创游戏表达之新——探索文化"两创"的游戏实践》，"中国音数协游戏工委"公众号，2023 年 12 月 17 日，https：//mp. weixin. qq. com/s/KTwKEVuqJWy9BssReB3_ 1w，最后访问日期：2024 年 6 月 8 日。
② 《人民日报关注上海米哈游：用技术创新创造美好未来》，《人民日报》2023 年 11 月 20 日，https：//www. peopleapp. com/column/30035503054-500004940007，最后访问日期：2024 年 6 月 10 日。
③ 《TECH OTAKUS SAVE THE WORLD》，米哈游，https：//www. mihoyo. com/？ page＝about，最后访问日期：2024 年 6 月 10 日。
④ 《米哈游技术总监详解〈原神〉画面效果的技术实现》，腾讯网，2020 年 11 月 19 日，https：//new. qq. com/rain/a/20201119A07M1E00？ web_ channel＝wap&openApp＝false，最后访问日期：2024 年 6 月 13 日。

图1　《星铁》游戏内截图：上为磐石镇场景画面，下为启动画面

穿模现象。以《星铁》角色动作慢放为主题的视频在 B 站上大受欢迎。以角色"波提欧"施放技能的慢放视频为例，其截至 6 月 13 日已有 129 万播放量，评论区对米哈游在动画技术上的实力多有称赞，不少人提到角色在细节方面具有出色表现。很多玩家在评论中称赞《星铁》是一款"没有短板"的精品游戏，在各个方面都展现了技术能力对游戏体验的影响。

三　融合传统文化与科幻的游戏内容

《星铁》在游戏设计中融入了中国传统文化，将其与游戏世界观的科幻相结合。游戏中融合中国传统文化与科幻主题，集中体现在"仙舟'罗浮'"这一场景中。罗浮是仙舟联盟的六大座舰之一，是一支向天外神明寻求不死药的船队。其以后汉书中的"仙舟"为概念，将中华文化与科幻的幻想世界结合。

（一）传统文化元素赋予角色美学魅力

《星铁》在角色设计中巧妙融入了大量中国古代艺术元素，丰富了游戏的传统美学内涵。以角色"丹恒·饮月"为例，其服装纹路、腰带式样以及背部的镂空设计均与莲花相关（见图2），莲花"出淤泥而不染"的气质契合他"身在此处，只为做自己"的台词和角色形象。

图2 丹恒·饮月角色原画

资料来源：《〈崩坏：星穹铁道〉官方网站——愿此行，终抵群星》，https://sr.mihoyo.com/？nav=character，最后访问日期：2024年6月13日。

再如角色"白露"，在游戏中是持明族（龙族），担任丹鼎司的医士。她的服装设计充分体现了中医文化：袖口和服装边缘大量采用了象征龙族身份的鳞纹和水波纹（见图3左），背面点缀有如意和灵芝等祥瑞元素（见图3右），寓意福寿绵长。白露的技能以治疗为主，普通攻击的名称"望、闻、问……

蹴!"出自中医望闻问切的四诊法。而她的武器是葫芦，葫芦在部分民俗神话中具有从洪水中救生的功能；其多籽繁衍的特性，也与中国远古人类的生命意识相吻合[1]，从而象征自然的生命力；同时，也与医者悬壶（葫芦）济世的形象相契合。此外，这类角色的星魂图（角色"升星"系统）、行迹（角色"天赋"系统）等的文本中也广泛使用了与传统文化相关的概念。

图3　白露角色形象

资料来源：截取自《星铁》游戏内剧情动画。

截至2024年6月13日，《星铁》YouTub账号"Honkai：Star Rail"发布的视频中，播放量最高的是"白露"的角色预告片，共计2400余万次播放，近2000条评论[2]。充分说明了玩家，特别是海外玩家对这一角色的喜爱和关注。在角色设计中巧妙融入中华传统文化元素，不仅使角色形象更显立体，也让中华美学在世界范围内传播。

（二）民俗活动构建沉浸感国风游玩空间

《崩坏：星穹铁道》中的仙舟"罗浮"场景融合了中华传统文化元素，以徽派建筑为基础（见图4），结合《后汉书》中的"仙舟"概念，将中华传统建筑文化与玉石科技（游戏内称"玉兆"，通过篆刻技艺使玉石成为计算机）

---

① 宋兆麟：《洪水神话与葫芦崇拜》，《民族文学研究》1988年第3期。
② 《Bailu Trailer－"In Torrid Heat"｜Honkai：Star Rail》，YouTube，2023年2月10日，https：//www.youtube.com/watch？v=g2ciwy6nxTY，最后访问日期：2024年6月13日。

和游戏世界观巧妙结合。从场景的音画表现到 NPC 的行动，从整体的美术风格到道具交互、角色对话等细节，都为玩家营造了身临其境的国风科幻氛围。

图 4　《星铁》游戏截图：仙舟"罗浮"场景画面

资料来源：《仙舟「罗浮」》，《崩坏：星穹铁道》官方网站，https://sr.mihoyo.com/world/102872，最后访问日期：2024 年 6 月 14 日。

尤其特别的是，《崩坏：星穹铁道》在游戏场景设计中融入了各种中国传统民俗活动，也创新融合了传统曲艺项目。在罗浮场景中，游戏角色们参与的传统民俗活动包括琼玉牌（麻将）、相声、仙舟坠子（河南坠子）、狐人大鼓（大鼓）和持明时调（时调，一种小调类民歌）等。

以相声为例，在仙舟罗浮的"星槎海中枢"，有两位相声爱好者阿来和阿往。在主线剧情的"询问路人，找到停云"任务环节，玩家可以与他们对话，开启一段与剧情相关的相声表演。完成后续一段主线剧情后，再次与他们对话便可解锁一段群口相声表演《扒马褂》，玩家成为"捧哏"，两位相声爱好者分别扮演"泥缝"和"逗哏"（见图 5 左）。游戏内的相声文本融入了仙舟的世界观，加入了如"你看这「罗浮」仙舟上这太卜司的卜算啊，虽然准是准，但那是有规矩的"之类与游戏世界观高度相关的台词。此外，在仙舟罗浮的"金人巷"，小吃摊旁的餐桌上有阿往和阿来的全息投影"小往小来"，玩家操作角色靠近便可听到一段相声表演（见图 5 右）。

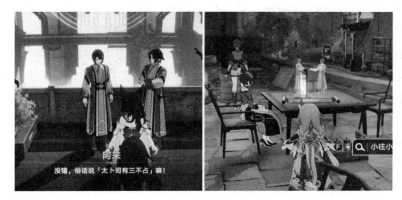

图 5　罗浮场景中两位相声表演 NPC 阿往和阿来（左）
以及他们的全息投影小往小来（右）

四　运营策略引导玩家全方位参与

米哈游通过多元化的运营策略，打造《星铁》游戏"生态"，引导玩家全方位参与其中。

首先，通过全面开发 IP，可以增强玩家对游戏角色的情感联结。米哈游围绕《星铁》IP 开展线上与线下活动，采用多样化方式扩展游戏世界观和角色故事，吸引玩家持续探索并参与各类文化产品消费。截至 2024 年 6 月 13 日，《星铁》动画短片《飞光》在 B 站的播放量已超 937 万次①；2024 年 5 月 1 日，"星穹铁道演唱会"在线上线下同步开启，录播在 B 站的播放量超过 242 万次②。

---

① 崩坏星穹铁道：《〈崩坏：星穹铁道〉动画短片「飞光」》，哔哩哔哩网站，2023 年 5 月 10 日，https://www.bilibili.com/video/BV16g4y157Zc/，最后访问日期：2024 年 6 月 14 日。
② 崩坏星穹铁道：《〈崩坏：星穹铁道〉「2024 星铁 LIVE」演唱会官方录播完整版》，哔哩哔哩网站，2024 年 5 月 6 日，https://www.bilibili.com/video/BV1ZH4y1V7AE/，最后访问日期：2024 年 6 月 14 日。

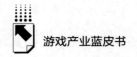

米哈游天猫旗舰店粉丝数已超 261 万人，其中《星铁》光锥系列马口铁徽章销量最高，已售 40 万余件。

其次，通过游戏内容设计与游戏外社群建设，可以引导玩家参与社群讨论。在《星铁》弱社交的游戏特性下，米哈游通过游戏外社群建设推动玩家间交流和联系，包括自建的"米游社"以及在 TapTap、微博超话、Discord 等第三方平台运营的玩家社群，并在此基础上搭建比较完善的玩家支持和反馈系统。

运营活动如《星铁》开服初期推出的"无尽的三月七"活动，玩家通过 H5 活动页面上传图片后，可以获得由 AI 生成游戏内角色"三月七"以相同动作呈现的画面。活动巧妙地将玩家自选的经典艺术作品、网络流行梗图、表情包或个人照片与游戏角色形象结合，能够激发人们的参与热情和分享欲望，进而将游戏推广至更广泛的受众，实现较好的"破圈"效果。

在游戏内，《星铁》将现实生活中的热点新闻、网络梗等时事元素融入游戏文本中，让玩家产生共鸣。例如，部分场景 NPC 对话表达了打工人的日常心态；与垃圾桶、快递箱等道具交互的文本可以让玩家联想到自己过去的游戏经历、生活经验或当下的游玩状态。

不仅如此，米哈游还会为二创作者提供更深入参与游戏内容建设的机会，增强玩家认同感。在"星穹铁道演唱会"中，多位二创作者受邀登台演唱如《致黯淡星》等的同人曲目。值得一提的是，《星铁》二创作者 chevy 一直持续向米哈游投稿同人作品，还参与了虚拟歌姬计划的试音。后来，她受邀参与演唱角色"知更鸟"的官方曲目《使一颗心免于哀伤》和《在银河中孤独摇摆》。这一系列举措充分体现了米哈游对优秀二创作者的认可和鼓励，通过与二创作者的密切合作和互动，米哈游增进了玩家对游戏的情感投入和认同感，同时也进一步丰富了游戏 IP 内容，为玩家带来更多元的游戏体验。

综上所述，《崩坏：星穹铁道》在商业上和口碑上的双重成功可主要归因于以下四个方面：一是游戏采用轻度游戏体验设计吸引更广泛的玩家群体，同时通过工业化生产支持高强度内容更新频率，维持玩家参与度和留存率；二是游戏依托米哈游在技术领域的积累，实现了全平台发行和精品化的游戏表现；三是游戏在设计中巧妙地融合了中国传统文化与科幻元素，通过角色设计和场景构建营造独特的国风游戏氛围；四是游戏采用多元化的运营策略，通过 IP 开发、社群运营等方式引导玩家全方位参与，增强玩家对游戏的情感联结和认同感。

B . 22
快乐社交与内容共创：
《蛋仔派对》案例分析

王姝儿*

摘　要：　《蛋仔派对》是由网易公司开发的一款休闲竞技派对手游，自 2022 年 5 月上线以来，凭借其逗趣潮酷的 IP 形象、丰富且低门槛的玩法、强大的社交共创属性，获得了市场的关注和认可。通过与多个 IP 和社会机构合作，《蛋仔派对》在弘扬传统文化、推动公益科教、承担社会责任等方面也作出了较大贡献，为游戏行业提供了宝贵经验。

关键词：　蛋仔派对　派对游戏　UGC 模式　社会责任

一　游戏概述与市场表现

　　《蛋仔派对》是一款由网易公司自研发行的休闲派对手游。它集成了竞速、生存和积分等多种玩法，每局排位赛共四轮，玩家需要利用不同的地图特性与道具，与其他玩家展开对抗，赢取晋级名额，并在最后一轮比赛中争取生存到最后。2022 年 5 月上线中国大陆后，《蛋仔派对》便凭借其创新的游戏设计和 UGC① 模式获得了热烈的市场反响，一度在社交媒体上形成了"蛋搭子"文化，引领起"万物皆可蛋仔"的风潮②。

　　自 2022 年 12 月 23 日起，《蛋仔派对》连续占据中国大陆 App Store 免费

---

　　*　王姝儿，清华大学新闻与传播学院硕士研究生，主要研究方向为网络视听。

　　①　用户生成内容（User Generated Content），简称 UGC。

　　②　《搭子界的顶流，藏在年轻人的"第二人生"里》，"新周刊"微信公众号，2023 年 11 月 29 日，https：//mp. weixin. qq. com/s/Dma7sroAOb0kxmEIXifMCA。

榜榜首超过180天。2023年第一季度，游戏日活跃用户量突破3000万人，数百万玩家参与了游戏地图的共创活动，游戏内日均新增地图超过10万张。2023年8月，《蛋仔派对》迎来了"双亿里程碑"——月活跃用户量超过1亿，UGC地图数量累计突破1亿张。2024年春节期间，游戏以超过4000万人次的日活跃用户量刷新了自己一年前的纪录，蛋仔形象与游戏主题曲也登上了中央广播电视总台2024年网络春晚等晚会。在海外市场，截至2024年2月26日，《蛋仔派对》国际服进入了全球11个国家的iOS游戏下载榜前100位，安卓版本一度位列美国Google Play游戏下载榜第22名①。通过持续的市场推广和本地化策略，《蛋仔派对》正逐步建立起在全球游戏市场中的品牌影响力。

2023年7月，《蛋仔派对》在第三届中国游戏创新大赛中荣获最重要奖项"最佳创新游戏大奖"和"最佳创新团队奖"。同年10月，《蛋仔派对》获得CLE中国授权展金星奖榜单中的"优秀国内原创授权IP奖"。11月，游戏获得App Store Awards"年度游戏"和"年度iPad游戏"双提名，并于12月进入了由中国音像与数字出版协会评选的"游戏十强"年度榜中的"优秀移动游戏"名单。这些奖项和荣誉反映出业界在游戏设计、技术创新和市场表现等方面对《蛋仔派对》的肯定。

二 游戏特色与创新

在视听表现上，《蛋仔派对》采用可爱的卡通风格和明亮的色彩搭配，结合轻快的背景音乐和互动音效营造出充满活力的游戏氛围，提升了玩家的沉浸感。游戏塑造了全年龄向的蛋仔形象IP，外形圆润可爱、表情憨态可掬的蛋仔们被赋予了不同的个性和背景故事，增加了角色的记忆点和亲和力②。

作为一款休闲竞技游戏，《蛋仔派对》以蛋仔形象IP为基础，发展出了丰富的玩法模式和地图关卡，包括多人闯关竞技、双人默契考验、阵营对抗交

① 《勇闯美国的蛋仔，能再赢一次吗?》，"白鲸出海"微信公众号，2024年2月27日，https://mp.weixin.qq.com/s/D-6IwPyvSIk51Mzodo5jcw。

② 《IP3.0时代，〈蛋仔派对〉成拓荒者》，36氪网站，2023年12月15日，https://36kr.com/p/2561793355324801。

互、多人乱斗团战等"主玩法"，以及可供用户自发探索的钓鱼、打卡、节日事件等"副玩法"。截至目前，游戏已经推出了"寻光冰雪季""疯狂马戏团"等 17 个不同的主题赛季，每个赛季通过独特的主题地图、故事设定、游戏规则和道具打造出差异化的游玩体验，力求保持新鲜感，提高玩家留存率①。

《蛋仔派对》的另一大特色是其共创机制，玩家可以通过 UGC 地图编辑工具自主创作游戏地图和规则，在"乐园工坊"使用素材库中的图形、景观、机关搭建场景和玩法。集成式服务中心"创作者平台"则为创作者提供地图数据、通知信息和作者功能等保障。基于网易自研引擎，《蛋仔派对》创新性地打造了简易编程功能"蛋码"，将代码设计拆分成简洁易懂的逻辑结构，并增加了 AI 辅助地图创作功能，降低了内容共创门槛，让编程零基础的小白玩家也能参与其中②。在提供创作工具的同时，《蛋仔派对》也推出了一系列措施激励玩家参与创作。定期举办"工坊创作大赛"，面向全体玩家征集优秀地图，根据地图热度结算现金和游戏币收益，同时持续发掘优秀作者，发出官方签约邀请。在这些针对创作者的便利条件和激励措施下，涌现出了"啡色小熊""浦西可乐"等一批全职游戏制图师，诞生了许多兼具游戏性、创造力和社会关怀的 UGC 地图，包含了经典游戏复刻、知识问答、美景观赏、悬疑怪谈、传统文化、反战等诸多主题，满足不同属性用户的多维度需求，也使得《蛋仔派对》摆脱固定游戏类型的限制，向综合性娱乐平台转变，为长线运营提供了保障③。

在游戏之外，《蛋仔派对》积极与高人气 IP 和品牌进行跨界联动，提升影响力。该游戏先后推出了喜羊羊与灰太狼、中国奇谭、红小豆、保卫萝卜、吾皇猫、奥特曼、长草颜团子、果宝特攻、熊出没等 IP 主题的蛋仔皮肤和游戏地图；与鲜芋仙、绿箭、趣多多、阿尔卑斯等消费品牌推出联名套餐；与欢

---

① 《〈蛋仔派对〉流水走高背后的秘密——系列拆解之赛季更新篇》，《游戏日报》2023 年 5 月 25 日，http：//news. yxrb. net/2023/0525/1920. html。

② 《数字化技术赋能，为"游戏+教育"拓展更多可能性》，"环球时报"微信公众号，2024 年 3 月 22 日，https：//mp. weixin. qq. com/s/mXPHqJO9QcggDn1jisI84g。

③ 《给玩家一个平台，玩家自己能"缝"多少玩法进来?》，"游戏研究社"微信公众号，2024 年 3 月 3 日，https：//mp. weixin. qq. com/s/un4jmvRIsEfDZ1bH7NtjpA。

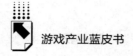

乐谷、长隆、海昌、融创水世界等游乐园品牌合作，线下还原游戏场景；还在
ChinaJoy、BilibiliWorld 等展会上展现出了强大的玩家号召力。①

　　借助其广泛的用户基础和影响力，《蛋仔派对》投身公益科教领域，弘扬
我国非物质文化遗产和传统文化，为传播正向社会价值作出了贡献。游戏将传
统节日的习俗和特色融入节日活动和主题赛事，如在 2023 年中秋版本中展示
了豆染、银饰、花灯、竹编四大非遗手艺②；2024 年春节与故宫观唐联动，将
紫禁城搬入游戏场景③。一周年庆期间，游戏认养了成都大熊猫繁育基地的大
熊猫“蛋仔”④，并与新华社卫星新闻实验室合作，在游戏中融入航天科普知
识⑤。此外，《蛋仔派对》还协同上海网警、杭州市公安局反诈中心、西安公
安、广州公安等近十家权威机构，利用蛋仔形象推出“防诈小课堂”系列科
普节目，提升未成年人识别诈骗套路的能力⑥。

三　媒体报道与玩家反馈

　　自上线以来，《蛋仔派对》就吸引了国内多家主流媒体的关注。央广网曾
报道了《蛋仔派对》与中国美术学院国潮艺术研究院的校企合作，肯定了游
戏在教育赋能、人才培养方面的创新尝试和积极影响⑦。新华网重点报道了
《蛋仔派对》在洛阳牡丹文化节期间携手龙门石窟普及“石窟文化”和“牡丹

---

① 《〈蛋仔派对〉再“扩列”好友圈　成品牌收割机亦将搅动 IP 江湖》，央广网，2023 年 11
　月 17 日，https：//www.cnr.cn/ziben/yw/20231117/t20231117_ 526490206. shtml。
② 《寻梦苗疆话古今！〈蛋仔派对〉“月落苗寨”系列盲盒外观上线，双节福利重磅来袭》，网易
　游戏，2023 年 9 月 28 日，http：//party. 163. com/official/20230928/35180_ 1112844. html。
③ 《踏漫天云雪，会百年之约！〈蛋仔派对〉×故宫观唐联动重磅开启》，网易游戏，2024 年 2
　月 9 日，http：//party. 163. com/official/20240209/35180_ 1137952. html。
④ 《〈蛋仔派对〉认养大熊猫践行公益担当》，新华网，2023 年 7 月 4 日，http：//
　www. xinhuanet. com/culture/20230704/6cb575ccc55545efa20b1cf939222da6/c. html。
⑤ 《激发网生代创造力，数字文化技术激活“新科普”》，“新华社客户端”百家号，2023 年
　8 月 31 日，https：//baijiahao. baidu. com/s? id＝1775752013661634911&wfr＝spider&for＝pc。
⑥ 《【蛋仔防诈小课堂】各地公安和权威机构联动个遍？给诈骗分子一点震撼！》，“网易蛋仔
　派对”微信公众号，2023 年 10 月 29 日，https：//mp. weixin. qq. com/s/1y1ibVNMOpjLd
　ZbgLJODOA。
⑦ 《〈蛋仔派对〉联合中国美术学院　持续探索游戏+教育新模式》，央广网，2024 年 4 月 17
　日，https：//www. cnr. cn/ziben/yw/20240417/t20240417_ 526669139. shtml。

文化",推动了传统文化的数字化和创造性转化①。凤凰网科技对游戏的"六一关爱企划"给予了积极评价,认为它有助于全面呵护青少年的健康成长②。《新京报》以《蛋仔派对》和网易游戏为例,提出企业应与家校社形成合力,落实《未成年人网络保护条例》③。更多的媒体通过微信公众号等平台,从UGC 模式、社交属性以及文化价值等不同角度分析了《蛋仔派对》成功的原因④⑤。该游戏的突出表现也引起了海外媒体的注意。英国《金融时报》称《蛋仔派对》是中国游戏市场的一匹黑马,它的成功让国内其他游戏公司感受到了压力⑥。游戏网站 Pocket Tactics 则在 2024 年的游戏开发者大会上访谈了《蛋仔派对》的制作人程宽,指出 UGC 模式是游戏取得成功的关键因素⑦。

　　玩家对于《蛋仔派对》的反馈普遍比较积极,其中的社交元素与 UGC 创作平台尤其受到玩家欢迎。而玩家们的 UGC 创作和在社交媒体上的反馈,也进一步助力了游戏的持续热度和口碑传播。许多玩家对游戏的视听表现、玩法创新、文化元素和社会价值给予了认可,表示能够自由创作和分享自己的地图是《蛋仔派对》最吸引人的特点,与朋友一起在游戏中冒险和竞技也是一大乐趣⑧,但玩家对游戏也提出了改进建议,比如希望进一步优化 UGC 编辑器的功能,增加更多的创作工具和素材等。制作团队从游戏上线之初就高度重视,并

① 《牵手龙门石窟赋能文旅产业,〈蛋仔派对〉持续深化 UGC 文化价值》,新华网,2024 年 4 月 19 日,http：//www.news.cn/2024-04/19/c_1212354357.htm。
② 《筑牢儿童关爱保护网,〈蛋仔派对〉六一关爱企划呵护青少年健康成长》,凤凰网科技,2024 年 6 月 3 日,https：//tech.ifeng.com/c/8a7JVmZVE7V。
③ 《筑牢未成年人网络权益"防火墙",企业如何与家校社形成合力?》,《新京报》2023 年 11 月 28 日,https：//m.bjnews.com.cn/detail/1701163106169481.html? shareuser=1637819285142213&share_type=1。
④ 《一年半坐拥 5 亿玩家,〈蛋仔派对〉怎么成为了年轻人的顶流 idol?》,"差评 X.PIN"微信公众号,2023 年 12 月 16 日,https：//mp.weixin.qq.com/s/fiwrr56b-IwmIVHCr_bnlw。
⑤ 《〈蛋仔派对〉GDC 首秀,就给全球 UGC 领域上了一课》,Game Look 网站,2024 年 3 月 28 日,http：//www.gamelook.com.cn/2024/03/540634。
⑥ Olcott, E.（Jul 24, 2023）. NetEase's "Eggy Party" success leaves gaming rival Tencent scrambling for hits. Financial Times. https：//www.ft.com/content/335192d2-5d62-4cb4-aae7-fd31950393a1.
⑦ Ruby, S.（Mar 28, 2024）. Eggy Party's recipe for success starts with UGC. Pocket Tactics. https：//www.pockettactics.com/eggy-party/interview.
⑧ 《在网易打造的游乐场里,找到自由灵魂的出口》,"南方人物周刊"微信公众号,2023 年 10 月 17 日,https：//mp.weixin.qq.com/s/j_b_iGlxQFPjgsRic_PIow。

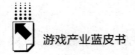

以周更的高频迭代方式第一时间解决，建立起官方与玩家的互信关系①。

然而，在大量青少年被《蛋仔派对》的低门槛玩法、可爱画风和高度社交属性吸引的同时，家长与社会则表示了对于游戏可能带来青少年沉迷、过度充值、影响学习生活和亲子关系等问题的担忧。在《蛋仔派对》中，用户可以通过充值多种类型的虚拟货币购买角色皮肤、游戏道具、抽卡盲盒，或者向好友赠送礼物。有报道批评该游戏对未成年人借用他人账号登录的情况审核不够严格，存在一些未成年人过度充值现象，指出"防止未成年人沉迷网络游戏是一项系统工程，需要政府、学校、家庭及企业的多方协作和联动"，网络游戏企业应积极参与，为未成年人设置"防火墙"。②

面对争议，《蛋仔派对》官方表示正在推进多项"防沉迷"举措，包括全渠道接入针对高风险人群开启人脸识别的功能，全平台设置未成年人退款专属客服入口，上线一键禁止充值、禁止游戏功能，并加强与渠道服的合作，通过AI未成年人保护巡逻和人脸识别等技术手段，拦截未成年玩家的高风险行为，提高对未成年人的保护效率。游戏官方还设置了未成年人退款专属客服入口，并已处理了大量疑似未成年人的相关退款申请。③

四 行业与社会影响

《蛋仔派对》集合了多款游戏的优势元素，为行业树立了新的标杆。在UGC赛道方面，《蛋仔派对》通过其自研的编辑器工具，成功构建起一个以用户生成内容为核心的生态系统。在技术层面，《蛋仔派对》对AI辅助创作和"蛋码"简易编程功能的探索，降低了内容创作门槛，促进了AI技术与游戏内容创作的结合。这种共创的游戏生产模式不仅激发了玩家的创造力，提高了参与度，丰富

---

① 《在〈蛋仔派对〉的GDC分享里，感受充满信任、自由与温暖的乐土》，"游戏陀螺"微信公众号，2024年3月27日，https：//mp.weixin.qq.com/s/88V5XTss5nsBFMARlyGZVw。
② 《人民热评："蛋仔派对"需积极回应"未成年人沉迷网游"的质疑》，人民网，2023年12月8日，http：//opinion.people.com.cn/n1/2023/1208/c436867-40134938.html；《9岁女孩玩〈蛋仔派对〉刷走12万，问题出在哪？》，中国新闻网，2023年11月2日，https：//mp.weixin.qq.com/s/9nQCI0Izv-zWHGD_C2MQKA。
③ 《〈蛋仔派对〉上线一键禁止游戏充值功能 称超800万家长使用》，《新京报》2023年12月9日，https：//www.bjnews.com.cn/detail/1702129311129088.html。

了游戏内容的多样性,也减轻了官方内容更新的压力,并筛选出优秀的创作人才加入开发团队,展现出 UGC 模式在增强玩家黏性、延长游戏生命周期方面的潜力,为社交游戏的开发提供了新的发展方向。2023 年的网易游戏 520 发布会上,《王牌竞速》《狼人杀官方》《泰亚史诗》《零号任务》等旗下一众产品纷纷宣布将添加编辑器,实现 UGC 功能,很难说没有受到《蛋仔派对》成功的影响。①

通过与多个公益组织和文化机构的合作,《蛋仔派对》在科普教育和公益活动方面也发挥了积极作用,努力提升公众,尤其是青少年的知识素养。同时,游戏通过数字化手段传承和弘扬传统文化,展现了其在文化传播和科学普及方面的能力,以及自身的社会责任感。②

《蛋仔派对》引发的关于未成年人沉迷网络游戏的争议同样为行业敲响了警钟,提示游戏企业及时规范实名认证、充值额度和退款申请等可能存在的问题。游戏企业在追求商业利益的同时,也应积极承担社会责任,加强未成年人保护工作,确保游戏生态的健康和可持续发展。③

五 总结

综合来看,《蛋仔派对》不仅是一款成功的商业游戏产品,给玩家带来了丰富的娱乐体验,还在 UGC 生态的构建、IP 的跨界联动和社会责任的履行等方面为游戏行业提供了宝贵的经验。通过创新的 UGC 和 AIGC 内容生产机制,《蛋仔派对》推动了游戏行业的技术进步和模式创新;利用数字化手段传播和弘扬传统文化,融入公益合作和教育内容,增强了玩家的文化自信,承担了企业的社会责任。随着游戏内容的丰富、创新机制的深化和未成年人保护等问题的改进,《蛋仔派对》有望保持增长势头,扩大在游戏和社会领域的影响力,向成为国民级 IP 的目标继续迈进。

---

① 《游戏 UGC 领域,蛋仔派对又遥遥领先了》,GameLook 网站,2023 年 10 月 7 日,http://www.gamelook.com.cn/2023/10/528838。

② 《发挥数字魅力,〈蛋仔派对〉携 5 亿用户肩负社会责任》,"GameRes 游资网"微信公众号,2023 年 12 月 14 日,https://mp.weixin.qq.com/s/mVdR0_Wd874LYgAIaSp6wQ。

③ 《"蛋仔"击破防沉迷"借壳"漏洞,专家:未保需多方形成合力》,"南方都市报"百家号,2023 年 12 月 9 日,https://baijiahao.baidu.com/s?id=1784804042541569780&wfr=spider&for=pc。

B.23
生态建构与文化交融:《决胜巅峰（MLBB）》电竞出海案例分析[*]

石闵龙^{**}

摘　要：　《决胜巅峰（MLBB）》自2016年发布以来在海外市场取得了巨大的成功，并在全球建立起了影响力广泛的可持续发展电竞生态。通过较低的游戏门槛、紧凑的游戏节奏和出色的游戏体验，《决胜巅峰（MLBB）》广受好评并且积累了数量可观的忠实玩家。综观《决胜巅峰（MLBB）》的电竞出海策略，对出海时机的准确把握、对用户需求的精确洞悉、对当地文化的尊重学习以及对电竞生态的格局升维可谓其出海策略的四重奏。母公司沐瞳科技将电竞生态的打造与维护视为一种长期主义的结果，并以开放合作的态度应对中国电竞出海所产生的一系列问题，为中国游戏公司的电竞出海上了生动的一课。

关键词：　电竞出海　MOBA游戏　电竞赛事　电竞生态

一　《决胜巅峰（MLBB）》概况

《Mobile Legends：Bang Bang》（简称MLBB，中文名《决胜巅峰》）是由沐瞳科技自研发行的一款5V5多人在线战术竞技类（MOBA）手游，于2016年在全球上线（中国大陆除外）。截至2023年底，游戏月活跃用户已突破1.1

---

* 本文系国家社科基金艺术学一般项目"中华优秀传统文化在数字游戏中的创造性转化与创新性发展研究"（项目编号：22BC052）阶段性成果。
** 石闵龙，清华大学新闻与传播学院博士研究生，主要研究方向为游戏研究、电子竞技研究。

亿人,总注册账号用户超过 14.65 亿人[1]。凭借较低的游戏门槛、紧凑的游戏节奏和出色的游戏体验,MLBB 已成功在东南亚、南亚、中亚、中东、拉美和独联体等地区收获大量用户,并在印尼、新加坡、菲律宾、马来西亚等 10 余个国家成为"国民游戏",具有广泛的国际影响力。

(一)全球最受欢迎的移动游戏电竞赛事

在《决胜巅峰(MLBB)》手游的基础上,沐瞳科技建立起了一个完善的 MLBB 电竞赛事生态,并将 MLBB 世界赛(简称 M 赛)打造成了全球最受欢迎的移动游戏电竞赛事。从 MLBB 各地区职业联赛的逐步建立到 MLBB 世界赛的年年火爆,MLBB 电竞赛事使更多的普通玩家也能感受到电竞的快乐,拉近了普通玩家与职业电竞之间的距离。2023 年 1 月,第四届 MLBB 世界赛(M4)峰值观众数突破 427 万人[2],较上一年的 M3 增加了 33.5%,跻身电竞赛事海外收视历史 TOP3。

在随后举办的 M5 世界赛上,以 506 万的观看峰值人数,成为 2023 年度全球移动电竞赛事 TOP1,并跻身当年度全球电竞赛事 TOP2[3]。根据赛事观看峰值人数排名,MLBB 相关赛事在 2023 全球最受欢迎电竞赛事榜单 TOP10 中占据了 5 个席位,足以说明 MLBB 职业电竞赛事在全球范围内的火爆程度。

不仅仅是在职业电竞赛事层面,MLBB 电竞赛事在官方层面也广受欢迎。伴随着电竞入亚与电竞入奥的呼声高涨,2019~2021 年,MLBB 连续三届成功入选东南亚运动会正式电竞奖牌项目,并在收视数据上一直领先于其他电竞项目。在第 31 届及 32 届东南亚运动会中,电竞项目观赛时长超过一半均由 MLBB 贡献[4]。

---

① 财经网科技:《电竞出海走入快车道》,腾讯网,2024 年 6 月 26 日,https://new.qq.com/rain/a/20240626A093HU00。

② 马啸:《谁将入选下届亚运会?亚洲"国民电竞"成热门》,"人民电竞"微信公众号,2023 年 10 月 16 日,https://mp.weixin.qq.com/s/lWqsN0FoJC3Va6GraDXq-A。

③ Aria X:《2023 年,我在东南亚看到最「特别」的电子竞技》,"游戏研究社"微信公众号,2024 年 1 月 3 日,https://mp.weixin.qq.com/s/deUwxQ5EfsX03TEsmWHBSA。

④ 财经网科技:《电竞出海走入快车道》,腾讯网,2024 年 6 月 26 日,https://new.qq.com/rain/a/20240626A093HU00。

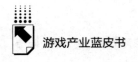
（二）频频获奖的"年度最佳游戏"

近年来，伴随着 MLBB 职业电竞赛事的逐渐成熟以及沐瞳科技在 MLBB 游戏本身运营和优化上的不断发力，MLBB 在全球的游戏产业内得到了高度好评，成为名副其实的奖项收割机。2022 年，MLBB 获得了 Sensor Tower 颁布的"2021 年海外最佳 MOBA"奖项①。2023 年 11 月，MLBB 在享有"电竞奥斯卡"之称的全球知名电竞奖项 Esports Award 上荣获"2023 全球最佳移动电竞游戏"奖项（见图 1）。② 2023 年 12 月，由知名游戏媒体 GamingonPhone 组织举办的"GamingonPhone Awards 2023"公布，MLBB 荣获"2023 年度电竞游戏"奖项③。此外，在 2023"游戏十强"年度榜单上，沐瞳也被提名为优秀"走出去"游戏企业④。

图 1　MLBB 荣获"2023 全球最佳移动电竞游戏"奖项

资料来源：Esports Award。

---

① 《〈Mobile Legends：Bang Bang〉获得海外最佳 MOBA 手游》，"36 氪"百家号，2022 年 2 月 18 日，https：//baijiahao. baidu. com/s? id＝1725069978411825798&wfr＝spider&for＝pc。
② 姜天圣：《沐瞳 MLBB 荣获最佳移动电竞游戏奖项》，"扬子晚报"百家号，2023 年 12 月 7 日，https：//baijiahao. baidu. com/s? id＝1784617596893261885&wfr＝spider&for＝pc。
③ "Gamingon Phone Awards 2023 Winners are Announced"，GamingonPhone，Dec. 28，2023，http：//gamingonphone. com/news/gamingonphone-awards-2023-winners-are-announced/.
④ 《2023 游戏十强年度榜提名名单公布：〈原神〉〈幻塔〉等入榜》，"IT 之家"百家号，2023 年 12 月 4 日，https：//baijiahao. baidu. com/s? id＝1784341746354239859&wfr＝spider&for＝pc。

二 游戏的亮点与创新

（一）游戏硬件的本土化

东南亚是《决胜巅峰（MLBB）》的主要市场，玩家在移动游戏硬件设备（智能手机）上普遍较为低端。因此在硬件上，《决胜巅峰（MLBB）》做出了一系列针对性的改变和设计以实现游戏与硬件的适配。

在游戏的安装大小上，区别于其他 MOBA 类型的移动游戏，《决胜巅峰（MLBB）》的内存需求更小[①]。以 App Store 为例（2024 年 8 月 24 日数据），《决胜巅峰（MLBB）》的安装大小仅为 1.92GB，而同类型的英雄联盟手游《League of Legends：Wild Rift》的大小为 3.97GB，王者荣耀《Honor of Kings》的大小为 2.25GB。为了让各种低端智能机也能带动游戏，沐瞳用了各种方法压缩游戏包，虽然这使得他们早期的游戏画面和特效稍显粗糙，但换来了更大的玩家群体[②]。

在游戏服务器的部署上，沐瞳突破了过往经验的局限，没有简单地把服务器安装在中国香港和新加坡，而是在当地亲自部署了机房和服务器。通过与东南亚各国的电信运营商完成一些网络基建的联合和优化[③]，沐瞳解决了东南亚的游戏网络延迟问题。

2021 年，沐瞳科技对 MLBB 进行了全面的优化升级，采用了预制模型、云同步计算等方法，使得玩家能够在不更新游戏设备的前提下享受更精美的画面效果，获得更好的游戏体验[④]。对于硬件设备的一系列本土化适配和技

---

① "7 Reasons Why Mobile Legends Became The Most Popular Game Today", Steemit, Feb. 9, 2018, https://steemit.com/gaming/@ rajeskumar/7 - reasons - why - mobile - legends - became - the-most-popular-game-today.

② 《"张江之星"闪耀时丨沐瞳科技：打造具有全球影响力的竞技性手游》，"文汇报"百家号，2024 年 2 月 19 日，https://baijiahao.baidu.com/s? id=1791325704657589519&wfr=spider&for=pc。

③ 蔡姝越、吴峰：《专访沐瞳科技毛艳辉：以开放心态探索全球市场，看好中国电竞出海新兴地区》，21 财经网，2023 年 2 月 28 日，https://m.21jingji.com/article/20230228/herald/1a58e6be7fab36 c15d1b08a7c467b47d.html。

④ 《"张江之星"闪耀时丨沐瞳科技：打造具有全球影响力的竞技性手游》，"文汇报"百家号，2024 年 2 月 19 日，https://baijiahao.baidu.com/s? id = 1791325704657589519&wfr = spider&for=pc。

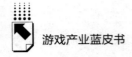

术优化真正确保了海外 MLBB 玩家的游戏体验，使他们的真实诉求得到了回应。

（二）文化认同的本土化

除了在游戏的硬件要求上适配了东南亚地区外，《决胜巅峰（MLBB）》在游戏内部的文化认同上也力求实现本土化。

在游戏适配的语言上，由于东南亚实际上包含了 11 个历史文化背景与经济发展水平差异很大的国家，因此在游戏内部使用的语言包上，《决胜巅峰（MLBB）》也做出了巨大的努力。例如在进入柬埔寨市场的时候，苹果和谷歌的手机上都还没有柬埔寨的高棉语体系，所以用户就没有办法在游戏系统里去调用系统语言来显示高棉语，但沐瞳为了让更多的柬埔寨玩家可以原汁原味地享受到《决胜巅峰（MLBB）》的乐趣，就专门在游戏客户端内置了一个高棉语语言包，从而实现了切换语言的功能①。

语言只是第一步，本土的文化认同才是更关键的因素。在不断了解当地文化的过程之中，《决胜巅峰（MLBB）》根据当地特色推出了不少本土化的英雄，如菲律宾的民族英雄拉普拉普（见图 2）、马来西亚的传奇勇士巴当等。而在进入印尼市场时，沐瞳为了设计好印尼本土神话英雄"金刚神"的形象，就与印尼当地的画家一起合作，最终得到了印尼本土用户的正向反馈。基于本土文化而设计的英雄角色使得当地用户使用本国英雄与全球用户对战成为一件很有意义的事情，十分有效地提高了用户的参与度②。沐瞳电竞业务及海外分公司负责人毛艳辉就指出，秉持充分的尊重和开放的心态去学习和理解当地文化，是克服文化"信息差"的关键③。

此外，在与游戏密切相关的产品和赛事内容海外落地的过程中，MLBB 也

① 蔡姝越、吴峰：《专访沐瞳科技毛艳辉：以开放心态探索全球市场，看好中国电竞出海新兴地区》，21 财经网，2023 年 2 月 28 日，https：//m.21jingji.com/article/20230228/herald/1a58e6be7fab36 c15d1b08a7c467b47d.html。

② 马啸：《2021 海外移动电竞新格局：吃鸡类竞争白热化，MOBA 一家领跑》，"人民电竞"微信公众号，2022 年 4 月 1 日，https：//mp.weixin.qq.com/s/V7D_ NHhcVUlcD50U7HynmQ。

③ 蔡姝越、吴峰：《专访沐瞳科技毛艳辉：以开放心态探索全球市场，看好中国电竞出海新兴地区》，21 财经网，2023 年 2 月 28 日，https：//m.21jingji.com/article/20230228/herald/1a58e6be7fab36 c15d1b08a7c467b47d.html。

图2　菲律宾的民族英雄拉普拉普

资料来源:人民电竞。

一直坚持本土化的落地策略——不仅在游戏中有当地神话中的人物比如"金刚神"作为英雄,游戏外也与各地文化与生活深度融合①。在印尼,最受欢迎的神话人物"金刚神"化身为游戏英雄"迦多铎卡伽"(Gatotkaca),其身着贴近当地审美的传统蜡染装饰;在马来西亚,赛事推广另辟蹊径,走进年轻人聚集的小吃排档里;在新加坡和菲律宾,电竞选手与传统体育明星跨界携手,成为社交平台的"红人"② 等。

(三)中国文化的有机彰显

沐瞳有机地将中国文化融合在了MLBB的英雄故事、英雄设计以及皮肤主题等方方面面,而不是生硬地将中国文化搬套在游戏中。MLBB中有多个中国元素英雄和20多款中华元素皮肤,覆盖了京剧、武侠、仙侠、春节、水墨、神话等多个主题,让全球更多的用户对中国传统文化产生兴趣③。例如游戏中的熊猫武士——阿凯,以中国的国宝大熊猫作为原型进行设计,并且根据大熊

猫自身的特点将阿凯打造成一个擅长保护和团控的坦克英雄（见图3）。沐瞳将熊猫、孙悟空、赵云等具有中国特色的角色植入产品和赛事中，通过讲述游戏"英雄"的故事，提升海外玩家对中国文化的感知度，助力中国文化的海外传播①。

图3　坦克英雄阿凯

资料来源：MLBB Wiki。

三　国内外权威媒体报道

国内外媒体都对《决胜巅峰（MLBB）》所取得的成就做出了高度的评价，而两者的差异在于国内媒体往往聚焦于 MLBB 对中国电竞产业的启示，而国外媒体主要对 MLBB 职业电竞赛事进行报道。例如，《文汇报》认为沐瞳科技在 MLBB 游戏技术和内容上的爆款秘诀以及海外职业赛事体系建构的经验可以给后来者提供借鉴②。人民电竞则认为沐瞳科技已经为中国电竞打造了出海

---

① 谷苗：《"上海基因"打造爆款国际电竞赛事》，《文汇报》2022 年 1 月 6 日。
② 《"张江之星"闪耀时丨沐瞳科技：打造具有全球影响力的竞技性手游》，"文汇报"百家号，2024 年 2 月 19 日，https://baijiahao.baidu.com/s? id = 1791325704657589519&wfr = spider&for = pc。

样本，赛事的火爆也预示着中国电竞将在国际舞台上扮演越来越重要的角色①。看看新闻 Knews 则将 MLBB 的电竞出海与城市的发展结合在了一起，认为电竞产业与长三角城市的发展建设相辅相成②。

作为菲律宾最主流的英文报纸，《星报》（*The Philippine Star*）在门户网站上专门开设了 MLBB 的专栏以报道相关的新闻，包括菲律宾战队在 MPL 和世界赛上的表现以及冠军队伍的获胜秘诀等，《星报》认为菲律宾人借助 MLBB 的电子竞技体系获得了更多的国际认可③。印度尼西亚发行量最大的报纸《罗盘报》（*KOMPAS*）同样在网站上开设了专栏（#MOBILE LEGENDS），不仅报道赛事最新信息，还可以找到英雄攻略以及游戏版本更新信息④。

四　总结与评述

《决胜巅峰（MLBB）》在东南亚乃至其他海外市场的爆火绝对不是一种偶然，其背后是母公司沐瞳科技对出海时机的准确把握、对用户需求的精确洞悉、对当地文化的尊重学习以及对电竞生态的格局升维。

就电竞出海的时机而言，沐瞳在 2016 年将 MLBB 推向东南亚市场时，其实属于最早一批出海的中国游戏厂商。彼时的东南亚，也正处在 4G 基建刚开始普及、用户刚开始接触智能手机的阶段。甚至可以说，大量的用户第一次获得了接入互联网以及有电子设备可以玩手机游戏的客观硬件条件⑤。正如沐瞳

---

① 《全球 319 万峰值观众收看！沐瞳科技打造中国电竞出海样本》，"人民电竞"百家号，2022 年 1 月 6 日，https：//baijiahao. baidu. com/s？id = 1721199205403009375&wfr = spider&for = pc。

② 《拆解电竞"出海经"长三角如何拥抱新机遇？》，"看看新闻 Knews"百家号，2023 年 1 月 10 日，https：//baijiahao. baidu. com/s？id = 1754639938179720179&wfr = spider&for = pc。

③ "The evolved Philippine era：Filipinos cementing legacy across all MLBB regions"，Philstar，Dec. 9，2023，https：//qa. philstar. com/sports/2023/12/09/2317657/evolved－philippine－era－filipinos－cementing－legacy－across－all－mlbb－regions.

④ "《Mobile Legends》Dapat Penghargaan Game E-sports Mobile Terbaik 2023"，Kompas，Dec. 3，2023，https：//tekno. kompas. com/read/2023/12/03/18080087/－mobile－legends－dapat－penghargaan－game－e-sports－mobile－terbaik－2023.

⑤ 蔡姝越、吴峰：《专访沐瞳科技毛艳辉：以开放心态探索全球市场，看好中国电竞出海新兴地区》，21 财经网，2023 年 2 月 28 日，https：//m. 21jingji. com/article/20230228/herald/1a58e6be7fab36c15d1b08a7c467b47d. html。

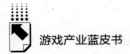
电竞业务及海外分公司负责人毛艳辉说："我认为中国游戏厂商出海的关键节点，其实一定程度上也伴随着很多海外国家和区域的游戏产业的启动和成长。"MLBB 在东南亚市场的推广是伴随着东南亚地区智能手机普及这个过程展开的，而智能手机又是移动游戏的硬件基础，因此沐瞳和 MLBB 在这个过程中确立了先发优势，在当地积累了一批最原始的游戏用户，又依托这些最初的游戏用户打造了以游戏为核心的电竞赛事体系，打通了游戏用户与电竞观众的转化链路，实现了当地游戏（电竞）产业的启动和成长。

沐瞳科技将自己的出海策略核心归纳为"聚焦社区和用户反馈"，并认为"给用户带来更好的电竞产品和游戏体验才是最终目的①"。一方面，沐瞳科技在基础硬件上针对东南亚较为低端的智能手机作出了一系列技术上的研发以达到游戏与硬件的适配，确保游戏能够最大程度地面向当地用户，另一方面，在游戏服务器和游戏语言的适配上，沐瞳亲自深入当地了解实际情况，针对东南亚地区复杂的网络情况搭建了更多的专属服务器，并根据当地语言进行了游戏内部的适配，确保了用户的游戏体验。这些细节体现了沐瞳科技对海外用户游戏体验以及反馈的重视程度，正是这些日积月累的细节才为 MLBB 日后的成功打下了坚实的基础。

在文化上，沐瞳科技作为一家土生土长的中国企业，并没有单一地以中国文化作为游戏的文化内核，而是"秉持充分的尊重和开放的心态去学习和理解当地文化②"，以一种平等、互鉴、对话、包容的文明观塑造了游戏的多元文化内核。MLBB 游戏中不仅包含了以赵云（子龙）、嫦娥和大熊猫为原型的富有中国元素的英雄和皮肤，而且对东南亚国家的当地文化也进行了深度融合，开发了脱胎于当地神话和文化的英雄，例如菲律宾的民族英雄拉普拉普、马来西亚的传奇勇士巴当和印度尼西亚的金刚神等。同时在赛事的呈现上，MLBB 的赛事与当地玩家的日常生活结合得更加紧密。在金边和马尼拉，在拥

---

① 蔡姝越：《专访沐瞳科技毛艳辉：搭建全球电竞生态需秉持长期主义》，21 经济网，2023 年 8 月 1 日，https://www.21jingji.com/article/20230801/herald/2a9e32cc084db880873dbf185186ab32.html。

② 蔡姝越：《专访沐瞳科技毛艳辉：搭建全球电竞生态需秉持长期主义》，21 经济网，2023 年 8 月 1 日，https://www.21jingji.com/article/20230801/herald/2a9e32cc084db880873dbf185186ab32.html。

挤、潮湿的陈旧街道上，年轻人们可以骑着摩托来到场馆，来到商场和广场的大屏前，聚在一起看完比赛，然后在深夜离开①。电竞终归化为了当地日常生活中的一缕烟火气，而它最大的价值也就在于成为人们日常的一部分，成为一种惯习。霍斯金斯和米卢斯在 1988 年提出了"文化折扣"的概念，游戏同样会因为脱离了原有的生活语境，传播到不同文化的社会中，导致其吸引力明显减退，这其实与不同文化社会所共享的价值观、信念、行为模式等有关②。MLBB 中脱胎于当地文化的英雄形象以及 MLBB 电竞赛事"接地气"的观看方式无疑最大程度地减少了文化折扣，增强了当地用户对游戏本身的认同感以及文化认同的亲切感。

最后，沐瞳科技将电竞出海的关键总结为"打造可持续发展的电竞生态③"。以 MLBB 的电竞生态而言，一方面是以 MPL［决胜巅峰（MLBB）职业联赛］为基础打造不同地区的职业联赛体系，包括菲律宾、印度尼西亚、马来西亚和新加坡等，将各个地区的职业体系建立起来，用传统竞技体育的方式把更好的内容呈现给玩家和观众，另一方面是在整个行业中建立起一套合理的商业分成机制和管理运营规则，探索职业联盟、俱乐部、赛事组织者的三方共赢之道，规范化整个行业的运作，使电竞产业在当地可以真正扎根下来，实现可持续地健康发展。这不是一朝一夕就能够完成的事业，而是要在与当地经济、文化和社会共同协商对话之下才能找到正确的道路。因此沐瞳认为电竞出海能够取得成功也必然是长期主义的结果，急功近利并不能让中国电竞成功出海，MLBB 深耕东南亚多年才取得成功正是最好的证明。

沐瞳旗下 MLBB 在海外的爆火是中国电竞出海历程中最生动的教科书。它没有简单地把出海理解为打入西方市场，而是秉持充分的尊重和开放的心态去学习和理解当地文化，用心倾听当地用户的需求反馈并以强大的技术力解决问题，从零开始打造了一个可持续发展的健康电竞生态。然而当下的游戏市场已

① Aria X：《2023 年，我在东南亚看到最「特别」的电子竞技》，"游戏研究社"微信公众号，2024 年 1 月 3 日，https：//mp. weixin. qq. com/s/deUwxQ5EfsX03TEsmWHBSA。
② 林玉佳：《〈王者荣耀〉是怎样被海外玩家接纳的？——一项基于国产游戏出海的扎根研究》，《当代传播》2024 年第 1 期。
③ 蔡姝越、吴峰：《专访沐瞳科技毛艳辉：以开放心态探索全球市场，看好中国电竞出海新兴地区》，21 财经网，2023 年 2 月 28 日，https：//m. 21jingji. com/article/20230228/herald/1a58e6be7fab36c15d1b08a7c467b47d. html。

进入了存量市场的时代，过往的蓝海也转变为红海，在竞争激烈的存量市场中如何保持既有的优势？面对不同文化背景和经济发展情况的其他海外市场，同样的策略是否还能生效？此外，尽管国内的版号已经下批，但是面临在国内市场已占据强势地位的《王者荣耀》和《英雄联盟手游》，《决胜巅峰（MLBB）》又如何实现国内市场的突围？这些问题都有待《决胜巅峰》在未来通过实践来回答。

B.24
趣怪软萌的休闲格斗：《猛兽派对》案例分析[*]

陈慧琳[**]

摘　要：　《猛兽派对》是一款由 Recreate Games 工作室开发的多人在线派对游戏。自 2020 年首次亮相以来，游戏创下中国原创游戏在海外市场的多项纪录，在 2023 年正式发布后迅速登顶销量榜并获得多项海外游戏大奖提名。游戏以其独特的视听表现、玩法创新和社交互动性获得众多玩家的青睐，同时在文化传播方面表达了中国思维与中国审美，促进了跨文化交流。该游戏在媒体和玩家中有着积极反馈，在国际市场上取得了一定的成功，为中国游戏产业的国际化和技术创新提供了范例。

关键词：　猛兽派对　派对游戏　游戏出海　游戏创新

一　游戏概况

《猛兽派对》（Party Animals，曾用名"动物派对"）是一款由 Recreate Games 工作室开发、所思科技（Source Technology）发行的基于物理引擎的卡通风格的多人派对游戏。其独特的卡通风格和格斗冒险合作的核心玩法深受玩家喜爱。

该游戏测试版本在 2020 年 6 月 Steam 游戏节公布，并提供免费试用。该测试版本发布一周内在 Steam 平台上排在全球第四位，创造了中国原创游戏的

---

　* 本文系国家社科基金艺术学一般项目"中华优秀传统文化在数字游戏中的创造性转化与创新性发展研究"（项目编号：22BC052）阶段性成果。
** 陈慧琳，北京师范大学艺术与传媒学院硕士研究生，主要研究领域为数字媒体艺术与游戏研究。

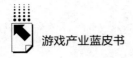

历史纪录，并在 8 天内打破了当时国产游戏在 Steam 平台的所有纪录，包括 Steam 心愿单数量、全球 Demo 总玩家数、Demo 同时在线玩家数等。同时，该游戏在 Xbox+Bethesda E3 发布会上宣布加入 Xbox Game Pass（XGP）。

游戏在 2020 年测试时单局体验完成度就已经极高，在 Steam 秋季游戏节期间就创造了 135834 名同时在线玩家的高峰纪录，在正式上线前处于 Steam 心愿单的榜首。同时，在流媒体直播平台 Twitch 上积累了大量的观众，有超过 113000 名观众观看过该游戏的相关直播。

历经 3 年打磨，《猛兽派对》的正式版本于 2023 年 9 月 20 日在 PC 和 Xbox 平台发布，游戏正式上线一周内，登顶 Steam 销量榜 Top1，同时在线人数突破了 10 万，成为 2023 年下半年在全球范围热度最高的独立游戏作品之一[①]。在 2023 年国产游戏销量榜上，《猛兽派对》以 195 万份销量、3.6 亿元的销售额位居该年度国产买断制游戏的第一。[②]

目前，该游戏在各平台已经拥有千万用户，在 Steam 平台上已有超过 35000 篇用户测评，其中 76% 为好评，反映出它在市场上取得的巨大成功，获得了广泛的用户基础。

因此，游戏上线短短几个月便在海外入围多项重量级大奖，包括入围国际最重要游戏赛事之一 TGA（The Game Award）的两项大奖：最佳多人在线游戏及最佳家庭游戏奖。值得一提的是，这两个奖项长期被日本和欧美游戏厂商所统治，此次入围是对《猛兽派对》游戏品质的极大肯定，也是国产游戏首次入围这两个奖项。此外，《猛兽派对》还入围了 BAFTA（英国电影学院奖）、GDC Awards 等国际大奖，获得了 2023 年度"游戏十强"的"优秀客户端游戏"和"优秀游戏美术设计"的提名，以及其他多项行业大奖。

二　游戏的亮点与创新

《猛兽派对》是一款基于物理引擎的竞技格斗派对游戏。派对游戏（Party

---

① 浔阳：《时隔半个月后，这款派对游戏仍在畅销榜单上》，GameRes 游资网，2023 年 10 月 18 日，https://www.gameres.com/903178.html，最后访问日期：2024 年 7 月 21 日。
② 快科技：《2023 年〈猛兽派对〉以 195 万份销量 3.6 亿元的销售额位居国产游戏销量榜第一》，199IT 网，2024 年 1 月 22 日，https://www.199it.com/archives/1673239.html，最后访问日期：2024 年 7 月 21 日。

Game）在游戏市场上一直都受到玩家的青睐，从早期以经典格斗对决为主的《任天堂明星大乱斗》，到近年来火爆的物理模拟挑战解谜游戏《人类一败涂地》和"吃鸡式"障碍跑竞赛游戏《糖豆人：终极淘汰赛》，这些游戏不仅展现了派对游戏的多样性，也推动了这一类型的游戏持续创新和发展。在此背景下，《猛兽派对》在继承了派对游戏多人互动和娱乐性的基础上融合了该类游戏的特点，通过萌系角色设计、物理引擎、创新的游戏机制和强化的社交功能，为派对游戏的发展带来了新的活力和创新方向。

玩家在《猛兽派对》里可以扮演各种卡通形象的小动物，包括小狗、小猫、鸭子、兔子、鲨鱼、恐龙甚至独角兽。动物们可以互相击拳、抛物、跳跃、飞踢和用头部撞击等，还可以使用各种随机掉落的武器，在各种不同的场景下挑战其他玩家，也可以组成队伍进行团队对抗，争夺道具以赢得比赛。除淘汰赛模式外，还有其他合作和休闲的模式和玩法可供玩家选择。目前游戏拥有 20 多个好玩的地图场景和 30 多个有趣的动物角色，并在不断丰富更新中。

（一）视听表现

《猛兽派对》众多好评中被提及最多的就是它的美术表现：可爱生动的毛绒角色设计、鲜明又具有表现力的色彩风格、充满想象力的场景设计，三个重要的元素为玩家提供了愉悦的视觉体验。

首先，游戏选择各具特色的小动物作为角色来呼应其合家欢派对的游戏属性，在角色表现上，通过不断深化动物身上毛发和细节来营造动物角色毛绒、温暖、柔软的质感，每个动物角色五官四肢也都被简化和圆角化，圆滚滚的肚子、圆圆的手臂与可爱软萌的风格匹配度很高。同时，角色的没有重心、像没有脊椎般的行动方式也让画风变得更加搞笑欢乐，与可爱的外表一起带给玩家良好的游戏体验（见图 1）。

其次，游戏采用了鲜艳、强对比度与低饱和的配色方案，以柯基小狗角色的亮橙色作为主色调，尽管色彩鲜明，但游戏在色彩搭配上注重视觉舒适度，比较和谐，色彩组合在十分吸睛的同时也营造了充满活力的游戏氛围（见图 2）。

最后，游戏的场景设计充满了想象力，20 多个地图场景囊括了格斗台、飞机、潜艇、实验室等各具特色的主题和场景，提供了多样化的游戏体验。

图1　《猛兽派对》中的游戏角色设计

图2　《猛兽派对》中的游戏场景

在声音的处理上，游戏内的音乐与场景的配合十分和谐，为游戏调性增色不少；游戏的配音也十分可爱，在痛殴、终结、用道具击中对手等情境下都有即时、强烈、恰当的声效反馈，与画面配合带给玩家欢乐的体验。

（二）玩法创新与特色体验

《猛兽派对》在整体设计上有两个特色。一是多模式设计，游戏支持单人和多人合作两种游戏模式，也可以分为生存赛、得分赛、街机赛等模式。在单人模式中，玩家独立作战，与场上的其他玩家展开较量，需要通过精准而流畅的操作，以及巧妙地运用各种武器，来淘汰对手并取得战斗的胜利，提供了一种紧张刺激的游戏体验。而在团队游戏模式中，玩家则需要通过紧密的团队协作来达成共同的目标。在这个模式下，沟通、策略和团队精神变得至关重要，队伍的成员需要协同作战、相互合作，这样才能在激烈的竞争中取得最终的胜利。不同的游戏模式为玩家提供了多样化的游戏体验，玩家可以在不同的游戏场景中，根据实际情况灵活运用多种策略，享受游戏带来的乐趣和挑战。这种设计不仅丰富了游戏的玩法，也极大地提升了游戏的可玩性和重玩价值（见图3）。

图3　游戏中不同的模式选择

二是优秀的关卡设计，每个游戏地图中都包含了许多创造"不确定性结果"的元素，这些元素在无形中搭建起了一个属于玩家的游玩区域，提供给玩家更多的游玩维度。

作为一个第三人称视角的多人休闲派对游戏，《猛兽派对》采用自研的causation物理引擎，打造拟真的物理系统，实现了更好的稳定性，使玩家在游戏中的体验感更加真实。自研的物理引擎加入了独具特色的可爱小动物，以各种稀奇古怪的方式进行动作格斗的核心玩法，让混乱的派对更加洋溢着欢乐的氛围。

接近真实的物理系统的引擎能让动物的行动、打击更为真实可爱：在互殴的过程中飞踢和勾拳通过物理引擎和音效表现得拳拳到肉，玩家在暴击其他小动物的时候还会进入"时空暂停",表现出扎实的打击感,带来了一系列出人意料的游戏效果。并且,游戏的每个地图都经过精心设计,充满了能够引发"不确定性结果"的元素。这些元素不仅丰富了游戏的深度和复杂性,而且在无形中为玩家构建了一个充满可能性的游玩空间,极大地扩展了玩家的游玩维度。

在《猛兽派对》的游戏世界中,玩家的每次操作对应的动作都是独一无二的。无论是挥拳的力度、跳跃的高度还是飞踹的强度,这些动作的执行都不再仅仅是简单的重复,而是随着玩家角色的体力状况、所处的位置、场景环境等众多因素的不同而呈现千变万化的效果。这种设计不仅增加了游戏的策略性和挑战性,也使得每一次游戏体验都充满了新鲜感和不可预测性。

游戏的随机性战斗也让玩家在游戏过程中始终处于一种期待和探索的状态。因为每一次挥拳、每一次跳跃、每一次飞踹,都可能带来完全不同的结果,从而影响整个游戏的走向。玩家需要不断地适应和应对这些变化,利用自己的智慧和技巧,这样才能在这场充满变数的派对中取得胜利。这种设计让游戏的胜负变得更加扑朔迷离,直到游戏的最后一刻,玩家都无法完全预料最终的结果,不确定性不仅增加了游戏的紧张感和刺激感,也为玩家带来了一次又一次的惊喜和乐趣(见图4)。

图4 《猛兽派对》中的格斗场景

地图中随机刷新的各类武器也为每一场对局增添了戏剧性和不可预测性。这些武器不仅形态各异，从传统的武器到日常生活用品都可能会出现在"战场"，功能也千奇百怪，它们的存在让每一次的战斗都充满了变数和惊喜。例如，网球拍着较大的打击范围，能让玩家在混战中占据优势；而看似滑稽的马桶搋子，其实也隐藏着不俗的杀伤力，常常能在不经意间给对手致命一击；冷冻枪能够将对手瞬间冻结成冰块，为玩家提供了战术上的新选择。这些稀奇古怪的武器，不仅为战斗带来了丰富的策略，也为游戏增添了许多意想不到的效果（见图5）。

图5　玩家使用不同的道具武器进行攻击

对于游戏体验，游戏的设计者也精心构思，确保每一位玩家在整个游戏过程中都能保持高度的参与感。在存活期间，玩家需要斗智斗勇，利用各种策略和技巧来争取胜利。而当一位玩家被淘汰后，他们并非退出游戏，而是可以通过投掷香蕉皮和计时炸弹等道具进行"报复"，继续以另一种方式影响仍然在场的玩家，为场上的欢乐增添更多变数。

这些游戏的特色设计使得每一次游戏体验都是全新的，每一次胜利都充满了挑战和惊喜，这也正是《猛兽派对》作为一款优秀游戏所具有的独特魅力和价值所在。

（三）文化传播与社会价值

《猛兽派对》在海外市场的成功推广和国际奖项上的崭露头角，使得更多的

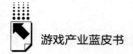

国际玩家认识到中国原创游戏，有机会了解和体验中国文化，游戏在设计中融入了中国相关元素，如街机赛车模式跑道背景中的东方明珠以及其他具有代表性的建筑，不仅丰富了游戏内容，也使得玩家在享受游戏的同时，能够接触到中国的文化特色。游戏的多地区服务器也提供了一个平台，让不同文化背景的玩家聚集在一起，通过游戏互动促进跨文化交流和理解，促进了文化的国际交流和传播。

同时，《猛兽派对》的成功展示了中国游戏产业的创新能力和技术实力，增强了国民对本土文化产品的信心和自豪感。随着这一中国原创游戏在国际市场的成功，中国的文化软实力得到提升，有助于塑造积极的国家形象。

虽然这款游戏的核心玩法是格斗与打斗，但格斗画面并非血腥暴力反而趣怪软萌，作为一款派对游戏有着独特的魅力。它的核心乐趣并不在于传统格斗类游戏的胜负竞争，而是在于游戏过程中轻松、欢乐且具有高度互动性的游戏体验，其中软萌的动物形象、趣怪的动作设计、地图的随机事件、意想不到的连锁反应让人在打斗中也能会心一笑，这些元素共同营造出一种轻松愉快的游戏氛围。

同时，玩家与玩家之间的高强度互动产生的或可爱或搞笑的场面，不仅增加了游戏的趣味性，还产生了新的游戏内容。这些互动让玩家在体验游戏乐趣的同时，也创造了属于他们自己的故事与记忆。每一次的对决，每一次的合作，都可能成为玩家之间难忘的经历，这些经历不仅丰富了游戏的内涵，也让玩家在享受乐趣的同时增进与家人、朋友的亲密关系，甚至与互联网上陌生人建立友谊。

在《猛兽派对》的世界里，游戏过程的乐趣和互动远比游戏结果的胜负来得重要，它不仅仅是游戏，更是一个传递合家欢文化价值的桥梁，等待着每一位玩家来创造属于自己和他人的欢乐故事。

三 国内外主流、权威媒体的报道与玩家反馈

（一）媒体报道

国内媒体更多聚焦于《猛兽派对》作为中国原创游戏如何展现出在市场上的影响力，游戏如何在海外市场取得成功等，并以测评与专访等形式向公众介绍该游戏成功背后的创作背景与理念。例如，澎湃新闻介绍了《猛兽派对》

的游戏内容和吸引点，以及其经过三年的开发后完善的具体方面①；羊城派通过独家专访，指出该游戏主创团队希望通过这款游戏让不同年龄段的玩家都能享受到乐趣，游戏的可爱建模与打斗风格也受到了玩家的喜爱②；GameLook也报道了该游戏制作人罗子雄在2023年度中国游戏产业年会上的分享，包括该游戏在海外市场的成绩及主创对中国文化输出的意义是什么、中国元素如何增强游戏的文化深度和吸引力等问题③。这些报道从不同的角度分析了该游戏的成功之处，探讨其对中国文化输出的意义。

国外游戏媒体对该游戏的报道主要集中在游戏的创新玩法和趣味化多样化的游戏模式，如IGN中国对该游戏打出7分的评测分数，评测指出《猛兽派对》有流畅的线上联机体验、很多独特的地图和可爱的动物，能够给玩家带来呆萌和混乱的乐趣④。

《猛兽派对》的成功吸引着外界和媒体探寻其中的经验及背后的原因，而媒体的报道也在提升游戏的知名度，为游戏的文化传播价值提供了有力的证明。主流与权威媒体对该游戏的肯定一定程度上帮助公众理解游戏作为一种文化产品所具有的潜力，以及它在推动文化交流和理解方面所能发挥的作用。

（二）玩家反馈

《猛兽派对》的玩家反馈整体上是比较积极的，但也夹杂着部分其他声音。

从2020年测试版本上线以来其火爆的人气与积极的评价就得到了玩家群体的青睐与期待。从各大游戏平台玩家留下的评价与测评意见来看，普遍认为游戏

---

① 小发、差评：《无数玩家等了3年，终于等到〈猛兽派对〉发售了》，澎湃网，2023年9月21日，https://m.thepaper.cn/newsDetail_forward_24690999，最后访问日期：2024年7月21日。

② 刘克洪：《独家专访丨〈猛兽派对〉主创罗子雄：我们要做最欢乐的游戏》，腾讯网，2023年9月21日，https://new.qq.com/rain/a/20230921A06OWQ00，最后访问日期：2024年7月21日。

③ 《〈猛兽派对〉游戏制作人罗子雄：立足中国，创造全球IP》，GameLook网站，2023年12月18日，http://www.gamelook.com.cn/2023/12/533890，最后访问日期：2024年7月21日。

④ CHARLIE WACHOLZ：《猛兽派对-评测》，IGN中国，2023年9月20日，https://www.ign.com.cn/party-animals/46102/review/，最后访问日期：2024年7月21日。

创新的玩法、富有吸引力的角色设计、独特的格斗打击感、欢乐的游戏氛围都提供了与众不同的游戏体验。同时，该游戏也促进了玩家之间的社交互动，增强了玩家的社群归属感和一定的游戏黏性。游戏内容也促进了玩家之间的内容分享，玩家化身主播和视频制作者将自己玩游戏时滑稽搞笑的时刻或过程记录下来并发布到相关的流媒体网站，这些衍生视频可以扩大游戏的传播范围，吸引新玩家，并为现有玩家提供额外的娱乐内容，保持着玩家社区的活跃度。

然而，从游戏测试到正式上线的这三年里，伴随着官方多次跳票，玩家的期待值不断被拉高，对游戏的包容度日益降低，导致《猛兽派对》正式发售时受到了部分玩家的抨击，其中争议最大的话题是游戏定价。《猛兽派对》在Steam平台中国区的价格为98元，这个定价冲击着国内玩家对于派对游戏的消费观念，因为此前没有任何一款国内的派对游戏或休闲类游戏达到过这个价位。此前爆火的《糖豆人：终极淘汰赛》在《猛兽派对》上线时已经全平台免费，而《猛兽派对》正式版和测试版核心玩法差别并不大，却已经从免费试玩变成需要花费高昂价格，难免给人带来落差感，从而导致了部分玩家的负面反馈。

尽管《猛兽派对》的定价、商业化模式受到争议，但其游戏内容仍是优质代表。作为一款国产派对游戏，其定价和市场策略需要紧密结合中国游戏市场的特点。中国游戏市场对价格较为敏感，玩家普遍习惯于免费游玩的模式，并通过内购进行个性化定制或额外内容的获取。此外，社交媒体和网络在中国玩家中具有巨大的影响力，游戏的口碑和社区活跃度会影响玩家的购买决策。游戏社区的活跃表明玩家对游戏持续保持兴趣，也影响着游戏的长期运营，而如何将游戏长期化运营是所有独立游戏厂商面临的挑战，要求游戏提供高质量的内容更新和新功能以满足玩家的需求，使其通过游戏的新鲜感来保持用户群体和口碑。

四 对行业、社会的影响及总结评述

（一）行业影响

《猛兽派对》在海外市场与奖项成绩上都突破了中国原创游戏原有的纪录，它的成功为中国原创游戏出海提供了范例。同时这款游戏也成功展示了中国游戏在全球市场上的竞争力，鼓励更多的国内游戏开发者、从业者着眼于国际市场，推动了中国游戏产业的国际化进程。

游戏团队自研 causation 物理引擎，打造了拟真的物理系统，实现了更好的稳定性，使得玩家在游戏中的体验感更加真实，在游戏科技领域取得了创新性成果，推动了国内游戏产业技术创新。该游戏也以其独特的设计和富有创意的内容推动着游戏产业内容创作的多元化发展，鼓励开发者创作更多具有原创性和创新性的游戏作品。

（二）社会影响

《猛兽派对》不仅仅是一款游戏，也提供了一种派对般的社交体验，通过软萌的动物形象和趣怪的动态效果，这场"打斗"更像朋友间一场轻松的"玩闹"。玩家在这个充满欢笑的游戏世界中，忘记和发泄现实中的压力与冲突，尽情享受和朋友家人相互陪伴的时光，增进彼此的情感联结。这也让《猛兽派对》成为一个促进人际关系和社会和谐的平台，让玩家在相互玩闹陪伴中释放压力，找到归属感和快乐，创造属于自己的故事和回忆。

游戏在海外的成功传播也吸引了来自不同文化背景的玩家，游戏中的互动成为跨文化交流的桥梁，增进了不同文化之间的理解和尊重。游戏中融入的多元文化元素，如场景或道具中隐含的与中国相关的元素、引入融合德国 UNO 牌的玩法等，不仅丰富了玩家的游戏体验，也使玩家在享受游戏的同时，自然而然地接触和体验到不同的文化，促进了不同文化背景玩家之间的交流与理解。

（三）总结评述

《猛兽派对》作为一款中国原创游戏，用可爱的毛绒动物角色、独具特色的游戏性以及欢乐的游戏氛围俘获玩家的心，在国内外市场均取得了显著的成绩。它不仅在技术创新和玩法设计上展现了中国游戏产业的实力，也在文化传播和社会责任方面发挥了积极作用。

随着游戏的持续发展和推广，《猛兽派对》不仅获得了认可，更作为中国文化的一个载体，通过温馨可爱的动物派对，向世界表达中国思维、中国逻辑、中国审美，在全球范围内传播了中国的声音，展示了中国游戏产业的创新精神和国际影响力，同时也为其他中国原创游戏走向国际舞台提供了宝贵的经验和启示。

B.25
国风田园中的治愈:《桃源深处有人家》案例分析[*]

范笑竹^{**}

摘　要: 2023 年,模拟经营类游戏数量急剧增长,而《桃源深处有人家》自上线以来屡获大奖,好评如潮,脱颖而出。本文对《桃源深处有人家》进行深入分析,从该游戏国风的视听表现、创新的多元玩法、多维的叙事构架、独特的角色设计与诗词呈现方式等多方面透视其文化传播效果,揭示了游戏作为承载文化信息的重要载体,在传播中华优秀传统文化方面的巨大潜力。《桃源深处有人家》作为国风田园模拟经营类游戏取得成功,对提振中国游戏产业的文化自觉、推动中国游戏产业的创新发展具有重要启示作用。

关键词:　《桃源深处有人家》　国风　传统文化

一　游戏概况

　　由苏州五十一区工作室开发、腾讯极光计划发行的国风田园模拟经营类手游《桃源深处有人家》于 2023 年 3 月 22 日上线,TapTap 平台的首日下载量超 10 万人次,上线四个月即营收破亿元,一年多以来累计玩家超 1200 万人,持续位居 iOS 免费游戏榜前 100 名之列。该游戏斩获 2023 年度"游戏十强"优秀中华传统文化游戏、同时获得"优秀社会价值游戏"和"优秀游戏美术设计"的提名;荣获第三届中国游戏创新大赛"最佳创新中华文化奖";vivo

---

　*　本文系国家社科基金艺术学一般项目"中华优秀传统文化在数字游戏中的创造性转化与创新性发展研究"(项目编号:22BC052)阶段性成果。

　**　范笑竹,北京师范大学艺术与传媒学院博士研究生,主要研究方向为数字媒体艺术。

平台评选其为 2023 年度最佳精品游戏；小米平台评选其为"2023 最佳休闲游戏"；获得华为游戏中心年度"最佳人气游戏奖"、OPPO 软件商店"至美奖"、2023 年金茶奖、金翎奖等十多项国内大奖。

二 亮点与创新点

《桃源深处有人家》讲述了哥哥扶光与妹妹瑶瑶共同回到童年居住的乡村茅屋，与"萝卜人"一起耕地种田建设家园的故事。凭借国风的审美、治愈的格调，该游戏迅速从一众模拟经营类手游中脱颖而出，在视觉、听觉、玩法、叙事等方面呈现诸多亮点，在游戏的特色体验、文化传播、社会价值等方面独具创新潜力。

（一）国风审美，赓续传统文化精髓

在视觉表现方面，《桃源深处有人家》创造性地转化了传统文化，通过极具中国风的美术效果传递了民族化的美学理念。首先，游戏中的每一帧画面都透露着游戏团队对国风美的极致追求。游戏的美术设计风格借鉴并发展了北宋大师王希孟的名作《千里江山图》，将石青、石绿、朱红、赭黄等中国传统色彩融入数字绘景，将人物、山水、花鸟，即国画三大画科融入游戏界面，为玩家营造出一种置身于丹青水墨之中的沉浸式体验。这种独具民族特色的视觉呈现不仅丰富了游戏美学的多样性，也为国产游戏的国风化发展提供了新的范例，为玩家打造了具有时代性的国风审美体验。其次，游戏中的每一处细节都传递着游戏团队对中华文化的守正创新。就场景而言，大到亭台楼阁的点彩技法，小到山石树木的皴法技巧，共同构建出一个个既写实又梦幻的情境；就叙事段落而言，花林错过、天涯望断等章节呈现工笔、泼彩的美术效果并结合书法艺术，展现出东方美学韵味，极大地提升了该游戏的艺术价值和观赏性。在当今游戏普遍追求 3D 管线、写实风格的大背景下，《桃源深处有人家》以差异化的视觉表现塑造了高质量的国风审美，切实有效地拉近了大众与中华优秀传统文化的距离。

（二）原创音乐，演绎传统文化内涵

在听觉表现方面，该游戏中的声音元素不再仅仅作为陪衬，而是被精心设

计成一种多层次的感知体验，成为营造氛围、推动叙事、加深与玩家情感共鸣的重要力量。《桃源深处有人家》的原创音乐已超百首，涵盖了以国风旋律为主的18首集作词、作曲及演唱于一体的综合作品，这不仅彰显了该游戏对听觉品质的追求，也反映了其致力于通过声音元素传达深层文化内涵的意图。值得注意的是，该游戏还发布了两部融合了中华优秀传统文化精髓的独立原创音乐专辑——《桃源深处有人家·一念起》与《桃源深处有人家·萝萝山上》，标志着该游戏中的声音元素已打破游戏的边界，成为独立存在的文化产品，不仅在游戏内与山水田园画面构建出和谐、治愈的意境，而且在游戏外继续为玩家带来蕴含中华优秀传统文化魅力的听觉体验。

（三）玩法创新，满足不同圈层需求

在玩法方面，《桃源深处有人家》突破了传统模拟经营类游戏玩法框架的局限，除了种田买卖、建筑规划、变装等基本玩法外，还赋予了玩家与NPC深度互动的情景，通过完成任务、邀请吃饭、赠送礼物等方式提升好感度后可解锁模拟经营以外的剧情玩法或展开支线任务，为玩家提供多种选择。该游戏也为玩家提供丰富的社交匹配契机、匹配空间和匹配资产，例如家园的夜晚会随机收到来自其他玩家的祈愿灯、在地图提供的多人社交聚集区域里，玩家可以通过皮肤彰显身份，进行互动。同时，小游戏环节巧妙融合各类中华优秀传统文化元素，弹琴、占星、放烟花、燃孔明灯、修复古画等应有尽有，翻翻棋、消消乐、打地鼠、汉诺塔等也能满足不同圈层玩家的需求。

（四）多维叙事，打造玩家专属剧情

在叙事方面，《桃源深处有人家》力图推陈出新。首先，情节设计上分为两个维度，一是主角返乡，通过归耕田园、勤劳致富，使玩家沉浸在正在进行的"现实世界"中；二是重点叙事，主角进入萝卜洞，探寻他者人生的"念的世界"，使玩家随主角穿越千年以前共赴陶渊明、周瑜与小乔、鲁班等人的人生旅程，通过叙事段落中丰富的剧情对话和细腻的角色刻画，传递出中国传统社会的生活哲学、伦理观念、精神品质，使玩家深度感受中华文化内涵。其次，该游戏采用多结局的叙事方式，鼓励玩家获得多元视角。例如16级可解锁的南有乔木有七个结局，分别为情不可言、铜雀锁乔、铜雀春深、锦书难托、情难圆满、咫

尺天涯、木石琴缘。25 级可解锁的结梦有两个主要结局及一个番外结局：完成所有主线任务后，若前往桃源深处，可触发村民归乡结局；若与阿婆对话，可触发支线任务，最终达成守梦结局；若与小孩对话，可触发小女孩梦境剧情，获得番外寻梦结局，为不同玩家完成不同的叙事，打造专属剧情。

（五）特色体验，融入当代审美习惯

就游戏体验而言，《桃源深处有人家》有两处亮眼表现。一是基于角色设计，该游戏原创的萌物精灵"萝卜人"融合了传统与现代审美，正逐渐展示出具备"中国小黄人"级别文化符号的潜力。这得益于该游戏团队对动画细节的生活化打磨："萝卜人"需要去工作时会做出各种小表情，精神状态堪比当代打工人；打牌的"萝卜人"放下卡牌去工作时，最后离开的小家伙会偷看其他人的底牌，真实又幽默。"萝卜人"IP 在各大平台俘获数百万粉丝，其影响力已超出游戏边界，延伸至实体商品市场，以游戏周边的形式从线上走向了线下，从桃源深处走入了玩家的日常生活中。其淘宝官方周边店产品丰富，已售超 4000 套的萝卜牌、超 1000 人加购的萝卜拍拍灯、400 余名回头客购买的毛绒公仔、多样化的盲盒等 IP 衍生品，不仅为玩家提供了游戏之外的情感慰藉与生活陪伴，还成功吸引了非玩家的关注，促使他们主动探索《桃源深处有人家》，实现经济效益与文化影响力的双重提升。二是基于诗词呈现，《桃源深处有人家》创造性地将叙事段落与诗词深度结合，选取或化用经典古诗词，为玩家提供了符合时代审美的互动式文学鉴赏体验。例如，在周瑜与小乔的故事段落中，两人初见时，将纳兰性德《木兰花·拟古决绝词柬友》化用为"人生若如初见，乱花莫惹琴弦，曲音缭乱，梦余念"，感叹相爱之人初相识的美好，推动剧情发展；两人收获圆满结局时，选取秦观的《鹊桥仙》"两情若是久长时，又岂在朝朝暮暮"，揭示爱情的真谛，赋予本叙事段落更高的情绪价值，让玩家在游戏中无痛化加深对文学的理解与感悟。通过游戏化的方式，结合当代审美习惯，诗词不再是抽象的文字，而是成为推动故事情节发展、塑造角色性格、深化情感共鸣的重要组成部分，昔日在书本之中略显枯燥的文学瑰宝被游戏赋予了新的活力，激发了玩家对于中华优秀传统文化的兴趣与认同，为文化传承提供了新的可能。

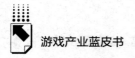

（六）传播文化，形成双向循环模式

就文化传播而言，游戏早已不仅是一种娱乐形式，更是传承文化的重要媒介。《桃源深处有人家》一方面运用丰富的文化元素加深了游戏自身的文化底蕴，巧妙地融入了超过 100 项中国传统工艺，包括评弹艺术、昆曲艺术、皮影戏艺术、评书艺术、傩戏艺术，以及诸如投壶、下棋、制作面人等民俗活动，使玩家在体验田园牧歌式的游戏过程中，潜移默化地感知中华文化的多样性与厚重感，提升玩家对中华优秀传统文化的认同感与民族自豪感。另一方面，传统文化也通过《桃源深处有人家》焕发了新的生机。以传统工艺为代表的文化内容借助游戏广泛的受众基础和高度的参与意愿，在小红书、抖音、微博等高流量的社交平台上产生了显著的传播效应，这极大地增强了中华传统文化元素的可见度和讨论热度。同时，社交平台上非玩家的中华传统文化爱好者又被吸引进入游戏中，不仅在游戏中挖掘出更多的文化内容，而且再次通过社交平台进行文化传播，形成了积极的双向循环。

（七）立足公益，推动社会正向发展

就社会价值而言，游戏早已不仅是一项娱乐活动，更是承担社会责任的重要载体。《桃源深处有人家》自发布以来，以游戏中的现有玩法为基础，推出了多项公益活动，包括 2023 年 5 月的"520 爱心午餐"，玩家在游戏中每捐出一份"蛋炒饭"和"鱼香肉丝"，游戏团队即落实成为山区学校里的餐食，最终为超过 600 名山区儿童提供一学期的营养午餐，超原定目标 10 倍；2023 年 9 月，"99 公益萝萝山助鸟活动"中，玩家在仙女湖倦鸟汀辨别珍稀鸟类并分享就能够点亮公益小红花，并获得"珍鸟卫士"的专属称号，推动更多玩家了解稀缺候鸟特性，增强环境保护意识；2023 年 12 月，"冬天不冷了"活动为寒冷地区的学校送去 260 份温暖冬衣包；2024 年 1 月，"桃源：我有一棵苹果树"活动号召玩家帮助偏远地区销售苹果，最终参与玩家有 20 多万人，并有 6000 余名玩家在游戏中进行了捐款；2024 年 5 月，基于 2023 年的经验和效果，该游戏再次开启了"520 爱心午餐"的公益二期活动……《桃源深处有人家》更是独具匠心，设计了"无名人"这一 NPC 女侠作为匿名行善的化身，为后续更多公益活动提供了统一的入口，足见游戏团队将公益常态化的决心，激励数以千万计的玩家积极参与到公益行动中，展现了游戏在促进社会正向变革中的新潜能。

三　社会反馈情况

目前，《桃源深处有人家》作为国产模拟经营类游戏的头部作品，已经引起了国内主流、权威媒体的广泛关注与深入讨论，对游戏设计、文化内涵、技术创新等多个维度进行分析，为理解该游戏因何而具有较高综合影响力提供了多元视角。例如游戏领域资深媒体平台游戏葡萄于该游戏上线之际，对于其在TapTap 上评分 8.6、B 站上评分 8.5 的火爆现象，发表微信公众号文章，公开对游戏团队成员的采访实录，直指一系列现实问题，探寻解决方法；国内知名的游戏媒体之一游研社在该游戏发布一周年之际评价其为"更加符合审美升级后的游戏市场，独特的氛围沉浸感设计，以及打通现实与游戏的情感体验"[①] 的黑马作品；苏州市非遗办就"数字+文化""非遗+游戏"探讨了该游戏是如何针对传统文化进行应用与传播的，从非遗的数字化应用角度给予该游戏充分的肯定。

同时，玩家持续针对游戏内容进行积极反馈。在 iOS 平台上，该游戏累计获得了超过 32 万个用户评分，上线一年来仍维持在 4.8 分的水平，直观地反映了《桃源深处有人家》在满足玩家期待上的卓越表现。值得一提的是，游戏团队非常重视媒体和玩家的反馈，将其作为优化与迭代的重要依据，比如根据收集来的反馈意见调整外观与数值、增加月卡福利、实现 iOS 与安卓系统互通等，足见游戏团队的诚意满满。

四　综合影响力

数字时代下，游戏已经成为文化传播的新路径，使得中华优秀传统文化不再局限于特定的地域或群体，而是基于游戏这一全人类共建、共通、共享的数

---

① 《一年来，1000 万玩家在这里找到自己的"桃花源"》，"游戏研究社"微信公众号，2024年 3 月 23 日，https：//mp.weixin.qq.com/s/sKIdumWBeOeGWTqRfGA0HA。

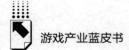

字化平台，形成可接触、可感知、可讨论的文化资源。《桃源深处有人家》在视觉和听觉上的精雕细琢，在玩法和叙事上的匠心独运，极大地丰富了大众文化体验的多样性，以其独特的艺术表现力、文化传播力和社会责任感，展现了游戏作为新时代文化资源的风貌与潜力。就行业影响而言，《桃源深处有人家》为游戏行业打造了中华传统文化现代化表达的新范式，拓展了轻量化休闲类游戏玩法的边界，为探讨游戏产品如何进行文化传承与创新提供了生动的实证，为探索游戏行业如何产生正向社会引导作用提供了宝贵的经验，为研判游戏产业如何实现高质量发展提供了全新的视角，推动游戏行业向可持续发展的方向迈进。就社会影响而言，《桃源深处有人家》的成功不仅仅是一款游戏的胜利，更是国产游戏坚持走文化自信道路的胜利，是游戏作为一种新兴文化形态认可度提升的胜利，玩家在游戏中体验到传统与现代的和谐共融，增强了新时代的年轻人对中华文化的认同感、归属感、自豪感，对中华文化的传承与发扬起到了重要作用。同时，《桃源深处有人家》传递出顺应天时、与自然和谐共生的生活哲学，绿水青山就是金山银山的生产经营理念，与当今中国久久为功谋发展的战略格局不谋而合，无形中提升了大众对生态环境的保护意识，促进了绿色生活方式的社会认同。

正如该游戏的推介语所言，"看山中花开花谢，品云间星月流转，洗去繁华与浮躁，偷得浮生半日闲，在恬淡悠然的山居生活中，重拾内心的那份安宁与平静"①，《桃源深处有人家》以极具中国风的民族化视听审美滋养着新时代的年轻人，以优质的游戏内容对现代社会普遍存在的内卷焦虑和紧绷情绪进行温柔回应，呼吁并陪伴人们慢下来、静下来、放松下来，归耕田园，结梦桃源，以承载中华优秀传统文化内涵的游戏产品为推动中华民族伟大复兴尽自己的一份力量，以踔厉奋发的创新精神引领游戏行业续写新的篇章。

---

① 桃源深处有人家手游官方微博，2022 年 9 月 19 日，https://weibo.com/7608267781/M6te2c8vk。

B.26

航天科普与模拟经营:《我是航天员》案例分析

吴芷娴*

摘 要: 《我是航天员》是一款航天科普题材的模拟经营类手游。游戏拥有清新的画风、丰富的航天科普内容和有趣的模拟经营形式。玩家能在游戏互动中了解航天知识,感悟中国航天精神。该游戏是中国游戏在航天科普领域的一次积极探索,不仅丰富了"游戏+科普"的游戏开发实践经验,同时作为航天科普领域跨行业合作的典型案例,展现了游戏实现社会价值的巨大潜力。

关键词: 航天科普 模拟经营类游戏 社会价值 航天精神

一 游戏概况

《我是航天员》是由新华网与波克科技集团有限公司(以下简称"波克城市")联合制作及发行、上海天文馆作为特别合作伙伴的航天科普模拟经营类手游。玩家能在游戏互动中学习航天基地运作与火箭建造等相关航天知识,体验航天员在空间站工作生活的太空经历,体悟中国航天精神。

《我是航天员》游戏于2023年4月24日中国航天日在各大渠道开启预约,并于同年9月21日中国载人航天工程立项实施纪念日正式上线。自上线以来,游戏累计注册用户超50万人。《我是航天员》先后斩获了第二届中国游戏创新大赛最佳创新社会价值游戏、2023年度"游戏十强"年度榜单"优秀社会价值游戏"、金翎奖最佳原创移动游戏、第十五届中国优秀游戏制作人大赛

---

* 吴芷娴,清华大学新闻与传播学院硕士研究生,主要研究方向为网络视听。

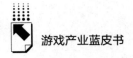
（CGDA）专业组"最佳移动游戏设计创新奖-优秀奖"等重要奖项。这也充分体现了社会各界和行业主管部门对其价值的认可与赞誉。

二 游戏亮点与创新

（一）视听表现

在游戏视觉方面，《我是航天员》选用了清新可爱的 2D 卡通美术风格，与以往大多数以"硬核"风格为卖点的航天主题游戏形成对比。画面可爱治愈的同时，保留了建筑和航天器的科技感。画面层次丰富，色调温暖舒适，视觉重点清晰。声音方面，游戏在地面航天基地部分采用了轻松活泼的配乐，在空间站部分采用了相对安静舒缓的配乐，具有区分度。

游戏对视听元素的精心编排，增强了游戏的真实感和代入感，提升了玩家的整体游戏体验。打开《我是航天员》后，准备界面上游戏主角小嫦和小羿身着太空服，驾驶着探测车在一颗不知名的星球上缓缓前进，背景处是航天城和漫天繁星。点击登录按钮后，伴随着模拟火箭发射的呼啸声，一只骑在火箭上的小兔子从左向右驶过，玩家由此正式进入游戏。游戏主界面的画面有三倍的缩放范围，放大后可以直观地体会到人物动作和场景设计的精细之处，不同的角色和建筑均有其专属的动画设计。

以游戏中模拟火箭发射环节的动画设计为例，这一环节细致地还原了航天器建造、发射，以及在太空中运作的过程。火箭首先在基地被组装完成，然后被推入发射塔台中等待发射，随后游戏画面转移到正在直播的新闻直播间中。两位主持人简单介绍完本次发射的新闻实况后，画面回到发射塔台，此时玩家可以按下游戏界面左侧的按钮发射火箭。倒计时结束后，火箭起飞。画面左侧灰色方框内模拟了火箭发射直播时观众的实时弹幕；右侧时间轴则指示了火箭发射中包括起飞、程序转弯、助推器分离、一二级分离等不同阶段，随画面中央火箭的状态不断变化。伴随着一阵激昂的音乐，火箭逐渐升空。

（二）玩法创新

《我是航天员》的创新之处在于将航天科技、太空探索与多种模拟经营类玩法相结合，创造出独特的游戏体验。玩家在游戏中不仅能布局和经营属于自己的航天小镇，还能体验资源管理、角色培养、科研制造、火箭发射、太空探索等一系列航天操作流程，感受航天科技的魅力。

游戏中的资源系统以航天工业中的实际情况为参考。玩家需要先采集矿石、石油和硅石三种基础材料，然后将其转化为钢材、铝合金、钛合金、煤油、塑料、耐火砖等二级材料，并进一步使用这些材料建造航天设施或组装航天器部件。

在角色培养方面，玩家可以通过抽卡招募航天伙伴，参与航天基地和太空站的建设与维护。游戏角色共分为领航员、曙光小队、机械师、支援部和逐月者五种类型，每个角色有其具体的身份，如南极科考员、卫星设计师、失重训练员、星图绘制员、驻站航天员、动力测试专员、机械臂操作员等。在培养和不断解锁角色背景故事的过程中，玩家可以更深入地了解航天及其相关领域各种职业的情况，增加他们对于航天工作的认识。

在科研制造方面，游戏将航天科技拆解细分，融入一个个科研项目之中。所有项目都包含简单的介绍，以帮助玩家了解航天工业系统中的各个分支。以主线任务"星辰计划"和支线任务"在航天大学科研"为例。玩家需要在"星辰计划"中攻克对各个航天器材部件的研究工作，以获取研究图纸进行建造。玩家还可以在航天大学中的生物、物理、后勤和材料学院中开展研究，以更好地保障航天工作的顺利进行。例如生物学院中的研究项目有离心机、失重飞机、血液分布、抗眩晕、冲击抵抗等。

发射火箭只是第一步，登上太空探索宇宙构成了游戏的后续内容。游戏基于真实的太空环境与科技，结合流行文化中对于星际探索的种种幻想，设计出了丰富的游戏内容。虚实结合，创造出富有趣味的探索体验。在空间站中，玩家可以与来自不同行星带和星系的外星生物建交。例如第一个与玩家建交的外星生物鲁特哥，其设计灵感来源于电影《银河系护卫队》中的角色格鲁特，为游戏增添了亲切感。同时，玩家在航天小镇中经营宇宙自助餐厅，通过提供美味的菜肴吸引外星顾客，赚取银河结晶这一游戏中的银河系通用货币等，生活化的场景增加了游玩的趣味性。随着空间站的持续升级和扩展，玩家将进入星际远航的新章节，进一步探索浩瀚的星空。

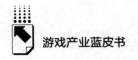

（三）特色体验

1. 真实的航天模拟体验

游戏通过模拟航天活动的各个环节，使玩家能够全方位地体验复杂精细的航天事业。从资源获取到加工，从航天器的设计到制造，从航天科技的学习到应用，再到空间站的建设和研究，玩家可以在游戏中体验到航天工作的每一个细节。游戏中的生产资源、航天基地建筑、航天器材料和部件等，均参考了中国航天的相关标准和实际情况，具有准确性和科学性。

2. 交互式的学习体验

开发者将航天科普知识巧妙地植入了游戏的各个环节之中。一方面，玩家可以通过完成航天知识问答获取新角色、加速科研进度，这激发了他们主动搜寻和了解相关知识的兴趣。另一方面，游戏将航天科技一步步拆解为简单易懂的知识，通过亲身参与和操作，玩家可以在实践中学习和掌握各种航天知识。

3. 多元化的任务体验

游戏中设置了多种任务类型和活动玩法。除了前述的各种玩法之外，还包括接待游客参观小镇、处理紧急事件、进行文物修复、种植太空植物等。玩家需要根据不同的要求，合理安排资源，完成各种任务，实现多元化的任务体验。

（四）文化传播与社会价值

在游戏开发的过程中，团队与包括上海天文馆在内的多家航天机构展开深度合作。游戏将航天知识和文化巧妙地融入游戏剧情和任务中，寓教于乐。一方面，玩家可以在探索的过程中，潜移默化地学习和掌握航天科普知识，激发他们对于航天科学的兴趣。另一方面，游戏内容会随着我国航天事业的发展同步更新，使玩家能够动态了解祖国航天事业的最新进展。这种游戏与现实相呼应的设计，能让玩家感受到祖国航天事业的蓬勃发展和无穷魅力，体悟中国航天精神，增强民族自豪感。

在游戏营销推广的过程中，《我是航天员》充分发挥 IP 优势，积极促进和提升社会对航天议题的讨论和认知，实现"游戏+科普"的社会价值。在手游正式上线当天，《我是航天员》联合白象汤好喝、回力、旺旺旗下新锐零食品牌 Fix XBody 等多家国货品牌，共同在社交媒体上发起了"我有一个航天梦"的话题，结合品牌理念，共同助力中国航天事业。《我是航天员》还与上海交通卡公司合作，联名推出了系列手机虚拟交通卡卡面，让航天精神融入市民日常出行生活①。

在《我是航天员》游戏正式发布后，游戏制作方与合作方、航天领域的其他伙伴单位联手，成立了"数字化航天科普联盟"，共同促进航天科普事业的发展。新华网、波克科技、上海天文馆、上海正向数字化技术研究院、微纳星空、银河航天、深蓝航天等来自不同领域的伙伴单位，汇聚航天科普资源，发挥数字化技术优势，不断尝试数字航天科普的新方法，共同打造航天科普的新篇章②。

三　社会反响

（一）媒体报道

自《我是航天员》游戏于 2023 年 4 月 24 日在多个渠道平台开启预约服务，联合制作方新华网是主要的官方报道来源。新华网的报道详细展示了游戏的美术风格，对游戏的核心玩法进行了简单介绍，特别关注了游戏如何巧妙地将场景化的科普知识融入游戏体验中。游戏的航天科普题材得到了媒体的一致积极评价，认为其具有重要的社会教育价值。

《我是航天员》的目标受众为对航天科技充满好奇、同时对模拟经营类游戏感兴趣的中国各年龄层玩家群体。游戏仅提供中文版本，游戏剧情也与中国航天发展和中国航天精神紧密结合，限制了其海外影响力的拓展，因而并未引起海外主流媒体的关注。

（二）玩家反馈

《我是航天员》首发上线于 iOS 端 App Store 和安卓端 TapTap。截至 2024

---

① 《走，去太空！航天科普手游〈我是航天员〉正式上线》，"新华网"微信公众号，2023 年 9 月 22 日，https：//mp. weixin. qq. com/s/iqNezZIf4FKmvj_ 64-DpwQ。
② 《波克科技刘忠生：以"游戏+"打造航天科普新思路》，新华网，2023 年 9 月 26 日，http：//www. news. cn/info/20230926/d6f8ea3af2e84ae29728347a6fe239d0/c. html。

年 6 月，游戏在 App Store 和 TapTap 上分别获得了 4.9（满分 5 分）和 6.8（满分 10 分）的评分。App Store 的评价较少，仅 10 条。相比之下，TapTap 上收到了玩家们的广泛反馈，共有 735 条评价。

《我是航天员》基于科学的航天科技知识，其细腻的游戏设计获得了大量航天迷的认可。同时，治愈的美术风格、可爱的人物立绘和建筑造型，以及简单易上手的游戏操作，为爱好模拟经营玩法的普通玩家提供了舒适的视觉体验和轻松的游戏氛围。此外，游戏中强代入感的剧情设计也使玩家能够更好地沉浸在游戏世界中。

同时，玩家们也反映了一些问题，主要分为数值设计、广告和优化三个方面。数值设计方面的批评主要集中于游戏中资源产出与消耗的不均衡。首先，游戏在前中期的资源消耗巨大，玩家会迅速进入资源短缺的阶段，游戏进度停滞；而进入后期，游戏资源产出则会过剩，带来阶段性不平衡的游戏体验。其次，游戏过程中频繁的奖励性广告干扰了游戏的流畅性。玩家可以通过付费①获取跳过广告的权益，但这种引导充值的设计降低了非付费玩家的满意度。他们认为这种盈利模式虽然常见，但是广告在游戏中存在感过强，令人感到不适。最后，《我是航天员》已经有较长时间没有再进行版本更新，导致了部分玩家流失。

四　总结

作为一款航天科普题材的模拟经营类手游，《我是航天员》将航天知识和航天精神以生动有趣的形式传递给广大玩家，是中国游戏在航天科普领域的一次积极探索。该游戏不仅丰富了"游戏+科普"的游戏开发实践经验，同时也是航天科普领域跨行业合作的典型案例。

---

① 《我是航天员》中的付费主要分为购买"祝福""高级合同"和兑换"电池"三种。玩家购买月卡祝福（30 元）能够在 30 天内跳过广告并在每日登录时获得 100 个电池，终身祝福（68 元）则能永久跳过广告并在每日登录时获得 200 个电池。玩家购买高级合同（68 元）后，能在游戏推进的过程中获取更多道具资源。玩家还可以通过直接购买电池（如用 12 元购买 120 个电池，648 元购买 6600 个电池等）抽取角色和建筑，或者加快建筑建设进度。

游戏《我是航天员》的制作方波克城市于 2020 年在行业内首提"游戏+"概念，并将其上升为企业战略，旨在以游戏为载体，跨界赋能科普、医疗、公益、艺术等领域，构建以游戏产业为核心，多产业交融发展的互联网新生态。

在积极响应国务院"加快数字化发展，建设数字中国"号召的背景下，2021 年波克城市联合业内多家单位，牵头发起成立民办非企业组织"上海正向数字化技术研究院"，并搭建 Game for Good（简称 G4G）跨界开放平台，专注于探索游戏多元价值。G4G 以"游戏+"为核心理念，以游戏化技术和机制帮助跨行业伙伴实现数字化转型，提供社会议题的创新性解决方案，并为具备社会价值的游戏及游戏化产品提供资源链接、能力建设、资金扶持、合作渠道及传播等方面的支持。《我是航天员》游戏是 G4G 平台的代表性案例之一。

在"游戏+科普"领域，波克城市先后与人民网人民好医生和上海自然博物馆联合推出了全民防疫答题游戏《人民战"疫"总动员》与《拼图寻鸟之旅》科普小游戏。2021 年，在我国"加快建设航天强国"的战略部署以及载人航天事业实现跨越式发展的大背景下，波克城市开始与新华网共同打造《我是航天员》主题科普 IP。该 IP 与包括上海天文馆在内的官方航天机构建立了深度合作关系，游戏内容得到了航天相关部门的指导和审议。

《我是航天员》IP 通过公益游戏、App 游戏、科普临展和文创周边等多种形式，生动、有趣、高效地传播航天知识，弘扬中国航天精神，全网累计曝光量超 3 亿次。在神舟十二号、十三号顺利发射等中国载人航天的重要节点前后，该 IP 先后推出了《我是航天员》体验版、《太空跳跃》和《太空跳跃之神舟十三号》。2023 年 2 月，为庆祝中国载人航天工程"三步走"正式收官和空间站顺利建成，《我是航天员》IP 与上海天文馆（科技馆分馆）联动，推出了首个游戏化线上航天科普展览《星火之旅》，观展人次超 20 万。2023 年 4 月 24 日中国航天日，《我是航天员》IP 同名游戏在各大渠道开启预约，并于同年 9 月 21 日中国载人航天工程立项实施纪念日正式上线。

"十四五"规划和 2035 年远景目标纲要提出，要"加快数字社会建设步伐""适应数字技术全面融入社会交往和日常生活新趋势，促进公共服务和社

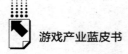
会运行方式创新，构筑全民畅享的数字生活"①。《我是航天员》科普 IP 开发的全过程，以游戏化、数字化独特的互动性、娱乐性和信息化特质，促进了社会价值的实现。中国游戏产业的发展，需要更多企业关注社会公共服务需要，运用数字化技术和游戏化形式跨界赋能传统领域，提供社会议题的创新解决方案。

---

① 《人民日报整版观察：加快数字化发展　建设数字中国》，人民网，2021 年 10 月 22 日，http：//opinion. people. com. cn/n1/2021/1022/c1003-32260722. html。

B.27
孤独症儿童社交辅助训练：
《星星生活乐园》案例分析

王心路[*]

摘　要：　《星星生活乐园》游戏于 2022 年 4 月正式上线。作为一款针对孤独症儿童的社交辅助训练游戏，《星星生活乐园》采用了丰富、多元的交互方式。游戏模拟商场购物、交通出行、情感表达等常见的生活场景，通过从学习模式到升级模式的渐进式训练，在详细分解的游戏步骤中帮助孤独症儿童学习理解社交规则，从而达到训练效果。《星星生活乐园》游戏是"游戏+医疗"的重要尝试，该游戏的开发拓宽了游戏应用的边界，也进一步证明了严肃游戏的教育功能和社会价值。

关键词：　星星生活乐园　严肃游戏　功能游戏　孤独症儿童

一　游戏概况

（一）游戏简介

《星星生活乐园》（见图 1）是一款由中国三七互娱游戏企业研发的公益性游戏，于 2022 年 4 月正式上线。该游戏的目标群体为学龄（8 岁）前的孤独症儿童，游戏开发借鉴了孤独症儿童的针对性干预方法——社交故事法。该方法是指由专业治疗师、教师或父母为孤独症儿童编写小故事，对故事发生的时间、地点和人员进行详细描述，并对事件情境中人们的通常做法、想法和感

---

* 王心路，清华大学新闻与传播学院博士生，主要研究方向为新媒体传播、平台经济与文化。

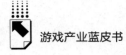
觉进行说明，从而为孤独症儿童提供他们可理解的社交线索，帮助他们在此情景中做出对应的行为判断。

图 1　《星星生活乐园》游戏进入界面

《星星生活乐园》采用丰富、多元的交互方式，模拟商场购物、交通出行等常见的生活场景，通过从学习模式到升级模式的渐进式训练，在详细分解的游戏步骤中帮助孤独症儿童学习理解社交规则，让他们在面临相似的现实情境时能够恰当应对。截至目前，《星星生活乐园》已覆盖全国 31 个省（区、市）及港澳地区的用户，为数万名孤独症儿童提供帮助。

2024 年 5 月 31 日，《星星生活乐园》3.0 版本发布，在孤独症儿童社交、出行等场景训练的基础上，增加情感表达模块，以期帮助孤独症儿童提升情感表达能力，更好地适应生活。

（二）研发背景

孤独症又称自闭症，是由神经系统功能失调引起的发育障碍，专业名称为孤独症谱系障碍（ASD）。孤独症起病于三岁之前，三岁以后表现明显，它的临床表现主要有社交障碍、语言障碍、行为刻板等。孤独症尚无完全治愈的方法，患者家庭大多选择长期行为矫正、系统训练和药物治疗的方法来改善症状。根据世界卫生组织报告，全球大约每 100 个儿童就有一人患有孤独症，该疾病的高发已成为全球性重大公共卫生问题。① 近些年，孤独症发生率在不断增长，中国的孤独症发病率也较高，2024年4月发布的《中国孤独症教育康复行业发展状况报告》显示，中国6~12岁孤独症儿童的出现率为0.7%，全国0~14岁的孤独症儿童约有200万。② 因而，有关孤独症的知识科普和治疗方式研发非常重要，而在多种治疗和康复方式中，游戏作为一种互动性、趣味性较强的媒介，经香港协康会等机构验证，在提升孤独症儿童注意力方面具有良好的效果。

2021年初，在了解孤独症儿童面临的社会化问题后，三七互娱组建了一支游戏开发团队，开始了《星星生活乐园》的研发工作。为了解孤独症儿童的训练需求以及适合的训练内容和形式，项目团队与广东海燕电子音像出版社合作，走访了多家孤独症康复培训机构，咨询了孤独症诊断主任医师、孤独症特教专家，采访了孤独症儿童家长。同时，三七互娱邀请了孤独症领域的专家团队全程参与指导，包括孤独症领域教材出版资深编辑、高校特殊教育专业老师、孤独症康培机构一线培训专家、特殊教育幼儿园教育专家等，在研发过程中还邀请孤独症患者家长体验游戏并反馈建议。

（三）游戏上线情况与内容介绍

1.《星星生活乐园》正式上线

2022年4月2日，在第15个世界孤独症关注日上，三七互娱研发的中国境内首款孤独症辅助训练游戏《星星生活乐园》在微信小程序上线。2022年6月1日，该游戏的App在安卓、App Store应用商店上线。

第一版游戏通过搭建商场购物、搭乘扶梯、餐厅就餐等场景（见图2），辅助孤独症儿童增强对外出购物过程中的社交行为的理解。游戏中，玩家可先通过学习模式学习规则，再通过升级模式强化训练。在升级模式中，游戏不再对玩家进行强引导，但在玩家做出错误行为时会给予提示。

---

① 世界卫生组织：《"自闭症"词条》，世界卫生组织网站主页，2023年11月15日，https：//www.who.int/zh/news-room/fact-sheets/detail/autism-spectrum-disorderst。

② 叶开：《报告：中国0-14岁孤独症儿童200万每年新增16万》，中国网心理中国，2024年4月3日，http：//http：//psy.china.com.cn/2024-04/03/content_ 42746620.htm psy.china.com.cn/2024-04/03/content_ 42746620.htm。

图 2 游戏中商场购物、搭乘电梯和餐厅吃饭场景

以超市场景为例，学习模式中，用户先根据指引完成牛奶、西红柿、儿童拖鞋等物品的选购，旨在让用户学习购物流程中的社交规则；升级训练模式中，系统给出采购任务，但不再进行强引导，但当用户做出错误选择时，系统会进行音效提示，直至用户完成正确操作，再进入社交训练的下一个步骤。

2.《星星生活乐园》发布2.0版本

2023年4月2日，《星星生活乐园》游戏的2.0版本上线微信小程序，并于6月1日在全平台和咪咕TV上线。2.0版本主要做了三方面的变动（见图3）。一是新增了交通出行场景，帮助孤独症儿童学习交通规则和搭乘公共交通工具。二是增加水族馆养成模块，玩家可将多次训练积累的星星兑换为海草、海星、贝壳、小丑鱼、海豚等装扮物，打造属于自己的水族馆。三是增加了孤独症科普和筛查板块，为儿童家长提供免费的孤独症筛查诊断量表以供参考。

3.《星星生活乐园》发布3.0版本

2024年5月31日，《星星生活乐园》3.0版本正式发布。该版本在购物和出行两个生活场景的基础上，增加情感表达模块，引导孤独症儿童识别五官和表情，进而学习如何表达自己的情感。在五官模式中，儿童可以通过生动的动画，了解和识别眉毛、眼睛、鼻子、嘴巴和耳朵。在有了比较准确的认知后，

图3　《星星生活乐园》2.0版本新增板块

儿童可以选择升级训练模式（见图4），根据游戏中的提示，选择对应的五官状态。除此之外，3.0版本还设置了"亲子互动模块"（见图5），鼓励家长和孩子一起参与到游戏中。

图4　《星星生活乐园》3.0版本的升级训练模式

（四）游戏运营情况

在游戏推广方面，三七互娱公司采取的策略是和孤独症群体相关的企业组织合作，比如社区医院、公益组织和文化公司，一方面让更多的公众能够了解和关注孤独症群体，另一方面让该游戏能够触及更多有需要的人群。2023年，

图5 《星星生活乐园》3.0版本的亲子互动模块

在游戏上线的当天，三七互娱推出了游戏推广公益宣传片，希望加强公众对孤独症儿童的了解，视频再现了《星星生活乐园》中的核心训练场景，邀请孤独症儿童家长讲述孩子的真实情况，并在社交媒体、电视台和公交车等多个渠道播放。三七互娱联合咪咕互娱，在南京市建邺区莲花社区医院（孤独症儿童康复试点医院）设游戏发布分会场，让更多的孤独症家庭能够触及该游戏。2024年，在新版本上线当天，三七互娱与酷狗音乐、融爱之家等机构举办"E起发声，与星为友"特需儿童手绘作品公益展活动，在现场展出孤独症儿童绘制的画作、雨伞和扎染成品，呼吁更多的人关注该群体。该游戏在孤独症群体中得到越来越多的认可，部分家长鼓励孩子每天使用大约20分钟，分3到5次进行。① 截至目前，《星星生活乐园》的注册用户已超27万人，用户覆盖全国所有省、自治区、直辖市。②

（五）游戏获得的奖项

《星星生活乐园》游戏的开发得到了业界和社会的广泛认可，已获得不少奖项。2021年1月，由广东省文化和旅游厅指导、广东省游戏产业协会主办的2021游戏"金钻榜"公布获奖名单，《星星生活乐园》获得"优秀功能

---

① 书航：《三年开发20余款功能游戏，〈星星生活乐园〉超16万用户注册 | 专访三七互娱》，腾讯网，2024年3月25日，https://new.qq.com/rain/a/20240325A020ML00。
② 张紫祎：《三七互娱〈星星生活乐园〉3.0版本发布 训练孤独症儿童情感表达》，中国网财经，2024年5月31日，https://finance.china.com.cn/roll/20240531/6124928.shtml。

游戏"奖项。2023 年 7 月,在由中国音像与数字出版协会指导、中国游戏产业研究院主办的第三届中国游戏创新大赛上,《星星生活乐园》获得最佳创新社会价值奖,并且入围"2023 游戏十强"——"优秀社会价值游戏"提名。

二 游戏的亮点与创新

1970 年,美国德裔社会学家克拉克·阿布特(Clark Abt)提出"严肃游戏"(Serious Game)概念,他认为严肃游戏本质并不是单纯娱乐,它将教育的目的附于游戏机制与叙事中,在保证游戏可玩性的同时,也使游戏的设计概念、内容叙事和功能目的发生严肃性转向。[①] 与商业游戏相比,严肃游戏除了关注游戏的商业价值外,还关注游戏的社会性和公益性,被赋予知识科普、训练模拟、价值传递等职能,被应用于科学研究、医学治疗、儿童教育等多个领域。严肃游戏在中国处于发展的初级阶段,《星星生活乐园》是三七互娱公司在严肃游戏开发过程中的一大尝试。该游戏充分发挥了游戏这一媒介参与度高、浸入感强、反馈及时的优势,致力于实现对学龄前自闭症儿童社交认知和技能层面的干预,在游戏内容和形式上都具有一定的创新性。

(一)多场景上线,扩大游戏覆盖面

为了让《星星生活乐园》游戏能够触及更多的用户群体,游戏开发团队在多个渠道上线了该游戏,实现了从小屏、中屏到电视大屏的全覆盖,为游戏触及更多的人群和更多场景提供了技术支持。

《星星生活乐园》在苹果和华为应用商店均有上线,用户可自行选择最便捷的下载路径。除了独立的游戏应用外,团队还开发了游戏小程序,用户无须经历烦琐的下载安装流程,就能在微信应用中启动该游戏。借助微信的强社交关系网络,用户可以方便地将游戏分享给好友,方便游戏传播。

同时,《星星生活乐园》还与中国移动的咪咕平台有合作,游戏能够在电

---

① Fedwa Laamarti, Mohamad Eid and Abdulmotaleb ElSaddik, An Overview of Serious Games, *International Journal of Computer Games Technology*, 2014, pp. 1-15.

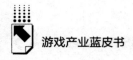

视端的大屏幕上线，玩家能够在更大的设备上操作，这为孤独症儿童与他人的互动提供了更立体的训练场景。多场景的分发也提高了游戏的易用性，孤独症儿童可在不同的渠道来回切换，从而选定最适配的平台。

（二）引入专业意见，保障辅助训练可行性

《星星生活乐园》开发的全过程，都有专业人士给予意见支持，让该游戏能够更好地帮助孤独症群体。在游戏研发的过程中，项目团队和在孤独症儿童教育方面有丰富经验的广东海燕电子音像出版社合作，让其所积累的专业知识和经验能够在游戏中得到更有效的运用，帮助孤独症儿童在游戏中最大程度地习得社交规则。

为加深对孤独症儿童的了解，游戏研发团队、美术团队和出版社工作人员一同前往广州市少年宫特教教室，通过与孤独症儿童一同创作的方式，对孤独症儿童有更直观的了解。游戏开发团队在汇集了多方意见后，对游戏的脚本进行了反复推敲和打磨，不断完善游戏细节，希望该游戏能够尽可能清晰、明了、高效地完成对孤独症儿童的社交引导。

除此之外，游戏开发团队持续和多位在特殊教育、孤独症教育领域有资深经验的专家学者们保持交流，持续向高校特殊教育学者、少年宫特殊教育老师、心理学专家、孤独症康培领域从业者征询意见，深度剖析游戏在孤独症辅助训练道路上的可操作性，及时发现问题、解决问题，确保游戏开发方向的正确性。在开发过程中，三七互娱还多次邀请孤独症儿童及家长参与项目研讨会和游戏试玩，征集建议并及时对游戏进行优化。

（三）生活情境模拟，"游戏+医疗"辅助训练

那些在日常生活中看似简单的社交行为，对孤独症儿童来说具有极大的挑战，需要反复学习和训练。借助数字技术，《星星生活乐园》为孤独症儿童提供了轻松有趣的辅助训练方式，并努力将其运用到更多的场景中。对于孤独症儿童来说，游戏化的训练方法较为安全和适用，能够减轻其与外界直接互动带来的紧张和焦虑感。

《星星生活乐园》通过对日常生活场景的模拟，为孤独症儿童开辟了一个线上生活空间，游戏中所设定的训练内容与现实生活中的真实行动相仿，以便

儿童以此为启发进行训练和探索。在"学习模式"中,游戏的界面设计较为简洁明了,对于学龄前的儿童来说有较高的辨识度。游戏能够借助图片、文字和声音给玩家提供清晰的操作指令,帮助玩家完成具体情境下的分步训练。比如在超市购物的情境中,当玩家点击了"牛奶"图标后,游戏会发出"现在去买牛奶,拿牛奶"的指令,随之弹出的放大镜工具让牛奶的位置更加明显。玩家可根据引导语,完成一系列的点击操作,最后选择自动结账或人工结账环节,结束本次的购物之旅。

在"升级模式"中,用户需要自主完成不同情境下不同类型行为的选择,巩固"学习模式"中对社交行为的学习,选择成功之后便能获得星星作为奖励。在2023年推出的《星星生活乐园》2.0版本中,为了提高游戏的趣味性和互动性,游戏中新增了"装扮水族馆"的项目。在"水族馆",玩家可以将积累到的星星兑换成水族馆中的装饰物,打造属于自己的独一无二的水族馆,丰富玩家在游戏中的养成体验。将游戏的基本范式和逻辑应用到辅助训练中,能够提高孤独症儿童学习和训练的积极性,增强儿童玩家练习的动机,以寓教于乐的方式培养参与者的社交敏感性。

(四)助力知识科普,提高社会的包容度

作为媒介的游戏,不仅能够通过故事叙事实现信息内容的传递,而且能凭借游戏机制中"角色扮演"的设定,让玩家能更为深度地体会到扮演角色的处境和决策过程,从而更深层次地理解角色的心路历程和经验。《星星生活乐园》游戏的开发,不仅促进了孤独症相关知识的传播,而且也让更多的人体验到孤独症儿童融入社会的困难性。

早期识别和干预对孤独症儿童的康复至关重要,孤独症儿童越早得到专业的治疗,后期干预的效果就越好。为了更好地普及孤独症筛查相关知识,帮助家长尽早发现孤独症儿童异常,《星星生活乐园》的2.0版本增加了孤独症简单筛查辅助模块,家长可以根据提供的筛查诊断量表进行学习了解和参考判断,以免错过最佳干预期。

近年来,"孤独症"已经成为社交媒体上的热点话题,但对该群体有深入了解的人依旧较少。《星星生活乐园》让更多的人通过游戏的方式感受孤独症儿童和所在家庭面对的挑战是什么,作为一名普通游戏玩家也能够体会

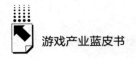

到孤独症儿童在学习社交规则中的不易，从而提高对该群体的理解力和包容度。

三 游戏传播情况和玩家反馈

严肃游戏的跨界应用得到行业内越来越多的认可，它不仅让游戏的内容和形式得到了创新，而且有助于全社会以更为正向的态度看待游戏。作为游戏应用在孤独症领域的先发尝试，《星星生活乐园》上线当天即受到国家新闻出版总署主管媒体——新闻出版广电报的关注。之后，新华社、《南方周末》、中新网、《中国日报》等主流媒体和游戏研究社、indienova、GameRes 游资网等自媒体也纷纷介绍了《星星生活乐园》游戏的发布，报道多强调该游戏的研发过程和公益价值。

除了媒体机构外，为触及更多的孤独症儿童群体，提供切实帮助，三七互娱联合各地残联、孤独症协会、游戏行业协会等机构，积极组织与孤独症相关的公益活动，将《星星生活乐园》游戏带入了学校、社区，希望该游戏能触及更多孤独症儿童家庭。游戏公司也积极参与国内大型活动、展会，比如北京国际图书博览会、中国数字出版博览会、长三角博览会（跨界应用探索）、第二十届国际文化产业博览会、网络文明大会等，希望能够提高该游戏在社会上的知名度。

《星星生活乐园》自 2022 年上线以来，已经经历了三个版本的更新优化，目前注册用户已超 27 万人，覆盖全国所有省、自治区、直辖市，也收获不少孤独症家长、教师、专家的认可与好评。有家长和特教老师反馈，相比传统说教，孤独症孩子对游戏接受度更高，孤独症孩子通过游戏训练一段时间后，再进入商场、超市等环境时，适应能力有明显提升。华为应用商店中有家长留言："我女儿是星儿，老师推荐下载这个 App 玩，游戏界面充满了细节，画风也很柔和，目前有休闲商场、交通出行和水族馆三个生活社会规则学习场景，开发者做得很用心"。也有家长表示，目前的游戏内容还相对单一，有待进一步开发："很好的 App，孩子很感兴趣，如果场景和内容再丰富一点就更好了"。

四　对行业、社会的影响

　　《星星生活乐园》游戏的开发拓宽了游戏应用的边界，进一步证明了严肃游戏的教育功能和社会价值。如今，游戏在医疗领域的开发还相对有限，《星星生活乐园》游戏在一定程度上丰富了游戏行业的生态，它所带来的社会讨论鼓励了更多的开发者从事功能性游戏的开发。该游戏也让更多的非游戏行业从业者认识到游戏的多重功能，从而鼓励更多教育、医疗、公益等领域专业人士与游戏开发者进行跨界合作。

　　《星星生活乐园》游戏是"游戏+医疗"领域的重要尝试，也是"数字健康"的一种表现，将医学干预与游戏化设计相结合，在内容和方法上都有所创新。作为一款具备社交辅助训练功能的游戏，它凭借游戏明确的奖惩规则、渐进的操作难度和及时的交互反馈，让更多的孤独症儿童能够在沉浸式的体验中改善身心状态。游戏中的角色扮演、亲子互动、奖励机制都在一定程度上改善了原有的医学手段，提升了社交训练的可行性。

　　《星星生活乐园》游戏的开发，让孤独症儿童在家中便能完成简易、可上手的社交训练，降低了孤独症儿童家庭的康复成本。同时，该款游戏的上线以及媒体的报道，提高了社会公众对孤独症群体的关注度，也给游戏的推广带来了正向效果。

附录一
2023 "游戏十强"年度榜单

为进一步落实游戏主管部门关于促进游戏产业健康发展的工作要求,向全社会展示一批弘扬主旋律、传递正能量的优秀游戏产品和积极践行文化使命、履行社会责任的优秀游戏企业,中国音数协游戏工委决定实施 2023 "游戏十强"年度榜工作。2023 年 12 月 14 日,在第二十届中国游戏产业年会上获奖名单揭晓。①

具体名单见表 1。

表 1　2023 游戏十强年度榜入榜名单

序号	类别名称	入榜(产品)企业
1	优秀游戏科技创新企业	网易游戏
2	优秀"走出去"游戏企业	上海莉莉丝科技股份有限公司
3	优秀游戏研发团队	西山居游戏工作室(珠海金山数字网络科技有限公司)
4	优秀游戏运营企业	深圳市腾讯计算机系统有限公司
5	优秀移动游戏	晶核(北京朝夕光年信息技术有限公司)
6	优秀客户端游戏	崩坏:星穹铁道(上海米哈游影铁有限公司)
7	优秀社会价值游戏	我是航天员(波克科技股份有限公司)
8	优秀中华传统文化游戏	桃源深处有人家(苏州五十一区网络科技有限公司)
9	优秀游戏音乐设计	明日方舟(上海鹰角网络科技有限公司)
10	优秀游戏美术设计	归龙潮(上海好玩橙信息科技有限公司)

---

① 《2023 游戏十强年度榜正式揭晓》,"中国音数协游戏工委"微信公众号,2023 年 12 月 14 日,https://mp.weixin.qq.com/s/dykzT9hzy7lQjg7zGj8Rhw。

2023 年度游戏十强年度榜入围名单如下。

1. 优秀游戏科技创新企业提名

· 上海米哈游天命科技有限公司

· 网易游戏

· 阿里元境

· 深圳市腾讯计算机系统有限公司

· 完美世界（北京）软件科技发展有限公司

· 三七互娱网络科技集团股份有限公司

· 厦门吉比特网络技术股份有限公司

· 上海莉莉丝科技股份有限公司

· 深圳市创梦天地科技有限公司

· 祖龙（天津）科技股份有限公司

2. 2023 年度游戏十强优秀"走出去"游戏企业提名

· 上海莉莉丝科技股份有限公司

· 深圳市腾讯计算机系统有限公司

· 网易游戏

· 三七互娱网络科技集团股份有限公司

· 上海米哈游网络科技股份有限公司

· 上海沐瞳科技有限公司

· 完美世界（北京）软件科技发展有限公司

· 上海鹰角网络科技有限公司

· 上海悠星网络科技有限公司

· 四三九九网络股份有限公司

3. 2023 年度游戏十强优秀游戏研发团队提名

· 原神项目组（上海米哈游天命科技有限公司）

· VI-Games（北京朝夕光年信息技术有限公司）

· 天美 J6 工作室（深圳市腾讯计算机系统有限公司）

· 鹰角明日方舟项目组（上海鹰角网络科技有限公司）

· 奇点事业部-熵工作室（网易游戏）

· 星铁项目组（上海米哈游影铁科技有限公司）

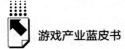

· 西山居游戏工作室（珠海金山数字网络科技有限公司）

· VVANNA GIRLS 工作室（淮安祖龙科技有限公司）

· 魔方魔术师工作室（深圳市腾讯计算机系统有限公司）

· 胖布丁游戏（上海胖布丁网络科技有限公司）

4. 2023 年度游戏十强优秀游戏运营企业提名

· 完美世界（北京）软件科技发展有限公司

· 网易游戏

· 叠纸游戏

· 上海莉莉丝科技股份有限公司

· 上海米哈游影铁科技有限公司

· 上海鹰角网络科技有限公司

· 深圳市腾讯计算机系统有限公司

· 在线途游（北京）科技有限公司

· 北京朝夕光年信息技术有限公司

· 成都星邦互娱网络科技有限公司

5. 2023 年度游戏十强优秀移动游戏提名

· 崩坏：星穹铁道（上海米哈游影铁科技有限公司）

· 晶核（北京朝夕光年信息技术有限公司）

· 以闪亮之名（淮安祖龙科技有限公司）

· 高能英雄（深圳市腾讯计算机系统有限公司）

· 铃兰之剑：为这和平的世界（心动网络股份有限公司）

· 幻塔［完美世界（北京）软件科技发展有限公司］

· 剑侠世界 3 手游（珠海金山数字网络科技有限公司）

· 原神（上海米哈游网络科技股份有限公司）

· 蛋仔派对（网易游戏）

· 全民江湖（江西贪玩信息技术有限公司）

6. 2023 年度游戏十强优秀客户端游戏提名

· 逆水寒（网易游戏）

· 崩坏：星穹铁道（上海米哈游影铁科技有限公司）

· 卡拉彼丘（深圳市创梦天地科技有限公司）

- 远光 84（上海莉莉丝科技股份有限公司）
- 猛兽派对（上海所思互动信息科技有限责任公司）
- 无畏契约（深圳市腾讯计算机系统有限公司）
- 巴别号漫游指南（江苏凤凰数字传媒有限公司）
- 原神（上海米哈游网络科技股份有限公司）
- 刀塔（完美世界（北京）软件科技发展有限公司）
- 传奇世界（盛趣信息技术（上海）有限公司）

7. 2023 年度游戏十强优秀社会价值游戏提名

- 桃源深处有人家（苏州五十一区网络科技有限公司）
- 我是航天员（波克科技股份有限公司）
- 普通话小镇（深圳市腾讯计算机系统有限公司）
- 壁中精灵（索尼互动娱乐（上海）有限公司）
- 蓝天卫士（咪咕互动娱乐有限公司）
- 星星生活乐园（广州三七互娱科技有限公司）
- 听游江湖风云再起（北京心智互动科技有限公司）
- 光·遇（网易游戏）
- 剑网 3（珠海金山数字网络科技有限公司）
- 四季之春（重庆市潼南区闲者拾梦信息科技工作室）

8. 2023 年度游戏十强优秀中华传统文化游戏提名

- 桃源深处有人家（苏州五十一区网络科技有限公司）
- 剑网 3（珠海金山数字网络科技有限公司）
- 逆水寒（网易游戏）
- 无悔华夏（深圳市乙亥互娱信息科技有限公司）
- 太吾绘卷（昆明螺舟网络科技有限公司）
- 末刀（深圳市腾讯计算机系统有限公司）
- 归龙潮（上海好玩橙信息科技有限公司）
- 匠木（成都东极六感信息科技有限公司）
- 秦皇汉武（互爱（北京）科技股份有限公司）
- 这城有良田（益世界网络科技（上海）有限公司）

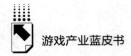

9. 2023 年度游戏十强优秀游戏音乐设计提名

·幻塔 ［完美世界（北京）软件科技发展有限公司］

·卡拉彼丘（深圳市创梦天地科技有限公司）

·明日方舟（上海鹰角网络科技有限公司）

·逆水寒（网易游戏）

·王者荣耀（深圳市腾讯计算机系统有限公司）

·原神（上海米哈游网络科技股份有限公司）

·晶核（北京朝夕光年信息技术有限公司）

·战双帕弥什（广州库洛科技有限公司）

·和平精英（深圳市腾讯计算机系统有限公司）

·恋与制作人（叠纸游戏）

10. 2023 年度游戏十强优秀游戏美术设计提名

·晶核（北京朝夕光年信息技术有限公司）

·古镜记（上海胖布丁网络科技有限公司）

·桃源深处有人家（苏州五十一区网络科技有限公司）

·崩坏：星穹铁道（上海米哈游影铁科技有限公司）

·高能英雄（深圳市腾讯计算机系统有限公司）

·燕云十六声（网易游戏）

·远光 84（上海莉莉丝科技股份有限公司）

·猛兽派对（上海所思互动信息科技有限责任公司）

·以闪亮之名（淮安祖龙科技有限公司）

·归龙潮（上海好玩橙信息科技有限公司）

附录二
第三届中国游戏创新大赛获奖名单

本届"中国游戏创新大赛"由中国音像与数字出版协会指导，中国游戏产业研究院主办，上海市新闻出版局、静安区人民政府支持，并由易玩（上海）网络科技有限公司（TapTap）、上海市网络游戏行业协会承办，波克科技、巨人网络等单位协办。大赛自 2023 年 2 月开启征集工作，共征集作品 150 余款，参赛者覆盖全国 15 个省份，各头部企业均有选送，也不乏创意突出的中小团队作品，与此同时，中国传媒大学、浙江大学、上海温哥华电影学院等各地高校学生开发者也积极响应赛事号召，申报了数十款玩法新颖的游戏作品。评审专家团队根据导向性、创新性和专业性三大评选标准，经过多轮评议，最终评选出 15 项获奖作品、4 个创新团队以及 4 位创新个人。

主办方希望以大赛为契机，为进一步落实游戏主管部门关于促进游戏产业守正创新、健康发展的工作要求，提升大众游戏审美，提高国产游戏质量，满足人民群众更高层次的精神文化需求，鼓励游戏作品弘扬中华优秀传统文化，加快中国游戏走出去的步伐，引导游戏行业致力创新创造，打造更多思想精深、艺术精湛、制作精良的精品佳作，实现游戏产业高质量发展。

2023 年 7 月 29 日，第三届中国游戏创新大赛颁奖典礼于上海举行。典礼上公布了大赛完整获奖名单①，如下所示。

1. 最佳创新游戏大奖

《崩坏：星穹铁道》（上海米哈游网络科技股份有限公司）

《蛋仔派对》（网易–蛋仔派对团队）

---

① 《第三届中国游戏创新大赛结果揭晓，〈崩坏：星穹铁道〉〈蛋仔派对〉获大奖》，"中国音数协游戏工委"微信公众号，2023 年 7 月 29 日，https：//mp.weixin.qq.com/s/mVBCDh5Rz–4y3iAE7tGZaA。

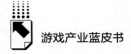

2. 最佳创新美术奖

《西游－琉璃盏》（北京黑暗维度科技有限公司）

《远光84》（上海莉莉丝科技股份有限公司）

3. 最佳创新设计奖

《金铲铲之战》（腾讯－金铲铲之战项目组）

《亚丽亚的倒影》（上海艾斯蟾游戏公司）

4. 最佳创新音乐音效奖

《火环》（上海月胧吟网络科技有限公司）

《心动小镇》（心动－游戏菌工作室）

5. 最佳创新社会价值功能奖

《健康保卫战》（腾讯互娱社会价值探索中心）

《星星生活乐园》（三七互娱－星星之火项目组）

6. 最佳创新中华文化奖

《桃源深处有人家》（苏州五十一区网络科技有限公司）

7. 最佳创新出海奖

《崩坏：星穹铁道》（上海米哈游网络科技股份有限公司）

《幻塔》［完美世界（北京）软件科技发展有限公司］

8. 最佳创新院校作品奖

《光影拼图》（长春理工大学－光影拼图团队）

《松烟行》（中国传媒大学－爱会消失对不队）

9. 最佳创新个人奖

郭亮（胖布丁游戏创始人）

姜伟（老家生活制作人）

孟浩（远光84制作人）

肖鹏（完美世界艺术支持中心负责人）

10. 最佳创新团队奖

TapTap团队

波克城市"游戏+医疗"团队

蛋仔派对团队

腾讯互娱社会价值探索中心

Abstract

The Game Industry Blue Book: Annual Report on the Development of Digital Gaming Industry in China (2024) presents a comprehensive and systematic overview of the latest development of China's digital gaming industry, discusses the cutting-edge industry dynamics, and analyses the future development trends. Relying on authoritative and reliable industry data, the report compiles and interprets the panorama of the development of China's gaming industry, important themes and the latest developments in the general report and several theme reports. Through in-depth research and analysis by academics and industry experts, the report analyses annual hot topics, clarifies important concepts, and puts forward suggestions and countermeasures for problems. It also selects typical cases of newly launched domestic games that have won important awards, analyses the highlights and features, summarizes the lessons learnt, and provides reference.

In 2023, the size of the global game market is about US \$ 184 billion, and the size of users is about 3.38 billion. China's game market size is 302.964 billion yuan, and the user scale is 668 million people. Against the backdrop of stagnant growth in the global game market size, China's game market size grew by 14.22% year-on-year. The actual sales revenue of China's self-developed games in the overseas market exceeded the scale of RMB 100 billion for the fourth consecutive year. Chinese digital games are reaching hundreds of millions of overseas players across the United States, Japan, South Korea, Europe, Latin America, and the Middle East. Games are one of the digital cultural content industries with the largest market size and the largest number of users in China, and have also become an important channel for China's "culture going abroad".

China's digital gaming industry has actively responded to the decline in revenue and development difficulties in 2022, and has generally stepped back into the growth

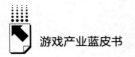

track, with the total revenue and user scale reaching a new record high, but it is still subject to greater development pressures, and the industry's confidence still needs to be further boosted.

China's digital gaming industry actively fulfils its social responsibility, puts social benefit first, adheres to the correct orientation, and creates high-quality content. The protection of minors has formed self-discipline and become normalized. It firmly responds to and implements the requirements of the competent authorities and complies with the Regulations on the Internet Protection of Minors, and also actively explores and innovates various initiatives that are conducive to the healthy development of minors.

China's digital gaming industry adheres to the application and development of excellent traditional Chinese culture, which has won the praise of the majority of players and is conducive to enhancing cultural self-confidence. It attaches importance to the innovation and application of science and technology in the field of games, and enhances the quality of the game and work efficiency with cutting-edge information technology. The industry has actively expanded its business models, and has made new explorations in the areas of realization, marketing and IP derivation; it has also given full play to the "game plus" effect, and has empowered other industries with its game mechanism, elements, technology and culture. It grasps the opportunity brought by the entry of e-sports into Asia Olympic Games and creates a more favorable ecological environment for the development. The industry is firmly committed to the path of games going overseas, expanding the global market, facing international competition and strengthening cross-cultural exchanges and co-operation.

Keywords: Gaming Industry; Game Going Overseas; Gaming Technology; Traditional Culture; Minor Protection; E-sports

Contents

I General Report

Abstract: In 2023, the global gaming market was approximately 184 billion US dollars, with a user base of approximately 3.38 billion people. The size of China's gaming market reached 302.964 billion yuan, with a user base of 668 million people. Against the backdrop of stagnant growth in the global gaming market, China's gaming market has grown by 14.22% year-on-year. The actual sales revenue of independently developed games in China's overseas market has exceeded 100 billion yuan for the fourth consecutive year. However, we need to recognize that the Chinese gaming industry is still under significant development pressure and industry confidence still needs to be further boosted.

Keywords: Gaming Industry; China Game Industry; Mobile Game; Data Statistics; Industry Report; 2023

II Sub-reports

Abstract: The standardized development of China's e-sports industry in gaming, live streaming, and competition has achieved significant results. The e-sports

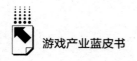

industry actively responds to the guidance of regulatory authorities, abides by group standards, and regulates the operation of various links in the e-sports industry chain, including game development, game operation, club operation, club training, athlete registration, coach training, event operation, and direct broadcasting of events. In 2023, the number of e-sports users in China reached approximately 488 million, making it the largest group of e-sports users in the world, both from the perspective of e-sports game users and e-sports event viewers. The Chinese e-sports industry has showcased its charm to the world and enhanced its global influence.

Keywords： The Electronic Sports Industry; E-Sports; Data Statistics; Industry Report; 2023

B . 3   Report on the Protection of Minors in China's Gaming Industry 2023

Chang Jian , Tang Jiajun , Lv Huibo and Liu Qiyuan / 047

Abstract： This report researches and analyses the progress of the protection of minors in China's gaming industry in 2023. Firstly, it analyses and summarizes the latest status and overall situation of the protection of minors in the Internet and game sectors in China. Then, it selects and analyses the representative cases of 14 game publishers of different sizes in the field of juvenile protection. Finally, it points out the challenges facing the protection of minors in the game industry and puts forward some suggestions.

Keywords： Game Industry; Minor Protection; Game Anti-obsession; Corporate Social Responsibility

B . 4   China Game Going Overseas Research Report 2023

Lv Huibo , Xia Mengjie , Li Yarong and Liu Qiyuan / 072

Abstract： Based on market data and research on Chinese gaming companies going overseas, the overseas revenue of Chinese games dropped year-on-year in

2023, faced with many challenges. In mature markets, international competition is becoming increasingly fierce; in emerging markets, companies' understanding of the market is still insufficient. Against the backdrop of a complex and changing global economic situation and cultural differences in various regions, companies need to deal with multiple issues such as payments, human resources, and privacy protection. Chinese gaming companies widely face challenges such as intense competition, rising costs of customer acquisition, and a lack of localized talent during their overseas expansion. In the face of these challenges, Chinese gaming companies are actively adopting diversified strategies. By leveraging their own advantages, grasping market opportunities, and enhancing international competitiveness and cultural influence with innovation and a global perspective, they still have opportunities to achieve new breakthroughs overseas.

Keywords: Game Industry; Game Going Overseas; Mobile Game; Overseas Game Market

B.5 Mobile Gaming Industry IP Development Report 2023

Chang Jian, Zheng Nan, Du Na, Li Zhuochun and Liu Shaoying / 092

Abstract: After a comprehensive analysis of the Chinese mobile game IP market from January to September 2023, it was found that the scale of the Chinese mobile game IP market continues to grow, with the influence of domestic original IPs steadily increasing, and the annual revenue is expected to reach a new high. The characteristics of mobile game IP users are strong initiative, high retention, and a higher willingness to create. They place more emphasis on quality rather than the source of the IP when choosing games. Mobile games with IPs from anime are the most popular sources. In the future, cross-sector innovation may bring breakthroughs, and enhancing the extensibility of IP stories and the construction of cultural symbols are key to increasing IP value. Original IPs based on Chinese culture will become a focus of attention. Game companies should pay attention to the long-term operation of IPs, provide high-quality experiences to maximize IP value. In summary, producing high-quality products, enhancing cultural connotations, and exploring diverse monetization channels will be

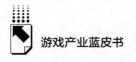

the core development paths for mobile game IPs; strengthening originality and cultural value will help Chinese original game IPs develop further.

Keywords: Mobile Game; IP; IP Adaptation; IP Licence

Ⅲ Research Reports

B.6 Research Report on the Application and Development of Chinese Excellent Traditional Culture in Gaming Enterprises

He Wei, Li Yue, Niu Xueying, Qin Xiaoqing and Chen Huilin / 111

Abstract: The creative transformation and innovative development of outstanding traditional Chinese culture has been one of the key points of China's cultural development strategy in the new era, and is also an important connotation of Xi Jinping's cultural thoughts. In recent years, China's game industry has actively responded to the national cultural strategy, and a number of game enterprises have focused on different themes and types of game products, applying and developing the excellent traditional Chinese culture in a rich and diversified way, and achieving good social and economic benefits. Through questionnaire surveys, enterprise visits and expert interviews, this report has conducted in-depth research on the current situation and trend of China's game enterprises in the application and development of outstanding traditional Chinese culture, collected and analyzed relevant data and typical cases, and presented the enterprises' perception, attitude, effectiveness, and the future development trend in this field.

Keywords: Chinese Excellent Traditional Culture; Digital Games; Creative Transformation; Innovative Development

B.7 Research Report on Technology Innovation Development of Gaming Enterprises *Cao Shule, Wang Xinlu and Liu Xuanbo / 132*

Abstract: Driven by the rapid development of digital technology, video game industry has now become one of the most significant industries in contemporary China, which fosters the digital technology's prosperity in turn. On the one hand, the evolution of video game industry relies on continuous advancements in technology development. On the other hand, technologies that "spill over" from the gaming industry are deeply integrated into society and are applied into other fields. This study has distributed questionnaires to 66 domestic game companies, exploring the current state of technological innovation in Chinese game companies from the perspectives of technological awareness, technological innovation, and the challenges they face. Our study found that technologies such as game engines, graphics rendering, and AI in the game are the foundation technology of the gaming industry. Core technologies mentioned can facilitate industries such as education, healthcare, film & television, and automotive to innovate. However, Chinese video game companies are still weaker in core technologies development comparing with foreign top game companies. Finding solutions to enhance copyright protection, optimize management policies, promote peer to peer communication, and foster industry integration will be crucial to drive the development of gaming technology.

Keywords: Game Industry; Game Engine; Game AI; Technology Innovation

B.8 2023 Global and China Console Gaming Market Trend Report

Wang Xu, Tang Jiajun, Xu Fanke and Wang Hecheng / 153

Abstract: Through data analysis of the global and Chinese console game markets in 2023 and surveys of over 2000 players, it was found that the global console game market showed a clear warming trend. The Chinese console game market increased by 22.9% year-on-year, with the user scale exceeding ten million for the first time. Role-playing, level, and shooting games have become the most popular Chinese console game types among Chinese players. Chinese players anticipate high-quality domestic console games and are willing to pay a reasonable price for high-quality domestic games. Future developments in console games include incremental markets, innovative gameplay, diversified IP development, and the rise of cross-

433

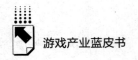
platform games. Driven by the release of player consumption intentions and the upgrade of game experiences, the Chinese console game market has a vast space for development. Chinese game manufacturers need to enhance research and development capabilities, understand market demands, and government and industry organizations should strengthen their support for the console game industry.

Keywords: Console Games; Game Industry; Game Hardware

B.9 China Mobile Mini Games Industry Report 2023

Wang chen, Wu Yu / 178

Abstract: Under the dual impact of the normalization of game publication number issuance and economic recovery, the China's gaming industry returned to an upward trajectory again in 2023, especially the emergence of the mini game industry has allowed practitioners to see new opportunities again. With the characteristics of low development cost, short development schedule, huge user volume, and strong ability to obtain traffic, developers, publishers, and channel platforms are starting to pour in, making the industry more and more prosperous, which makes the scale of users and market scale of mini games have grown steadily, becoming a new trend for the development of the industry. In the future, the scale of the mini game industry will continue to expand and maintain the trend of rapid development, more intense competition as well as the improvement of regulatory policies, making the mini game industry face more opportunities and challenges.

Keywords: Mini Game; Mini-game; Mini Program; WeChat Game; Hybrid Monetization

B.10 Current Trends and Developments in China's Indie Game Industry 2023

Zhang Enqi, Ye Zitao / 196

Abstract: Driven by classic titles like Braid (2008) and the development flexibility, indie games gradually gained favor among developers in recent years. As the production value of game industry and the player base in China grow, indie games have evolved into an emerging market with vast potential. Indie games not only carry the personal expressions of developers and provide diversity and creativity for the industry, but also explore various design dimensions. In the digital age, their role as an important medium in cultural diffusion should not be overlooked either. Based on statistical data and representative cases, this report conducts a preliminary analysis of the performance and future development trends of Chinese indie game industry in 2023. Currently, Chinese indie game ecosystem has begun to take shape. However, challenges remain in releasing high-quality content-oriented games and enhancing international influence. With the background of new industry trends emerge, policy support will become an important driving force for the industry's sustained development.

Keywords: Indie Game; Industry Ecosystem; Case Analysis

B.11 China Educational Games Development Report 2023

Qu Ximei, Huang Wendan and Shang Junjie / 216

Abstract: In 2023, China's educational games industry achieved remarkable development under the guidance of policies, driven by market demand and supported by technological innovation. This report comprehensively analyses the literature and practice cases of educational games in 2023, revealing the application of educational games in school education, the challenges they face, and the future development trend. With their interactivity, participation and entertainment, educational games have injected new vigour into the traditional education model and become an important tool for educational innovation. In the design of future educational games, more attention needs to be paid to the combination of education and gameplay, the provision of personalised learning paths, as well as educational equity and popularity. At the same time, suggestions are made for policy support, talent cultivation and the inclusion of evaluation and feedback mechanisms to promote the sustainable development and innovation of educational games.

Keywords: Educational Games; Individualized Learning; High-quality Development

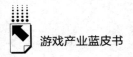

B.12　Current Situation and Development Trends of Game Art

Education in China

Cui Chenyang，Wang Ye，Yuan Yujing，Sun Xiao and Jia Shuxuan ／ 233

Abstract：Game art education in China is mainly divided into three modes：higher education，social institute training，and enterprise training，showing a complementary pattern between academic and non-academic education. For academic education，22 representative colleges and universities are investigated for major settings，curriculum systems，and faculty composition. For non-academic education，18 different levels of game companies and 58 well-known social training institutions are surveyed on the basis of current situation of talent demand，enterprise training，and social training. This article proposes that future game art education will develop with higher education and social training as the main focus and enterprise training as a supplement. It is also pointed out that the higher education of game art needs to maintain academic independence so as not to become a vassal of the gaming industry.

Keywords：Game Art；Higher Education；Social Institution Training；Enterprise Training

B.13　Public Opinion Report on Esports Projects for the 2023

Hangzhou Asian Games　　　　　　　　　　*Zhang Yi ／ 249*

Abstract：Electronic sports，as the official competition of the 2023 Hangzhou Asian Games，is an important step towards institutionalization，internationalization，and politicization of future sports forms. This article summarizes the relevant public opinion during the Asian Games esports competition，summarizes its textual characteristics，and analyzes the potential risks behind it，and proposes countermeasures and suggestions for the future development of esports. This article believes that "entering Asia through esports" is an important development opportunity for innovating external discourse，telling China's story well，and building China's soft power in the digital age. However，the emotional characteristics of esports users，the formulation and analysis of esports regulations，and the strategies for esports going global need to be explored from multiple perspectives by the academic community.

Keywords: Hangzhou Asian Games; Esports; Esports Dissemination; Public Opinion

Ⅳ　Special Research Topic

B.14　Rise and Fall of Game Magazine　　　　*Zhou Wei* / 260

Abstract: For a long time, Game Magazine was the only choice for game players to learn about video games. Later, with the emergence of influential professional game websites, Game Magazine gradually declined or even came close to extinction. By tracing the development history of game magazines over the past 50 years, this article explores the strategies employed during its rise and the situation it currently faces. The study found that, although today's print game media is on the brink of extinction, its spirit continues in emerging media forms. Creating excellent game content that interests players is key to the survival and development of game media, which is a point that has never changed throughout the media transition.

Keywords: Game Media; Print Game Media; Game Magazine; Game History

B.15　The Study of Narrative Art and Psychological Factors in
　　　　Chinese Video Games　　　　*Chen Jingwei, Sun Yu* / 274

Abstract: Video games, as a medium for storytelling, exhibit their artistic nature through the construction of a world view and the presentation of audio-visual effects, which are considered "grand narratives." Additionally, the "small narratives" that emerge from player interactions also contribute to the artistic expression. The psychological factors in aspects such as cognition, emotion, and motivation support the artistic expression of the game.

We have analyzed the strengths and weaknesses of various types of Chinese video

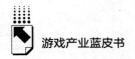
games, studied the potential of games to inherit the aesthetic values of traditional culture, and looked forward to the future path of narrative art in Chinese video games.

Keywords: Chinese Game; Emotional Resonance; Narrative Art; Cultural Inherritance

B.16 The Presentation of Traditional Chinese Music Elements in Domestic Games

Zhao Xiaoyu, *Zhou Wenxuan and Yin Yike* / 287

Abstract: Game music, as one of the main audiovisual elements in the aesthetic process of games, not only has functional significance, but also carries important cultural and aesthetic values. In recent years, with China's increasing international influence, games have become an important medium for cultural dissemination and have assumed the mission of "culture going overseas". Many popular domestic games have also incorporated traditional Chinese music elements into their sound media in a multi-dimensional way, in an attempt to resonate with domestic and foreign players by means of creative transformation and innovative development of traditional music culture with national characteristics.

Keywords: Game Music; Game Sound; Traditional Chinese Music Elements; Chinese Style Music

B.17 Gaming for Holistic Development: A Game Archive Supported Educational Literacy Path "*Class-i-Game*"

Liu Mengfei / 299

Abstract: The integration of the positive values of gaming with education, especially with the concept of "cultivating people," is the most pressing issue in China. Addressing this issue requires not only a theoretical framework that combines the ontology of games with the practices of developing countries but also the development of a "user interface" and an action system for public needs. This article broaden the definition of "game literacy", with this new basis and also through the public welfare practice carried out by the Game Archive in 2023, "Gaming for Education: Future Teachers' Gaming Literacy Series Workshops," this article attempts to demonstrate a third path for using games in education, beyond educational games and gamification of education: A "Class-i-Game" model where we use archived games complemented by a gamified system for classroom use, to bring out the value of games as a carrier of "Five Educations for Cultivating People."

Keywords: Game Archive; Gaming Literacy; Aesthetic Education Through Gaming; Five Educations for Cultivating People; Gamification for Social Good

B.18 Report on the Application of Artificial Intelligence in Games in 2023

Cao Rui, Zeng Lihong and Zhu Yajing / 314

Abstract: There is always a close relationship between Artificial Intelligence (AI) and games, therefore, the development of AI in 2023 also brought new opportunities for domestic game industries: first, AI empowered the game industrial chains, reshaping its designs, operations and experiences; Second, AI penetrated into the arrangement of high-tech industries, bringing rich returns and good reputation to enterprises; Third, AI expands the boundaries of the cultural industry, focusing on the AI creation from non-player characters, helping to enhance the global competitiveness of China's cultural industry. In 2023, the application of AI in games has drawn a better blueprint for improving people's quality of life and realizing the harmonious coexistence of technology and humanity.

Keywords: Artificial Intelligence; Games; Industrial Chain; Industry Layout; Non-player Character

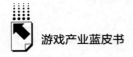

B . 19 VR Game Development Status and Trends 2023

Jiang Rui, Zhang Shiyu, Fan Chengjun,

Zuo Anping and Dong Guangjian / 327

Abstract: The worldwide VR game market has developed with a rich variety of gameplay and title categories, and is constantly changing as technology updates and user preferences change. This study focuses on VR gameplay, technology and case studies, fully examining the industry's market trends, the current state of technological development, and game content and genres, as well as focusing on the drivers and challenges of the VR game industry, and analyzing the key trends and innovations around 2023, in order to provide guidance for the development of the VR game industry.

Keywords: VR Games; VR Technology; Pan-entertainment; Business Model

B . 20 The Current Situation, Development and Strategies on the E-sports Education in Universities under the Opportunity of E-sports Entering the Asian Games

Zhang Zhaogong, Zhou Xi / 341

Abstract: After the electronic sports events entered the Asian Games, the development of China's electronic sports industry entered a new stage of development and faced new opportunities. However, e-sports education in Chinese universities is facing some problems, such as insufficient teaching staff, poor construction of professional textbooks, and a lack of versatile talents. In the new era, strengthening higher education in Chinese esports can focus on the following aspects: clarifying the basic attributes of esports and the direction of talent cultivation; Strengthen the collaborative development of industry, academia, and research; Improve the education standards for esports; Cultivate international esports talents, etc.

Keywords: E-sports; E-sports Education; Opportunities to Enter the Asian Games; Development Direction

V Case Analysis

Abstract: *Honkai*: *Star Railhas* gained wide recognition from global players since its launch. The industrialized development process guarantees the efficiency and stability of the game's content output, which helps to realize the long-term operation of the game; the technology provides solid support for the presentation of audio-visual experiences such as characters, scenes and battles in the game, which strengthens the game's immersive experience; in terms of the game's content design, *Honkai*: *Star Rail* fuses traditional Chinese cultural elements with a sci-fi theme, which creates a unique aesthetic experience; the game adopts a Diversified operation strategy, through IP development, community operation and other ways to guide players to participate in all aspects of the game inside and outside of various activities, to enhance the emotional connection of players to the game.

Keywords: *Honkai*: *Star Rail*; Digital Game; Traditional Culture; Industrialization

Abstract: *Eggy Party* is a national original leisure and competitive party mobile game developed by NetEase. Since its launch in May 2022, with its amusing and trendy IP image, rich and low-threshold gameplay and powerful social co-creative attributes, *Eggy Party* has rapidly gained market attention and recognition. By cooperating with multiple IPs and social organizations, *Eggy Party* has also made contributions in promoting traditional culture, advancing public welfare education, and taking on social responsibilities. Despite the controversy over the flaws in the anti-

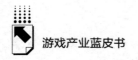

addiction system for minors, *Eggy Party* remains a successful commercial product and has provided valuable experience for the gaming industry.

Keywords: *Eggy Party*; Party Game; UGC; Social Responsibility

B. 23 Ecosystem Construction and Cultural Integration:
Case Study of the Esports Expansion of *Mobile Legends*:
Bang Bang Overseas *Shi Minlong* / 372

Abstract: Since its release in 2016, *Mobile Legends: Bang Bang* (MLBB) has achieved tremendous success in overseas markets and established a widely influential and sustainable esports ecosystem. With its low entry barrier, fast-paced gameplay, and excellent gaming experience, MLBB has garnered widespread acclaim globally and accumulated a significant number of loyal players. An examination of MLBB's overseas strategy reveals a four-pronged approach: accurately seizing the right timing for expansion, precisely understanding user needs, demonstrating respect for and learning from local cultures, and establishing the esports ecosystem. Moonton, the parent company of MLBB, views the construction and maintenance of the esports ecosystem as a long-term commitment and adopts an open and cooperative attitude to address the various challenges arising from its international expansion. This approach has provided a vivid lesson for other Chinese gaming companies in their pursuit of international expansion.

Keywords: *Mobile Legends: Bang Bang*; Esports International Expansion; MOBA (Multiplayer Online Battle Arena) Game; Esports Tournaments; Esports Ecosystem

B. 24 Quirky and Cute Casual Combat: Case Analysis of the
Game *Party Animals* *Chen Huilin* / 383

Abstract: *Party Animals*, developed by Recreate Games studio, is a multiplayer online party game that has set multiple records in the overseas market for Chinese original games since its debut in 2020. After its official release in 2023, it quickly topped the sales charts and received nominations for several overseas game awards. The game has won the favor of many players with its unique audio-visual performance, innovative gameplay, and social interactivity, while also expressing Chinese thinking and aesthetics in cultural dissemination, promoting cross-cultural exchange. The game has received positive feedback from the media and players and has achieved a certain degree of success in the international market, providing an example for the internationalization and technological innovation of China's game industry.

Keywords: *Party Animals*; Party Game; Game Exporting; Game Innovation

B.25 The Heading in A Chinese Style: A Case Study of *Tao Yuan*
Fan Xiaozhu / 394

Abstract: Amidst a substantial surge in simulation games in 2023, *Tao Yuan* emerged as a standout success, garnering critical acclaim and numerous awards since its release. This article provides an in-depth analysis, exploring its impact on cultural dissemination from various angles, such as Chinese-style audiovisual, innovative multidimensional gameplay, intricate narrative frameworks, unique character design and creative incorporation of poetry. This game underscores the vast potential of gaming as a medium for conveying cultural content in propagating China's rich heritage. As a triumphant Chinese-style rural simulation game, *Tao Yuan* significantly contributes to fostering cultural consciousness within game industry of China and inspires innovative advancements.

Keywords: *Tao Yuan*; Chinese-style; Traditional Culture

B.26 Aerospace Science Popularization and Simulation Management: A Case Study of *I Am an Astronaut*
Wu Zhixian / 401

Abstract: *I Am an Astronaut* is a simulation management mobile game with a

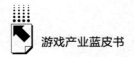
space science popularization theme. The game features a refreshing art style, solid space science content, and engaging simulation management gameplay. Players can learn about space knowledge and appreciate the spirit of Chinese space exploration through interactive gameplay. This game represents a proactive exploration of the intersection between Chinese gaming and space science popularization, enriching the development experience of "game + popular science" practices. Moreover, it serves as a typical case of cross-industry collaboration in space science popularization, demonstrating the significant potential of games in realizing social value.

Keywords: Space Science Popularization; Simulation Management Game; Social Value

B. 27　Social Assistance Training for Children with Autism:
A Case Study of the Serious Game *Life is Brilliant*

Wang Xinlu / 409

Abstract: The game named *Life is Brilliant* was officially launched in April 2022, which has evolved into 3. 0 version in 2024. As a video game dedicated to helping children with autism for social behavior training, *Life is Brilliant* has developed diverse ways for player to interact, which means they can interact with computer as a real person. For dealing with what children will meet in daily social life, the game has stimulated several common life scenarios such as shopping in a mall, taking public transportations and expressing emotions. It helps children to learn and understand social rules by dividing ordinary routines into small steps. therefor, children can imitate by repeatedly playing. Actually, *Life is Brilliant* is a good example for the combination of game and medial therapy for autism, which helps game developers to explore more cooperation in other areas.

Keywords: *Life is Brilliant*; Serious Games; Functional Games; Children with Autism

权威报告·连续出版·独家资源

皮书数据库
ANNUAL REPORT(YEARBOOK)
DATABASE

分析解读当下中国发展变迁的高端智库平台

所获荣誉

- 2022年，入选技术赋能"新闻+"推荐案例
- 2020年，入选全国新闻出版深度融合发展创新案例
- 2019年，入选国家新闻出版署数字出版精品遴选推荐计划
- 2016年，入选"十三五"国家重点电子出版物出版规划骨干工程
- 2013年，荣获"中国出版政府奖·网络出版物奖"提名奖

皮书数据库　　"社科数托邦"
微信公众号

成为用户

登录网址www.pishu.com.cn访问皮书数据库网站或下载皮书数据库APP，通过手机号码验证或邮箱验证即可成为皮书数据库用户。

用户福利

- 已注册用户购书后可免费获赠100元皮书数据库充值卡。刮开充值卡涂层获取充值密码，登录并进入"会员中心"—"在线充值"—"充值卡充值"，充值成功即可购买和查看数据库内容。
- 用户福利最终解释权归社会科学文献出版社所有。

数据库服务热线：010-59367265
数据库服务QQ：2475522410
数据库服务邮箱：database@ssap.cn
图书销售热线：010-59367070/7028
图书服务QQ：1265056568
图书服务邮箱：duzhe@ssap.cn

社会科学文献出版社 皮书系列
SOCIAL SCIENCES ACADEMIC PRESS (CHINA)
卡号：611934385726
密码：

S 基本子库
SUB DATABASE

中国社会发展数据库（下设 12 个专题子库）

　　紧扣人口、政治、外交、法律、教育、医疗卫生、资源环境等 12 个社会发展领域的前沿和热点，全面整合专业著作、智库报告、学术资讯、调研数据等类型资源，帮助用户追踪中国社会发展动态、研究社会发展战略与政策、了解社会热点问题、分析社会发展趋势。

中国经济发展数据库（下设 12 专题子库）

　　内容涵盖宏观经济、产业经济、工业经济、农业经济、财政金融、房地产经济、城市经济、商业贸易等 12 个重点经济领域，为把握经济运行态势、洞察经济发展规律、研判经济发展趋势、进行经济调控决策提供参考和依据。

中国行业发展数据库（下设 17 个专题子库）

　　以中国国民经济行业分类为依据，覆盖金融业、旅游业、交通运输业、能源矿产业、制造业等 100 多个行业，跟踪分析国民经济相关行业市场运行状况和政策导向，汇集行业发展前沿资讯，为投资、从业及各种经济决策提供理论支撑和实践指导。

中国区域发展数据库（下设 4 个专题子库）

　　对中国特定区域内的经济、社会、文化等领域现状与发展情况进行深度分析和预测，涉及省级行政区、城市群、城市、农村等不同维度，研究层级至县及县以下行政区，为学者研究地方经济社会宏观态势、经验模式、发展案例提供支撑，为地方政府决策提供参考。

中国文化传媒数据库（下设 18 个专题子库）

　　内容覆盖文化产业、新闻传播、电影娱乐、文学艺术、群众文化、图书情报等 18 个重点研究领域，聚焦文化传媒领域发展前沿、热点话题、行业实践，服务用户的教学科研、文化投资、企业规划等需要。

世界经济与国际关系数据库（下设 6 个专题子库）

　　整合世界经济、国际政治、世界文化与科技、全球性问题、国际组织与国际法、区域研究 6 大领域研究成果，对世界经济形势、国际形势进行连续性深度分析，对年度热点问题进行专题解读，为研判全球发展趋势提供事实和数据支持。

法律声明

"皮书系列"（含蓝皮书、绿皮书、黄皮书）之品牌由社会科学文献出版社最早使用并持续至今，现已被中国图书行业所熟知。"皮书系列"的相关商标已在国家商标管理部门商标局注册，包括但不限于LOGO（ ▓ ）、皮书、Pishu、经济蓝皮书、社会蓝皮书等。"皮书系列"图书的注册商标专用权及封面设计、版式设计的著作权均为社会科学文献出版社所有。未经社会科学文献出版社书面授权许可，任何使用与"皮书系列"图书注册商标、封面设计、版式设计相同或者近似的文字、图形或其组合的行为均系侵权行为。

经作者授权，本书的专有出版权及信息网络传播权等为社会科学文献出版社享有。未经社会科学文献出版社书面授权许可，任何就本书内容的复制、发行或以数字形式进行网络传播的行为均系侵权行为。

社会科学文献出版社将通过法律途径追究上述侵权行为的法律责任，维护自身合法权益。

欢迎社会各界人士对侵犯社会科学文献出版社上述权利的侵权行为进行举报。电话：010-59367121，电子邮箱：fawubu@ssap.cn。

社会科学文献出版社